화엄경소론찬요
華嚴經疏論纂要

화엄경소론찬요 ⑬
華嚴經疏論纂要

● 일러두기 ●

1. 이 책의 원서는 명말청초 때의 승려인 도패 스님※이 약술 편저한 《화엄경소론찬요》이다. 《대방광불화엄경》 80권본을 기초로 하여, 경문에 청량 스님의 소초(疎鈔)와 이통현 장자의 논(論)을 붙여 상세하게 풀이하였다.

2. 경(經), 소(疏), 논(論)은 원문에 토를 붙여서 그 뜻을 이해하기 편하도록 했으며, 원문 바로 아래 번역문을 넣었다.

3. 원문을 살려 그대로 옮겨 놓음을 원칙으로 하다 보니 본문의 제목 번호에 있어서 다소 혼동이 올 수 있다. 그럴 경우 목차를 참고하기 바란다.

4. 산스크리트어 표기는 〈표준국어대사전〉과 〈불광 사전〉 등에 등재된 음역어를 사용하였으며, 불교 용어에 대한 설명은 주로 〈불광 사전〉을 참고하였다.

5. 내용을 좀 더 쉽게 풀기 위하여 중간에 체계가 약간 바뀌었음을 밝힌다.

※ 위림도패(爲霖道霈, 1615-1702) 스님은 명말청초 때의 조동종 승려이다. 14세 때 백운사(白雲寺)에서 출가하여 경교(經敎)를 공부했다. 영각원현을 모시며 법을 이었고, 천동산(天童山) 밀운원오(密雲圓悟)에게 배워 크게 깨달았다. 그 후 백장산(百丈山)에 암자를 짓고 5년 동안 정업(淨業)을 닦았다. 나중에 고산(鼓山)으로 옮겨 20여 년 동안 살았는데 귀의하는 사람이 매우 많았다.
저술로는 《인왕반야경합소(仁王般若經合疏)》 3권을 비롯하여 《화엄경소론찬요(華嚴經疏論纂要)》 120권, 《법화경문구찬요(法華經文句纂要)》 7권, 《불조삼경지남(佛祖三經指南)》 3권, 《위림도패선사병불어록(爲霖道霈禪師秉拂語錄)》 2권, 《여박암고(旅泊庵稿)》 4권, 《선해십진(禪海十珍)》 1권, 《사십이장경지남(四十二章經指南)》, 《불유교경지남(佛遺敎經指南)》, 《고산록(鼓山錄)》 6권, 《반야심경청익설(般若心經請益說)》, 《팔십팔불참(八十八佛懺)》, 《준제참(準提懺)》, 《발원문주(發願文註)》 등이 있다.

● 간행사 ●

《화엄경소론찬요》 번역서를 간행하면서

《화엄경》은 비로자나 세존께서 보리도량에서 처음 정각을 성취하신 후, 일곱 도량 아홉 차례의 법문에서 일진(一眞)의 법계(法界)와 제불의 과원(果願)을 보여주시어 미묘한 현지(玄旨)와 그지없는 종취(宗趣)를 밝혀주신 최상의 경전이다. 이처럼 《화엄경》은 법계와 우주가 둘이 아닌 하나로 그 광대함을 말하면 포괄하지 않음이 없고, 그 심오함을 말하면 갖춰져 있지 않음이 없어 공간으로는 법계에 다하고 시간으로는 삼세에 통하고 있다.

이러한 이유에서 《화엄경》은 근본 법륜으로 중국은 물론 동양 각국에서 높이 받들며 수많은 주석서가 간행되어 왔다. 그러나 세상에 널리 알려진 것은 청량 국사의 《대방광불화엄경소초(大方廣佛華嚴經疏鈔)》와 통현 장자의 《대방광불화엄경론(大方廣佛華嚴經論)》이다. 소초(疏鈔)는 철저한 장구(章句)의 분석으로 본말을 지극히 밝혀주었고, 논(論)은 부처님의 논지를 널리 논변하여 자심(自心)으로 회귀하고 있는 것이 특징이다. 이처럼 청량소초와 통현론은 양대 명저(名著)로 모두 수증(修證)하는 데에 지극한 궤범(軌範)이었다.

탄허 대종사께서는 이러한 점을 토대로 통현론을 주(主)로 하고 청량소초를 보(補)로 하여 번역하심으로써 《화엄경》이 동양에 전해진 이후 동양 최초의 《화엄경》 번역이라는 쾌거를 이룩하셨다. 일찍이 한국불교에 침체된 화엄사상은 대종사의 번역에 힘입어 다시 온 누리에 화엄의 꽃비가 내려 화엄의 향기로 불국정토를 성취하여 더할 수 없는, 지극한 법륜을 설하셨다.

그러나 대종사께서 열반하신 이후, 불법은 날로 쇠퇴하고 중생의 근기는 날로 용렬하여 방대한 소초와 논을 열람하기에는 역부족이었다. 이에 대종사의 《화엄경》을 다시 한 번 밝히기 위해서는 또 다른 모색을 필요로 할 시점에 이르렀다. 보다 쉽게 볼 수 있고 간명한 데에서 심오한 데로, 물줄기에서 본원을 찾아갈 수 있는 진량(津梁)을 찾지 않는다면 대종사의 평생 정력을 저버리게 된다는 절박한 마음이 없지 않았다.

청대(淸代) 도패(道霈) 대사는 청량의 소초와 통현의 논 가운데 그 정요(精要)만을 뽑아 《화엄경소론찬요(華嚴經疏論纂要)》를 편집하였다. 이는 매우 방대한 소초와 논을 축약하여, 가까이는 청량 국사와 통현 장자의 심법을 전수하였고 멀리는 비로자나불의 묘체(妙諦)를 밝혀주는 오늘날 최고의 《화엄경》 주석서이다.

이에 《화엄경소론찬요》를 대본으로 하여, 다시 대종사의 번역서를 참고하면서 현대인이 보다 쉽게 이해할 수 있는 번역서를 간행하기에 이르렀다.

이제 돌이켜 생각하면 무상한 세월 속에 감회가 적지 않다. 내지난날 출가 입산하여 겨우 이레가 되던 날, 처음 접한 경전이《화엄경》이었다. 행자 생활을 시작한 영은사는 대종사께서 오대산 수도원이 해산된 후, 이의 연장선상에서 3년 결사(結社)를 선포하시고《화엄경》번역이라는 대작불사를 시작하여 강의하셨던, 한국불교사에 한 획을 그려준 역사의 도량이었다.

그 당시 대종사께서는 행자인 나에게《화엄경》을 청강하라 하시면서 "설령 알아듣지 못할지라도 들어두면 글눈이 생겨 안 들은 것보다 낫다."고 권면하셨다. 이제 생각해보면 행자 출가 즉시《화엄경》공부 자리에 참여했다는 것은 전생의 숙연(宿緣)이 아니었으면 어떻게 그 당시 그 법회에 참석이나 할 수 있었겠는가. 이는 행운 중 행운으로 다겁의 선근공덕이 아닐까 생각되며, 아울러 늦게나마 대종사의 영전에 하나의 향을 올리는 바이다.

처음《화엄경》설법을 듣는 순간, 끝없는 우주법계의 장엄세계가 황홀하고 법계를 밝혀주고 무진 보배를 담고 있는 바다의 불가사의한 공덕이라는 대종사의 사자후가 머릿속에 쟁쟁하게 울려왔을 뿐, 그 도리를 이해한다는 것은 나의 근기로써는 도저히 불가능한 일이었다. "쭉정이만도 못하다."고 꾸지람을 하시던 대종사의 방할(棒喝)을 맞으며 영은사에서의 결사가 끝난 후, 나는 단 한 번도《화엄경》을 펼쳐 볼 엄두를 내지 못했다.

그러던 몇 해 전, 무비 스님께서 범어사에서《화엄경》을 강좌하시면서 서울에서도《화엄경》강좌를 열어보라고 권할 적만 하더라도 언감생심《화엄경》을 강의하겠다는 생각을 하지 못하였다. 그러나 씨앗을 뿌려놓으면 새싹이 돋아나듯, 반드시 인연법은 사라지지 않는 모양이다. 영은사에서의 《화엄경》 인연이 자곡동 탄허기념박물관에 화엄각건립불사를 발원하게 되었고, 화엄각건립불사를 위하여 《화엄경》 강좌를 열기에 이를 줄은 꿈에도 생각지 못하였다.

미력한 소견으로 강좌를 열면서 정리된 강의 자료를 여러 뜻있는 이들과 다시 한 번 토론하고 강마하면서 우선 〈세주묘엄품〉 출간을 시작으로 계속 연차적으로 간행하고 있다.

이 책이 간행되어 그동안 추진되어온 화엄각 창건 불사 또한 원만히 성취되길 기원한다. 이 귀한 인연공덕으로 다시 한 번 화엄사상이 꽃피어 온 누리에 탄허 대종사의 공덕이 빛나고, 아울러 화엄정토가 구현되어 남북의 통일과 세계의 평화가 이루어지길 진심으로 축원하는 바이다.

2023년 10월

五臺山 後學 慧炬 合掌 再拜

● 추 천 사 ●

인류사에서 가장 위대한 화엄경의 가르침

평소에 늘 두려워하며 존경하는 도반 혜거 스님이 《화엄경소론찬요》를 번역하고 출판하여 이 분야의 사람들을 온통 놀라게 하였습니다. 본디 화엄경에 이 몸을 바친 사람으로서, 어찌 가슴 떨리는 일이 아니겠습니까.《화엄경소론찬요》번역을 세상에 알리고 추천하는 글을 이 우둔한 글솜씨로라도 백 번이라도 쓰고 싶습니다.

　화엄경이란 무엇입니까? 만약 화엄경을 알지 못하면 불법의 이치를 알지 못합니다. 또 화엄경을 알지 못하면 사람이 본래로 청정법신비로자나 부처님이라는 사실을 알지 못합니다. 이 세상이 그대로 화장장엄세계라는 사실도 알지 못합니다. 세간과 출세간의 진리를 전혀 알지 못합니다. 아름다운 세상과 환희로운 인생을 결코 알 길이 없습니다. 그러니 화엄경을 읽지 않고 어찌 불교를 입에 담으며 어찌 부처님을 입에 담겠습니까. 그래서 청량(清涼) 스님은 화엄경을 두고 "이 몸을 바쳐서 그 죽을 곳을 얻었다[亡軀得其死所]."라고 하였습니다. 이 얼마나 가슴 저미는 말씀입니까. 그러므로 "화엄경이 있고서야 비로소 불교가 있다."라고 하겠습니다.

화엄경이 흥하면 불교가 흥하고, 화엄경이 흥하면 국가가 흥하였습니다. 원효(元曉) 스님과 의상(義湘) 스님이 화엄경을 흥성(興盛)시키던 신라가 그러했으며, 청량 스님과 통현(通玄) 장자가 화엄경을 흥성시키던 당(唐)나라가 그러하였습니다.

거기에 더하여 찬요(纂要)란 무엇입니까? 그것은 청량 스님의 화엄경에 대한 소(疏)와 통현 장자의 논(論)을 잎과 가지는 남겨두고 뿌리와 큰 줄기에 해당하는 요점만을 추려서 모아온 것입니다. 마치 흙과 잡석들을 걷어내고 진금들만을 모아왔으니 이 어찌 빛나지 않겠습니까. 그래서 화엄경을 그토록 빛나게 한 것은 알고 보면 소론찬요(疏論纂要)였던 것입니다.

옛말에 "산고수장(山高水長)이요, 근고지영(根固枝榮)"이라 하였습니다. 근세 한국의 불교를 중흥시킨 경허(鏡虛) 스님은 수월(水月)·혜월(慧月)·만공(滿空)·한암(寒巖) 등 기라성 같은 제자들을 길러내었는데, 한암 스님 밑으로 선교(禪敎)를 겸비하신 희대의 대석학이요 대선사이신 탄허(呑虛) 큰스님이 계셨습니다.

한암 스님 밑에서 오래 사셨던 범용(梵龍) 스님은 평소에 상원사에서 한암 스님이 화엄경을 강의하시던 일을 들려주셨습니다. 당시 교재는 통현 장자의 《화엄경합론(華嚴經合論)》이었으며 중강(仲講)은 언제나 탄허 스님이셨으므로, 대중들이 모두 동원되는 큰 운력까지도 면해주셨다고 하였습니다. 그날의 그 화엄법수(華嚴法水)가 흘러 흘러 영은사의 혜거 행자에게까지 전해지더니 수십 년이 지난 오늘에는 드디어 이와 같은 《화엄경소론찬요》 출판 불사의 큰 바다를 이루게 되었습니다. 이 얼마나 기쁘지 아니합니까. 큰스님께서도 또한 크게 환희용약하시리라 믿습니다.

　필자도 또한 작은 인연이 있어서 역경연수원 수학과 큰스님께서 《화엄경합론》을 번역하신 후 교열하고 출판하고 기념 강의를 하시던 일까지 함께하였으니, 가슴이 뜨거운 홍복(洪福)이라는 사실을 알고 있습니다. 그것에 더하여 처음 통도사 강주로 가기 전에 법맥을 전해주시어 큰스님의 뜻을 잇게 하였으니 더없는 영광이지만, 그 보답을 다하지 못하여 아직도 큰 짐을 내려놓지 못하고 있습니다.

　앞으로 남은 시간이라도 혜거 화엄도반과 함께 인류사에서 가장 위대한 화엄경의 가르침을 깊이깊이 공부하여 더욱 널리, 더욱 왕성하게 펼쳐서 크나큰 은혜에 보답하려 합니다.

　나아가서 이 아름다운 출판 불사에 뜻을 함께한 모든 분께도 큰 감사의 인사를 올리며 이 책이 만천하에 널리 유포되기를 마음 다해 추천하는 바입니다. 이 인연으로 부디 화엄의 큰 물결이 온 세상에 흘러넘쳐서 집집마다 평화와 행복이 가득하기를 기도드립니다.

　　나무 대방광불화엄경
　　나무 대방광불화엄경
　　나무 대방광불화엄경

　　　　　　　　　　신라 화엄종찰 금정산 범어사 如天 無比 삼가 씀

● **목차** ●

간행사 《화엄경소론찬요》 번역서를 간행하면서 5
추천사 인류사에서 가장 위대한 화엄경의 가르침 9

━━

화엄경소론찬요 제60권 ● 십지품 제26-1

    1. 유래한 뜻 19
    2. 품명의 해석 20
    3. 종취 27
    4. 경문의 해석 36

    제1. 서분 40
        [1] 1. 시성취, 2. 주성취, 3. 처성취 41
        [2] 4. 중성취 46

    제2. 삼매를 밝힌 부분 59

제3. 가피 부분 63
    1. 가피의 원인 대상을 말하다 63
    2. 가피하실 부처님의 출현을 말하다 64
    3. 모든 부처님이 다 함께 금강장보살의 선정을 찬탄하다 68
    4. 가피와 선정의 인연을 모두 말하다 69
    5. 가피의 목적을 말하다 70
    6. 가피의 모습을 개별로 밝히다 106

제4. 삼매에서 일어난 부분 135

제5. 본론 부분 136
    1. 6가지 결정이 십지의 체성임을 밝히다 137
    2. 십지의 모양을 밝히다 145
    3. 십지의 주요 훌륭함을 밝히다 158

화엄경소론찬요 제61권 ◉ 십지품 제26-2

　　제6. 설법을 청한 부분 165
　　　　[1] 십지의 명제만 말하고 더 이상 말이 없음 166
　　　　[2] 5차례나 법을 청하다 169
　　　　　　1. 해탈월보살의 청법 174
　　　　　　2. 대중이 함께 청하다 235
　　　　　　3. 여래의 가피로 법을 청하다 247
　　　　[3] 설법을 허락한 부분 275

　　제7. 설법 부분 345

1. 유래한 뜻 345
2. 품명의 해석 346
3. 경문의 해석 346

◉ 제1. 환희지

　　• 장항
　　[1] 초지의 설법 부분 354
　　　　1. 40구절의 안주 부분 356
　　　　2. 품명을 해석한 부분 392

화엄경소론찬요 제62권 ◉ 십지품 제26-3

3. 초지에 안주하는 부분 423
[2] 비교하여 뛰어남을 밝히는 부분 446
제1단락, 서원이 뛰어나다 450
1. 10가지 서원을 밝히다 456
2. 10가지 남김없이 다하는 구절로 중생과 함께하다 518
제2단락, 수행이 뛰어나다 524
1. 수행의 의지처인 마음을 밝히다 525
2. 성취해야 할 행의 양상을 개별로 밝히다 529
   (1) 신심의 행 529

화엄경소론찬요 제63권 ● 십지품 제26-4

(2) 대비의 행과 (3) 대자의 행을 한꺼번에 밝히다 539

(4) 보시의 행 590

(5) 싫증내지 않는 행 595

(6) 경론의 지혜를 성취한 행 596

(7) 세간의 지혜를 성취한 행 597

(8) 부끄러워할 줄 아는 행 598

(9) 견고한 힘을 성취한 행 601

(10) 부처님께 공양하는 행 602

3. 10가지 행의 명칭과 체성을 끝맺다 603

제3단락, 결과의 이익이 비교하여 뛰어나다 606

1. 조련과 부드러움의 결과 609

2. 출발하여 닦아나가는 결과 623

3. 인행의 보답으로 거둔 결과 638

4. 서원과 지혜의 결과 649

• 금강장보살의 게송 650

화엄경소론찬요 제60권
華嚴經疏論纂要 卷第六十

◉

십지품 제26-1
十地品 第二十六之一

一

四門中에 初는 來意라

4분야(來意·釋名·宗趣·釋文)의 가운데 첫째는 본 품이 유래한 뜻이다.

● 疏 ●

來意者는 爲答普光十地問故라 夫功不虛設이오 終必有歸라 前明解導行願하야 賢位因終일세 今明智冥眞如하야 聖位果立이라 故有此會來也라

前是敎道오 此是證道라 敎爲證因이니 證卽證前三心之敎라 故無性攝論云 此聞熏習이 雖是有漏나 而是出世心種子性이라하니 卽斯義也라 然會來 卽是品來니 一會之中에 唯一品故일세 故釋名宗趣 亦品會無差니라【鈔_ 言證前三心者는 謂直·深·大悲니 三菩提心이 三賢別增이로대 此中齊證故니라】

'본 품이 유래한 뜻'이란 보광명전법회 여래명호품 십지의 물음에 답하기 위한 까닭이다. 공덕은 헛된 것이 아니라 반드시 마침내 되돌아오게 된다. 앞에서는 解(十住)는 십행과 십회향[願]을 이끌어 삼현 지위의 因行을 마쳤다는 점을 밝혔기 때문에 여기에서는 지혜가 진여와 하나가 되어 10가지 聖位의 과덕이 성립됨을 밝히고 있다. 이런 이유에서 이 법회가 베풀어지게 된 것이다.

앞은 '교화의 도[敎道]'이고 이는 '증득한 도[證道]'이다. 교화의 도는 증득한 도의 원인이다. '證'은 앞의 '3가지 마음'의 교법을 증

득하는 것이다. 이 때문에 무성섭론에서 "聞慧의 훈습이 유루이지만, 출세간 마음의 종자가 되는 자성이다."고 하였는데, 바로 이런 뜻을 말한다. 그러나 법회의 마련이 곧 이 십지품을 여기에 쓰게 된 유래이다. 하나의 법회에서 오직 이 한 품만을 말하였기 때문이다. 그러므로 명칭의 해석과 종취 역시 품명과 법회에 차이가 없다.【초_ "앞의 3가지 마음의 교법을 증득했다."고 말한 것은, 直心·深心·大悲心을 말한다. 3가지 보리심이 삼현의 지위에서는 별도로 증가하지만, 여기에서는 똑같이 증득하기 때문이다.】

次釋名
   2. 품명의 해석

● 疏 ●

釋名者는 會名有三하니
一은 約人名이니 金剛藏會오
二는 約處名이니 他化自在天會니 謂他化作樂具를 自得受用이니 表所入地 證如無心하야 不礙後得而起用故오 不處化樂者는 表凡聖隔絶故니라
三은 約法名이니 十地會라 卽同品名하니 所以得此名者는 本業云 '地名爲持니 持百萬阿僧祇功德이오 亦名生成一切因果'일세 故名爲地라하고 本論云 '生成佛智住持故'라하니 卽斯義也라

'품명의 해석'은 법회 명칭에 3가지의 뜻이 있다.

(1) 보살의 명호로 말하였다. '금강장보살의 법회'이다.

(2) 도량의 이름으로 말하였다. '타화자재천의 법회'이다. 이는 남들이 만들어 놓은 쾌락의 도구를 스스로 수용하여 누림을 말한다. 들어간 지위가 진여를 무심으로 증득하여 후득지에 걸림 없이 작용을 일으킴을 밝힌 것이다. 도솔천의 위, 타화자재천의 아래에 있는 '화락천'에 머물지 않은 것은 범부와 성인과의 격차가 뚜렷함을 나타낸 것이다.

(3) 법의 명칭으로 말하였다. '십지의 법회'이다. 이는 품의 명칭과 같다. 이러한 명칭을 얻게 된 바는 본업경에 이르기를 "地의 명칭은 '持'라 한다. 백만 아승기의 공덕을 지녔고, 또한 일체 인과를 생성함에 따라 붙여진 이름이다. 이 때문에 법의 명칭을 '地'라 한다."고 하였으며, 십지경의 논에서는 "부처님의 지혜를 생성하고 지녔기 때문이다."고 하니 바로 이런 뜻으로 말한다.

● 論 ●

何故로 名爲十地品고 釋曰 以明如來普光明智로 以成地體니 如經에 如是菩薩이 已踐如來普光明地는 卽大圓鏡智 是라
所說四智와 及一切種과 一切智之差別이 以此爲智體일새 以諸菩薩이 雖登十住十行十廻向이나 不離此體오 道力이 未充일새 更以十波羅蜜로 十重進修하야 令其道力圓滿이 名爲十地며
又以一波羅蜜中에 而自具十法이 名爲十地며 十十之中에 具百

이로되 百不移十故로 名爲十地며 乃至十百과 十千과 十萬과 十十萬과 十億과 乃至十不可說히 明十數가 該含一多無盡일새 故云十地라

"무엇 때문에 품명을 십지품이라 말했을까?"

이에 대한 해석은 다음과 같다.

여래의 寶光明智로 십지의 본체를 이루고 있음을 밝힌 것이다. 경문에서 말한 바와 같이 "이와 같은 보살이 이미 여래 寶光明智의 지위를 밟았다."는 것은 바로 大圓鏡智를 말한다.

여기에서 말한 四智[1]와 一切種·一切智의 차별이 이로써 십지의 본체를 삼기에, 모든 보살이 비록 십주·십행·십회향의 지위에 올랐을지라도 이의 본체에서 벗어날 수 없고, 아직은 道力이 충만하지 못하기에 다시 십바라밀로써 열 번 거듭하여 닦아나가면서 그 도력이 원만하도록 하는 것을 이름 지어 '십지'라 하고,

또한 하나의 바라밀 가운데는 그 스스로 열 가지의 법을 갖추고 있기에 이를 이름 지어 '십지'라 하며,

십바라밀이 각기 열 가지를 지닌 가운데 1백이라는 숫자가 채워지지만, 1백이라는 숫자는 '십'에서 떠날 수 없는 까닭에 그 이름을 '십지'라 하고,

나아가 십백, 십천, 십만, 십십만, 십억과 열 개의 말할 수 없는

....
1 四智:'大圓鏡智, 平等性智, 妙觀察智, 成所作智'로 法相宗에서 세운 여래의 4가지 지혜、유루의 8식,7식,6식,전5식과 그 相應心品을 轉捨하고 얻은 지혜로 십지 이전의 보살.

데에 이르기까지 '십'이라는 숫자는 그지없는 하나와 많음을 포괄하고 있음을 밝혔기에 이를 이름 지어 '십지'라고 말한다.

此十地之法이 通因十이니 卽通十信所信十箇佛果하야 卽以普光明殿所說十箇佛果의 不動智佛로 爲初信故며 乃至無礙智佛과 解脫智佛이 通十箇智佛하야 爲所信之果라 進修之中에 經十住十行十廻向히 還將十信之中十箇智果하야 以成此十地之體니 十箇智佛은 以不動智佛로 爲本하고 不動智佛은 以普光明智로 爲本하고 普光明智는 以無依住智로 爲本하고 又無依住智는 以一切衆生으로 爲本하니 如善財 見彌勒菩薩에 彌勒菩薩이 還令善財로 却見初善知識文殊師利 是其義也며 乃至於五位滿히 不離初信之佛果也니 以此十地之法이 通初徹末한 一際法門이라 是故로 號名十地品이라 品者는 均分義라 一多次第와 升進同別階級義故니 此乃是無升進中進修며 無層級中層級이니라

이 십지의 법이 모두 '십'으로 연결되어 있다. 이는 十信의 믿음의 대상이 되는 10가지의 불과를 통하여, 곧 보광명전에서 설법한 10가지 불과의 不動智佛로써 첫 믿음[初信]을 삼기 때문이며, 나아가 무애지불과 해탈지불이 10가지 '지혜의 부처[智佛]'를 통하여 믿음의 대상이 되는 불과를 삼는다. 닦아나가는 가운데 십주·십행·십회향을 거치기까지 도리어 십신의 가운데 10가지 '지혜의 불과'를 가지고서 십지의 본체를 성취한 것이다.

10가지 지혜의 부처는 부동지불로써 근본을 삼고,

부동지불은 보광명지로써 근본을 삼고,

보광명지는 無依住智로써 근본을 삼으며,

또한 무의주지는 일체중생으로써 근본을 삼는다.

선재동자가 미륵보살을 친견하였을 적에 미륵보살이 도리어 선재동자로 하여금 첫 번째 친견한 선지식, 문수사리를 찾아보도록 한 것이 바로 그런 뜻이며, 이에 5위의 원만함에 이르기까지 첫 신심[初信]의 佛果에서 벗어날 수 없다. 이는 십지의 법이 처음부터 끝까지 한때의 법문이기 때문이다. 이런 이유로 이를 십지품이라 이름 붙인 것이다.

品이란 균등하게 나눈다는 뜻이다. 하나와 많음의 차례와 올라가는 데에 같고 다른 계급이라는 뜻이기 때문이다. 이는 더 이상 위로 올라감이 없는 가운데 닦아나가는 것이며, 층계가 없는 가운데 닦아나가는 층계이다.

且畧言之컨댄 十地之體 若無十信에 能信自心初佛果者면 十地도 亦不成故며 十信之初心이 無十地十一地之佛果면 亦無成信心故니 始終이 總是不動智之果故며 能信自心者도 亦佛果故라 如是信心이라야 方得成信이니 其所修因果 終始不異不動智佛故니라

是故로 此經의 十住十行十廻向이 皆有隨位進修因果十佛號故로 十地十一地는 以取十廻向中佛果通號오 更不別立佛名號故니 爲此後十地十一地는 但取十廻向中에 理智大悲妙用하야 蘊積使德行功熟이오 更無異法이니라

또한 간추려 말하면, 십지의 본체가 만약 十信에 자기 마음의

첫 佛果를 믿음이 없다면 십지 또한 성취할 수 없고, 십신의 첫 마음이 십지와 십일지의 불과가 없다면 이 또한 신심을 성취할 수 없기 때문이다.

처음부터 끝까지 그 모두가 不動智의 果이기 때문이며, 자기의 마음을 믿는 것 또한 불과이기 때문이다. 이와 같은 신심만이 비로소 신심을 성취할 수 있다. 이는 그 수행한 바의 인과가 처음부터 끝까지 부동지불과 다르지 않기 때문이다.

이 때문에 화엄경의 십주·십행·십회향이 모두 지위에 따라서 닦아나가는 인과의 10가지 佛號가 있기 때문에 십지·십일지는 십회향 가운데 佛果의 공통된 이름을 취한 것일 뿐, 다시는 별도로 부처의 명호를 세우지 않았다. 이 뒤의 십지와 십일지는 다만 십회향 가운데 理智大悲의 미묘한 작용만을 취하여 쌓아감으로써 덕행의 공부가 성숙하도록 할 뿐, 이 밖에 또 다른 법은 없다.

以此義故로 十廻向中十箇佛果 總號之爲妙니 爲明十廻向에 已和會理事悲智妙用法成故라 以此로 如來도 亦不云升天이며 他化天王도 亦不云遙見이오 亦無迎佛과 及以興供이어늘 古人云 '十地에 無迎佛及敷座者는 以經來文이 未足者라'하니 此非爲得經之意也니라 但爲法則이 如十廻向中大願及智悲하야 修令圓滿如彼일세 故無敷座等事니 爲明法則이 依地前舊法이오 不更別有加行進修일세 以十地法門이 但依十信十住中法則하야 以不動智로 爲體니 以十住中十箇月佛과 十行中十箇眼佛과 十廻向中十箇妙佛이 以爲十信中不動智佛上加行進修일세 十地도 同

此니 準知不移初法이니라

　이러한 의의 때문에 십회향 가운데 10가지의 불과를 모두 '妙'라고 이름 붙였다. 이는 십회향에 이미 理事悲智의 미묘한 작용을 화합하여 법이 성취되었음을 밝히기 위함이다.

　이 때문에 여래 또한 '하늘에 오르셨다[升天].' 말하지 않고,
　타화천왕 또한 '멀리서 보았다[遙見].'고 말하지 않으며,
　또한 부처님을 맞이함과 공양을 일으킴이 없다고 말한다.

　그럼에도 어느 옛사람이 말하기를 "십지에서 부처님을 맞이함과 법좌를 펼쳐 앉았다는 대목이 없는 것은 경문을 쓰는 과정에 만족스럽지 못한 부분이다."고 하였다. 이는 경문의 뜻을 제대로 이해하지 못한 것이다.

　다만 법칙이 십회향 가운데 큰 서원과 큰 지혜, 큰 자비처럼 닦아서 그처럼 원만하게 한 까닭에 법좌를 펼쳐 앉았다는 등의 일이 없다. 이는 법칙이 地前의 옛 법을 따랐을 뿐, 다시는 더 이상 별도의 수행을 더하여 닦아나가야 할 게 없는 지위임을 밝히기 위함이다. 이 때문에 십지법문은 십신과 십주의 법칙을 따라서 不動智로써 본체를 삼았을 뿐이다. 십주 가운데 열 분의 '…月佛', 십행 가운데 열 분의 '…眼佛', 십회향 가운데 열 분의 '…妙佛'이 모두 십신 가운데 부동지불 위에서 더욱 수행, 정진하여 닦아나간 것이기에, 십지 또한 이와 같다. 처음의 법에서 벗어나지 않음을 준하여 알아야 한다.

三 宗趣

3. 종취

● 疏 ●

宗趣者는 先總後別이라 總有二義하니
一은 以地智斷證寄位修行으로 爲宗이오 以顯圓融無礙行相으로 爲趣라
二는 前二가 皆宗이오 爲成佛果가 爲趣니라

> 종취란 앞에서는 총체로, 뒤에서는 개별로 밝혔다.
>
> 총체로 밝힌 부분에는 2가지 뜻이 있다.
>
> 첫째, 십지의 지혜로 번뇌를 끊고 도를 증득하는 지위에 의탁한 수행으로 종지를 삼고, 원융하여 걸림 없는 행상을 밝히는 것으로 나아갈 바를 삼는다.
>
> 둘째, 앞의 2가지가 모두 종지이고, 불과를 성취함이 나아갈 바이다.

後別者는 別於上總에 畧有十義라
一約本이니 唯是果海不可說性은 以離能所證이라 故雖通一部나 此品에 正明이오
二約所證이니 是離垢眞如라
三者는 約智니 謂根本과 後得이며 亦通方便하다【鈔_ 三約智中에 亦通方便者는 正唯二智니 以後九方便이 即後得故라 初地方便

은 未是地라 故如欲入二地인댄 起於十心이라 是住初地後得智中에 進修此十이니 所謂正直과 柔軟과 堪能과 調伏과 寂靜과 純善과 不雜과 無顧戀과 廣心과 大心이라 此十若滿하면 卽入二地니라 二地에 入三等에도 皆準此知니라 初地加行이 若未圓滿하면 正屬地前四加行位니라 今言'亦通'者는 後九方便을 望於本地면 雖是後得이라도 望起後地면 爲方便이라 故初地加行을 在十地會明은 非廻向位니 故屬初地라 則此會中에 亦有未入地行之方便也라】

뒤의 개별로 밝힌 부분은 위에서 말한 총체를 구별함에 있어, 대략 10가지 뜻이 있다.

(1) 근본으로 말하였다. 오직 果海뿐이어서 자성을 말할 수 없다는 것은 증득의 주체[能證]와 증득의 대상[所證]에서 벗어난 것이다. 따라서 이는 화엄경 전체에 통하지만, 바로 이 십지품에서 밝힌 것이다.

(2) 증득의 대상으로 말하였다. 이는 번뇌를 여읜 진여이다.

(3) 지혜로 말하였다. 이는 근본지와 후득지를 말하며, 또한 方便智와도 통한다. 【초_ '(3)지혜로 말'한 부분에서 "또한 방편지와도 통한다."는 것은 바로 2가지의 지혜일 뿐이다. 뒤의 9가지 방편이 곧 후득지이기 때문이다. 初地에서의 방편은 아직 지위가 아니다. 따라서 二地에 들어가고자 한다면 반드시 10가지 마음을 일으켜야 한다.

이는 초지의 후득지 가운데 머물면서 이 10가지 마음을 닦아나가야 한다.

이는 정직한 마음, 부드러운 마음, 참는 마음, 조복 받는 마음, 고요한 마음, 순수하고 착한 마음, 잡스럽지 않은 마음, 미련 없는 마음, 넓은 마음, 큰 마음을 말한다.

이 10가지 마음이 충만하면 곧바로 2지에 들어갈 수 있다. 제2지에서 제3지 등에 들어가는 것 또한 모두 이에 준하여 알아야 한다. 초지의 정진수행이 원만하지 않으면 바로 십지 이전의 4가지 加行位[煖位, 頂位, 忍位, 世第一位]에 속한다.

여기에서 '또한 방편지와도 통한다.'는 것은 뒤의 9가지 방편을 本地에서 바라보면 그것은 비록 후득지라 할지라도, 뒤의 지위를 일으킨다는 면에서 바라보면 그것은 방편지이다. 따라서 초지에서의 정진수행을 십지 법회에서 밝힌 것은, 십회향의 지위가 아니기 때문에 초지에 속한다. 이 십지 법회 가운데 또한 십지 수행의 방편에 들어가지 못한다.】

四는 約所斷이니 謂離二障種現이라
五는 約所修니 初地에 修願行하고 二地에 戒行이오 三은 禪行이오 四는 道品行이오 五는 四諦行이오 六은 緣生行이오 七은 菩提分行이오 八은 淨土行이오 九는 說法行이오 十은 受位行이라
六은 約修成이니 有四行이라 謂初地는 信樂行이오 二는 戒行이오 三은 定行이오 四地已上은 皆慧行이라 於中에 四五六地는 是寄二乘慧오 七地已去는 是菩薩慧라
七은 約寄位行이니 十地에 各寄一度니라
八者는 約法이니 有三德이라 謂證德과 阿含德과 及不住道 是十地

之德故니라

九는 約寄乘法이니 謂初·二·三地는 寄世間人天乘이오 四·五·六·七은 寄出世三乘이오 八地已上은 世出世間이니 是一乘法이라 故以諸乘爲此地法이라【鈔_ '九約寄乘'者는 謂初地에 明施하고 復顯人王하니 卽是人乘이오 二地는 十善生天하니 是欲天乘이오 三地는 八定이니 是色無色乘일세 故以初三으로 爲人天乘이라 四地는 初斷俱生身見하야 觀於道品하니 同須陀洹이오 五地는 四諦理終하니 寄阿羅漢이오 六地는 觀緣이니 寄於緣覺이오 七地는 一切菩提分法으로 方便涉有니 故寄三乘之中大乘菩薩이라 八地已上은 旣是一乘일세 故不云寄니라】

(4) 끊어야 할 대상으로 말하였다. 번뇌장과 소지장의 종자가 나타남을 여읜 것으로 말한다.

(5) 닦아야 할 대상으로 말하였다. 초지에서는 願行을, 2지에서는 戒行을, 3지에서는 禪行을, 4지에서는 道品行을, 5지에서는 사성제행을, 6지에서는 緣生行을, 7지에서는 菩提分行을, 8지에서는 淨土行을, 9지에서는 說法行을, 십지에서는 부처 지위를 받는 행을 닦아야 한다.

(6) 닦아서 성취함으로 말하였다. 여기에는 4가지 수행이 있다.

초지에서는 믿고 좋아하는 수행,

2지에서는 지계의 수행,

3지에서는 선정의 수행,

4지 이상은 모두 지혜의 수행이다. 이 가운데 4지, 5지, 6지는 이승의 지혜에 의탁하였고, 7지 이상은 보살의 지혜에 의탁하였다.

(7) 지위에 의탁한 수행으로 말하였다. 10가지 지위마다 각기 하나의 바라밀을 의탁하였다.

(8) 법으로 말하였다. 여기에는 3가지 공덕이 있다. 증득의 공덕[證德], 아함의 공덕[阿含德], 머물지 않는 도[不住道]가 십지의 공덕이기 때문이다.

(9) 乘法에 의탁함으로 말하였다. 초지·2지·3지는 세간의 人天乘에 의탁하고, 4지·5지·6지·7지는 출세간의 삼승법에 의탁하고, 8지 이상은 출세간법에 의탁하니, 이는 一乘法이다. 따라서 모든 乘은 십지의 법이다. 【초_ "(9) 乘法에 의탁함으로 말하였다."는 것은 초지에서 보시를 밝히고, 다시 人王을 밝혔는 바, 이는 곧 人乘이다.

2지는 10가지 선업으로 천상에 태어나니 욕계의 天乘이다.

3지는 8가지 선정이니 색계와 무색계의 天乘이다. 그러므로 초지부터 3지까지는 人天乘이다.

4지는 처음으로 선천적인 번뇌[俱生煩惱: 잠재적 미세한 번뇌]와 '나'라는 것과 '나의 것'이라는 집착의 견해[身見]를 끊고서 道品을 살펴보는 것이니 수다원과 같다.

5지는 사성제의 이치가 다하였으니 아라한에 의탁하였다.

6지는 연기법을 살펴보는 것이니 연각에 의탁하였다.

7지는 일체 보리분법[7覺分]으로 방편을 삼아 有에 관련된 것이다. 그러므로 삼승 가운데 대승보살에 의탁하였다.

8지 이상은 이미 일승이기에 그 어디에 '의탁한다.'고 말하지 않았다.】

十者는 撮要니 爲六決定宗辨此故라【鈔_ 十撮要者는 本分에 當明이라 】

⑽ 가장 중요한 점만을 간추렸다. 이는 6가지 결정의 종지로 이를 말한 때문이다.【초_ "⑽가장 중요한 점만을 간추렸다."는 해당 본론 부분에서 밝히고자 한다.】

於此十中에 二·三·四·八·十은 通於圓融行布오 初一은 雙非오 餘皆行布라 多約寄法하야 顯淺深이라 故若以圓融으로 融彼行布댄 則無不圓融이라 故以別從總이 皆十地宗이라 若別中之別인댄 則地地別宗이라 別論其趣인댄 不異總趣니라

이 10가지 가운데 2지·3지·4지·8지·십지는 총체의 원융법문과 차별의 항포법문에 모두 통하고, 처음 초지는 그 어디에도 속하지 않으며, 나머지 5지·6지·7지·9지는 모두 항포법문이다. 대부분 법에 가탁하여 깊고 얕음의 자리를 밝힌 것으로 말하였다.

따라서 원융법문으로 항포법문을 융합하면 원융하지 않은 게 없다. 그러므로 개별 양상으로 원융의 총체 양상을 따르는 것이 모두 십지의 종지이다. 만일 개별 양상[十別宗之別] 가운데 개별 양상[地地中之別宗]으로 말하면 모든 지위마다 개별의 종지가 있다. 그 뜻을 개별로 논하면 원융 총체의 뜻과 다르지 않다.

問이라 何爲地前에 顯圓融德하고 地上에 行布로 彰淺劣耶아
答이라 顯一乘故니라

云何顯耶아

三乘之位에 地前은 行布오 地上은 圓融이어니와 今一乘位는 地前과 地上에 俱有行布圓融이니라 若俱雙辨인댄 則前後不異오 若地前은 行布오 地上은 圓融인댄 則全同三乘의 前淺後深이라 又似行布·圓融이 各別敎行하야 不知法性敎行이 非卽非離니 故於地前에 但顯圓融하야 已過三乘하고 地上에 多明行布하야 以顯超勝이라

勝相은 云何오

謂賢位始終에 已圓融自在니 登地已去에 則甚深甚深하야 言所不至라 若不寄位면 何以顯深이며 不包三乘이면 何以顯廣이리오 故虛空鳥迹이 迹迹合空이오 大海十德이 德德皆海라 地地之中에 具攝一切諸地功德이니 文文之內에 皆云若以殊勝願力인댄 復過於此 不可數知라하니라 故剛藏이 俟五請而方說하고 世親이 以六相而圓融이 意在於斯矣니라

又此一會는 文唯一品이오 闕於方便及勝進者는 正表斯義니라

所以闕方便者는 有二義故니 一은 表證法無二라 離方便故오 二는 總攝三賢이니 皆爲入地之方便故라

闕進趣者는 亦有二義하니 一은 十地如佛하야 更無趣故오 二는 以十定等品이 卽此勝進故니라

若爾인댄 何以別會說耶아 含二義故니 一은 開此勝進하야 成等覺故오 二는 勝進趣佛에 行深遠故니라 若別立方便勝進인댄 卽不得包攝前後하야 顯地圓融이라 十地甚深이 良在於此니라 地前은 乃我地之前이니 安得云深이리오 異於地上이라하야 此解尤妙니 學者

應思어다

"어찌하여 십지 이전에서는 원융법문의 공덕을 밝혔고, 십지 이상에서는 항포법문으로 얕고 낮은 공덕을 밝혔는가?"

"일승법을 밝히기 위한 때문이다."

"어떻게 이를 밝힐 것인가?"

삼승의 지위에서는 십지 이전은 항포법문이고, 십지 이상은 원융법문이지만, 지금 일승의 지위에서는 십지 이전과 십지 이상에 항포법문과 원융법문을 모두 갖추었다.

만약 이를 동시에 모두 밝힌다면 앞뒤가 다르지 않다. 십지 이전은 항포법문이고, 십지 이상은 원융법문이라면 삼승의 '앞은 얕고 뒤는 깊다.'는 관점과 완전히 똑같다. 또한 항포법문과 원융법문이 각각 교법과 수행을 구별하여, 법성종의 교법과 수행이 하나도 아니고 분리된 것도 아님을 알지 못한 것이다.

이 때문에 십지 이전에서는 원융법문만을 밝혀 삼승보다 뛰어남을 말하였고, 십지 이상에서는 대부분 항포법문을 밝혀 아주 훌륭한 점을 드러냈다.

"훌륭한 모양은 어떠한가?"

삼현의 지위는 처음부터 끝까지 이미 원융하고 자재하였다. 십지에 오른 후에는 매우 깊고 깊어서 말로 표현할 수 없다. 그 어떤 지위에 붙여 말하지 않으면 어떻게 깊은 경지를 밝힐 것이며, 삼승을 포함하지 않으면 어떻게 광대한 자리를 밝힐 수 있겠는가.

이 때문에 허공의 새 발자국은 발자국마다 허공에 하나가 되고, 바다의 10가지 공덕은 공덕마다 모두 바다처럼 드넓고도 깊다. 지위마다 일체 모든 지위의 공덕을 모두 가지고 있다. 문구마다 모두 '만일 뛰어난 원력이라면 또한 이보다 뛰어난 것을 헤아려 알 수 없다.'고 말하였다.

그러므로 금강장보살은 5차례나 법을 청할 때까지 기다렸다가 비로소 설법하였고, 세친보살은 '6가지 양상이 원융하다.'고 말한 뜻이 바로 여기에 있다.

또한 이 법회에서의 화엄경은 오직 하나의 품일 뿐이고, 방편과 잘 닦아나가는 부분을 빠뜨렸다고 하는 것은 바로 이런 뜻을 나타낸 것이다.

'방편 부분을 빠뜨렸다.'는 데에는 2가지 뜻이 있다.

(1) 법이 둘이 아님을 증득하였다. 이는 방편을 여읜 때문이며,

(2) 삼현의 지위를 모두 받아들였다. 이는 모두 십지에 들어가는 방편이 되기 때문이다.

'잘 닦아나가는 부분을 빠뜨렸다.'고 말한 것 또한 2가지 뜻이 있다.

(1) 십지는 부처의 지위와 같아서 더 이상 앞으로 나아갈 게 없기 때문이며,

(2) 십정품 등은 곧 이 십지품을 잘 닦아나가야 하기 때문이다.

"그렇다면 어찌하여 법회를 달리하여 말하였는가?"

여기에는 2가지 뜻을 담고 있기 때문이다.

(1) 잘 닦아나감을 전개하여 등정각을 성취한 때문이며,

(2) 잘 닦아 부처의 지위에 나아감에 수행이 더욱 깊고 원대하기 때문이다.

만일 방편과 잘 닦아나감을 분리하여 개별로 세운다면 앞뒤를 모두 포섭하여 십지가 원만하게 융통함을 밝힐 수 없다. 십지가 더욱 심오한 점은 참으로 여기에 있다. 십지 이전은 나의 십지 이전에 그칠 뿐이다. 어떻게 심오하다고 말할 수 있겠는가. '십지 이상과 다르다.'고 해야 이 견해가 더욱 미묘할 것이다. 배우는 이들은 이런 점을 깊이 생각해야 한다.

第四 釋文
4. 경문의 해석

一品을 分二니 初는 長行散說이오 後는 偈頌總攝이라
偈中에 雖有第十地偈나 以後有總攝之偈라 前隔結通等文일새 故從文便科之하야 中間諸頌을 攝在當地라
初 長行中에 二니 先은 正說十地오 後 爾時復以下는 菩薩證成이라 前中에 亦二니 先은 顯此界所說이오 後 如此世界 下는 結通十方齊說이라【鈔_ 然下用論이 小異於古라
謂論에 先具牒經文하고 後以論釋이라 遠公은 先委釋經하고 後復釋論이어늘 後人이 多取遠公釋論之文하고 不觀前文釋經之處일새 故多缺畧이라 今皆對會二處釋文하니 爲一異也라

二는 昔人이 或釋經竟하고 後牒論釋하며 或復牒論하고 而後釋論이어니와 今則經中易者는 則直用論하야 爲疏釋之하며 或令義顯하야 加一兩字라 若經文難에는 則先釋經하고 後引論釋이오 若論難者는 先牒論文하고 後方疏釋하며 或先取論意하야 以解經文하고 後引論證하니 爲二異也라

三은 晉經·論經과 及今唐本 三經이 不同일세 賢首 釋晉하고 遠公 釋論이어늘 後人은 但取以釋今經하니 若不善會면 時有差失이니라 今同則不明하고 異則通會 爲三異也라】

십지품은 2단락으로 나뉜다.

앞은 산문으로 분산하여 말하였고,

뒤는 게송으로 총체로 포괄하였다.

뒤의 게송 부분에는 비록 제10지의 게송이 있으나, 그 이후는 총체로 포괄한 게송이다. 앞의 '전반적인 결론[結通]' 등의 문장과 격리되어 있기에, 문장의 편의에 따라 과목을 나누어, 중간의 모든 게송을 해당 지위에 포괄하였다.

앞의 산문 부분은 2단락이다.

Ⅰ. 바로 십지를 말하였고,

Ⅱ. '爾時復以佛神力故' 이하는 보살이 성취를 증명하였다.

'Ⅰ. 바로 십지를 말한' 부분 또한 2단락이다.

가. 이 세계에서 설법할 대상을 밝혔고,

나. '如此世界' 이하는 시방세계에서 동시에 설법하는 것으로 총괄하여 끝맺었다. 【초_ 그러나 아래에서 인용한 논은 옛사람의

말과는 조금 다르다.

첫째, 십지경의 논에서는 먼저 경문을 모두 구체적으로 뒤이어서 썼고, 그다음에 통현론으로 해석하였다. 따라서 혜원 법사는 먼저 자세하게 경문을 해석하고, 뒤이어서 다시 통현론으로 해석하였다. 그러나 후인들은 대부분 혜원 법사가 '통현론으로 해석[釋論]'한 문장만을 취했을 뿐, '먼저 자세하게 경문을 해석[釋經]'한 부분을 눈여겨보지 않았다. 이 때문에 빠뜨리거나 생략된 부분이 많다. 이의 청량소에서는 '자세한 경문 해석[釋經]'과 '통현론으로 해석[釋論]'한 2부분의 문장을 모두 상대로 회통하였다. 이것이 첫째 다른 점이다.

둘째, 옛사람은 경문의 해석을 끝마치고 뒤이어서 통현론을 해석하거나, 혹은 다시 통현론을 뒤이어서 말하고 그 뒤에 통현론을 해석하였다. 그러나 이의 청량소에서는 경문 가운데 이해하기 쉬운 부분은 바로 통현론을 인용하여 청량소를 해석하였고, 혹은 그 의의를 분명하게 밝히고자 한두 글자를 더하기도 했다. 만약 경문이 난해한 부분의 경우는 먼저 경문을 해석하고 뒤에 통현론을 인용하여 해석하였고, 통현론이 난해한 부분은 먼저 통현론의 문장을 뒤이어 쓰고서 그 뒤에 비로소 청량소로 해석하거나 혹은 먼저 통현론의 의미를 취하여 경문을 해석하고, 뒤에 통현론을 인용하여 증명하였다. 이것이 둘째 다른 점이다.

셋째, 60권 화엄경과 십지경론 및 현재의 80권 화엄경, 이 3가지 경문이 똑같지 않기에, 현수 대사는 60권 화엄경으로 해석하였고 혜원 법사는 통현론으로 해석하였는데, 후세의 사람들은 다만 현재의 80권 화엄경으로 해석할 뿐이다. 만일 잘 이해하지 못하면 때로 잘못을 범할 수 있다. 여기에서는 같은 부분은 밝히지 않고, 다른 부분만을 전반적으로 회통하였다. 이것이 셋째 다른 점이다.】

前中大科는 總有十分이니 一은 序分이니 起說由致故오 二는 三昧分이니 顯證能說故오 三은 加分이니 示說不虛故오 四는 起分이니 定無言說故오 五는 本分이니 起先畧陳故오 六은 請分이니 聞名渴仰故오 七은 說分이니 正爲廣陳故오(上七은 依論次第니라) 八은 影像分이니 別說難曉하야 以喩總明故오 九는 利益分이니 爲說旣竟하고 顯勝勸修故오 十은 偈頌分이니 散說難知故라 若依十地면 卽爲十段이라

앞의 큰 科判은 모두 10부분이다.

제1. 序分. 설법의 인연 유래를 일으킨 때문이다.

제2. 三昧分. 설법의 주체를 나타내어 증명한 때문이다.

제3. 加分. 설법이 공허하지 않음을 보여주기 때문이다.

제4. 起分. 선정삼매에 들어 말이 없기 때문이다.

제5. 本分. 선정에서 일어나 먼저 간단하게 설법한 때문이다.

제6. 請分. 명성을 듣고서 몹시 추앙한 때문이다.

제7. 說分. 바로 자세히 설법한 때문이다.(위의 7부분은 논에 의한 차례이다.)

제8. 影像分. 별개로 이해하기 어려움을 말하여 비유로써 총괄하여 밝힌 때문이다.

제9. 利益分. 설법을 끝마치고서 수승함을 나타내어 수행을 권

면한 때문이다.

제10. 偈頌分. 알기 어려운 부분을 이리저리 설법한 것이다.

十地를 따라 구분하면 10단락이다.

初歡喜地는 文有八分이니 七如前明이오 第八은 名爲挍量勝分이니 文之分齊는 至下明顯하리라

今初序分은 論經別行으로 具六成就하니 今攝在大部일새 故闕信聞이오 但有餘四니 謂一時 二主 三處 四衆이라 雖有四事나 而論에 但云時處等은 挍量顯示勝故오 此法勝故니라 在於初에 時及勝處說이로되 而不言主衆勝者는 意明主衆은 餘經容有故니라 若以相從인댄 主旣十身이오 衆不可說이니 亦得名勝이라 故論有等言이니라 四段은 分二니 一은 時主處勝이오 二는 明衆勝이라

今은 初라

첫 환희지에 관한 문장은 8부분이다. 앞의 7부분[제1. 序分~제7. 說分]은 앞에서 밝힌 바와 같고, '제8. 影像分'은 '挍量勝分'이라고 말하였다. 이 경문의 부분과 한계는 아래 해당 부분에서 분명하게 밝힐 것이다.

제1. 序分

이는 경문을 논한 別行으로 6가지의 성취[2]를 갖추고 있다. 여

---

2 6가지의 성취: (1) 信成就. 신이란 '如是'이다. 如是란 곧 모든 경전의 法體이다. (2) 聞成就. 문이란 我聞이다. 아문이란 이와 같은 법을 말한다. (3) 時成就. 시란 一時이다. 일시란 법왕이 아름다운 법회를 여는 때를 말한다. (4) 主成就. 주란 곧 부처님이다. (5) 處成就. 처란 부처님께서 설법하신 도량이다. (6) 衆成就. 대중이란 보살, 이승, 천선 등 모든 대중을 말한다.

기에서는 해당 부분의 경문 분량이 너무 많기에 6가지 성취 가운데 '信成就'와 '聞成就'를 제외한 채, 나머지 4가지 성취만을 말하였다. 그것은 1. 時成就, 2. 主成就, 3. 處成就, 4. 衆成就이다.

비록 4가지 성취에 관한 일이지만, 논에서 1. 시성취, 3. 처성취 등만을 말한 것은 비교하여 나타내어 보여줌이 훌륭한 때문이며, 이 법이 훌륭한 때문이다. 첫 환희지에서 시성취와 처성취의 훌륭함을 말했지만, 2. 주성취와 4. 중성취의 훌륭함을 말하지 않은 것은 주성취와 중성취란 다른 경전에서 이미 간혹 언급되어 있기 때문이다. 만일 상종하는 대중으로 말하면 설법주는 이미 十身이 갖춰져 있고, 대중의 수효는 말할 수 없다. 이 때문에 '논에서 …등만을 말하였다.'고 하였다.

4단락은 2부분으로 나뉜다.

[1] 1. 시성취, 2. 주성취, 3. 처성취의 훌륭함이며,

[2] 4. 중성취의 훌륭함을 밝혔다.

이는 첫 부분이다.

經

爾時에 世尊이 在他化自在天王宮 摩尼寶藏殿하사

그때, 세존이 타화자재천왕궁의 마니보장전에 계시면서

● 疏 ●

爾時者는 時勝이니 以是初時일세 得名爲勝이라 故論云 '婆伽婆 成

道未久인 第二七日故라'하니라 論經은 別行일세 故標二七이어니와 今
經은 攝在大部일세 但云爾時니 卽是初會始成正覺時也라
'且依論明호되 若依初表勝인댄 初七이 最初어늘 何故不說고'
論云 '思惟行과 因緣行故라'하니라 因者는 能說之智오 緣者는 所化
之機니 欲將所得妙法하사 以逗物機일세 故云思惟行行이라 故法
華云 '我所得智慧는 微妙最第一이라'하니 思惟因也오 衆生諸根
鈍等은 思惟緣也니라
'論云 本爲利他成道어늘 何故로 七日思惟不說고'
顯示自樂大法樂故라
此問意云 在法身地하야는 見機堪化하야사 方應成佛이어늘 何用更思오
今答意云 非是思而後知라 自爲受法樂故니라 大法樂者는 卽所
得智慧에 寂靜樂也니라
論云 何故로 顯已法樂고
爲令衆生으로 於如來所에 增長愛敬心故며 復捨如是妙樂하고 悲
愍衆生하사 爲說法故니라
'何故로 唯行因緣行耶아'
顯示不共法故니라 謂窮智究竟하시며 照機無遺는 除佛一人하고 無
能及者니 名不共法이라 又因緣도 亦卽所證深理니 唯佛窮故니라

첫째, '그때[爾時]'란 '1. 時成就'의 훌륭함[勝]이다. 이는 첫 법회를 열었던 때이기에 그 이름을 '훌륭하다.'고 말한 것이다. 그러므로 논에서 "바가바(석가모니)께서 성도하신 지 오래되지 않은, 14일만의 일이기 때문이다."고 하였다. 논에서는 경문과는 별도로 썼

42

기에 '14일'이라 밝혔지만, 이 화엄경에서는 해당 부분의 경문 분량이 너무 많기에 단 '爾時' 2글자로 줄여서 말하였을 뿐이다. 이는 곧 첫 법회에서 '처음 정각을 이루셨을 때'를 말한다.

"또한 논경을 따라 밝히되 만일 첫 법회에 의하여 훌륭함을 밝힌 것이라면, 성도 이후 첫 번째 7일이 최초인데, 무슨 까닭에 이는 말하지 않았는가?"

논경에서 이르기를 "사유의 행이고 인연의 행이기 때문이다."고 하였다. 因이란 '설법 주체의 부처님 지혜'이고, 緣이란 '교화 대상의 중생의 근기'이다. 이미 얻은 미묘한 법을 가지고서 중생의 근기에 맞추려 하였기 때문에 '사유의 행으로 행하였다.'고 말하였다.

이 때문에 법화경에서는 "내가 얻은 지혜는 미묘함이 가장 으뜸이다."고 하였다. 이는 思惟의 因이고, '중생의 근기가 아둔하다.'는 등은 사유의 緣이다.

"논에 이르기를 '본래 이타행으로 중생을 제도하기 위하여 성도를 하였다.'고 말하였는데, 무슨 까닭으로 이레 동안 사유만 한 채, 아무런 말 한마디를 하지 않은 것일까?"

이는 법의 큰 즐거움을 스스로 누리고 계심을 보여주신 때문이다.

물음의 의도는 "법신의 지위에 있어서는 중생의 근기를 보고서 잘 교화해야 비로소 성불했다고 말할 수 있는데, 무엇 때문에 다시 사유한 것일까?"라는 것이다.

따라서 이에 대한 대답의 의의는 다음과 같다.

"이는 사유를 통한 후에 아는 것을 말한 게 아니다. 스스로 법의 즐거움을 누린 때문이다. '법의 큰 즐거움'이란 깨달음을 얻은 지혜의 고요한 즐거움이다."

논에서 말하였다. "무슨 까닭으로 자신이 누리는 법의 즐거움을 밝힌 것일까?"

"중생으로 하여금 여래의 도량에서 사랑하고 공경하는 마음을 더욱 키워주기 위함이며, 또한 이처럼 미묘한 즐거움을 버리고 중생을 가엾이 여겨 설법하기 위함이다."

"무슨 까닭으로 오직 因緣行만 행하였을까?"

"그 누구도 함께할 수 없는 법임을 밝힌 것이다. 지혜는 최상의 끝자리까지 다하였고, 빠뜨림 없이 중생의 근기를 살필 수 있는 것은 오직 부처님 한 분을 제외하고 그 누구도 미칠 사람이 없기에, 이를 '그 누구도 함께할 수 없는 법'이라고 말한다. 또한 인연법 역시 증득하신 깊은 이치이다. 오직 부처님만이 다할 수 있기 때문이다."

二'世尊'者는 主勝이니 義如前釋하니라

둘째, 세존은 '2. 主成就'의 훌륭함이다. 이의 의의는 앞에서 해석한 바와 같다.

三'在他化'下는 處勝이니 論云 此處宮殿勝故라 宮은 卽自在天宮이니 勝下五天故니라 殿은 卽摩尼寶藏 純寶所成이니 勝寶嚴故니라 他化天宮은 旣表地智 無心而成化事요 摩尼寶殿은 亦表慈覆無心하야 出用無盡이라

'若以欲頂으로 爲表勝者인댄 色界尤勝이어늘 何不彼說고'
論云 '此處는 感果故라'하니 謂機感이 在此故라 又色界는 爲長壽天
難이니 不能感果오 能感勝果는 必是欲界之身이라 故密嚴中에 明
'此處는 十地菩薩이 常所游履라'하고 大乘同性經云 '此處에 有報
佛淨土라'하니 故於此處說이라 若唯約機感인댄 失所表義니라

셋째, '타화자재천왕궁에 계신다.' 이하는 '3. 處成就'의 훌륭함
이다.

논에 이르기를 "이곳의 궁전이 훌륭하기 때문이다."고 하였다.

이의 궁전은 곧 타화자재천궁이다. 아래의 다섯 하늘보다 훌륭
하기 때문이다.

'마니보장전'은 마니주 창고인 순수한 보배로 만들어진 전각이
다. 훌륭한 보배로 장엄하였기 때문이다.

타화자재천궁은 이미 십지의 지혜가 무심으로 교화의 일을 성
취함을 밝혔고, 마니보장전 또한 무심으로 자비를 베풀어 그 작용
이 그지없음을 나타냈다.

"만일 욕계의 정상으로 훌륭함을 밝히기 위함이라면 색계가
보다 더 훌륭한 곳인데, 어찌하여 그곳에서는 설법하지 않았는가?"

논에 이르기를 "이곳은 과보로 얻은 곳에 거처하기 때문이다."
고 하였다. 이는 중생의 근기로 얻은 곳이 이 세계에 있기 때문임
을 말한다.

또한 색계는 長壽天의 어려움이 있다. 이는 과보로 얻을 수 있
는 곳이 아니며, 훌륭한 과보로 얻을 수 있는 곳은 반드시 욕계의

몸이다. 따라서 밀엄경에서는 "이곳은 십지 보살이 항상 노니는 곳이다."고 밝혔으며, 대승동성경에서는 "이곳에 보신불 여래의 정토가 있다."고 하였다. 이 때문에 이곳에서 설법한 것이다. 만약 오직 중생의 근기로 얻은 곳이라는 부분으로 말한다면, 이는 여기에서 밝힌 본의를 상실한 것이다.

二. 明衆勝

文分爲五니 一은 揀定衆類오 二는 歎其勝德이오 三은 依德列名이오 四는 結數難測이오 五에 '金剛藏' 下는 標說法主라

今은 初라

[2] 4. 중성취

보살 대중의 훌륭함을 밝혔다. 이의 문장은 5단락으로 나뉜다.

1) 선정 대중의 무리와 다름을 구분하였고,
2) 보살 대중의 훌륭한 공덕을 찬탄하였으며,
3) 공덕에 따라서 명호를 나열하였고,
4) 끝맺은 수효를 헤아리기 어려우며,
5) '금강장' 이하는 설법주를 밝혔다.

이는 '1) 선정 대중'이다.

經

與大菩薩衆으로 俱하시니 其諸菩薩이 皆於阿耨多羅三

藐三菩提에 **不退轉**이라 **悉從他方世界來集**하니

큰 보살 대중과 함께 계셨다.

그 모든 보살들은 모두가 아뇩다라삼먁삼보리에서 물러서지 않는 이들이다. 그 모두가 다른 세계에서 모여들었다.

● 疏 ●

文三이니

一은 揀大異小니 同菩薩故니라

二 '其諸' 下는 揀尊異卑니 謂八地已上은 念不退轉故라 彌勒問經에 云 '自分堅固를 名不退오 勝進不壞를 名不轉이라 하니 若準論經인댄 又云 '皆一生에 得無上菩提라 하니 則皆等覺이라 等覺이 亦通念不退故라 又仁王經에 '一生正得下寂滅忍이라 하니 言不退者는 不復退入無生忍故라 顯文雖爾나 本迹難量이니 多是諸佛之所化故니라

三 '悉從' 下는 揀新異舊니 他方集故니라

이의 경문은 3부분이다.

(1) 대승이 소승과 다름을 구분하였다. 이는 보살과 같기 때문이다.

(2) '其諸' 이하는 존귀하신 분은 낮은 중생과 다름을 구분하였다. 8지 이상은 '생각마다 깨달음의 세계에 들어가 물러서거나 전변하지 않는 지위'이기 때문이다. 미륵소문경에서는 "스스로의 본분이 견고한 것을 '물러서지 않음[不退]'이라 말하고, 잘 나아가면

서 무너뜨리지 않음을 '전변하지 않음[不轉]'이라고 말한다."고 하였다.

만약 십지경의 논에 준하면 또한 "모두 일생에 위없는 보리를 얻는다."고 하였다. 이는 모두 '등각'이라는 뜻이다. 등각 또한 三不退의 하나인 '생각마다 물러서지 않는[念不退]' 데에 통하기 때문이다.

또한 인왕경에서는 "일생토록 바로 하열한 寂滅忍을 얻는다."고 하였다. '不退'라 말한 것은 다시는 물러서지 않고 '無生忍'에 들어가기 때문이다. 뚜렷한 문장은 비록 이처럼 이해하기 쉽지만, 본래의 자취는 헤아리기 어렵다. 이는 대부분 모든 부처님의 교화 대상이기 때문이다.

(3) '悉從' 이하는 새로 찾아온 보살이 예전에 왔던 보살과 다름을 구분하였다. 다른 세계에서 찾아왔기 때문이다.

● 論 ●

'悉從他方世界來集'者는 以從十廻向法으로 來成十地를 名爲他方이라 法界性中에 無別他方이오 以未至位處로 名他方故며 乃至諸位도 例然이니라

"모두가 다른 세계에서 모여들었다."는 것은 십회향법으로부터 찾아와 십지를 성취하였기에 '다른 세계[他方]'라 말하였다.

법계의 자성에는 또 다른 별개의 세계가 있을 수 없다. 그 지위의 경지에 이르지 못한 것으로 '다른 세계'라 말한 때문이며, 모든

지위에 대해서도 이러한 예와 같다.

二 歎其勝德

2) 보살 대중의 훌륭한 공덕을 찬탄하다

經
住一切菩薩智所住境하며
入一切如來智所入處하야 勤行不息하며

일체 보살지혜의 머무는 경계에 머무르며,

일체 여래지혜의 들어간 곳으로 들어가 부지런히 수행하여 멈추지 않으며,

● 疏 ●

歎德中에 有二十句하니 初二는 畧明이오 後二는 總結이오 中間은 廣歎이라

今初 畧中에 初句는 自分行滿이니 謂權實無礙智로 住眞俗雙融境하야 境智一如하야 無住住故라

後句는 勝進行滿이니 證佛所證이 則是如來오 勤行不息일세 故名菩薩이라

공덕을 찬탄한 부분에는 20구절이 있다.

첫 2구절은 간추려 밝혔고, 뒤의 2구절은 총체로 끝맺었으며,

49

중간의 구절들은 널리 찬탄하였다.

첫 2구절의 간추려 밝힌 가운데 첫 구절[住一切菩薩智所住境]은, 자신의 수행이 원만함이다. 이는 방편의 權敎와 진여의 實敎에 걸림 없는 지혜로 진제와 속제가 모두 원융한 경계에 머물러, 경계와 지혜가 하나가 되어 '머무름이 없는 데'에 머물렀기 때문이다.

뒤 구절[入一切如來智所入處 勤行不息]은 잘 닦아나가는 수행이 원만함이다. 부처님이 일찍이 증득했던 바를 증득한 것이 곧 '여래'이고, 부지런히 수행하여 멈추지 않기에 그를 '보살'이라 말한다.

經

善能示現種種神通의 諸所作事하며
敎化調伏一切衆生호되 **而不失時**하며
爲成菩薩一切大願하야 **於一切世一切劫一切刹**에 **勤修諸行**하야 **無暫懈息**하며

(1) 가지가지 신통으로 지었던 모든 일을 잘 나타내 보이며,

(2) 일체중생을 교화하고 조복하면서도 시기를 잃지 않으며,

(3) 보살의 일체 큰 서원을 성취하기 위하여 일체 세간, 일체 겁, 일체 국토에서 모든 수행을 부지런히 닦으면서 잠시도 게으르거나 쉬지 않으며,

● 疏 ●

二는 廣歎이라

有十六句를 分二니 前十三句는 廣自分이오 後三은 廣勝進이라
前中亦二하니
初三은 明行修具足이니 一은 神用善巧오 二는 調化應時오 三은 行
願이 徧於時處라

둘째, 중간 구절은 널리 찬탄함이다.

16구절은 2부분으로 나뉜다.

앞의 13구절은 자신의 공덕을 널리 찬탄하였고,

뒤의 3구절은 잘 닦아나가는 수행을 널리 찬탄하였다.

앞의 13구절은 또다시 2부분으로 나뉜다.

첫째, 3구는 행이 두루 갖춰져 있음을 밝혔다.

제1구는 신통의 작용이 뛰어나고,

제2구는 조복과 교화를 때에 맞추며,

제3구는 수행과 서원이 시간과 장소에 두루 빠뜨림이 없다.

經

具足菩薩福智助道하야 普益衆生호되 而恒不匱하며
到一切菩薩智慧方便究竟彼岸하며
示入生死와 及以涅槃호되 而不廢捨修菩薩行하며
善入一切菩薩禪定解脫三昧三摩鉢底神通明智하며
諸所施爲에 皆得自在하며
獲一切菩薩自在神力하며
於一念頃에 無所動作호되 悉能往詣一切如來道場衆

會하야 爲衆上首하야 請佛說法하며
護持諸佛正法之輪하며
以廣大心으로 供養承事一切諸佛하며
常勤修習一切菩薩所行事業하며

 (4) 보살의 복과 지혜와 도를 돕는 일이 두루 넉넉하여 중생에게 널리 이익을 베풀되 언제나 다함이 없으며,

 (5) 일체 보살의 지혜 방편과 구경의 피안에 이르며,

 (6) 생사와 열반에 들어감을 보이지만 보살행의 닦음을 그만두지 않으며,

 (7) 일체 보살의 선정, 해탈, 삼매, 사마타, 신통, 밝은 지혜에 잘 들어가며,

 (8) 모든 하는 일에 다 자재함을 얻으며,

 (9) 일체 보살의 자재한 신통력을 얻으며,

 (10) 한 생각의 찰나에 꼼짝하지 않으면서도 일체 여래 도량의 대중법회에 찾아가 대중의 상수보살이 되어 부처님께 설법을 청하며,

 (11) 모든 부처님의 바른 법륜을 보호하고 유지하며,

 (12) 광대한 마음으로 일체 부처님을 공양하고 받들어 섬기며,

 (13) 언제나 일체 보살이 행해야 할 일들을 부지런히 닦고 익히며,

● 疏 ●

餘十句는 德用圓備니 四는 福智益而不竭이오 五는 權實智慧가 皆已究竟이오 六은 以無住道 不捨修行이오 七은 內證定智通明이오 八은 外用施爲自在오 九는 內獲自在幹能이오 十은 外能一念으로 周徧請法이오 十一은 護法이오 十二는 供養이오 十三은 二利勤修라

나머지 10구는 공덕의 작용이 원만히 갖춰짐이다.

제4구는 복덕과 지혜의 이익이 다하지 않고,

제5구는 권교와 실교의 지혜가 모두 이미 끝까지 다했으며,

제6구는 머묾 없는 도에서 수행을 버리지 않고,

제7구는 안으로 선정 지혜가 신통하고 밝음을 증명하였으며,

제8구는 밖으로 하는 일이 자재하고,

제9구는 안으로 자재한 능력을 얻었으며,

제10구는 밖으론 일념으로 널리 법을 청하고,

제11구는 불법을 보호하며,

제12구는 공양을 올리며,

제13구는 자리와 이타행을 부지런히 닦음이다.

經

其身이 普現一切世間하며
其音이 普及十方法界하며
心智無礙하야 普見三世하며
一切菩薩의 所有功德을 悉已修行하야 而得圓滿하야

於不可說劫에 說不能盡하니

(14) 그 몸이 일체 세간에 널리 나타나며,

(15) 그 음성이 시방 법계에 두루 미치며,

(16) 마음의 지혜가 걸림 없어 널리 삼세를 보며,

일체 보살이 지닌 공덕을 모두 이미 수행하여 원만함을 얻어,

말할 수 없는 겁에 이루 말로 다할 수 없다.

● 疏 ●

後三은 廣勝進이니 卽三業廣大오 及悉已下는 結文이니 竝顯可知라

뒤의 3구절은 잘 닦아나가는 수행을 널리 찬탄함이다. 이는 곧 삼업이 광대함이다.

'悉已' 이하는 끝맺은 글이다. 그 뜻이 뚜렷하여 설명하지 않아도 알 수 있다.

三 依德列名

3) 공덕에 따라서 명호를 나열하다

經

其名曰 金剛藏菩薩과 寶藏菩薩과 蓮華藏菩薩과 德藏菩薩과 蓮華德藏菩薩과 日藏菩薩과 蘇利耶藏菩薩과 無垢月藏菩薩과 於一切國土普現莊嚴藏菩薩과 毘盧

遮那智藏菩薩과 妙德藏菩薩과 栴檀德藏菩薩과 華德藏菩薩과 俱蘇摩德藏菩薩과 優鉢羅德藏菩薩과 天德藏菩薩과 福德藏菩薩과 無礙淸淨智德藏菩薩과 功德藏菩薩과 那羅延德藏菩薩과 無垢藏菩薩과 離垢藏菩薩과 種種辯才莊嚴藏菩薩과 大光明網藏菩薩과 淨威德光明王藏菩薩과 金莊嚴大功德光明王藏菩薩과 一切相莊嚴淨德藏菩薩과 金剛焰德相莊嚴藏菩薩과 光明焰藏菩薩과 星宿王光照藏菩薩과 虛空無礙智藏菩薩과 妙音無礙藏菩薩과 陀羅尼功德持一切衆生願藏菩薩과 海莊嚴藏菩薩과 須彌德藏菩薩과 淨一切功德藏菩薩과 如來藏菩薩과 佛德藏菩薩과 解脫月菩薩이라

보살들의 그 명호는 다음과 같다.

금강장보살, 보장보살, 연화장보살,

덕장보살, 연화덕장보살, 일장보살,

소리야장보살, 무구월장보살, 어일체국토보현장엄장보살,

비로자나지장보살, 묘덕장보살, 전단덕장보살,

화덕장보살, 구소마덕장보살, 우바라덕장보살,

천덕장보살, 복덕장보살, 무애청정지덕장보살,

공덕장보살, 나라연덕장보살, 무구장보살,

이구장보살, 종종변재장엄장보살, 대광명망장보살,

정위덕광명왕장보살, 금장엄대공덕광명왕장보살,

일체상장엄정덕장보살, 금강염덕상장엄장보살,

광명염장보살, 성수왕광조장보살, 허공무애지장보살,
묘음무애장보살, 다라니공덕지일체중생원장보살,
해장엄장보살, 수미덕장보살, 정일체공덕장보살,
여래장보살, 불덕장보살, 해탈월보살이다.

● 疏 ●

名中에 前三十八이 同名藏者는 表地法에 有含攝衆德하며 出生果用故라

後一에 名解脫月者는 卽請法上首니 脫衆疑暗하야 使得淸涼이 如夜月故오

又藏表根本智하야 包含出生이오 月은 表後得하야 淸涼益物이라

蘇利耶者는 此云月也오 俱蘇摩者는 悅意也니 卽是華名이라 餘之別名은 可隨義釋이니라

　명호 가운데 앞의 38보살의 명호가 한결같이 '藏'으로 말한 것은, 십지 법문에 수많은 공덕을 간직하고서 불과의 작용을 내주기 때문이다.

　맨 끝 구절에서 '해탈월보살'이라는 명호를 가진 보살은 법문을 청하는 상수제자이다. 대중의 의심과 어둠에서 해탈시켜 시원하게 해줌이 마치 한밤중의 달과 같기에 붙여진 명호이다.

　또한 '藏'이란 근본지를 나타내어 불과의 작용을 내준다는 뜻을 포함하였고,

　'月'은 후득지를 나타내어 시원하게 중생의 이익이 되는 바를

말하였다.

'蘇利耶'는 중국에서는 '달[月]'이라는 뜻이며, '俱蘇摩'는 기쁘다는 뜻으로, 이는 꽃의 이름이다. 나머지 개별의 명호는 그들의 뜻을 따라 해석한 것이다.

四 結數

4) 끝맺은 수효를 헤아리기 어렵다

經

如是等無數無量無邊無等不可數不可稱不可思不可量不可說諸菩薩摩訶薩衆에

이와 같이 헤아릴 수 없고, 한량없고, 끝없고, 같을 이 없고, 셀 수 없고, 일컬을 수 없고, 생각할 수 없고, 요량할 수 없고, 말할 수 없는 모든 보살마하살 대중 가운데,

● 疏 ●

可知니라

이는 설명하지 않아도 알 수 있다.

五 標法主

5) 설법주를 밝히다

經
金剛藏菩薩이 而爲上首러시니
금강장보살이 우두머리 보살이었다.

● 疏 ●

論云 '何故로 菩薩說此法門고' 爲令增長諸菩薩力故니라 謂彼同類而能爾故라
'菩薩衆多어늘 何故로 唯金剛藏說고'
論答云 '一切煩惱難壞어늘 此法能破며 善根堅實이 猶如金剛일새 故不異名說하니라 此釋金剛에 謂表地智가 有堅利二義가 如金剛이라 故能壞煩惱가 卽是利義니라

논에 이르기를 "무슨 까닭에 보살이 이러한 십지 법문을 설하였는가. 모든 보살의 힘을 증장시키기 위함이다."고 말하였다. 저 보살들과 같은 유로서 그럴 수 있는 가능성을 말한 때문이다.

"보살 대중이 수없이 많은데 무슨 까닭에 오직 금강장보살만 말하였을까?"

논에서 답하였다.

"일체 번뇌를 없애기 어렵지만 십지의 법만이 이를 파괴할 수 있다. 금강장보살의 선근이 견실함은 마치 금강과 같기 때문에 다른 명호를 지닌 보살들은 말하지 않았다."

이는 '금강'을 해석할 적에 "십지의 지혜에는 견고함과 예리함 2가지 뜻이 있는데, 이는 금강과 같다. 이 때문에 '번뇌를 파괴할 수 있다.'고 함은 '금강의 예리함'을 들어 말한 것이다."고 하였다.

第一序分竟하다
제1. 서분을 끝마치다.

第二明三昧分
제2. 삼매를 밝힌 부분

經
爾時에 金剛藏菩薩이 承佛神力하사 入菩薩大智慧光明三昧하시니

그때, 금강장보살이 부처님의 위신력을 받들어 보살대지혜광명삼매에 들었다.

● 疏 ●
'爾時'者는 衆已集時라
'金剛藏菩薩'者는 標入定人하야 爲衆首故라
'承佛神力'者는 辨入所依니 顯定深玄하야 唯佛窮究故며 推功有在하야 無我慢故라
'菩薩大智慧光明三昧'者는 顯所入定名이니 三昧는 通稱이오 餘

皆別名이라

智慧는 是體오 光明은 就用이라 照二無我하야 證如名慧이오 照事名智니 此二無礙하야 能破見惑과 及無明故로 名曰光明이라

大有二義하니 一은 揀異凡小오 二는 能斷大惑하고 能證大理하야 成大果故라

彰非果定일세 故云菩薩이오

卽照之寂일세 故云三昧오

智與理冥일세 故稱爲入이니라

所以入者는 意畧有六이로대 論但有二라

一은 謂表深이니 論云 '顯示此法은 非思量境界故라하니라

二는 卽以此義로 顯非證이면 不說故라 餘四는 如十住品하니라【鈔 _ 言餘四如十住者는 三은 是法體故오 四는 觀機審法故오 五는 上受佛加故오 六은 下爲物軌故라】

'그때[爾時]'란 대중이 이미 모두 모인 때이다.

'금강장보살'은 '선정에 들어간 사람'을 내세워 대중의 상수보살을 삼았기 때문이다.

'부처님의 위신력을 받든다.'고 한 것은 선정에 들어갈 수 있는 대상을 말하였다. 선정이 깊고 그윽하여 오직 부처님만이 다할 수 있기 때문이며, '내가 선정에 들어갈 수 있었던 공덕은 부처님에게 있다.'고 그 공을 미루어 아만심이 없기 때문이다.

'보살대지혜광명삼매'란 들어간 선정의 이름을 밝힌 것이다.

'삼매'는 공통된 칭호이고, 나머지는 개별의 칭호이다.

'지혜'는 본체이고, '광명'은 작용이다.

人無我와 法無我를 관조하여 진여를 증득한 것을 '慧'라 하고, 현상의 사법계를 관조하는 것을 '智'라 한다.

이 2가지에 걸림이 없어 見惑과 무명을 타파한 까닭에 이를 '光明'이라고 말한다.

'大' 자에는 2가지 뜻이 있다.

첫째는 범부와 소승과는 다름을 구분하였고,

둘째는 '큰 번뇌'를 끊고서 '큰 이치'를 증득하여 '큰 결과'를 성취하였기 때문이다.

허물을 드러내어 결과가 정해진 까닭에 '보살'이라 하고,

관조와 하나가 된 寂靜이기에 '삼매'라 하며,

지혜가 이치와 보이지 않게 합해진 것을 '들어갔다[入].'고 말하였다.

선정삼매에 들어간 데에는 대략 6가지의 뜻이 있으나, 논에서는 2가지만을 들어 말하였다.

(1) 삼매의 심오함을 나타냈다.

논에서 말하였다. "이 법은 생각이나 요량으로 알 수 있는 경계가 아님을 밝힌 것이다."

(2) 이런 뜻으로 증득한 것이 아니면 설법할 수 없음을 밝힌 것이다.

나머지 4가지는 제15 십주품에서 말한 바와 같다.【초_"나머지 4가지는 제15 십주품에서 말한 바와 같다."고 말한 것은, (3) 법

의 본체이기 때문이며, (4) 중생의 근기를 관찰하여 법을 살펴보기 때문이며, (5) 위로 부처님의 가피를 입은 까닭이며, (6) 아래로 중생의 모범이 되기 때문이다.】

● 論 ●

菩薩大智慧光明은 卽是如來眉間所放 十地智慧中道之光明이니 名菩薩力㷿明이며 亦是初會中에 如來 放眉間光하시니 名一切菩薩力智光明이라 總是十地道終한 佛智慧光明이니 今入三昧하야 還是此之智慧三昧로 說十地道之智慧하야 名菩薩大智慧光明은 以根本智로 成菩薩大悲行故니라

'보살대지혜광명'은 여래의 눈썹 사이에서 쏟아져 나오는, 십지 지혜의 中道 광명이다. 이를 '보살 力㷿明'이라 말한다.

또한 아란야법보리장의 첫 법회에서 여래께서 눈썹 사이의 광명을 쏟아내셨다. 그 방광의 이름을 '일체 보살 力智光明'이라 하였다. 이 모두가 십지의 도를 모두 끝마친 자리에서 나오는 부처님의 지혜광명이다.

여기에서는 삼매에 들어가 도리어 이런 지혜삼매로 십지 도의 지혜를 말하여, 그 이름을 '보살대지혜광명'이라 하였다. 이는 근본지로써 보살의 大悲行을 성취하였기 때문이다.

第二三昧分 竟하다

제2. 삼매 부분을 끝마치다.

第三加分

有六하니 一은 辨加所因이오 二는 能加佛現이오 三은 讚其得定이오 四는 雙辨加定因緣이오 五는 辨加所爲오 六은 別顯加相이라

今은 初라

> 제3. 가피 부분
>
> 이의 경문은 6단락이다.
>
> 1. 가피의 원인 대상을 말했고,
> 2. '卽時' 이하는 가피하실 부처님의 출현을 말했으며,
> 3. '作如是' 이하는 모든 부처님이 다 함께 금강장보살의 선정을 찬탄하였고,
> 4. '善男子此是' 이하는 가피와 선정의 인연을 모두 말했으며,
> 5. '欲令汝' 이하는 가피의 목적을 말했고,
> 6. '善男子' 이하는 가피의 모습을 개별로 밝혔다.
>
> 이는 첫 부분이다.

經

入是三昧已에

> 삼매에 이미 들어갔을 적에

● 疏 ●

'入是三昧已'者는 若未入定인댄 佛不加故니라 故下論에 云'所以偏

加金剛藏者는 得此三昧故라하고 十住會에 云 '以三昧力故라하니라

"삼매에 이미 들어갔다."는 것은 만약 선정에 들어가지 못했다면 부처님이 가피를 내릴 수 없기 때문이다. 따라서 아래의 논에 이르기를 "유독 금강장보살에게만 가피를 내린 것은 이 삼매를 얻었기 때문이다."고 하였고, 제15 십주품의 법회에서는 "삼매의 힘 때문이다."고 말하였다.

二. 能加佛現
2. 가피하실 부처님의 출현을 말하다

● 經 ●
卽時에 十方各過十億佛刹微塵數世界外하야 各有十億佛刹微塵數諸佛의 同名金剛藏이 而現其前하사

그때, 시방으로 각각 10억 부처님 세계의 티끌 수 세계 밖을 지나서, 각각 십억 부처님 세계의 티끌 수처럼 헤아릴 수 없는, 금강장이라는 똑같은 명호를 지닌 여러 부처님이 금강장보살의 앞에 몸을 나타내시어,

● 疏 ●
佛現中 有五하니
一은 佛現時니 謂正入定時오

二 '十方'下는 來處遠近이오

三 '各有'下는 能加佛數오

四 '同名金剛藏'은 顯名同所加오

五 '而現其前'은 現身生信이라

上二三中에 意明多數는 勝前位故라

'若爾인댄 何以不言無量世界하고 而云十億刹塵界耶'아

論云 '方便顯多佛故'라하니 謂無量이 雖多나 其言猶漫일새 人不謂多니 今假以刹塵하야 一塵이 一刹이며 一刹에 一佛하면 便謂細而叵測이라

'若爾인댄 但趣擧刹塵이라도 卽已顯多어늘 何要定言十億고'

有二意라 故一은 爲說十地故오 二는 此經如是多說十數하야 顯無盡故라 卽由此義하야 不云無量이니 無量은 不得顯無盡故니라

'何要顯此多佛加耶'아

論云 '顯於法及法師에 增長恭敬心故오 又表諸佛皆同說故'니라

'何要同名加오'

論에 有二意하니 一 云本願力故라 論意云 '諸佛因中에 得定하여 名金剛藏하시고 遂發願言호되 我成佛時에 亦同其名'이라하니라 所以同者는 爲顯菩薩의 所得法體 同於多佛하니 明人異道同故일새니라 論意 正爾니라 若以義取인댄 亦通遮那本願이니 以佛因中에 得定說法이라 能加所加 同名일새 法爾히 亦發斯願이니 以顯道同이라 故下經云 '亦是毘盧遮那如來本願力故'라하니라

第二意는 論云 '又是菩薩이 聞諸如來 同己名已에 增勇悅故'라하니 前就法理오 此就化儀니라

부처님의 출현 부분은 5단락이다.

(1) 부처님이 출현한 시점이다. 바로 선정에 들어간 때를 말한다.

(2) '十方' 이하는 오신 곳의 원근 거리이다.

(3) '各有' 이하는 가피를 내릴 부처님의 수효이다.

(4) '금강장이라는 똑같은 명호를 지닌 여러 부처님'은 명호가 같은 보살이 가피의 대상임을 밝혔다.

(5) '而現其前'은 부처님의 출현에 신심이 나오는 것이다.

위의 '(2) 원근 거리'와 '(3) 가피를 내릴 부처님' 부분에서 많은 수효를 들어 말한 것은 앞의 지위보다 더 훌륭함을 밝히려는 의도에서이다.

"만약 그렇다면 어찌하여 '한량없는 세계'라 말하지 않고 '十億刹塵界'라고 말하였는가?"

논에 이르기를 "방편으로 수많은 부처님을 밝히기 위한 때문이다."고 하였다. '한량없는[無量]'이라는 말은 비록 많은 세계를 묘사한 것이지만, 그 말은 오히려 산만한 감이 있기에 사람들은 많다고 생각지 않는다. 여기에서 '세계의 티끌 수[刹塵]'를 빌려서 하나의 티끌이 하나의 세계이며, 하나의 세계에 하나의 부처가 있다고 말하면, 사람들은 곧 '너무 미세하여 도저히 헤아릴 수 없다.'고 생각한다.

"만약 그렇다면 '부처님 세계의 티끌 수'만 열거할지라도 이미 많은 세계를 밝혀준 것인데, 무엇 때문에 굳이 확정 지어 10억 불국토를 말했는가?"

여기에는 2가지의 뜻이 있기 때문이다.

(1) 십지를 말하기 위함이다.

(2) 이 화엄경에서는 이처럼 10이라는 숫자를 자주 말하여 '그 지없음[無盡]'을 밝혀왔기 때문이다. 곧 이러한 뜻에 따라서 '한량 없는[無量]' 세계라고 말하지 않았다. 한량없다는 것은 그지없다[無 盡]는 뜻을 밝힐 수 없기 때문이다.

"무엇 때문에 이처럼 수많은 부처님의 가피를 밝히고자 하는가?"

논에서 말하였다.

"법과 법사에게 공경하는 마음을 증장시키고자 함이며, 또한 여러 부처님이 모두 함께 말한 것임을 밝히기 위함이다."

"어찌하여 똑같은 명호를 지닌 부처님이 똑같은 명호를 지닌 보살에게 가피를 내리려고 하는 것일까?"

논에서 2가지 뜻으로 말하였다.

(1) 본원력을 말하기 위함이다.

논의 뜻은 다음과 같다.

"모든 부처님이 因地에서 선정을 얻어 '金剛藏'이라 이름하였 는데, 마침내 서원을 일으켜 말하기를, '내가 성불할 때에도 또한 그 명호와 똑같이 이름 붙이겠다.'고 하였다. 명호가 똑같은 이유는 보 살이 얻은 법의 체성이 많은 부처님과 똑같음을 밝히기 위함이다. 이는 사람은 달라도 그 도는 똑같다는 점을 밝히기 위한 때문이다."

논에서 말한 뜻은 바로 이와 같다. 만일 뜻으로 취한다면, 이는 또한 비로자나불의 본원과도 상통한다. 부처님의 因行 때에도 선정을 얻어 설법하였기에 가피를 내리는 주체와 가피를 받는 대상의 명호가 똑같다. 법이 으레 그와 같기에 또한 이러한 서원을 일으킨 것인 바, 이로써 도가 같음을 밝혀준 것이다. 이 때문에 아래의 경문에서 말하였다.

"또한 비로자나여래의 본원 힘이기 때문이다."

(2) 논에서 말하였다.

"또한 금강장보살이 모든 여래의 명호가 자기의 명호와 똑같음을 듣고서 날뛰는 기쁨을 더해주기 때문이다."

앞에서는 법의 이치로 말하였고, 여기에서는 교화의 위의로 말하였다.

第三 同讚得定

3. 모든 부처님이 다 함께 금강장보살의 선정을 찬탄하다

作如是言하사대 善哉善哉라 金剛藏아 乃能入是菩薩大智慧光明三昧하니

이와 같이 말씀하셨다.

"훌륭하고 훌륭하다. 금강장보살이여, 보살대지혜광명삼매에 잘도 들어갔도다.

● 疏 ●

同讚得定은 顯有加因이라

　모든 부처님이 다 함께 금강장보살의 선정 얻음을 찬탄한 것은 가피의 원인이 있음을 밝힌 것이다.

第四 雙辨加定因緣

　4. 가피와 선정의 인연을 모두 말하다

經

善男子야 此是十方各十億佛刹微塵數諸佛이 共加於汝니 以毘盧遮那如來應正等覺本願力故며 威神力故며 亦是汝勝智力故니라

　선남자여! 이는 시방세계에 각각 10억 부처님 세계의 티끌 수만큼 헤아릴 수 없는 부처님들이 다 함께 그대에게 가피를 내릴 것이다.

　이는 비로자나·여래·응공·정등각의 본원력이기 때문이며,

　비로자나·여래·응공·정등각의 위신력 때문이며,

　또한 그대의 수승한 지혜의 힘 때문이다.

● 疏 ●

有四因緣하니 一은 伴佛同加故오 二는 主佛本願故오 三은 主佛現威故오 四는 定者智力故라

4가지 인연이 있다.

(1) 부처님과 도반이 되어 함께 가피를 내린 때문이며,

(2) 주불의 본원이기 때문이며,

(3) 주불의 위신력을 나타낸 때문이며,

(4) 선정에 든 분의 지혜의 힘이기 때문이다.

▬

第五明加所爲

論云하되 何故加며

然直就經文이면 則應分二니 初總明이오 後'所謂'下는 別顯이라

論無'所謂'二字니 故取別中'入智地'句하야 入初總句하야 總別合明이라 但有二十하니 前十은 依自利行이오 後十은 依利他行이라 義雖兼通이나 從多分判이니 欲顯二利差別相故니라

今依論釋컨대 初는 十句라

5. 가피의 목적을 말하다

논에서 말하였다.

"무엇 때문에 가피를 주는가?"

그러나 바로 경문으로 말하면, 당연히 2단락으로 나눠야 한다. 앞에서는 총체로, 뒤의 '所謂' 이하는 개별로 밝힌 것이다.

논에는 '所謂' 2글자가 없다. 따라서 개별로 밝힌 부분의 '지혜의 자리로 들어간다[令入智地故].'는 구절을 취하여 총체와 개별을 합하여 밝혔다.

단 20구이다. 앞의 10구는 자리행으로, 뒤의 10구는 이타행으로 말하였다. 그 뜻으로 보면, 비록 자리·이타에 모두 통하지만, 보다 많은 의의를 따라 자리와 이타의 과목으로 분리하였다. 이는 자리와 이타행의 각기 다른 양상을 밝히고자 한 것이다.

여기에서는 논을 따라 해석하면, 1) 10구는 자리행이다.

經
欲令汝로 爲一切菩薩하야 說不思議諸佛法光明故니
所謂令入智地故며
攝一切善根故며
善簡擇一切佛法故며
廣知諸法故며
善能說法故며
無分別智淸淨故며
一切世法不染故며
出世善根淸淨故며
得不思議智境界故며
得一切智人智境界故며

그대로 하여금 모든 보살을 위하여 불가사의한 여러 부처님 법의 광명을 말해주고자 함이다.

이른바 지혜의 자리에 들어가려는 것이며,

일체 선근을 받아들이려는 것이며,

일체 불법을 잘 가리려는 것이며,

모든 법을 널리 알려는 것이며,

설법을 잘하려는 것이며,

분별없는 지혜를 청정하게 하려는 것이며,

일체 세간 법에 물들지 않으려는 것이며,

출세간의 선근을 청정하게 하려는 것이며,

불가사의한 지혜의 경계를 얻으려는 것이며,

일체지를 지닌 사람의 지혜 경계를 얻으려는 것이며,

● 疏 ●

初十句中에 論以二門으로 解釋하니 一은 直釋經文이오 二는 會通本末이라

初門에 先釋總句라 彼經云 '又一切菩薩에 不可思議諸佛法明說하야 令入智慧地'라 故既將別句入總이니 即經論開合이 不同이라 論經云 明은 即今經光明이니 但廣畧이 有異라 彼云明說은 此云說不思議니 彼未廻文이라 即經論 方言有異로다 既知二經同異하니 次正釋文호리라

첫 자리행 부분의 10구에 관하여, 논에서는 2부분으로 해석하였다.

(1) 곧바로 경문을 해석하였고,

(2) 근본과 지말을 회통하였다.

'(1) 경문의 해석' 부분에서는 먼저 총체의 구절을 해석하였다.

그 총체 부분의 경문에 이르기를 "또한 모든 보살을 위하여 불가사의한 여러 부처님 법의 광명을 말해주어 지혜의 자리에 들어가도록 하려는 것이다."고 하였다. 이는 이미 개별로 말한 부분의 첫 구절을 총체로 말한 부분에다가 끼워 넣어 말한 것이다. 이는 경문과 논이 '총별 구분과 종합의 기준'에 일치하지 않는다.

논경에서 말한 '밝음[明]'이란 화엄경에서 말한 '광명'이라는 뜻으로, 자세함과 생략이라는 글자 수의 차이가 있을 뿐, 같은 의미이다. 그러나 논경에서 말한 '밝게 설함[明說]'이란 화엄경에서 말한 '불가사의한 설법[說不思議]'이라는 뜻으로, 논경은 문장을 제대로 돌려보지 못한 것이다. 이는 화엄경과 논경이 바야흐로 차이가 있음을 말해주는 것이다. 이처럼 화엄경과 논경의 같은 점과 다른 점을 알았다. 다음은 뒤이어서 바로 경문을 해석하고자 한다.

初'欲令汝爲'者는 標擧章門하야 總顯加意라 意爲何事오 爲一切菩薩說等이라

此中 三義니 一'一切菩薩'은 是被機오 二'不思議諸佛法光明'은 是所說法이오 三'令入智地'는 是說之益이라

첫 구절 '欲令汝 爲一切菩薩'이란 二利行의 법문을 내세워 가피의 뜻을 총체로 밝혔다.

가피의 뜻은 무엇을 위함일까? 일체 보살을 위하여 설법한다는 등이다.

여기에는 3가지 의의가 있다.

(1) '일체 보살'이란 가피를 받을 수 있는 근기이고,

(2) '불가사의한 여러 부처님 법의 광명'이란 설법한 대상이며,

(3) '지혜의 자리에 들어가게 한다.'는 것은 설법의 이익이다.

'被何等機오'論云 是中에 一切菩薩者는 謂住信行地라하니라
此通二類하니
一은 謂地前이니 未證眞如하고 但依信心하야 而起行故라 無著論中에 亦同此名하니라
二는 通地上이니 如初地加行位中에 名信行地라 卽地地加行을 皆名信行이라 以攝論中에 '意言無分別觀'이 通於四位라하니 故知地上에 亦有信行이라
下釋所入智地와 及別入中에 皆通十地니 明知所被가 不唯地前이온 況下請分中에 論云 未入地者를 令得淨心하고 已入地者를 令得十力이라하니 必通被也라

(1) 어떤 중생의 근기가 가피를 입는가?

논에서 말하였다.

"여기에서 말한 '일체 보살'이란 '믿고 실행하는 지위[信行地]'에 머무는 이들을 말한다."

'믿고 실행하는 지위'는 2부류에 통한다.

(1) 십지 이전의 보살을 말한다. 아직 진여를 증득하지 못한 채, 단 신심에 따라서 수행을 시작하기 때문이다. 무착의 논에서도 또한 信行地라는 명칭과 똑같이 말하였다.

(2) 십지 이상에도 모두 통한다. 초지의 가행위에서 '믿고 실행하는 지위[信行地]'라 말한 것과 같다. 따라서 이는 곧 모든 지위마

다의 가행정진을 모두 '믿고 실행하는 지위'라 말하였다. 섭론에서는 "意識과 名言의 분별이 없는 관찰[意言無分別觀]은 5위 가운데 구경위를 제외한 4지위[資糧位, 加行位, 通達位, 修習位]에 모두 통한다."고 하였다. 이로써 십지 이상에서도 '믿고 실행하는 지위'가 있음을 알 수 있다.

아래에서 해석한 총체로 '지혜의 자리에 들어간 바'와 개별로 들어가는 부분은 모두 십지에 통한다. 이는 가피의 대상이 십지 이전에 그치지 않음을 분명히 알아야 한다. 더욱이 請法 부분의 논에서 말하기를, "십지에 들어가지 못한 이들은 청정한 마음을 얻게 하고, 이미 십지에 들어간 이는 十力을 얻게 한다."고 하였다. 이는 반드시 십지 이전과 이후의 보살이 모두 가피를 입는다.

二中에 說何法被오 此有二種하니
一은 所證法이니 論云 '不可思議諸佛法者는 是出世間道品'이라하니 此明十地法은 體是無漏일세 故名出世間이오 生佛果故로 名道오 十位의 行法類別을 名品이라 旣是佛因이라 是佛所證일세 故云佛法이오 心言路絶일세 名不思議니라
二는 說能證이니 論云 '光明者는 見·智·得·證'이라하니 此謂後得으로 觀事差別을 名見이오 根本으로 觀理一相을 名智오 見達於事를 名得이오 智契於理를 名證이라 直語智體일세 故言見智오 以智合境일세 故言得證이라 地法雖多나 不出此二오 見智雖廣이나 此釋이 正宜니라

(2) 어떤 법문을 말하여 가피를 주는가? 여기에는 2가지가 있다.

① 증득할 대상의 법이다. 논에 이르기를 "불가사의한 모든 불법이란 출세간의 道品이다."고 하였다.

이는 십지 법문의 본체가 무루법이기에 이를 '출세간'이라 이름하고,

佛果를 낳기에 '道'라 이름하며,

10지위의 수행법을 유별로 구분한 것을 '品'이라 말한다.

이미 불과의 원인이라, 부처님이 증득하신 것이기에 '佛法'이라 말하였고,

마음으로의 생각이나 언어로 말을 붙일 수 없기에 이를 '불가사의'라 말하였다.

② 증득 주체의 지혜로 말하였다. 논에 이르기를 "광명이란 見·智·得·證이다."고 하였다.

이는 후득지로 현상 차별의 사법계를 관찰하는 것을 '見'이라 이름하고,

근본지로 이법계의 일원상을 관조하는 것을 '智'라 이름하며,

見으로 현상의 사법계를 통달함을 '得'이라 이름하고,

智로 이법계에 계합함을 '證'이라 말한다.

직접 지혜의 본체를 말한 까닭에 '見'과 '智'라 말하였고, 지혜로써 경계에 부합하기에 '得'과 '證'이라 말하였다.

십지의 법문이 많기는 하지만 이 2가지에서 벗어나지 않고, 見·智가 광범위하지만 이 해석이 바르고 적절하다.

三中에 說此何益으로 令入智地오 論云 '入者는 信·樂·得·證이라'하

니 此中信樂은 卽所被機오 得證은 卽上二智契合이니라 入何法耶아 所謂智地니라 論云 '智慧地者는 謂十地智니 如本分中說이라 하니 卽上不思議佛法也라 上說能所證者는 意令菩薩로 以能證智로 入佛所證法이니 是此總意니라

(3) 여기서 무슨 이익을 말하여 지혜의 자리로 들어가도록 하는가?

논에 이르기를 "들어간다는 것은 信·樂·得·證이다."고 하였다.

여기에서 말한 信과 樂은 가피를 받을 수 있는 중생의 근기이고, 得과 證은 곧 위에서 말한 2가지 지혜에 계합한다.

어떤 법에 들어가는가?

이른바 '지혜의 자리'이다. 논에 이르기를 "지혜의 자리란 '십지의 지혜'를 말한다. 本分에서 말한 바와 같다."고 하였다. 이는 위에서 말한 '불가사의한 불법'이다. 위에서 말한 증득의 주체와 대상이란 '보살로 하여금 증득의 주체가 되는 지혜로써 부처님이 증득하신 법에 들어가게 한다.'는 뜻이다. 이는 총체로 말한 뜻이다.

已說總句入地之相하니 次下九句를 依本開末하야 顯入差別호리라 論云 '此修多羅中에 依根本入의 有九種入이라 하니라 此九種入을 寄於四位니 初四는 願樂位오 次一은 見位오 次三은 修位오 後一은 究竟位라 近地方便도 亦屬地故며 地後勝進은 趣究竟故로 皆十地攝이니라

이미 총체로 말한 구절에서 지혜의 자리에 들어가는 양상을

말하였다. 그렇다면 다음 아래의 9구절은 근본을 의지하여 지말을 펼쳐가면서 '지혜의 자리에 들어가는 차별'을 밝히고자 한다.

논에서 이르기를 "이 수다라 가운데, 근본을 의지하여 들어가는 데에 9가지 들어가는 법이 있다."고 하였다. 이 '9가지 들어가는 법'을 4가지 지위에 붙여 말한 것이다.

처음 4가지 들어가는 법은 '地前의 발원하고 즐거워하는 지위[願樂位]'이고,

다음 1가지 들어가는 법은 '도를 발견하는 지위[見道位]'이며,

셋째, 3가지 들어가는 법은 '수습의 지위[修習位]'이고,

넷째, 마지막 1가지 들어가는 법은 '구경의 지위[究竟位]'이다.

십지에 가까운 방편 또한 십지에 속한 때문이며, 십지 이후에 잘 닦아나감은 究竟位에 나아가기 때문에 모두 십지에 들어 있다.

言九入者는
一者는 攝入이니 謂聞慧中에 攝一切善根故니라
二者는 思義入이니 思慧는 於一切道品中에 智方便故라 智方便者는 卽善揀擇이오 道品은 卽是佛法이라
三은 法相入이니 彼彼義中에 無量種種知故라하니 彼彼는 卽是諸法이오 種種知는 卽廣知니 此卽所思法成이라
四는 敎化入이니 隨所思義하야 名字具足일세 故能善說이라하니 此知修慧라 修通二利니 菩薩利他 卽是自成佛法일세 故入自利中收니라
五는 證入이니 於一切法中에 平等智로 見道時中에 善淸淨故라하니 言平等者는 卽無分別이니 無分別智로 正證眞如하야 離二取相일세

故云平等이오 二我의 分別과 隨眠의 不生일세 名善淸淨이오 最初照理일세 立見道名이라

六은 不放逸入이니 於修道時中에 遠離一切煩惱障故라하니 故世法이 不染이니라

七은 地地轉入이니 出世間道品에 無貪等하야 善根淨故라하니 此明修道位中에 離障證理하야 智行轉進하야 於地地中에 雙斷二愚는 是無漏善이니 能淨所知오 以此無漏로 淨三善根일세 名淨煩惱니라 論에 復云 復有善根이 能爲出世間道品因이라하니 此明諸地中의 加行善根淨也니라【鈔_ 言於地地中에 雙斷二愚者는 謂開上十障하면 一各成二일세 故有二十愚라 若兼等覺인댄 有二十二愚어니와 今約十地일세 故說二十이라 下說分中에 亦皆別說이어니와 今當畧示호리라

初地에 斷二愚者는 一 執著我法愚니 是惑이오 二 惡趣雜染愚니 是業이라

二地 二者는 一 微細悞犯愚오 二 種種業趣愚라

三地 二者는 一 欲貪愚오 二 圓滿聞持陀羅尼愚라

四地 二者는 一 等至愛愚오 二 法愛愚라

五地 二者는 一 純作意背生死愚오 二 純作意向涅槃愚라

六地 二者는 一 現觀察行流轉愚오 二 相多現行愚라

七地 二者는 一 細相現行愚오 二 純作意求無相愚라

八地 二者는 一 於無相作加行愚오 二 於相自在愚라오

九地 二者는 一 於無量所說法과 無量名句字에 後後慧辨陀羅

尼自在愚 二辯才自在愚라

十地二者는 一大神通愚요 二悟入微細秘密愚라

至說分中하여 地地之初에 各辨其相호리라 然準唯識컨대 此後에 更有二愚하여 障於佛地하니 謂一 於一切所知境極微細著愚니 卽是此中의 第二智障이요 二 極微細礙愚니 卽是此中의 一切任運煩惱障種이니라】

'9가지 들어가는 법'이라 말한 것은 다음과 같다.

(1) 선근을 받아들여 들어감이다. 聞慧 가운데 일체 선근을 받아들이기 때문이다.

(2) 思義로 들어감이다. 思慧가 일체 道品 가운데 지혜방편이기 때문이다. 지혜방편이란 '잘 선택함'이며, 도품이란 불법이다.

(3) 法相으로 들어감이다. 그런저런 의의 가운데 한량없이 가지가지로 알기 때문이라고 하였다. '그런저런[彼彼]'이란 모든 법이며, '가지가지로 안다.'는 것은 드넓은 지식이다. 이는 사유 대상의 법을 성취한 것이다.

(4) 교화로 들어감이다. 사유 대상의 의의를 따라서 언어문자가 두루 갖춰져 있기에 '잘 말한다.'고 하였다. 이는 修慧임을 알아야 한다. 修慧는 자리와 이타에 모두 통한다. 보살의 이타행이 곧 스스로 불법을 성취함이다. 따라서 자리행에 들어가는 것이다.

(5) 증득하여 들어감이다. 일체법 가운데 평등한 지혜로 見道位에 들어갈 때, 아주 청정하기 때문이라 하였다.

'평등'이란 분별이 없는 것이다. 분별없는 지혜로 바로 진여를

증득하여 '주체와 대상이라는 二取'의 양상을 여의었기에 '평등'이라 말하고,

人我와 法我라는 분별의식과 隨眠種子가 생겨나지 않기에 '아주 청정하다.'고 말하고,

최초에 이치를 관조하였기에 '見道'라는 이름을 붙인 것이다.

(6) 방일하지 않음으로 들어감이다. "修道位에 들어갈 때, 일체 번뇌의 장애를 멀리 여의기 때문이다."고 하였다. 이 때문에 세간법이 그를 더럽히지 못한다.

(7) 지위마다 차츰차츰 들어감이다. "출세간의 도품에 탐욕 등이 없어서 선근이 청정한 때문이다."고 하였다. 이는 수도위의 단계에서 장애를 떠나 도리를 증득하여 지혜와 수행이 점점 나아가 지위마다 2가지의 어리석음[微細所知愚, 極微細所知愚]을 모두 끊음이 無漏의 선근이니 所知障을 청정하게 만든다. 이러한 무루로써 3가지 선근[無貪·無瞋·無痴]을 청정하게 하기에 '번뇌를 청정하게 한다.'고 말하였다. 유식론에서 다시 이르기를 "또한 선근이 출세간 도품의 원인이 된다."고 하였다. 이는 여러 지위 가운데 加行善根의 청정함을 밝힌 내용이다. 【초_ "지위마다 2가지의 어리석음을 모두 끊는다."고 말한 것은 위의 10가지 장애가 열리면 하나마다 각기 둘을 이루기 때문에 '20가지의 어리석음'이 된다. 여기에 등각을 더하면 22가지 어리석음이 되겠지만, 여기에서는 십지를 말하기에 20가지만을 말하였다. 아래의 설법 부분에서 또한 모두 개별로 말하겠지만, 여기에서 간추려 보고자 한다.

초지에서 2가지 어리석음을 끊는다는 것은

(1) '나'와 '법'에 집착하는 어리석음이다. 이는 미혹이다.

(2) 악도에 섞이고 물든 어리석음이다. 이는 업이다.

2지에서의 2가지 어리석음은

(1) 미세하게 잘못을 범하는 어리석음이며,

(2) 가지가지 업과 악도의 어리석음이다.

3지에서의 2가지 어리석음은

(1) 탐욕의 어리석음이며,

(2) 聞持다라니를 원만히 하려는 어리석음이다.

4지에서의 2가지 어리석음은

(1) 等至[三摩鉢底:定]를 애착하는 어리석음이며,

(2) 법에 애착하는 어리석음이다.

5지에서의 2가지 어리석음은

(1) 생각을 순하게 하여 생사를 등지려는 어리석음이며,

(2) 한결같은 생각으로 열반을 지향하려는 어리석음이다.

6지에서의 2가지 어리석음은

(1) 현재의 모든 행이 유전함을 관찰하는 어리석음이며,

(2) 청정한 모양이 많은 현행이라는 어리석음이다.

7지에서의 2가지 어리석음은

(1) 미세한 모양이 현행한다는 어리석음이며,

(2) 한결같은 생각으로 無相을 추구하려는 어리석음이다.

8지에서의 2가지 어리석음은

(1) 無相에서 가행정진하는 어리석음이며,

(2) 모양에서 자재하려는 어리석음이다.

9지에서의 2가지 어리석음은

(1) 한량없이 말씀하신 법과 한량없는 명칭과 문장과 글자에 뒤따르는 지혜 변재와 다라니에 자재하려는 어리석음이며,

(2) 변재에 자재하려는 어리석음이다.

십지에서의 2가지 어리석음은

(1) 대신통의 어리석음이며,

(2) 미세와 비밀의 경계에 깨달아 들어가려는 어리석음이다.

설법 부분에 이르러 모든 지위의 첫머리에서 각기 그 양상을 밝히고자 한다. 그러나 유식론에 준하면, "이 뒤에 다시 2가지의 어리석음이 있어서 佛地에 장애가 된다."고 하였다.

(1) 일체 알아야 할 대상의 경계에 지극히 미세하게 집착하는 어리석음이다. 이는 여기에서 말한 제2 지혜 자리의 장애[微細悞犯愚]이다.

(2) 지극히 미세한 장애의 어리석음이다. 이는 여기에서 말한 '일체 마음대로 번뇌하는 장애의 종자'를 말한다.】

八은 菩薩盡入이니³ 於第十地中에 入一切如來秘密智故라하니 卽下大盡分中에 '入如來十種秘密之智' 是也라 如來秘密은 下地

---

3 蓮潭, 華嚴經淸凉疏鈔十地品 三家本私記(遺忘記), 불기2546(2002), 148쪽. "51上01: 八菩薩盡入者는 菩薩盡地에 入也니 起信은 以第十地로 爲菩薩盡地니 所入이 卽佛地나 而今에는 明能入이니 第十地菩薩로 爲能入也라" 아래에서는 '遺忘記'로 약칭한다.

不測일새 名不思議라 若入彼所入하면 是智之境이오 入彼能入하면 卽智是境이니 得卽是入이라 故歎淨名云 '諸佛秘藏은 無不得入이라'하니라

九는 佛盡入이니 於一切智에 入智故라하니 上一切智는 釋一切智人이오 下智字는 卽智境界라 入卽得也니라

上直釋 竟하다

(8) 보살이 극진한 지위에 들어감이다. 제10지 가운데 "일체 여래의 비밀스러운 지혜에 들어가기 때문이다."고 하니, 곧 아래의 크게 다한 부분 가운데, "여래의 10가지 비밀스러운 지혜에 들어간다."는 바로 이를 말한다.

여래의 비밀스러운 지혜는 아래 지위에서는 헤아릴 수 없기 때문에 '불가사의'라 말한다. 만약 그 들어가야 할 곳을 들어가면 지혜의 경계이고, 그 사람이 들어간 자리에 들어가면 곧 지혜가 경계이다. 얻음이 바로 들어감이기에, 유마경에서 문수보살이 유마거사를 찬탄하였다.

"여러 부처님의 비밀스러운 창고에 들어가지 않은 게 없다."

(9) 부처님이 극진한 지위에 들어감이다. "일체 지혜에 있어서 그 지혜에 들어갔기 때문이다."고 하였다. 위의 '일체 지혜[一切智]'는 '일체 지혜를 얻은 사람[一切智人]'을 해석하였고, 아래 入智의 '智' 자는 곧 지혜의 경계이며, 入智의 '入' 자는 곧 '얻음[得]'이다.

위에서 직접 해석한 부분을 끝마치다.

自下에 論文은 融會本末이라

初는 會末歸本이니 謂上九種入이 爲欲挍量地智의 差別轉勝之相이라 非根本入일새 有此行布니라
次는 攝末歸本은 別而無別일새 故以六相으로 融而無礙니라
後는 明本末無礙니 欲顯前從本起末은 則無別之別이오

　이하로부터 논의 문장은 근본과 지말을 회통하였다.

　(1) 지말을 회통하여 근본에 돌아감이다. 위에서 말한 지혜의 자리에 들어가는 9가지란 십지의 지혜가 각기 다르지만 점차 나아가는 양상을 비교하고자 함이다. 이는 근본 자리에 들어간 것이 아니기에 이러한 수행 단계의 行布 법문을 마련한 것임을 말한다.

　(2) 지말을 거둬들여 근본에 돌아감이다. 차별이 있지만 차별이 없다. 이 때문에 '6가지 모양[六相]'으로 융합하되 걸림이 없다.

　(3) 근본과 지말이 걸림 없음을 밝혔다. 앞서 말한 근본으로부터 지말을 일으킨 것은 차별이 없는 차별임을 밝히고자 한 것이다.

論云 '一切所說十句中에 皆有六種差別相門'者는 此標擧顯通이니 故云一切皆有니라 此는 言說解釋이라 應知除事者는 此顯立意니 謂此六相은 爲顯緣起圓融之法이니 勿以陰界入等事相執取니라【鈔_ 此'言說解釋'下는 彰其立意니 先擧論이오 '此顯'下는 疏釋이니 卽賢首意라 爲顯一乘圓敎에 法界緣起와 無盡圓融와 自在相卽과 無礙容持와 乃至因陀羅網의 無窮理事等이니 此義現前에 一斷一切斷이오 一證一切證이며 乃至卽具普賢圓因과 十佛境界故니라

'此言說'者는 約敎道解釋故라 後'勿以'下는 釋除事之言이니 論中

에 但云謂陰界入等이어니와 今疏에 加執取之言하야 以釋論意라 意
不令人으로 隨事執取연정 非陰界體에 不具六相이라 】

논에서 말한, "일체 말한 바, 10구에는 모두 '6가지의 각기 다른 모양'의 법문이 있다."는 것은 모든 것에 통한다는 뜻을 내세워 밝힌 것이다. 이 때문에 "일체에 모두 있다."고 말하였다.

이는 언어로 설명하는 해석이다. 당연히 알아야 한다. 현상의 사법계를 없앤다는 것은 내세운 뜻[立意]을 밝힌 것이다. '6가지 모양'은 緣起의 원융한 법을 밝히기 위함이다. 5陰·18界·12入 등 현상의 사법계 양상으로 집착하지 않아야 한다. 【초_ "이는 언어로 설명하는 해석"이라는 것은 내세운 뜻[立意]을 밝힌 것이다. 앞에서는 논을 들어 말했다. '此顯立意'는 疏의 해석으로 현수 스님의 뜻이다. '一乘圓敎'에 법계 연기, 그지없는 원융, 자재하게 서로 하나가 되는 것, 걸림 없이 용납하고 유지하는 것, 나아가 인다라망의 끝없는 이법계와 사법계 등을 밝히기 위함이다.

이러한 뜻이 뚜렷할 적에 하나를 끊으면 일체 모든 것이 끊어지고, 하나를 증득하면 일체 모든 것을 증득하며, 나아가 바로 보현보살의 원만한 인행과 열 부처님의 경계를 두루 갖추기 때문이다.

'언어의 설명'이란 '敎道'의 해석으로 말한 때문이다.

뒤에 '勿以陰界' 이하는 현상의 사법계를 제거한다는 말에 대한 해석이다. 논에서는 '5陰·18界·12入' 등만을 말했지만, 이의 청량소에서는 '집착[執取]'이라는 말을 더하여 논의 뜻을 해석하였다. 그 뜻은 사람들로 하여금 일을 따라 집착해서는 안 됨을 말한 것이

지, 5陰·18界 자체에 6가지 모양을 갖추지 않았다는 것은 아니다.】

言六相者는 謂總相과 別相과 同相과 異相과 成相과 壞相이라【鈔_ 一總相者는 一含多德故오 二 別相者는 多德非一故오 三 同相者는 多義不相違故오 四 異相者는 多義不相似故오 五 成相者는 由此諸義하야 緣起成故오 六 壞相者는 諸緣各住自性하야 不移動故라】

'6가지 모양'이란, 총상·별상·동상·이상·성상·괴상을 말한다.【초_ ⑴ 총상은 하나에 많은 공덕이 포함되어 있기 때문이다.

⑵ 별상은 많은 공덕이 하나가 아니기 때문이다.

⑶ 동상은 많은 이치가 서로 위배되지 않기 때문이다.

⑷ 이상은 많은 뜻이 같지 않기 때문이다.

⑸ 성상은 이런 여러 가지의 뜻으로 인하여 緣起가 이뤄지기 때문이다.

⑹ 괴상은 모든 인연이 각기 자성에 머물러 이동하지 않기 때문이다.】

亦如梁等이 共成一舍니 總則一舍오 別則諸緣이며 同則互不相違오 異則諸緣各別이며 成則諸緣辦果오 壞卽各住自法이라 餘一切十句는 皆應隨義類知니라 別章에 廣顯하리라【鈔_ '別章廣顯'者는 卽賢首敎義分齊라 彼唯三門이니 一敎興意오 二列名畧釋이오 三問答料揀이라 前之二門은 上已具竟하니 今但明問答호리라 寄就一舍之上하야 辨其六相하니 例法可知니라

問이라 '何等이 是總相이오'

答이라 '舍是總相이니라'

問이라 '此但椽等이어니 何者是舍오'

答이라 '椽等이 卽是舍니 獨能作舍故라 離卽不成이니라'

'若爾인댄 未有瓦等에도 應卽是舍로다'

答이라 '未有瓦等이면 不是椽故니 以無瓦等이어니 對何說椽이리오 若諸緣이 共出少力하야 共作不全作者인댄 有斷常過니 但諸少力이 不成一全舍故로 舍則斷也오 不成執有는 是無因常이니 今去一椽이면 卽非全舍는 明椽全成하야사 椽卽舍也니라 由此全成하야 便令此椽이 卽枮瓦等이니 以去於椽에 卽舍便壞면 則瓦枮等이 亦皆壞故니라 故此諸緣이 皆卽是椽이라야 舍方善成이니라 一緣旣爾오 餘緣亦然이라 故緣起法이 不成則已어니와 成則圓融이니라'

第二別相者는 椽等諸緣이 別於總故라 若不別者인댄 總義不成이니 由無別時에 則無總故라 是故로 卽以總으로 爲別也니라

問이라 '若總卽別인댄 應不成總이로다'

答이라 '由卽別故로 故得成總이니 如椽卽舍일새 故名總相이오 舍卽是椽일새 故名別相이라 若別(椽)不卽舍인댄 不是椽故오 若舍不卽椽인댄 不是舍故라 若不相卽인댄 總在別外니 卽非總也오 別在總外니 卽非別也니라'

問이라 '若不別者인댄 復有何過오'

答이라 '有斷常過니 謂若無別인댄 卽無椽等일새 舍不成故오 無而執有인댄 無因常故라 下之四相에 各有斷常하니 可以意得이니라'

第三同相者는 椽等諸緣이 和合作舍에 不相違故로 皆名舍椽이니

非作餘物故니라

若不同者인댄 諸緣相背라 則不同作이라 舍則不成이니 與總何別가

答이라 總相은 唯望一舍요 同則衆緣互望이니 成力義齊니라

第四 異相者는 椽等諸緣이 隨自形類하야 相差別故니라

問이라 異應不同가

答이라 由相各異하야 長短等殊나 方爲舍緣하야 同力成舍니라

此與別로 何異오

別相諸緣이 別於一舍로되 異則諸緣을 自互相望이니라

第五 成相者는 由此諸緣이 舍義得成故라 由成舍故로 椽等을 名緣이니라 不爾인댄 二俱不成이니라

問이라 現見諸緣이 各住自性이어니 何因得成고

答이라 由不作舍하야 舍方得成이니 以若作舍에 失本緣故로 舍不得成이어니와 今由不作하야 諸緣現在일새 故舍得成이니라 又若不作舍인댄 椽不名緣이어니와 今旣名緣하니 明知作舍로다

第六 壞相者는 椽等諸緣이 各住自法하야 本不作故라 若作舍者인댄 卽失本法일새 舍則不成이니 由不作故로 舍得成也니라

又總은 卽一舍요 別은 卽諸緣이오 同則互不相違오 異則諸緣各別이오 成則諸緣辦果요 壞則各住自法이라 乃爲頌曰 一則是多 爲總相이오 多則非一 是別相이며 多類自同은 成於異오 各體別異는 顯於同이라 一多緣起 理妙成이오 壞住自法하야 恆不作이라 唯知境界오 非事識이니 以此方便으로 會一乘이니라 六相之義 畧已終矣니라】

또한 대들보 등으로 한데 모아 하나의 집을 짓는 것과 같다. 총상은 하나의 집이고, 별상은 여러 인연이며, 동상은 서로가 서로 어기지 않고, 이상은 모든 인연이 각기 다름이며, 성상은 모든 인연이 결과가 갖춰짐이고, 괴상은 각기 자신의 법에 머무는 것이다.

나머지 모든 10구는 모두 뜻에 따라 유추하여 알아야 한다. 별도의 해당 부분에서 자세히 밝힐 것이다.【초_ "별도의 해당 부분에서 자세히 밝힌다."는 것은 현수 대사가 말한 '교법과 이치의 구분과 한계[教義分齊]'를 말한다. 거기에는 오직 3가지 부분이 있을 뿐이다.

⑴ 교법이 일어난 뜻,

⑵ 명제를 나열하면서 간단한 해석,

⑶ 문답으로 분별함이다.

앞의 2부분은 위에서 이미 모두 설명한 바 있기에, 여기에서는 단지 문답으로 밝히고자 한다. 하나의 집에 의탁하여 '6가지 모양'을 분별하였기에, 예로 미뤄보면 이는 설명하지 않아도 알 수 있다.

"어떤 것이 총상인가?"

"하나의 집이 총상이다."

"이는 서까래 등일 뿐인데 어떤 것이 집인가?"

"서까래 등이 바로 집이다. 이것으로 집을 지을 수 있기 때문이다. 서로 각자 놀면 집이 이뤄질 수 없다."

"그렇다면 기와 등이 있지 않을 때에도 당연히 집이라 하겠다."

"기와 등이 있지 않을 때에는 서까래가 아니기 때문이다. 기와 등이 없는데 무엇을 서까래라 말하겠는가. 만일 여러 인연이 함께 적은 힘을 내어서 함께 만들어도 온전히 다 만들지 못하면 斷見과 常見의 잘못이 있을 뿐이다. 다만 적은 힘들이 하나의 온전한 집을 만들지 못하기 때문에 집이라 말한 것은 단견이다. 완성하지 못한 집을 '있다'고 집착하면 이는 외도들이 주장하는 無因의 상견이다. 여기에서 하나의 서까래를 없애면 그것은 온전한 집이 아니다. 서까래가 온전히 이뤄졌을 때에 서까래는 곧 집이라 함을 밝힌 것이다. 이처럼 완성에 의하여 이 서까래가 곧 기와나 들보와 똑같이 집이 되는 것이다. 이 서까래를 없애면 집은 곧 무너지게 된다. 기와나 들보 등도 따라서 무너지기 때문이다.

그러므로 이처럼 많은 인연이 모두 서까래와 같아야 집이 비로소 잘 이뤄지게 된다. 하나의 인연이 이미 그러하고, 다른 인연 또한 그와 같다. 때문에 '연기의 법칙'이 성립되지 않으면 그만두겠지만 성립되면 이처럼 원융한 것이다."

둘째, 別相이란 서까래 등의 여러 인연이 총상과는 다르기 때문이다. 만일 별상이 아니면 총상의 의의는 성립될 수 없다. 별상이 없을 때에는 총상도 없기 때문이다. 이런 까닭에 곧 총상이 별상이 되는 것이다.

"만일 총상이 곧 별상이라면 총상은 성립될 수 없다."

"총상이 곧 별상의 근거가 되기에 총상이 성립하는 것이다. 서까래가 곧 집이기에 총상이라 말하고, 집이 곧 서까래이기에 별상이라 말하는 것과 같다.

만일 서까래가 집과 하나가 되지 않으면 이는 서까래가 아니기 때문이며, 집이 서까래와 하나가 되지 않으면 이는 집이 아니기 때문이다.

만일 서로 하나가 되지 않으면 총상은 별상 밖에 있으니, 이는 총상이 아니고, 별상도 총상 밖에 있으니, 이는 별상이 아니다."

"만일 별상이 아니라면 또한 무슨 잘못이 있는가?"

"단견과 상견의 잘못이 있다. 말하자면, 만일 별상이 없다면 서까래 등이 없기에 집이 이뤄질 수 없기 때문이고, 없는 것을 있다고 집착하면 無因의 상견이다.

아래의 4가지 모양에도 각기 단견과 상견이 있다. 이는 깊이 생각하면 설명하지 않아도 알 수 있다."

셋째, 同相이란 서까래 등 많은 인연이 화합하여 집을 만들 적에 서로 어기지 않기에 모두 '집의 서까래'라 말한다. 다른 물건으로 만들어지는 것이 아니기 때문이다.

"만일 동상이 아니라면 많은 인연이 서로 어긋나기에 함께 집을 만들어 낼 수 없다. 집이 이뤄질 수 없으니 총상과 그 무엇이 다른가?"

"총상은 오직 하나의 집을 상대로 말할 뿐이며, 동상은 많은 인연을 상대로 말한 것이다. 그러나 하나의 집이 완성되는 힘과 그 의의는 똑같다."

넷째, 異相은 서까래 등 많은 인연이 자신의 형상을 따라 각기 다른 모양을 가지고 있기 때문이다.

"그렇다면 이상이란 똑같지 않은 것일까?"

"모양이 각기 달라 길고 짧음 등이 다르지만, 바야흐로 집의 인연이 되어, 힘을 함께 모아 집을 이루는 것이다."

"이는 별상과 그 무엇이 다른가?"

"별상의 여러 인연은 하나의 집을 짓는 데 각기 다르지만, 이상은 여러 인연이 스스로 서로서로 대조되는 것이다."

다섯째, 成相은 이런 많은 인연이 집의 의의를 성립하기 때문이다. 하나의 집이 이뤄짐에 따라서 서까래 등을 인연이라 말한다. 그렇지 않으면 2가지 모두 성립되지 않는다.

"뚜렷이 나타난 모든 인연이 각기 자성에 머무는 것인데 무슨 인연으로 성립되는 것일까?"

"집이 성립되지 않은 데에서 하나의 집이 비로소 이뤄지는 것이다. 만약 집을 지을 적에 본래 인연을 잃었기 때문에 집은 지을 수 없겠지만, 여기에서는 집을 짓지 않아서 모든 인연이 현재 존재하기에 집을 완성할 수 있다. 또한 집을 짓지 않는다면 서까래를 인연이라 말할 수 없겠지만, 여기에서 이미 인연이라 말하니 '지어진 집'임을 분명히 알 수 있다."

여섯째, 壞相은 서까래 등 모든 인연이 각기 자신의 법에 머물러 본래 집을 지을 수 없기 때문이다. 만약 집을 짓는다면 곧 본래의 법을 잃었기에 집을 완성할 수 없다. 집을 짓지 않았기에 집을 완성할 수 있다.

또한 총상은 하나의 집이고, 별상은 여러 인연이며, 동상은 서로서로 어기지 않으며, 이상은 여러 인연이 각기 다르고, 성상은 여러 인연으로 결과가 갖춰지며, 괴상은 각기 자신의 법에 머무는 것이다.

 이를 게송으로 읊으면 다음과 같다.
 하나가 곧 많은 것을 총상이라 하고,
 많은 것이 하나가 아닌 것을 별상이라 하며,
 많은 종류가 절로 같은 것은 이상을 이루고,
 각기 체성이 별도로 다른 것은 동상을 밝혀주며,
 하나와 많은 緣起가 이치의 미묘한 성상이고,
 괴상은 자신의 법에 머물러 항상 조작하지 않는다.
 오직 지혜의 경계라, 현상으로는 알 바가 아니다.
 이런 방편으로 一乘에 회통한다.
 이는 6가지 모양의 뜻을 간략히 끝마쳤다.】

第二十句 依利他行
 2) 10구는 이타행을 따르다

經
又令得菩薩十地始終故며
如實說菩薩十地差別相故며
緣念一切佛法故며

修習分別無漏法故며
善選擇觀察大智光明巧莊嚴故며
善入決定智門故며
隨所住處하야次第顯說無所畏故며
得無礙辯才光明故며
住大辯才地하야善決定故며
憶念菩薩하야心不忘失故며
成熟一切衆生界故며
能徧至一切處하야決定開悟故니라

또한 보살 십지의 처음과 끝을 얻으려는 것이며,

보살 십지의 차별상을 실상대로 말하려는 것이며,

일체 불법을 반연하여 생각하려는 것이며,

무루법을 닦아 분별하려는 것이며,

큰 지혜의 광명으로 교묘하게 장엄함을 잘 선택하여 관찰하려는 것이며,

결정의 지혜 법문에 잘 들어가려는 것이며,

머무는 곳을 따라 두려움 없는 바를 차례로 나타내어 말하려는 것이며,

걸림이 없는 변재의 광명을 얻으려는 것이며,

큰 변재의 지위에 머물러 잘 결정하려는 것이며,

보살을 생각하여 잊지 않으려는 것이며,

일체중생계를 성숙하려는 것이며,

모든 곳에 두루 이르러 반드시 깨우치려는 것이다.

● 疏 ●

是增數十이라 經有十二句오 論經合七八二句일세 故唯十一이라 【鈔_ 言增數十者는 依大智度論인댄 數法有二하니 一은 小오 二는 大라 以十爲十은 數狹이라 名小오 少減을 名狹이며 數寬少增을 名寬名大라하니 七八等은 名少減이오 十一二等은 名爲少增이라 今據大數일세 名增數十이니 以十二로 爲十故니라】

이는 增數의 10이다. 경문은 12구인데, 논경에서는 제7, 8구 2구를 하나로 합하기에 11구절일 뿐이다. 【초_ '增數의 10'이라 말한 것은 대지도론에 의하면, "법수에는 2가지가 있다. 첫째는 작은 수이고 둘째는 큰 수이다. 10이라는 숫자로 10이라 말한 것은 숫자가 작기에 '小數'라 하고, 조금 줄어든 숫자를 '狹數'라 하고, 숫자가 헐렁하거나 조금 더한 것을 '寬數' '增數'라 말한다."고 하였다. 7과 8은 '少減數'라 말하고, 11과 12는 '少增數'라고 말한다. 여기에서는 큰 숫자에 근거하여 '增數의 10'이라 하니 12로 10을 삼은 까닭이다.】

初句爲總이오 餘十爲別이라 總中始者는 內起信欲하고 外近善友聽聞이오 終者는 憶念任持 所聞地法이라 地地에 皆爾일세 故云十地始終이니 此約敎行이니라 復有阿含爲始하고 以證爲終하니 則前은 皆是敎니라 【鈔_ 阿含者는 梵言이니 此云 淨敎라 旣唯以證爲終하니 而行非是證이라 故前敎始行終을 並名爲始니 故疏에 結云則

前皆是敎라하니라】

첫 구절[又令得菩薩十地始終故]은 총체이고, 나머지 10구는 개별이다.

총체에서 말한 십지의 '시작'이란 안으로는 믿음과 의욕을 일으키고, 밖으로는 선지식을 가까이하여 십지 법문을 들음이며, 십지의 '끝'이란 들었던 십지 법문을 기억하여 간직함이다. 모든 지위마다 모두 그와 같기에 '십지의 시작이요 끝'이라고 말한다. 이는 청정한 가르침의 수행으로 말한 것이다.

또한 '아함'으로 시작을 삼고, '증득[證]'으로 끝을 삼는다.

위에 말한 바는 모두 청정한 가르침이다.【초_ '아함'은 범어이다. 이를 번역하면 '청정한 가르침'이다. 이미 오직 '증득'함으로 끝을 삼았는 바, 수행이란 증득을 말한 게 아니다. 그러므로 앞에서 '가르침은 시작이요, 수행은 끝이다.'고 말한 전체를 모두 '시작'이라고 말한다. 그러므로 청량소에서 결론지어 말하기를, "위에 말한 바는 모두 청정한 가르침이다."고 하였다.】

又依根本始終하여 有十始終하니【鈔_ 有十始終下는 釋別句義라】

또한 근본의 시작과 끝을 따라서 10의 시작과 끝이 있다.【초_ '10의 시작과 끝' 이하는 개별로 말한 구절의 뜻을 해석하였다.】

前三은 地前 思修利物이오 次一은 見道오 餘六은 修道이다

앞의 3구[(1) 如實說菩薩~(3) 修習分別無漏法故]는 십지 이전의 思慧와 修慧로 중생에게 이익을 베풂이며,

다음 1구[(4) 善選擇觀…莊嚴故]는 見道位이며,

나머지 6구[(6) 隨所住處~(10) 能徧至一切處決定開悟故]는 修道位이다.

一은 攝始終이니 經云 如實說菩薩十地差別相故라하니 謂以思慧智로 攝持所聞하야 稱思宣說일세 故云如實이라

제1구는 섭수의 시작과 끝이다. 경문에 이르기를, "보살 십지의 차별상을 실상대로 말하려는 것이다."고 하였다. 이는 思慧의 지혜로 들었던 바를 지니고서 사유한 대로 말한 것이기에 '실상대로[如實]'라고 말하였다.

二는 欲始終이니 緣念佛法하야 意欲令物證故라 此卽思慧上品求心이니라【鈔_ 論云 欲言上品求心者는 有二義故니 一은 令物證이오 二는 唯緣佛法故니라】

제2구[緣念一切佛法故]는 의욕의 시작과 끝이다. 불법을 생각하는 인연으로, 중생을 증득하게 하려는 의욕이 있기 때문이다. 이는 思慧의 上品으로 마음자리를 추구하는 것이다.【초_ 논에 이르기를 "의욕은 思慧의 상품으로 자리를 추구하는 것을 말한다."는 것은 2가지 뜻이 있기 때문이다. 첫째는 중생을 증득케 하려는 것이며, 둘째는 오직 불법만을 따르기 때문이다.】

三은 行始終이니 以是修慧일세 故名修習이라 言分別無漏法者는 於地上無漏道品에 起意言하야 分別觀行故니 以未證故로 但是觀分之時에 帶相觀心하고 未覺無相일세 故云分別이니라

제3구[修習分別無漏法故]는 수행의 시작과 끝이다. 이는 修慧이기에 그 이름을 '修習'이라 하였다. "무루법을 분별한다."는 말은

십지 이상 무루도의 단계에서 생각과 말을 일으켜 觀行을 분별하기 때문이다. 이는 아직 증득하지 못한 까닭에 다만 관찰하여 아는 단계의 부분[觀分: 觀達之分]에 머물 적에는 그 어떤 모양이라는 생각을 가지고서 마음을 관찰할 뿐이지, 그 어떤 모양이라는 생각이 없는 자리를 깨닫지는 못하였기에, 이를 '분별'의 의식이라고 말한 것이다.

四는 證始終이니 卽見道位라 大智者는 卽眞見道니 根本法無我智라 過小乘故로 名大오 治無明故로 云光明이라 此智는 親證眞如平等平等하야 離二取相일새 名善觀察이오 實斷二障分別과 隨眠일새 名善選擇이라 巧莊嚴者는 卽相見道니 是後得智일새 故論에 名方便이라 方便卽巧니 法眞見道로 種種建立일새 名爲莊嚴이라 又莊嚴者는 卽二智成德이니 由得此二하야 善達法界하야 於多百門에 已得自在일새 故云莊嚴이라

제4구[善選擇觀察大智光明巧莊嚴故]는 증득의 시작과 끝이다. 이는 見道位이다.

'큰 지혜[大智]'란 참된 견도이다. 근본적인 '法無我智'이다.

소승을 뛰어넘기에 '大'라 하고, 무명을 다스리기에 '光明'이라 말한다.

이 지혜는 친히 진여의 평등하고 평등함을 증득하여 '能取와 所取의 二取相'을 여의었기 때문에 그 이름을 '잘 관찰한다[善觀察].'고 하였다.

번뇌장과 소지장의 분별을 진실하게 끊었기에 그 이름을 '잘

선택하였다[善選擇].'고 하였다.

'교묘한 장엄[巧莊嚴]'은 곧 '相見道'[4]이다. 이는 '後得智'이다. 때문에 논에서 '방편'이라 말하였다. 방편이 바로 '善巧'이다. '眞見道'[5]를 본받아 갖가지를 건립하므로 그 이름을 '장엄'이라 한다. 또한 장엄이란 곧 근본지와 후득지로 성취한 공덕이다. 이처럼 2가지 지혜로 인하여 법계를 잘 통달하여, 수많은 1백 법문에 이미 자재를 얻었기에 '장엄'이라고 말한다.

五는 修道始終이니 論云 出世間智智力으로 得入法義故者는 以後得으로 了俗이 由於證眞일새 名出世間智智라 由證眞達俗일새 故名善入이오 智能入法일새 卽名爲門이라

上은 寄從二地하야 至七地 竟이니라

제5구[善入決定智門故]는 修道의 시작과 끝이다. 논에서 "출세간의 지혜와 지혜의 힘으로 법과 이치에 들어가기 때문이다."고 말한 것은 후득지로 속제를 깨달음이 진제의 증득에서 연유하기에 '출세간의 지혜와 지혜'라고 말하였다.

진제를 증득함으로 인하여 속제를 통달하였으므로 '잘 들어갔다[善入].'고 하였고,

....

4 相見道: 眞見道의 대칭. 有分別智를 일으켜, 앞서 無分別智로써 증득한 바 진리에 대하여 다시 분별하며 진여의 상을 분별하고, 진견도에 견주어 이를 관찰하는 지위.

5 眞見道: 또는 一心眞見道라고 한다. 무분별의 正體智가 我空·法空에서 나타난 진여[二空所顯眞如]의 도리를 인식 대상으로 하여, 갖가지 희론의 모습을 전혀 취하지 않고 유식의 참다운 勝義의 성품에 계합한다.

지혜로 법에 들어가기에 바로 '門'이라 말하였다.

위는 2지로부터 7지까지의 의탁한 바를 끝마쳤다.

次下五句에 有五始終하니 寄入八地로 至於佛地니 治菩薩이 於菩提五障이라 五障은 在於七地하야 至於等覺이로대 經文에는 但有能治하고 障在文外라

다음 아래의 5단락 6구절에는 5가지의 시작과 끝이 있다. 이는 8지에 들어감으로부터 佛地에 이르기까지의 의탁이다. 보살이 보리의 장애가 되는 5가지를 다스린다. '5가지 장애'는 7지에서 등각에 이르지만 경문에는 단 다스림의 주체만 있고, 다스릴 대상인 장애는 문장 밖에 숨어 있다.

今初二句는 卽能欲邪論障始終이니 不能破邪論障이 卽是所治라 隨所住處者는 卽邪論心住著之處라

言次第顯說者는 以宗·因·喻와 現·比·敎量으로 顯己正義하야 隨病治之니 上皆論所據니라

言無所畏者는 卽論莊嚴이오 後句辯才는 卽是論體며 亦論莊嚴이니 謂語具圓滿과 順言敦肅일세 故名辯才라

又上은 皆 '論多所作法'이라 所作有三하니 一은 善自他宗이오 二는 勇猛無畏오 三은 辯才不竭이니 配文可知라

言光明者는 性不闇故니 卽論出離니 謂善觀察得失等故라

由具上諸義일세 故不墮負오 由破此障하야 得入八地니라【鈔_ 頌云 論體·論處所와 論據·論莊嚴과 論負·論出離와 論多所作法이니라】

제1단락, 2구[제6구 隨所住處次第顯說無所畏故, 제7구 得無礙辯才光明故]는 삿된 논의의 장애를 타파하는 시작과 끝이다. 삿된 논의를 타파하지 못하는 장애가 곧 다스릴 대상이다.

"머무는 곳을 따른다[隨所住處]."고 말한 것은 삿된 논의를 하는 마음이 머물러 집착하는 곳이다.

"차례로 나타내어 말한다[次第顯說]."는 것은 宗[無常]·因[所作性]·비유와 現量·比量·聖敎量으로써 자기의 바른 뜻을 밝혀 병에 따라 다스리는 것이다.

위는 모두 근거에 따라 논하였다.

"두려움이 없다[無所畏]."고 말한 것은 '이론의 장엄'이고, 뒤 구절[제7구 得無礙辯才光明故]에서 말한 '변재'란 곧 '이론의 체성'이자, '이론의 장엄'이기도 하다. 이는 말하는 데에 원만함이 갖춰진 것과 순리의 말이 두텁고 엄숙하기에 이를 '변재'라 말하였다.

또한 위는 모두 "논의의 저작 대상의 법[所作法]이 많음"이다. '지은 바'에는 3가지가 있다.

(1) 나와 남의 근본 이치를 잘 실천하고,

(2) 용맹스러워 두려움이 없으며,

(3) 변재가 다하지 않음이다.

이는 경문에 짝지어 살펴보면 설명하지 않아도 알 수 있다.

'光明'이라 말한 것은 성품이 어둡지 않기 때문이다. 곧 '이론의 벗어남'이다. 이는 잘잘못 등을 잘 관찰하기 때문이다.

위의 여러 의의를 갖추고 있음에 따라서 추락하거나 저버리지 않으며, 이러한 장애를 타파함으로 인하여 8지에 들어가게 된다. 【초_ 게송에서 말하였다. "논의의 체성, 논의의 처소, 논의의 근거, 논의의 장엄, 논의의 저버림, 논의의 벗어남, 논의의 저작 대상의 법이 많다."】

二는 能善答難始終이니 上明能破하고 此顯能立이라 第九善慧는 是辯才地요 住卽證也니라【鈔_ 言上明能破하고 此顯能立者는 總釋也라 因明論云 '能立與能破와 及似는 唯悟他요 現量與比量과 及似는 唯自悟'라하니 此之一偈에 總有八義하니 一은 眞能立이요 二는 似能立이요 三은 眞能破요 四는 似能破요 五는 眞現量이요 六은 似現量이요 七은 眞比量이요 八은 似比量이라 今此辨於利他일새 故但明能立能破로되 而菩薩離過하야 但有眞能立破하고 無似能立破니라】

제2단락, 제8구[住大辯才地善決定故]는 논란에 잘 대답하는 시작과 끝이다. 위에서는 논리 타파의 주체에 대해서 밝혔고, 여기서는 논리 건립의 주체에 대해서 밝혔다. 제9 善慧地는 변재의 지위이며, '住大辯才地'의 '住'는 곧 증득함이다.【초_ "위에서는 논리 타파의 주체에 대해서 밝혔고, 여기서는 논리 건립의 주체에 대해서 밝혔다."는 것은 총체로 해석한 것이다.

인명론의 게송에서 말하였다.

"논리 건립의 주체인 能立, 논리 타파의 주체인 能破, 그리고 비슷한 건립과 비슷한 타파 4가지는 오직 남들을 깨닫게 하고, '있는 그대로 받아들이는 現量', '이미 아는 사실에 근거하여 추론하는 比量'과 비슷한 현량과 비슷한 비량 4가지는 오직 스스로 깨달을 뿐이다."

인명론의 게송에는 모두 8가지 뜻이 있다.

(1) 진실한 논리 건립의 주체,

(2) 비슷한 논리 건립의 주체,

(3) 진실한 논리 타파의 주체,

(4) 비슷한 논리 타파의 주체,

(5) 진실한 있는 그대로 받아들이는 현량,

(6) 비슷한 있는 그대로 받아들이는 현량,

(7) 진실한 이미 아는 사실에 근거하여 추론하는 비량,

(8) 비슷한 이미 아는 사실에 근거하여 추론하는 비량이다.

여기에서는 이타행을 논변하였기에, 논리 건립의 주체와 타파의 주체에 대해서만 밝혔지만, 보살이 허물을 여의어서 진실한 논리 건립의 주체와 진실한 논리 타파의 주체가 있을 뿐, 비슷한 논리 건립의 주체와 비슷한 논리 타파의 주체는 없다.】

三은 樂著小乘對治始終이니 不忘菩提하야 上求下化故니라

제3단락, 제9구[憶念菩薩心不忘失故]는 소승을 좋아하고 집착하는 장애를 다스리는 시작과 끝이다. 보리지혜를 잊지 않고서 위로 보리를 구하고 아래로 중생을 교화하기 때문이다.

四는 化衆生懈怠對治始終이니 成就不疲故니라

제4단락, 제10구[成熟一切衆生界故]는 중생 교화의 게으른 장애를 다스리는 시작과 끝이다. 피곤하거나 싫어함이 없음을 성취한

때문이다.

五는 無方便對治始終이니 善達五明하야 爲一切處開悟일세 故能巧化니라

又上五障은 一 不能破邪오 二 雖能破나 而不能立이오 三 雖能破立이나 情樂小乘이오 四 雖不樂小乘이나 而不勤化他오 五 雖化不疲나 而無化方便이니 治於此五라야 行化畧周니라

제5단락, 제11구[能徧至一切處決定開悟故]는 방편의 지혜가 없는 장애를 다스리는 시작과 끝이다. 5가지의 밝음에 잘 통달하여 일체 모든 중생의 깨달음을 위하기에 훌륭한 교화의 주체가 된 것이다.

또한 위에서 말한 5가지 장애는 다음과 같다.

(1) 삿된 것을 타파하지 못하고,

(2) 비록 타파할지라도 제대로 세우지 못하며,

(3) 비록 세울지라도 소승을 좋아하고,

(4) 비록 소승을 좋아하지 않을지라도 부지런히 남을 교화하지 않으며,

(5) 비록 교화를 싫어하지 않을지라도 교화의 방편이 없는 것이다.

위의 5가지 장애를 다스려야 교화를 적게나마 두루 펼칠 수 있다.

第六 正顯加相

論云'已說이어늘 何故加며 復云 何加오 加相有三하니 謂口·意·身
이라 約別相說인댄 口加以益辯이오 意加以與智오 身加以增威어니
와 如實說者인댄 能加則局이오 所加皆通이라 乘前語便일세 故先口
加오 得智堪說이오 事須起定이라야 使身觸令覺이니 故爲此次라
此就十方佛辨이어니 若約舍那인댄 先 意令得定이라야 當有所說
이오 次 身光으로 照觸增威오 後 雲臺說偈令演이니 亦義次第오 非
有優劣이니라
今初는 口加라【鈔_ 言'約別說'者는 謂以身加身하고 以口加口等
이오 '如實說'者는 謂能加 隨擧一業하야 卽加所加三業故니라】

6. 가피의 모습을 개별로 밝히다

논에서 말하였다.

"이미 설법을 했는데, 무슨 까닭에 가피를 내리며, 또한 어떻게 가피를 내리는가?"

가피의 양상에는 3가지가 있다. 입·마음·몸의 가피를 말한다.

개별의 양상으로 말하면, 입의 가피로 논변을 더해주고, 마음의 가피로 지혜를 주며, 몸의 가피로 위력을 더해주는 것이지만, 실상으로 말하면 가피의 주체는 국한되나 가피 받을 대상은 모두 통한다.

앞에서 말하기 쉬운 점을 따라서 먼저 입의 가피를 말했지만, 지혜를 얻어야 설법을 할 수 있고, 일이란 반드시 선정에서 일어나야만 몸으로 접촉하면서 감각이 있기에 이런 차례로 말하였다.

여기서는 시방세계 여러 부처님으로 말했지만, 노사나불로 말

하면, 먼저 마음에 선정을 얻어야만 설법할 수 있고, 다음 몸의 광명으로 모든 곳을 비추어 위신력을 더하며, 그 뒤 雲臺에서 게송으로 연설하였다. 이 또한 삼업의 의의에 따른 차례[先意 次身 後口]로 말하였을 뿐이지, 삼업에 우열의 차이가 있다는 것은 아니다.

이의 첫 부분은 1) 입의 가피이다.【초_ "개별의 양상으로 말하면"이라는 것은 몸으로 몸을 가피하고, 입으로 입을 가피하는 등을 말한다.

"실상으로 말하면"이라는 것은 가피의 주체가 하나의 업을 들어, 가피의 대상인 삼업에 가피를 내리기 때문이다.】

經

善男子야 汝當辯說此法門差別善巧法이니
所謂承佛神力하야 如來智明所加故며
淨自善根故며
普淨法界故며
普攝衆生故며
深入法身智身故며
受一切佛灌頂故며
得一切世間最高大身故며
超一切世間道故며
淸淨出世善根故며
滿足一切智智故니라

선남자여! 그대는 당연히 십지 법문의 차별을 훌륭한 법으로 설법해야 할 것이다.

이른바 부처님의 위신력을 받들어 여래 지혜 광명의 가피를 받기 위함이며,

자기의 선근을 청정하기 위함이며,

법계를 두루 청정하기 위함이며,

중생을 두루 받아들이기 위함이며,

법신과 지혜의 몸에 깊이 들어가기 위함이며,

일체 부처님의 관정(灌頂)을 받기 위함이며,

일체 세간의 가장 높고 큰 몸을 얻기 위함이며,

일체 세간의 길에서 초월하기 위함이며,

출세간의 선근을 청정하기 위함이며,

일체 지혜의 지혜를 만족하기 위함이다."

◉ 疏 ◉

口加中有十一句하니 初는 總이오 餘는 別이라 總中에 令以樂說辯으로 說十地法門의 名相差別이니 不違事理하고 善巧成故라 故云 汝當辯說等이니라

'所謂'下十句는 別中에 依根本辯才하야 有二種辯才하니

一은 他力辯이니 卽是初句라 謂承佛力은 承何力耶아 如來智明故라

二는 自力辯이니 卽後九句이라 自他因緣으로 方有說故라

입의 가피 부분은 11구절이다. 첫 구절은 총체로, 나머지는 개

별로 말하였다.

총체 부분은 즐거움을 주는 변설로 십지 법문의 명칭과 행상의 차별을 설법하도록 하였다. 현상의 사법계와 실상의 이법계에 어긋나지 않고 훌륭하게 성취한 까닭이다. 이 때문에 "그대는 당연히 설법해야 한다."고 말하였다.

'所謂' 이하의 10구는 개별 부분의 근본 변재에 의하여 2가지 변재가 있다.

(1) 타력에 의한 변재이다. 이는 첫 구절이다. "부처님의 위신력을 받든다."는 것은 무슨 위신력을 받든 것일까? 여래의 지혜 광명을 받들었기 때문이다.

(2) 자력에 의한 변재이다. 이는 뒤의 9구이다. 자타의 인연으로 비로소 설법하기 때문이다.

一. 淨自善根者는 有作善法淨이니 卽是敎行이라 亦約相故로 名爲有作이라【鈔_ 釋此一淨에 文有四節하니 初句는 牒經이오 二 '有作善法淨'은 依論立名이오 三 '卽是敎行'은 出其行體오 四 '亦約相故名爲有作'은 依體釋名이니 謂由約相約敎일새 故有修作하니 修作이 卽是敎行이라】

제1구, "자신의 선근을 청정히 한다."는 것은 '작위가 있는 선법의 청정'이다. 이는 곧 가르침의 수행이다. 또한 현상의 모양으로 말한 까닭에 '작위가 있다.'고 말한다.【초_ 여기에서 제1구 청정을 해석한 문장은 4구절이다.

(1) 경문을 이어 말함이며,

(2) "작위가 있는 선법의 청정"은 논에 의하여 명제를 세움이며,

(3) "이는 곧 가르침의 수행이다."는 것은 수행의 본체를 드러냄이며,

(4) "또한 현상의 모양으로 말한 까닭에 작위가 있다."는 것은 본체에 의하여 명제를 해석한 것이다. 모양과 가르침으로 말함에 따라서 수행과 작위가 있는 것이다. 수행과 작위가 바로 '가르침의 수행'이다.】

二 普淨法界者는 無作法淨이니 此約證行이라 亦約體故로 名爲無作이니 依此性相而有說故라 上二는 皆自利라【鈔_ 釋此一淨에 文有五段하니 一은 牒經이오 二 '無作法淨'은 依論立名이오 三 '此約證行'은 出其行體오 四 '亦約體故名爲無作'은 依體釋名이라 由約體故로 無有修作하고 但出妄染일새 故稱爲淨이 如拂雲霧에 顯出晴空이니 故此는 但約顯體하야 名淨이오 不同前門의 對治를 名淨이라 五 '依此性相'下는 雙結上二라 先結二淨에 性卽體證이오 相卽相教라 後上二皆自利者는 結上自利하야 生下第三利他故也라】

제2구, "법계를 두루 청정케 한다."는 것은 작위가 없는 법의 청정이다. 이는 '증득한 행'으로 말하였다. 또한 본체로 말한 까닭에 '작위가 없다.'고 말한다. 이러한 본체와 모양에 의하여 설법하기 때문이다.

위의 2구는 모두 '自利行'이다.【초_ 이 하나의 청정을 해석한 문장은 5단락이다.

(1) 경문을 이어 말함이며,

⑵ "작위가 없는 법의 청정"은 논에 의하여 명제를 세움이며,

⑶ "이는 증득한 행으로 말하였다."는 것은 그 수행의 본체를 밝힘이다.

⑷ "또한 본체로 말한 까닭에 작위가 없다."는 것은 본체에 의하여 명제를 해석한 것이다. 본체로 말한 까닭에 작위의 수행이 없고, 단 妄染에서 벗어났기에 청정하다고 말하였다. 이는 마치 구름과 안개가 걷히면 해맑은 하늘이 드러나는 것과 같다. 따라서 이는 다만 '본체가 드러남'을 들어 청정하다고 말했을 뿐, 앞의 1구에서 말한 다스림[對治]의 청정과는 같지 않다.

⑸ '依此性相'은 위의 2구[有作善法淨·無作法淨]를 한꺼번에 결론지은 것이다. 앞에서 2구의 청정을 끝맺은 부분에 말한 '性'은 곧 본체의 증득이고 '相'은 相의 가르침이다. 뒤의 '위의 2구는 모두 自利行'이라는 것은 위의 자리행을 끝맺으면서 아래 제3구 利他行을 일으키기 때문이다.】

三 普攝衆生者는 敎化衆生淨이니 卽是利他니라

제3구, "중생을 두루 포섭한다."는 것은 중생 교화의 청정이다. 이는 이타행이다.

餘六句는 經에 皆名身淨이라하야 攝爲三種盡이니 皆顯二利滿이라 故成德이라 成德에 有二義하니 一은 當位顯益이니 有菩薩盡이오 二는 寄對辨勝이니 有後二盡이라

'初 菩薩盡'者는 因位窮終일새 故攝經三句니

初句는 位滿이니 謂十地勝進에 破和合識하고 顯現法身하나니 非心

意識之所能得이오 唯如智所依로 成於智身이라 菩薩照寂일세 故云深入이니라

後二句는 成益이니 一은 成現報益이니 得佛灌頂하야 受佛位故니라

【鈔_ 後二句等者는 此句總標라 一成現報는 纔證十地에 得離垢三昧오 末後에 有一三昧하니 名受一切智勝職이라 此三昧現前時에 有大寶蓮花 忽然出現하야 身坐其上할세 十方諸佛이 現身灌頂하나니 名爲受位라 故是現報니 廣如第十地說이니라 然汎明受位에 畧有三種하니 一은 唯就相이니 如彌勒等이 示居長子하사 已窮聖位하야 授記當來에 次補佛處오 二는 就相顯實이니 如廻向所引이 名爲得位오 三은 唯就實이니 十地行滿에 衆累永寂하야 法身之相이 顯自心源이라 雖有三義나 今取第二일세 故云現報니라】

나머지 6구는 경문에 모두 '몸의 청정'이라 말하여, 菩薩盡·二乘不同盡·佛盡 3가지를 모두 포괄하고 있다. 이는 모두 자리이타의 원만을 밝힌 것이다. 이 때문에 '成德'이라 말한다.

'성덕'에는 2가지 뜻이 있다.

(1) 해당 지위의 이익을 밝혔다. 보살의 극진함[菩薩盡]이며,

(2) 상대에 의탁하여 보다 훌륭함을 말하였다. 뒤의 '이승과 같지 않음의 극진함[不同盡]'·'부처의 극진함[佛盡]' 2가지이다.

'(1) 보살의 극진함'이란 因行의 지위를 다한 까닭에 경문 3구를 포괄하고 있다.

이의 첫 구절[深入法身智身故]은 지위의 원만함이다. 십지를 잘 닦아나감에 제8 眞妄和合識을 타파하고서 법신을 드러냄이다. 이

는 '마음과 생각과 의식[心意識]'으로 얻을 수 있는 게 아니며, 오직 진여 지혜의 의지한 바로 지혜의 몸을 이루었다. 보살의 照寂이기에 '깊이 들어간다[深入].'고 말한 것이다.

뒤의 2구절[受一切佛灌頂故, 得一切世間最高大身故]은 이익의 성취이다.

이의 첫 구절[受一切佛灌頂故]은 현세에 받은 이익의 성취이다. 부처님의 灌頂을 얻어 부처의 지위를 받은 까닭이다.【초_ '뒤의 2구절' 등이란 이 2구가 총체로 표방한 부분이다.

"이의 첫 구절은 현세에 받은 이익의 성취"란 제10 법운지를 증득하자마자 離垢삼매를 얻고, 맨 끝에 하나의 삼매가 있는 바, 그 이름을 '一切智로 받은 훌륭한 직책'이라 한다. 이러한 삼매가 앞에 나타날 때, 큰 보배 연꽃이 갑자기 피어나, 나의 몸이 그 연꽃 위에 앉게 된다. 바로 이때, 시방의 모든 부처님이 몸을 나타내어 나에게 관정하니, 이를 이름 지어 '부처의 지위를 받았다[受位].'고 말한다. 이 때문에 이를 현세에 받는 것이다. 자세한 설명은 제10지에서 말한 바와 같다.

그러나 일반적으로 직책을 받는 지위에는 대략 3가지가 있다.

(1) 오직 현실의 양상으로 말하였다. 마치 미륵보살 등이 장자로 나타나시어 이미 성인의 지위를 다하여 미래 세계에 다음 補佛의 수기를 받음과 같다.

(2) 현실의 양상으로 실상을 밝힘이다. 이는 마치 회향에서 인용한 바를 '得位'라 말하는 것과 같다.

(3) 오직 실상으로 말하였다. 십지행이 원만함에 모든 번뇌가 영원히 고요하여 법신의 모양이 자신의 마음 근원에 나타나게 된다.

이는 비록 3가지 뜻이 있지만, 여기에서는 제2의 뜻을 취하였기에 '현세에 받는다.'고 하였다.】

二는 成後報益이니 十地攝報는 生大自在일세 云高大身이라 高大二義니 一은 色形中極이니 量最大故며 居有頂故라 二는 約三乘이니 此成報身하야 位極普周일세 故云高大라
論云 摩醯首羅智處生故者는 智處亦二義하니
一은 摩醯首羅智自在故오
二는 攝報智滿하야 成種智故니라 【鈔_ '論云'已下는 引論釋이오 從 '智處二義'는 卽疏釋論이니 二義는 亦順上高大二義니 一은 卽就 攝報之身이니 智便自在故라 賢首品云 '摩醯首羅智自在하야 大 海龍王降雨時에 悉能分別數其滴하야 於一念中皆辨了' 卽其 文也니라
然此天이 何以爲智處耶아 以下天은 定少하고 四空은 定多어니와 以 四禪中에 定慧均等하며 色界中極故니라 文約二乘之人인댄 多無 漏之智로 熏習禪定故니라
'二攝報智'者는 此有二意하니 一은 約未成佛인댄 但是十地 攝報 居彼하야 智度已圓이니 故云 '攝報智滿'이니라 二는 就彼天上하야 得 成菩提하야 具足種智일세 名爲智處니라
然論成佛에 通說有三하니 一은 寄化顯實이니 在閻浮提에 卽周法

界오 二는 寄報顯實이니 在色究竟成이 便徧法界오 三은 就實顯實이니 妙出三世하야 不可定其時處·身相이니 今就中義니라】

이의 둘째 구절[得一切世間最高大身故]은 내세에 받는 이익의 성취이다. 십지에서 보답으로 받는다는 것은 大自在天에 태어나는 것이기에 '높고 큰 몸'이라고 말하였다.

'높고 큰 몸'에는 2가지 뜻이 있다.

(1) 물질적 형상 가운데 極量이 가장 크며, 꼭대기에 살기 때문이다.

(2) 3승으로 말한다. 이는 보신을 성취하여 지위가 널리 두루 다하였기에 '높고 큰 몸'이라고 말하였다.

논에 이르기를 "마혜수라가 하늘의 지혜로운 곳에 태어났기 때문이다."고 하였다. 여기서 '지혜로운 곳' 또한 2가지 뜻이 있다.

(1) 마혜수라의 지혜가 자재하기 때문이며,

(2) 보답으로 거둔 결과의 지혜가 원만하여 一切種智를 성취한 때문이다.【초_ 論云'은 논을 인용하여 해석하였고, '智處'의 2가지 뜻은 논을 疏釋하였다. 2가지 뜻 또한 위에서 말한 '높고 큰 몸'의 2가지 뜻을 따른 것이다.

(1) 섭보의 몸으로 말하니 지혜가 자재한 때문이다. 현수품의 게송에서 말한 "마혜수라의 자재한 지혜여, 큰 바다의 용왕이 비를 내리면, 그 빗방울 수효를 모두 헤아려, 한 생각의 찰나에 모두 분별하여 아노라."는 것이 바로 이런 뜻으로 말한 문장이다.

그러나 이 하늘을 어찌하여 지혜로운 곳이라 하는가. 下天은 선정이 적고 4空天은 선정이 많지만, 4禪天에는 선정과 지혜가 균등하고, 색계 하늘에서 다하기 때문이다. 또한 경문에 二乘의 사람으로 말하면, 무루의 지혜로 선정에 훈습함이 많기 때문이다.

(2) '攝報智'에도 2가지 뜻이 있다.

첫째, 아직 성불하지 못함으로 말하면, 단 제10 법운지의 섭보과는 저 항포법문에 있어서 지혜바라밀이 원만하기에 '섭보과의 지혜가 원만하다.'고 말하였다.

둘째, 저 천상에서 보리를 성취하여 일체종지가 두루 넉넉하기에 '지혜로운 곳'이라 말하였다.

그러나 '成佛'을 논할 적에는 일반적으로 3가지가 있다.

(1) 화신에 의탁하여 실상을 밝힘이다. 염부제에 있으면서 법계에 두루 존재함이며,

(2) 報身에 의탁하여 실상을 밝힘이다. 색구경천에서 성불하여 바로 법계에 두루 존재함이며,

(3) 실상에서 실상을 밝힘이다. 삼세를 잘 벗어나 시간과 장소, 그리고 몸의 모양이 일정하지 않음이다. 여기서는 두 번째 뜻으로 말하였다.】

'二 寄對顯勝'中에 一은 對下彰出이니 有二乘不同盡하야 攝經二句니

一'超一切世間道'者는 度五道故니 道卽因義라

二'淸淨出世善根'者는 論云 '復涅槃道淨故'라하니 以二乘은 雖度五道나 有三餘故로 不淨涅槃이어니와 今無三餘일세 故云復淨也라

由具此二일세 故不同二乘이니라【鈔_ 言三餘者는 一은 無明住地惑이 爲煩惱餘오 二는 無漏有分別對業이 爲業餘오 三은 變易生死 爲苦餘니라

問이라 '此句의 不同二乘은 義則可爾어니와 上句의 度於五道는 則不同凡夫어늘 何名不同二乘고'

有人答云 '但約超勝일세 畧無凡夫라하니 此義不然이라 今謂凡夫는 此不足論이오 今明正度五道는 有濫小乘일세 故淨涅槃이오 顯不同彼일세 故合二句라야 方成此盡이니라 又二句 皆濫二乘이어니와 今皆不同은 由淨善根故로 不住涅槃이오 由度五道故로 不住生死하나니 合二無住故로 不同二乘이 度於五道하야 入涅槃矣니라'】

성덕의 '(2) 상대에 의탁하여 보다 훌륭함을 밝힘' 부분 가운데 첫째, 아래를 상대로 뛰어남을 밝혀냄이다. '二乘과 같지 않음이 극진함'에 있어 경문 2구절[超一切世間道故, 淸淨出世善根故]을 포괄하고 있다.

(1) "일체 세간의 길에서 초월하였다."고 말한 것은 5갈래의 길[五道: 지옥·아귀·축생·인간·아수라]을 건넜기 때문이다. 道는 곧 원인이라는 뜻이다.

(2) "출세간의 선근을 청정히 한다."는 것은 논에서 이르기를 "또한 열반의 길이 청정하기 때문이다."고 하였다. 이승은 비록 5갈래의 길을 건넜지만, 3가지가 남아 있기 때문에 열반이 청정하지 않다. 그러나 여기에서는 3가지가 하나도 남아 있지 않기에 '또한 청정하다.'고 말한 것이다.

이 2가지를 갖춤에 따라서 이승과 전혀 다른 것이다.【초_ "3가지가 남아 있다."고 말한 것은 다음과 같다.

첫째, '無明住地'의 번뇌가 '남아 있는 번뇌[煩惱餘]'이고,

둘째, 무루이지만 '분별하는 對業'이 있는 것은 '남아 있는 업[業餘]'이며,

셋째, '변역생사'는 '남아 있는 고통[苦餘]'이다.

"이 구절의 '이승과 다르다.'는 뜻은 그럴 수 있지만, 위 구절의 '5갈래의 길을 건넜다는 부분'은 범부와 같지 않은데, 어찌하여 '이승과 같지 않다.'고 말하였는가?"

"어떤 사람이 '다만 뛰어나고 훌륭함으로 말하였기에 범부는 생략하여 언급한 바 없다.'고 답하였다. 그러나 여기에서 말한 뜻은 그렇지 않다. 어떤 사람이 말하는 범부는 여기에서 논할 대상이 아니다. 여기에서 바로 '5갈래의 길을 건넜다.'는 것은 소승과 혼잡한 부분이 있음을 밝힌 것이기에 '청정한 열반'이라 하였고, 그들과 같지 않음을 밝혔기에 2구절[超一切世間道故, 淸淨出世善根故]을 종합하여 보아야 비로소 이러한 극진함을 성취할 수 있다.

또한 2구절은 모두 이승과 혼잡한 부분이지만, 여기에서 모두 이승과는 같지 않다는 것은 '선근을 청정'하게 하였기에 열반에 머물지 않고[不住涅槃], 5갈래의 길을 건넜기에 생사에도 머물지 않는다[不住生死]. 이처럼 열반과 생사 2가지에 머물지 않는 자리를 종합한 까닭에 '이승이 5갈래의 길을 건너 열반에 든' 것과는 똑같지 않다."】

後一은 望上顯同이 名爲佛盡이니 等覺菩薩도 同滿種智故일세니라

【鈔_ '後一望上下는 明第三盡이라 此句는 顯意標名이라 言'滿種智'者는 釋一切智智字라 此有二意하니
一은 上一切智는 是根本智오 重言智者는 是後得智니 此二無礙를 名一切種智라
二는 依論經意컨대 上一切智는 是佛이오 下智字는 是佛智慧라 故論云 得一切智人智滿足故라하니 二義皆是智니라 】

뒤의 1구[滿足一切智智故]는 위를 상대로 같음을 밝혀냄이다. 이를 이름 지어 '부처의 극진함[佛盡]'이라 하였다. 등각보살도 똑같이 일체종지를 원만하게 갖춘 때문이다. 【초_ "뒤의 1구는 위를 상대로" 이하는 제3의 극진함[佛盡]을 밝히고 있다. 이 구절은 그 뜻을 밝혀 명제를 표방한 것이다. "일체종지를 원만하게 하였다."고 말한 것은 '一切智智' 4글자를 해석한 것이다. 여기에는 2가지 뜻이 있다.

(1) 앞의 '一切智'는 근본지이며, 거듭 말한 一切智'智'의 智는 후득지이다. 이 2가지 지혜에 걸림이 없는 것을 '一切種智'라고 말한다.

(2) 논경의 뜻에 의하면, 위의 '一切智'는 부처님을 말하고, 아래의 一切智'智'의 智는 '부처님의 지혜'를 말한다. 이 때문에 논에서 "일체 지혜를 얻으신 분의 지혜가 만족하기 때문이다."고 하였다. 이는 2가지 뜻이 모두 '지혜'이다.】

第二 意加

中二이니 初는 正顯이오 後는 徵釋偏加所以라
今은 初라

2) 마음의 가피

이는 2부분이다.

앞은 바로 밝혔고,

뒤에서는 유독 금강장보살에게 가피를 내린 이유를 묻고 해석하였다.

이는 앞부분이다.

經

爾時에 十方諸佛이
與金剛藏菩薩無能映奪身하며
與無礙樂說辯하며
與善分別淸淨智하며
與善憶念不忘力하며
與善決定明了慧하며
與至一切處開悟智하며
與成道自在力하며
與如來無所畏하며
與一切智人觀察分別諸法門辯才智하며
與一切如來上妙身語意具足莊嚴하시니
　그때, 시방세계의 부처님들이

금강장보살에게 그 누구도 빼앗을 수 없는 몸을 주었고,

중생에게 설법하기 좋아하는, 걸림 없는 변재를 주었으며,

분별을 잘하는 청정한 지혜를 주었고,

잘 기억하여 잊어버리지 않는 힘을 주었으며,

잘 결정하여 밝게 아는 지혜를 주었고,

일체 모든 곳에 이르러 깨달음을 주는 지혜를 주었으며,

도를 이루어 자재하는 힘을 주었고,

여래의 두려움 없는 위신력을 주었으며,

일체 지혜를 지닌 사람이 모든 법문을 관찰하여 분별하는 변재의 지혜를 주었고,

일체 여래의 가장 미묘한 몸과 말과 뜻으로 구족하게 장엄함을 주었다.

● 疏 ●

前中十句니 初는 總이오 餘는 別이라

總中에 身有二種하니

一은 與無上勝威德身이니 如王處衆에 無能映奪이오

二는 與辯才無能映奪身이니

前은 色身勝이오 後는 名身勝이라 【鈔_ '第二意加'者는 當時如來 但意地冥被하사 與其智力하시고 都無言說이어시늘 皆集經者言이니라 '總中'者는 論經總句云 '與金剛藏菩薩眞實無畏身'이라하니 無畏는 卽無能勝義라 上力이 被下일새 故名爲與라 雖己之智를 卽不可

他用이나 約爲緣助故로 得言與라 如鬼入身이라도 尙增智辯이온 況於如來아

問이라 '此與 爲暫爲永가

答이라 '有三義하니

一은 就實相이니 金剛藏이 上契佛心일세 佛力이 下被하사 相應爲與니 此與則常이오

二는 就化體니 旣金剛藏이 化周法界하야 無時不說이라 隨說卽與하야 無有暫廢니 亦得名永이오

三은 就化相이니 有說不說하니 說時卽與하나니 此則非永이라 然此總句는 亦總亦別이니 總은 謂總攝十句니 爲無能勝身故오 別은 謂此句 卽當色身이오 後九句는 別이니 唯屬名故니라 二名 已去에 卽得名身이니 身者는 聚義니라】

앞부분은 10구절이다. 첫 구절[與金剛藏菩薩無能映奪身]은 총체이고, 나머지 9구는 개별이다.

총체에서 말한 '몸[身]'에는 2가지가 있다.

(1) 위없는 가장 훌륭한 위엄과 공덕의 몸을 주었다. 이는 마치 왕이 대중 속에 있을지라도 왕의 위엄과 공덕을 그 누구도 빼앗을 수 없음과 같다.

(2) 그 누구도 빼앗을 수 없는 변재의 몸을 주었다.

앞은 색신의 훌륭함을, 뒤는 명신의 훌륭함을 말하였다.【초_

'2) 마음의 가피'란 당시 여래께서 다만 마음속으로 보이지 않게 가피를 내려 지혜의 힘을 주었을 뿐 아무런 말씀이 없었는데, 이는

모두 화엄경을 편집한 자들이 편찬한 말이다.

'총체로 말한 첫 구절'이란 경문의 총체 부분을 논하여 말하기를 "금강장보살에게 진실로 두려움 없는 몸을 주었다."고 하였다. 논에서 말한 '두려움이 없다.'는 것은 곧 '그 누구도 이길 수 없다.'는 뜻이다. 윗사람의 힘으로 아랫사람에게 가피를 내리기에 '준다[與].'고 말하였다. 나의 지혜를 남들이 쓸 수 없겠지만, 도움의 반연이 되기에 이를 '준다'고 말하였다. 예컨대 신명이 몸에 붙기만 해도 오히려 지혜와 변재가 더해지는데, 하물며 부처님의 가피야 오죽하겠는가.

"여기에서 가피를 내려준다는 것은 잠시일까? 영원한 것일까?"

"여기에는 3가지 뜻이 있다.

(1) 실상으로 말한다. 금강장보살이 위로는 부처님의 마음과 하나가 되었기에 부처님의 위신력으로 상응한 가피를 내려주는 것이다. 이러한 가피는 영원하다.

(2) 교화의 체성으로 말한다. 이미 금강장보살이 교화를 법계에 두루 행하여 어느 때이든 설법하지 않은 적이 없으며, 설법을 따라서 바로 가피를 주어 잠시도 그만두지 않았다. 이러한 가피 또한 영원하다.

(3) 교화의 양상으로 말한다. 설법할 때도 있고 설법하지 않을 때도 있다. 설법할 때 바로 가피를 주는 것이다. 이는 영원하지 않다.

그러나 이 총체 구절은 총체이기도 하면서 또한 개별이기도 하다. 총체로는 10구를 총체로 포괄하니 '그 누구도 이길 수 없는 몸'이기 때문이다. 개별로는 이 구절은 곧 색신에 해당하고, 뒤의 9구절은 오로지 名身에 해당하기 때문이다. 색신과 명신 2가지의 이름을 이미 버리면 그것은 곧 '몸[身]'이라고 말한다. 여기에서 말한 '몸'이란 '덩어리'라는 뜻이다."】

後'與無礙'下는 別이니 別開名身하야 成九種身이라 所加通三일세 故增其色身이라 在心 名智오 在口 稱辯이니 經云 '與智'라하고 論判爲名이라하니 二文影畧일세 顯義方備니라

뒤의 '與無礙' 이하는 개별이다. 名身을 개별로 나누어서 9가지의 몸을 이루고 있다.

가피 받을 대상은 3곳에 통하기에, 그 색신을 더한 것이다. 마음에 있어서는 '지혜'라 이름하고, 입에 있어서는 '변재'라 말한다. 경문에서는 '지혜를 주었다.' 하였고, 논에서는 '이름과 부합된 몸'이라 판단하였다. 두 문장이 서로 한 부분을 생략하였기에, 말하지 않은 부분의 뜻을 밝혀야만 비로소 갖춰지게 된다.

一은 與不著辯才니 說法不斷하야 無滯礙故니 謂無偏住著故로 不滯事理일세 云 '無礙樂說'이니라

(1) [與無礙樂說辯], 집착하지 않는 변재의 가피를 주었다. 법문을 설함에 끊이지 않고서 막힘이 없기 때문이다. 어느 한쪽에 치우쳐 집착이 없기에 현상의 사법계와 근본의 이법계에 막히지 않으므로 "중생이 좋아하는 설법에 걸림이 없다."고 하였다.

二는 與堪辯이니 分別法相하야 能正說故로 名爲淸淨이라

(2) [與善分別淸淨智], 연설을 감내할 변재의 가피를 주었다. 법의

행상을 분별하여 바르게 설법하기 때문에 '청정'하다고 말하였다.

三은 卽任放辯才니 說不待次하고 言辭不斷하며 處處隨意하야 不忘名義일세 故云 '善憶念不忘力'이라하니 謂隨門異說호되 不忘本宗故니라

(3) [與善憶念不忘力], 마음대로 말하는 변재의 가피를 주었다. 연설할 적에 굳이 차례를 기다리지 않아도 말이 끊어지지 않으며, 어떤 곳에서도 마음대로 명제와 이치를 잊지 않기에, 경문에서 '잘 기억하여 잊어버리지 않는 힘'이라고 말하였다. 이는 그 부문에 따라 달리 말할지라도 근본 종지를 잊지 않기 때문이다.

四는 能說辯이니 隨所應度하야 種種譬喩로 能斷疑故니 謂應機斷疑일세 故名決定이오 能隨所應이 是謂明了니라

(4) [與善決定明了慧], 설법을 잘하는 변재의 가피를 주었다. 제도해야 할 중생을 따라서 갖가지 비유로 의심을 끊어주기 때문이다. 이는 중생의 근기에 상응하여 의심을 끊어주기에 '決定'이라 말하였고, 상응해야 할 바를 잘 따르는 것을 '明了'라 말하였다.

五는 不雜辯이니 三種同智 常現前故니라 三同智者는 卽自相·同相과 及不二相이니 自相者는 色心等殊故오 同相者는 同無常苦無我故오 不二相者는 卽一實理니라 又自相은 卽俗諦오 同相은 卽眞諦오 不二는 卽中道第一義諦니라 金剛仙等 諸論에 皆明此三하니 無法不爾일세 故云 '徧至一切'오 菩薩所了일세 故云 '開悟'니라

(5) [與至一切處開悟智], 혼잡하지 않은 변재의 가피를 주었다. '3가지로 동일한 지혜'가 언제나 앞에 나타나기 때문이다.

'3가지로 동일한 지혜'란 각기 다른 자체의 모양[自相], 모두가 똑같은 모양[同相]과 둘이 아닌 하나의 모양[不二相]을 말한다.

自相은 몸과 마음 등이 사람마다 각기 다르기 때문이며,

同相은 無常·苦·無我가 모든 사람이 똑같기 때문이며,

不二相은 곧 하나의 실상 이치이다.

또한 자상은 俗諦이고, 동상은 眞諦이며, 불이상은 곧 中道 第一義諦이다. 금강선 등의 여러 논서에서 모두 이 3가지를 밝히고 있다. 모든 법이 그와 같지 않은 게 없기에 "일체 모든 곳에 두루 이른다." 하였고, 보살이 알려줘야 할 바이기에 '開悟'라 말하였다.

六은 敎出辯이니 以十力智로 自在化物하야 斷惑得果일새 故云 '自在成道'니라【鈔_ 爲令衆生으로 斷惑出離일새 故名敎出이라】

(6) [與成道自在力], 의혹을 끊고 고해를 벗어나게 하는 가르침의 변재 가피를 주었다. 부처님의 '10가지 힘의 지혜'로 자유자재로 중생을 제도하여 의혹을 끊고 佛果를 얻게 하므로 '자재하게 도를 성취해준다.'고 하였다.【초_ 중생으로 하여금 의혹을 끊고서 삼계를 벗어나게 하기에 '벗어나게 해주는 가르침'이라고 말하였다.】

七은 不畏辯이니 於他言說에 不怯弱故니라

(7) [與如來無所畏], 두려움 없는 변재의 가피를 주었다. 남들에게 말할 적에 겁내지 않기 때문이다.

八은 無量辯이니 於一切智에 隨順宣說修多羅等法의 六種正見故라하니라

六正見者는 卽是法門이니 金剛仙論云 '一은 眞實智正見이니 能

知理法이오 二는 行正見이니 能知行法이라 此二는 敎旨라 三은 敎正見이니 能知敎法이오 四는 離二邊正見이니 知前理法이 不同情取오 五는 不思議正見이니 知前行法이 成德出情이오 六은 根欲性正見이니 知前敎法이 說隨物心이라하니라 瑜伽六十四에는 名六種理門이라하니 大旨는 無異라

(8) [與一切智人觀察分別諸法門辯才智], 한량없는 변재의 가피를 주었다. 일체 지혜로 수다라 등의 6가지 바른 견해를 따라 연설하기 때문이다.

'6가지 바른 견해'란 바로 법문이다.

금강선론에서 다음과 같이 말하였다.

"(1) 진실한 지혜의 바른 견해이다. 이치와 법을 잘 아는 것이다.

(2) 행의 바른 견해이다. 행하는 법을 잘 아는 것이다.

위의 2가지는 '가르침의 종지'이다.

(3) 가르침의 바른 견해이다. 가르침의 법을 잘 아는 것이다.

(4) 양쪽에서 벗어난 바른 견해이다. 앞의 '이치와 법'이 情識의 집착과 같지 않음을 아는 것이다.

(5) 불가사의한 바른 견해이다. 앞의 '행하는 법'이 공덕을 성취하고 情識에서 벗어남을 아는 것이다.

(6) 根性과 欲性의 바른 견해이다. 앞의 교법이 중생의 마음에 따라 설법할 줄을 잘 아는 것이다."

유가사지론 권64에서는 '6가지 理法의 문'이라 말하였다. 큰 뜻은 차이가 없다.

九는 同化辯이니 一切如來 同以三輪으로 化故라 三業殊勝일세 故
曰莊嚴이니라
上十은 已辨他力이라

(9)[與一切如來上妙身語意具足莊嚴], 일체 부처님과 똑같이 교화하는 변재의 가피를 주었다. 일체 모든 부처님이 똑같이 身·口·意 '3가지 법륜'으로 교화하기 때문이다. 삼업이 훌륭하기에 '장엄'이라 말하였다.

위의 10가지는 타력에 의한 변재를 말하였다.

━

第二 釋偏加所以

2) 마음의 가피 뒷부분은 유독 금강장보살에게 가피를 내린 이유를 묻고 해석하였다.

經

何以故오 得此三昧에
法如是故며
本願所起故며
善淨深心故며
善淨智輪故며
善積集助道故며
善修治所作故며

128

念其無量法器故며
知其淸淨信解故며
得無錯謬總持故며
法界智印善印故니라

    무엇 때문일까?

    이러한 삼매를 얻음에

    법이 이와 같기 때문이며,

    본원으로 일으키는 바이기 때문이며,

    깊은 마음을 잘 청정하게 한 때문이며,

    지혜를 잘 청정하게 한 때문이며,

    도를 돕는 법을 잘 쌓아가고 모았기 때문이며,

    해야 할 바를 잘 닦아 다스렸기 때문이며,

    한량없는 법의 그릇을 생각한 때문이며,

    그 청정한 믿음과 견해를 알기 때문이며,

    착오가 없는 총지를 얻었기 때문이며,

    법계 지혜의 도장으로 잘 인가하기 때문이다.

◉ 疏 ◉

以顯自力堪加라 偏就意業釋者는 意爲本故니라
初 徵意에 云'諸佛慈力이 若隨闕者인댄 可許偏加어니와 旣有力能
與하며 有慈能普어늘 何以上十을 偏加剛藏하고 而不加餘오'
下釋十句니 初는 總이오 餘는 別이라

總明得此三昧에 法合偏加니 剛藏得此오 餘不得故일세니라
何以得此三昧오 下別顯中에 有二因故니라
一은 本願所致故니 即初句에 顯示오
二善淨下는 三昧身이 攝功德故니라【鈔_ 何以得此者는 疏에 徵得三昧之由니 上總句中에 由得三昧일세 故得偏加니라 今徵意云 '三昧殊勝이어늘 何以能得고'
'下別顯下는 答有二因하니 一은 宿願深重이니 謂因中發願하야 欲證十地智光三昧일세 故今得之오 二는 是現緣이니 即三昧身으로 攝功德也라 現身無德이면 雖有宿願이나 亦不能入이라 然諸菩薩이 皆具此德이로되 隨門顯法이 在金剛藏일세 故偏言 '有'니라 又標佛力이 能加草木이어늘 何要有德고 欲令菩薩로 進修具德하야 上契佛心이라사 方得加故며 表此地法을 證方說故니라】

　　자력으로 가피를 감당한 이유를 밝혔다. 意業에 치우쳐 해석한 것은 마음의 가피로 근본을 삼기 때문이다.

　　첫 구절[何以故]에서 묻는 뜻은 "여러 부처님의 '자비'와 '힘'이 부족한 점이 있다면, 당연히 금강장보살에게만 가피를 내릴 수 있다고 하겠지만, 여러 부처님도 이미 '힘'이 있어 모두에게 주었고, '자비'가 있어 널리 베풀었는데, 어찌하여 위의 10가지의 가피를 유독 금강장보살에게만 내리고, 나머지 보살에게는 가피를 내리지 않은 것일까?"이다.

　　아래에서 10가지 구절로 이를 해석하였다. 첫 구절[法如是故]은 총체이고, 나머지 구절은 개별이다. 총상으로 이 삼매를 얻을 적에 법과 합으로 '한쪽으로만 가피함'을 밝혔다. 금강장보살은 이를 얻었고, 나머지는 이를 얻지 못하였기 때문이다.

어떻게 이 삼매를 얻었는가?

아래의 개별로 밝힌 가운데 2가지 원인이 있기 때문이다.

(1) 본원으로 가피를 불러들였기 때문이다. 이는 첫 구절[本願所起故]에서 밝혀 보인 것이다.

(2) '善淨深心' 이하는 삼매의 몸이 공덕을 포괄하고 있기 때문이다. 【초_ "어떻게 이 삼매를 얻었는가?"는 청량소에서 삼매를 얻게 된 이유를 물은 것이다. 위의 총체 구절에 삼매를 얻음으로 인하여 유독 금강장보살에게만 가피를 내린 것이다. 여기에서 물은 뜻은 "삼매가 이처럼 훌륭한데, 어떻게 이를 얻을 수 있는가."이다.

"아래의 개별로 밝힌" 이하는 대답이다. 여기에 2가지 원인이 있다.

(1) 숙세의 원력이 깊고 중대한 때문이다. 보살의 인행 가운데 원력을 일으켜 십지의 지혜 광명 삼매를 증득하고자 하였기에, 현재 이를 얻게 된 것이다.

(2) 이는 현재의 인연이다. 삼매의 몸으로 공덕을 포괄한 때문이다. 현재의 몸에 공덕이 없으면 아무리 숙세의 원력이 있다 할지라도 삼매에 들어갈 수 없다. 하지만 여러 보살이 모두 이런 공덕을 갖췄지만, 법문을 따라 법을 밝히는 공덕만큼은 금강장보살만이 지닌 것이다. 이 때문에 유독 금강장보살에게만 '가피가 있다.'고 말한 것이다.

또한 "부처님의 힘이란 하나의 초목까지 가피를 내리는 법인데, 어찌하여 반드시 공덕이 있어야만 가피를 내리는 것일까?"

보살로 하여금 정진수행으로 공덕을 갖추어, 위로 부처님의 마음과 하나가 되어야만 비로소 가피를 받기 때문이며, 이 십지의 법문은 증득해야 비로소 설법할 수 있음을 나타낸 것이다.】

此復八種淨이 依自利利他故니 謂前四는 自利요 後四는 利他라

一은 善淨深心은 是因淨이니 信樂至極하야 能趣菩薩地盡토록 皆淸淨故일세 故云善淨이니 此一은 爲衆行本일세 故名爲因이니라

次三은 明自利行德이니

謂二는 卽智淨이니 趣菩薩地盡하야 修道眞如觀이 如日輪圓滿하야 普照法界故니 此卽智德이니라

三은 身轉淨이니 謂生生에 轉勝하야 集助道福德故니라

四는 心調伏淨이니 善斷煩惱習일세 故云修治라 此卽斷德이라

後四는 利他中에 五는 聞攝淨이니 能聞持佛法일세 故爲法器라 此는 利他方便이오

餘三은 利他行體니 卽身語意이라

謂六者는 通淨이니 以勝神通으로 生物信解故라

七은 辯才淨이니 由總持力하야 於一字中에 攝一切字句하야 前後無違일세 故無錯謬니라

八은 離慢淨이니 謂雖化衆生이나 以實智印으로 印之하야 不違法界일세 故無化慢이라

여기에서 다시 8가지의 청정은 자리행과 이타행을 따른 때문이다.

앞의 4구는 자리행이고, 뒤의 4구는 이타행이다.

앞의 4구 가운데, 첫 구절의 "깊은 마음을 잘 청정하게 하였다[善淨深心]."는 것은 '원인의 청정[因淨]'이다. 믿음과 기쁨이 지극하여, 보살지의 극진한 자리에 나간 데까지 모두 청정하기 때문이다. 이 때문에 "잘 청정하게 하였다[善淨]."고 말한다. 이 구절은 모든 수행의 근본이기에 '원인'이라고 말한다.

다음 3구는 자리행의 공덕을 밝힌 것이다.

둘째 구절[善淨智輪故]은 '지혜의 청정'이다. 보살지의 극진한 자리에 나아가 修道位의 진여관이 마치 태양이 원만하여 법계를 널리 비추는 것과 같기 때문이다. 이는 바로 '지혜 공덕[智德]'이다.

셋째 구절[善積集助道故]은 '몸이 갈수록 더욱 청정함'이다. 삶을 거듭할수록 더욱 뛰어나 도를 돕는 복덕이 쌓여가고 모아지기 때문이다.

넷째 구절[善修治所作故]은 '마음 조복의 청정'이다. 번뇌의 습기를 잘 끊었기에 '닦고 다스림[修治]'이라 말하였다. 이는 곧 '허물을 끊는 공덕[斷德]'이다.

뒤의 4구는 이타행의 원인이다.

다섯째 구절[念其無量法器故]은 '듣고서 받아들이는 청정[聞攝淨]'이다. 불법을 듣고서 간직하였기에 '法器'라 한다. 이는 이타행의 방편이다.

나머지 3구는 이타행의 체성이다. 이는 身業·語業·意業이다.

여섯째 구절[知其淸淨信解故]은 '통달의 청정'이다. 뛰어난 신통

133

으로 중생의 신심과 이해를 내주기 때문이다.

　일곱째 구절[得無錯謬總持故]은 '변재의 청정'이다. 총지의 힘으로 하나의 글자 속에 일체 모든 글자와 구절을 포괄하여 앞뒤로 어긋남이 없기에 착오와 오류가 없다.

　여덟째 구절[法界智印善印故]은 '거만을 여읜 청정'이다. 비록 중생을 교화하지만, '진실한 지혜의 인장'으로 인가하여 법계와 어긋남이 없기에, '교화의 거만함'이 없다.

第三 身加

3) 몸의 가피

經

爾時에 **十方諸佛**이 **各申右手**하사 **摩金剛藏菩薩頂**하신대

　그때, 시방 일체 부처님이 각각 오른손을 펴서 금강장보살의 정수리를 어루만지셨다.

● 疏 ●

身加니 增威令起故라 言各申者는 不離本處而申이니 卽延促無礙라 諸佛皆摩일새 故云各申이라 卽一多無礙라

　몸의 가피이다. 위신력을 더하여 삼매에서 일어나게 만든 때문이다.

"각각 오른손을 펼쳤다."는 것은 본래 있던 자리에서 꼼짝하지 않고서도 손을 펼친 것이다. 이는 '길게 늘이거나 짧게 하는 데에 걸림이 없음'이다.

여러 부처님이 모두 마정수기를 하였기에 각각 오른손을 펼쳤다고 하였다. 이는 '하나와 많음에 걸림이 없음'이다.

第三 加分 竟하다

제3. 가피 부분을 끝마치다.

第四 起分

제4. 삼매에서 일어난 부분

經

摩頂已에 金剛藏菩薩이 從三昧起하시니라

정수리를 어루만지자, 금강장보살이 삼매에서 일어났다.

● 疏 ●

所以起者는 三昧事訖故라
云何訖고 已得勝力故라
雖已得力이나 何不且定고 說時至故라
何不定中說고 定無言說故니라

삼매에서 일어난 까닭은 삼매의 일을 마쳤기 때문이다.

어찌하여 마쳤는가? 이미 수승한 힘을 얻었기 때문이다.

비록 이미 수승한 힘을 얻었을지라도 어찌하여 다시 선정에 들어가지 않는가? 설법할 때가 되었기 때문이다.

어찌하여 선정 속에서는 설법하지 않는가? 선정에서는 말할 수 없기 때문이다.

第五本分
畧示綱要 爲廣本故며 亦與下請으로 爲其本故라
不請而說者는 不自說本이면 衆則不知爲說不說이며 又復不知欲說何法故니라
文分爲三하니
初는 明六決定 以爲地體요
次佛子何等下는 標列十名하야 以顯地相이오
三佛子我不見下는 擧十方同說하야 彰地要勝이라
今은 初라

제5. 본론 부분

핵심의 요지가 광범위한 부분의 근본이 됨을 간단하게 보여주기 때문이며, 또한 아래의 법문을 청하는 부분의 근본이 되기 때문이다.

법을 청하지 않았음에도 설법한 것은 스스로 근본을 설법하지 않으면 대중은 설법해야 할 것인지, 설법하지 않아야 할 것인지를

알지 못하며, 또한 어떤 법을 말하려 하는지도 모르기 때문이다.

　이의 경문은 3단락으로 나뉜다.

　1. 6가지 결정이 십지의 체성임을 밝혔고,

　2. '佛子何等' 이하는 십지의 명제를 나열하여 십지의 모양을 밝혔으며,

　3. '佛子我不見' 이하는 시방에서 동시에 설법함을 들어서 십지의 주요 훌륭함을 밝혔다.

　이는 첫 부분이다.

經

普告一切菩薩衆言하사대
諸佛子여 諸菩薩이 願善決定하야
無雜하며
不可見하며
廣大如法界하며
究竟如虛空하야 盡未來際하며
徧一切佛刹하야 救護一切衆生하며
爲一切諸佛所護하야 入過去未來現在諸佛智地니라

　널리 일체 보살 대중에게 말하였다.

　"모든 불자여! 모든 보살이 서원을 잘 결정하여,

　혼잡하지 않고,

　볼 수 없으며,

광대함이 법계와 같고,

끝없음이 허공과 같아 미래 세상이 다할 때까지

일체 부처님 세계에 두루 찾아가 일체중생을 구호하고,

일체 부처님의 가호로 과거·미래·현재 여러 부처님의 지혜 지위에 들어가는 것이다.

◉ 疏 ◉

地體는 已如前辨이라
文中初句는 標告요 '諸佛子'下는 正顯이라
於中에 初句는 總明이오 後'無雜'下는 別顯이라
總中에 言'菩薩願善決定'者는 標人列法일세 故云菩薩이오
於大菩提에 立誓趣求일세 故名爲願이니 卽下初地中의 發菩提心也라
此願을 所以名'善決定'者는 以眞實智攝故니 謂攝導此願하야 皆令順理하야 決擇楷定故니라 眞智卽善이오 善卽決定이니 持業受名이라 故論云'善決定者는 卽是善決定'이라하니 此揀依他受名也니라
此는 已入初地일세 是證決定이오 非是地前 信地所攝之願으로 受決定名이라
若通論決定인댄 有其六義하니 一은 約行體 決定堅固요 二는 望所證 決定須證이오 三은 定能斷惑이오 四는 決信不疑오 五는 決能度生이오 六은 決成佛果니라
後別中에 此善決定이 有六種하니 卽經六句니라

십지의 체성은 이미 앞에서 말한 바와 같다.

경문 가운데 첫 구절[普告一切菩薩衆言]은 일체 보살에게 고함을 밝혔고,

'諸佛子' 이하는 바로 그 의의를 밝힌 것이다.

의의를 밝힌 가운데 첫 구절[諸菩薩願善決定]은 총체로 밝혔고, 뒤의 '無雜' 구절 이하는 개별로 밝혔다.

총체로 말한 첫 구절에서 "보살이 서원을 잘 결정하였다."는 것은 사람을 내세워 법을 나열한 것이기에 '보살'이라 말하였다.

큰 깨달음에 서원을 세우고 나아가 구하기에 이를 '서원'이라 말하였다. 이는 아래의 초지에서 보리심을 일으킴이다.

보살이 서원을 '잘 결정하였다[善決定].'고 말한 이유는 진실한 지혜로 서원을 지녔기 때문이다. 이 서원을 지니고서 이끌어 모두 이치를 따라 선택하여 모범을 결정하였기 때문이다. 진실한 지혜는 곧 '善'이요, 선이 곧 '決定'이다. 이는 있는 그대로 해석[持業釋]하여 붙여진 명제이다. 이 때문에 논에서 "잘 결정하였다는 것은 곧 선으로 결정한 것이다."고 하였다. 이는 他力에 의하여 붙여진 명제와는 다르다는 점을 말해주는 것이다. 이는 이미 初地에 들어갔기에 증득에 의한 결정이지, 십지 이전의 十信 지위에 포괄되어 있는 '서원'으로 '결정'이라는 이름이 붙여진 게 아니다.

만일 결정에 대해 총괄적으로 논한다면 6가지 뜻이 있다.

(1) 수행의 체성으로 '결정이 견고함'이다.

(2) 증득할 대상을 상대로 '결정코 반드시 증득함'이다.

⑶ 결정코 번뇌를 끊음이다.

⑷ 결정된 믿음으로 다시는 의심하지 않음이다.

⑸ 결정코 중생을 제도함이다.

⑹ 결정코 佛果를 성취함이다.

뒤의 개별 부분에 '잘 결정함[善決定]'에는 6가지가 있다. 이는 경문의 6구절이다.

一'無雜'者는 卽觀相善決定이니 眞如觀은 一味相故라하니 謂正體緣如하야 境智一味 爲觀之相이니 則無帶相之雜이니라【鈔_ '眞如' 下는 卽論釋也라】

제1구의 "혼잡하지 않다."는 것은 '법상을 관찰하여 잘 결정함[觀相善決定]'이다. "眞如觀은 하나의 모양이기 때문이다."고 하였다. 바른 체성으로 진여를 반연하여, 경계와 지혜가 하나인 것을 眞如觀의 모양이라 한다. 이는 현상세계의 모양을 수반한 혼잡이 없다.【초_ '眞如觀' 이하는 논의 해석이다.】

二'不可見'者는 是眞實善決定이니 非一切世間境界와 出世間故라하니 謂此眞智 超出世間可壞之法일새 故名眞實이니 眞實故로 非世智所見이니라

제2구의 "볼 수 없다."는 것은 '진실하게 잘 결정함'이다. "일체 세간의 경계와 출세간의 경계가 아니기 때문이다."고 하였다. 이 진실한 지혜는 무너지는 세간의 현상법을 뛰어넘었기 때문에 '진실'이라고 말한다. 진실한 까닭에 세간의 지혜로 볼 수 있는 대상이 아님을 말한다.

三 '廣大如法界'者는 勝善決定이니 論에 總釋云 '大法界故며 一切
諸佛根本故'라하니라 此中上句는 出所如法界며 亦釋大義요 下句
는 顯能如地智며 亦釋廣義라
法界를 所以名界者는 一은 是因義니 迷悟根故요 二는 是性義니 法
本性故라 今能如地智가 爲佛根本일세 故得如之온 況體合如에 無
所如矣아

제3구의 "광대함이 법계와 같다."는 것은 '훌륭하게 잘 결정함'
이다. 논에서 총체로 해석하여, "큰 법계이기 때문이며, 일체 부처
님의 근본이기 때문이다."고 하였다.

여기에서 말한 위 구절[大法界故]은 '진여의 대상인 법계[所如法
界]'를 말하였고, 또한 廣大의 '大' 자 뜻을 해석한 것이다.

아래 구절[一切諸佛根本故]은 '진여의 주체인 십지의 지혜[能如地
智]'를 밝혔고, 또한 廣大의 '廣' 자 뜻을 해석한 것이다.

법계를 '경계[界]'라 말한 이유는 2가지이다.

(1) 원인의 뜻이다. 혼미와 깨달음의 근본이기 때문이다.

(2) 본성의 뜻이다. 법의 근본 성품이기 때문이다.

여기에서는 '진여의 주체인 십지의 지혜'가 부처님의 근본이기
에 진여를 얻고자 함이다. 하물며 체성과 하나가 된 진여에 진여의
대상조차 없는 자리야 오죽하겠는가.

四 '究竟如虛空 盡未來際'는 是因善決定이라
此有二種하니
一은 成無常愛果因이니 是因은 如虛空이라 依是하야 生諸色하나니

色不盡故오

二는 常果因이니 得涅槃道故라 故經云 盡未來際라하니라

有釋云호되 一은 爲生因이니 生菩提有爲果故오 二는 爲了因이니 了涅槃無爲果故라하니 此順法相이어니와 不順經宗이니 以經宗에 常與無常이 非一異故니라

今更直釋論文인댄 明此地智에 有其二能하니

一은 寂而常用故로 爲無常因이니 用雖虧盈이나 而智無起滅이 如所依空이 非無常故니라 經明 '此智 究竟如空'이니라

二는 用而常寂故로 爲常果因이니 雖涅槃永寂이나 而智體不無라 不爾면 將何窮未來際리오 若會三身者인댄 用爲化身이오 寂爲法身이오 智爲報身이니 非無常矣라 設智爲了因이라도 亦雙了菩提와 涅槃이라 故論云 涅槃道라하니 道亦菩提故니라

제4구의 "끝없음이 허공과 같아 미래 세상이 다할 때까지"는 '원인을 잘 결정함'이다.

여기에는 2가지가 있다.

(1) 무상한 애욕의 결과를 성취한 원인이다. 이 원인은 허공과 같다. 이에 의하여 온갖 물질을 낳는다. 이러한 물질은 다함이 없기 때문이다.

(2) 영원한 결과의 원인이다. 열반의 도를 얻었기 때문이다. 이 때문에 경문에서 '미래 세상이 다할 때까지'라고 말하였다.

어떤 사람이 이에 대해 해석하였다.

"첫째, 생겨나는 원인이다. 깨달음의 有爲 결과를 낳아주기 때

문이다.

둘째, 깨달음의 원인이다. 열반의 無爲 결과를 깨닫기 때문이다."

이는 법상을 따랐을 뿐, 화엄경의 종지를 따르지 않았다. 화엄경의 종지는 영원함과 무상함이 하나로 같은 것도 아니고 둘로 다른 것도 아니기 때문이다. 여기에서 다시 직접 경문을 해석하면, 이 십지의 지혜에는 2가지 능력이 있음을 밝혔다.

(1) 고요하지만 항상 작용하기 때문에 무상의 원인이 된다. 작용에는 비록 이지러짐과 가득 참이 있으나, 지혜에는 일어나거나 사라짐이 없다. 이는 마치 의지 대상인 허공이 무상함이 아니기 때문이다. 경문에서는 "이 지혜가 끝없는 허공과 같다."고 밝혔다.

(2) 작용으로 움직이지만 언제나 고요하기 때문에 영원한 결과의 원인이다. 비록 열반은 언제나 고요하지만 지혜의 본체는 없는 것이 아니다. 그렇지 않다면 어떻게 미래 세상이 다하는 날까지 다할 수 있겠는가.

만일 三身을 회통하여 살펴보면, 작용은 化身, 적멸은 法身, 지혜는 報身이다. 이는 무상한 게 아니다. 설령 지혜가 깨달음의 원인이 될지라도 또한 깨달음과 열반을 동시에 깨닫게 된다. 그러므로 논에서 '열반의 도'라고 하니 道 또한 '깨달음'이기 때문이다.

五'徧一切佛刹救護一切衆生'者는 大善決定이니 隨順作利益他行故라하니 卽普覆를 名大라

제5구의 "일체 부처님 세계에 두루 찾아가 일체중생을 구호한다."는 것은 '아주 잘 결정함'이다. 중생을 따라서 이타행을 행하기

때문이라고 하였다. 이는 '널리 덮어주는' 것을 '大'라고 말한다.

六'爲一切'下는 是不怯弱善이니 上入智地에 不怯弱故라하니라 論經에 關於一切諸佛所護一句일세 但云入智地不怯이어니와 若準此經인댄 由佛護故로 入智無怯이라 言佛護者는 智造佛境에 佛智照故니 故佛所護 與入智地로 反覆相成이니라 論下의 六相圓融은 類前可見이라【鈔_ 論下六相圓融者는 論云 善決定者는 總相이오 餘者는 是別相이오 同相者는 善決定이니 謂六種이 同名善決定故라 異相者는 別相故니 一. 觀相이오 二는 眞實이오 三은 勝이오 四는 因이오 五는 大오 六은 不怯弱이니 相別不同故니 不同前別에 分一總句하야 爲六決定하야 以爲別相이라 成相者는 畧說故오 壞相者는 一一廣說故라 如世界成壞라하니라 前文에 已有일세 故云 類前可見이라하니라】

제6구의 '爲一切諸佛' 이하는 '겁내거나 나약하지 않고서 잘 결정함'이다. 위로 부처님의 지혜 자리에 들어가면 겁내거나 나약하지 않기 때문이라고 한다.

논경에 "일체 부처님의 호념" 1구가 누락되었기에, 다만 "부처님의 지혜 자리에 들어가면 겁내지 않는다."고 말했을 뿐이다. 이 경문에 준하여 보면 부처님의 호념을 인하여 지혜의 자리에 들어갔기에 겁내지 않은 것이다.

'부처님의 호념'이란 지혜로 부처님의 경계에 나아갈 적에 부처님의 지혜로 비추기 때문이다. 따라서 부처님의 호념 대상과 지혜의 자리에 들어감과 함께 반복하여 서로 성취하는 것이다.

논경에서 아래의 6가지 양상의 원융함은 앞의 유례에서 알 수 있다.【초_ "논경에서 아래의 6가지 양상의 원융함"이란 논에서 말하였다.

"잘 결정함이란 총상이고, 나머지는 별상이며, 동상이란 잘 결정함이다. 6가지가 똑같이 '잘 결정함'이라고 말하였기 때문이다. 異相이란 별상이기 때문이다.

⑴ 법상의 관찰, ⑵ 진실, ⑶ 수승, ⑷ 원인, ⑸ 큰 것, ⑹ 겁내지 않음이다.

법상이 달라서 똑같지 않기 때문이다. 앞의 별상과 똑같지 않으므로 하나의 총상 구절을 나누어 '6가지 잘 결정함'으로 별상을 삼은 것이다. 成相이란 간략하게 말한 때문이며, 壞相이란 하나하나 자세히 설명한 때문이다. 이는 세계가 이루어졌다가 무너짐과 같다."

앞의 문장에 이미 있었기에 "앞의 유례에서 알 수 있다."고 말하였다.】

第二 地相

2. 십지의 모양을 밝히다

經
佛子여 何等이 爲菩薩摩訶薩智地오
佛子여 菩薩摩訶薩智地가 有十種하니 過去·未來·現在

諸佛이 **已說·當說·今說**일세 **我亦如是說**하나니

何等이 **爲十**고

一者는 **歡喜地**오

二者는 **離垢地**오

三者는 **發光地**오

四者는 **焰慧地**오

五者는 **難勝地**오

六者는 **現前地**오

七者는 **遠行地**오

八者는 **不動地**오

九者는 **善慧地**오

十者는 **法雲地**라

佛子여 **此菩薩十地**를 **三世諸佛**이 **已說·當說·今說**이니라

불자여! 어떤 것이 보살마하살의 지혜 지위인가.

불자여! 보살마하살의 지혜 지위에 10가지가 있다.

과거·미래·현재의 부처님들이 이미 말씀하셨고, 장차 말씀할 것이며, 지금 말씀하고 있다. 나 또한 삼세 부처님처럼 말할 것이다.

무엇이 10가지 지혜의 지위인가.

첫째는 환희지,

둘째는 이구지,

셋째는 발광지,

넷째는 염혜지,

다섯째는 난승지,

여섯째는 현전지,

일곱째는 원행지,

여덟째는 부동지,

아홉째는 선혜지,

열째는 법운지이다.

불자여! 이 보살의 십지를 삼세 부처님이 이미 말씀하셨고, 장차 말씀할 것이고, 지금 말씀하고 있다.

◉ 疏 ◉

文四니 一은 寄問徵起오 二 '佛子'下는 擧數顯同이오 三 '何等'下는 徵數列名이오 四 '佛子此菩薩'下는 結名顯勝이라

初一은 可知로다 二中에 以生成住持故로 三世同說이라 同說之言은 文在地相이나 義兼地體니라【鈔_ 二中에 以生成住持故者는 出同說所以라 然生之與成을 望於佛果면 始起爲生이오 終滿爲成이며 亦可生爲因이오 成爲緣이라 因有二種하니 一은 證이오 二는 敎라 果亦有二하니 一은 是性淨이오 二는 方便淨이라 望性淨果면 證道爲因이오 敎道爲緣이며 望方便淨果면 敎道爲因이오 證道爲緣이라 因果功德이 皆因地智而住하고 地智 能持하야 有斯勝能일새 故三世同說이라 '同說之言'者는 地體 最爲要勝故니라】

이의 경문은 4단락이다.

제1단락, 물음을 빌려 시작하였고,

제2단락, '佛子' 이하는 10수를 들어 삼세제불이 똑같음을 밝혔으며,

제3단락, '何等' 이하는 십지의 수효를 물어 그 명제를 나열하였고,

제4단락, '佛子此菩薩' 이하는 십지의 명제를 결론지으면서 훌륭함을 밝혔다.

'제1단락의 물음'은 설명하지 않아도 알 수 있다.

'제2단락, 삼세제불이 똑같다.'의 부분은 부처의 지혜가 생겨나고 이뤄지며, 머물고 지녀야 하기 때문에 삼세제불이 똑같이 말한 것이다. '똑같이 말한다.'는 문장은 십지의 양상에 내포되어 있지만, 그 뜻은 십지의 체성을 겸하였다. 【초_ "'제2단락, 삼세제불이 똑같다.'의 부분은 부처의 지혜가 생겨나고 이뤄지며, 머물고 지녀야 하기 때문"이라 말한 것은 삼세제불이 똑같이 말하는 이유를 밝힌 것이다. 하지만 '생겨나고[生] 이뤄짐[成]'을 佛果에 견주어보면 처음 시작하는 것을 '生'이라 하고, 마지막에 원만한 것을 '成'이라 하며, 또한 생겨날 수 있는 것은 因이고, 이뤄짐은 緣이다. 因에는 2가지가 있다.

(1) 증득함이요, (2) 가르침이다.

果에도 2가지가 있다.

(1) 본성이 청정함이요, (2) 방편이 청정함이다.

본성의 청정 결과에 견주어보면 증득한 도는 因, 가르침의 도

는 緣이며, 방편의 청정 결과에 견주어보면 가르침의 도는 因, 증득한 도는 緣이다.

인과의 공덕이 모두 십지의 지혜로 인하여 머물게 되고[住], 십지의 지혜가 간직되어[持] 이처럼 훌륭한 능력이 있기에 삼세제불이 똑같이 말한 것이다. '삼세제불이 똑같이 하는 말'이란 십지의 체성이 가장 중요하고 뛰어나기 때문이다.】

三列名中에 爲對治十障하고 證十眞如하며 成十勝行이니 說於十地와 及引諸論은 竝如下廣釋中辨이라【鈔_ 論問云 何故로 定說菩薩十地오 對治十障故라 何者十障고 一은 凡夫我相障이오 二는 邪行障이오 三은 暗鈍障이오 四는 解法慢障이오 五는 身淨慢障이오 六은 微細煩惱習障이오 七은 細相習障이오 八은 於無相有加行障이오 九는 不能善利益衆生障이오 十은 於諸法中에 不得自在障이라 하니 義如下說하니라】

'제3단락, 십지 명제의 나열' 부분은 10가지 장애를 다스리고, 10가지 진여를 증득하며, 10가지 수승한 수행을 성취하기 위함이다. 십지에 대한 설명과 여러 논을 인용한 것은 모두 아래 해당 경문의 자세한 해석에서 말한 바와 같다.【초_ 논에서 다음과 같이 묻고 답하였다.

"무슨 까닭에 보살의 십지에 한정지어 말하였는가?

10가지의 장애를 다스리기 위함이다.

무엇이 10가지 장애인가?

(1) 범부의 '나'라고 생각하는 장애,

(2) 삿된 행위를 범하는 장애,

(3) 혼미하고 노둔한 장애,

(4) 법을 안다고 거만한 장애,

(5) 몸이 청정하다고 거만한 장애,

(6) 미세한 번뇌 습기의 장애,

(7) 미세한 양상의 습기의 장애,

(8) 無相에 加行하는 장애,

(9) 중생에게 이익을 주지 못하는 장애,

(10) 모든 법에 자유롭지 못한 장애이다."

이의 의의는 아래에서 말한 바와 같다.】

今依本論하야 畧釋地名호리라

論云 成就無上自利利他行하야 初證聖處에 多生歡喜일세 故名歡喜地라하니라

此有二義하니 一은 二利創成故오 二는 聖位新得故라 遂本期心일세 故生歡喜니라

여기에서는 본론에 따라서 십지의 명제를 간추려 해석하고자 한다.

논에서 다음과 같이 말하였다.

제1지, "위없는 자리행과 이타행을 성취하여, 처음으로 성인의 경지를 증득한 곳에서 큰 환희의 마음을 내기에, 그 이름을 '환희지'라 한다."

여기에는 2가지 뜻이 있다.

(1) 자리와 이타를 처음 성취하였기 때문이며,

(2) 성인의 지위를 처음 얻었기 때문이다.

본래 다짐했던 마음을 이뤘기에 환희의 마음이 일어난 것이다.

二는 離能起誤心하야 犯戒煩惱垢等하야 淸淨戒具足일세 故名離垢地라하니라

此有三義하니 一은 卽因離니 謂離能起誤犯煩惱오 二는 果行離니 謂離犯戒惡業일세 故云 等也라 三은 對治離니 謂淸淨戒具足이니라

제2지, "그릇된 마음을 일으켜 계율을 범하게 하는 번뇌의 때 등을 여의고서 청정한 계율을 두루 갖춘 까닭에 그 이름을 '이구지'라 한다."

여기에는 3가지 뜻이 있다.

(1) 원인의 자리에서 여읨이다. 그릇된 마음을 일으켜 잘못 범한 번뇌에서 벗어남을 말한다.

(2) 결과의 행동에서 여읨이다. 잘못 범한 악업에서 벗어남을 말한다. 따라서 하나의 일이 아니기에 '등등[等]'이라 말하였다.

(3) 다스려서 여읨이다. 청정한 계율이 두루 갖춰짐을 말한다.

三은 隨聞思修等하야 照法顯現일세 故名明地라하니라

此唯一義니 謂三慧로 照當地所聞之法이라 然唯識과 此經에 皆名發光하니 謂成就勝定大法總持하야 能發無邊妙慧光故니라

此則三義니 一은 定爲能發이오 二는 持爲能持오 三은 後地慧光이 爲所發所持라 然三慧는 就初오 發光은 約後니 故受名不同이라

제3지, "듣고 생각하고 닦아가는 등의 지혜를 따라 법을 비춰

151

서 밝게 나타내기에 그 이름을 '밝음의 지위[明地]'라 한다."

이는 오직 한 가지 뜻일 뿐이다. 聞慧·思慧·修慧 3가지로 해당 지위에서 들었던 법을 관조하는 것이다. 그러나 유식론과 화엄경에서는 모두 '지혜 광명을 쏟아내는 지위[發光地]'라고 말하였다. 이는 뛰어난 선정인 大法總持를 성취하여 그지없이 미묘한 지혜 광명을 쏟아내기 때문이다.

여기에는 3가지 뜻이 있다.

(1) 선정은 광명 방출의 주체이고,

(2) 다라니는 광명을 지닌 주체이며,

(3) 다음 지위의 지혜 광명이 방광의 대상이자, 간직할 대상이다.

그러나 聞·思·修 3가지 지혜는 시초로 말하고, 광명의 방출은 뒤의 자리로 말하기에 그 이름을 붙이는 바가 똑같지 않다.

四는 不忘煩惱薪을 智火能燒일세 故名燄地라하니 燄卽慧燄일세 故此名燄慧地라

제4지, "잊으려 해도 잊지 못하는 번뇌의 섶을 지혜의 불길로 불태워 버리기에 그 이름을 '불꽃의 지위[燄地]'라 한다."

불꽃이란 지혜의 불꽃이기에 그 이름을 '불꽃같은 지혜의 지위[燄慧地]'라 한다.

五는 得出世間智方便善巧하야 能度難度일세 故名難勝이라하니라 此唯一義니 謂眞俗無違 極難勝故라 以三地는 同世로되 未能得出이오 四地는 雖出而不能隨하야 多滯二邊하야 難以越度어니와 今

得出世하고 又能隨俗하야 巧達五明하고 眞俗無違하야 能度偏滯가 實爲難勝이라 此初得故로 偏受其名이니라

제5지, "출세간 지혜의 뛰어난 방편을 얻어 제도하기 어려운 중생을 잘 제도하기에 그 이름을 '난승지'라 한다."

이는 오직 한 가지 뜻일 뿐이다. 眞諦와 俗諦에 어긋나지 않음이 지극히 극복하기 어려운 일이기 때문이다. 3지는 세간과 함께 하면서도 세간을 벗어나지 못하고, 4지는 세간과 함께하면서도 세간을 벗어나지만 세간의 도리를 따르지 못하여 자주 양쪽에 지체하기에 중생을 제도하기 어렵다. 그러나 이 5지에서는 세간을 벗어났고, 또한 세속의 도리를 따라서 五明[6]을 잘 통달하고 진제와 속제에 어긋남이 없어, 한쪽에 치우친 중생을 잘 제도하였다. 이는 참으로 극복하기 어려운 것이다. 여기서는 처음으로 이를 얻었기에 유독 그 이름을 얻게 된 것이다.

六은 般若波羅蜜行에 有間大智現前일새 故名現前地라하니 謂妙達緣生하야 引無分別을 名般若行이오 親如目觀를 名曰現前이오 對後彰劣일새 名爲有間이니 以第七地하야 常在觀故니라

제6지, "반야바라밀의 행에 미흡[有間]한 큰 지혜가 앞에 나타나는 까닭에 그 이름을 '현전지'라 한다."

・・・・・・・・・・

6 五明 : pañca vidyā-sthānāni. 5가지의 학술로, 고대 인도의 학술분류법. (1) 聲明(śabda-vidyā), 語言・文典學. (2) 工巧明(śilpakarma-vidyā), 공예・기술・算曆. (3) 醫方明(cikitsā-vidyā), 의학・약학・呪法. (4) 因明(hetu-vidyā), 논리학. (5) 內明(adhyātma-vidyā), 五乘의 인과 등을 탐구하는 학문, 또는 자신의 종지를 밝히는 학술(菩薩地持經 卷三・菩薩善戒經 卷三 등).

153

이는 연기에 의해 나온 후득지를 미묘하게 통달하여 무분별의 지혜를 이끌어내는 것을 '반야바라밀의 행'이라 말하고, 가까이서 바로 눈으로 보는 것처럼 하는 것을 '앞에 보인다[現前].'고 말한다. 뒤의 제7지를 상대로 우열이 있음을 밝혔기에 '미흡'하다고 말한 것이다. 이는 제7지에 이르러서야 언제나 관조할 수 있기 때문이다.

七은 善修無相行하야 功用究竟하야 能過世間과 二乘의 出世間道라 故名遠行이라하니라

此或三義니 一은 善修無相하야 到無相邊일새 故名遠行이오 二는 功用至極일새 故名遠行이오 三은 望前超過일새 故名遠行이어니와 合唯一義니라 善修無相行은 釋'行'字오 功用'下는 皆釋'遠'字라

제7지, "無相行을 잘 닦아 그 작용이 최상의 지위에 이르러 세간과 이승의 출세간도를 뛰어넘는 까닭에 그 이름을 '원행지'라 한다."

이는 간혹 3가지 뜻으로 말하기도 한다.

(1) 無相行을 잘 닦아서 무상의 끝에 이르렀기에 '원행'이라 말하고,

(2) 그 작용이 최상의 지위에 이르렀기에 '원행'이라 말하며,

(3) 앞의 지위에 비하여 뛰어나기에 '원행'이라 말한다.

이를 종합하면 오직 하나의 뜻이다. '무상행을 잘 닦는다.'는 것은 '行' 자의 해석이며, '功用' 이하는 모두 '遠' 자의 해석이다.

八은 報行純熟하야 無相無間일새 故名不動地라하니

此亦三義니

一은 捨三界行하고 生受變易果일새 故云報行이며 依此起行하야 任運而成일새 故功用不動이오
二는 得無生忍無相妙慧하야 則有相不動이오
三은 此二無間하야 煩惱不動이라
合唯一義니 謂前地無相은 已得無間하야 相及煩惱에 亦不能動이나 而爲功用所動일새 無不動名이어니와 今由無功用故로 令無相觀으로 任運無間이라 故三不能動이니 下輪王·梵王之喩로 可以證此니라【鈔_ 下輪王喩者는 七地菩薩은 煩惱及相에 已不動故로 而非報行不動이라 梵王捨欲하야 生於梵天은 即功用不動이니라】

제8지, "報行이 완전히 익어 모양도 없고 간단도 없기에 그 이름을 '부동지'라 한다."

여기에는 또한 3가지 뜻이 있다.

(1) 삼계의 생사윤회를 버리고 태어남을 빌어 변역생사의 결과를 받았기에 '報行'이라 하고, 이를 의지하여 수행을 시작하여 마음대로 성취하였기에 그 작용에 흔들리지 않고,

(2) 무생법인의 모양 없는 미묘한 지혜를 얻어서 '有'의 모양에 흔들리지 않으며,

(3) 위의 2가지가 끊김이 없어 번뇌에 흔들리지 않는다.

위의 3가지를 종합하면 오직 하나의 뜻일 뿐이다. 이는 앞 지위에서 말한 '無相'도 이제는 이미 間斷이 없어, '有'의 모양과 번뇌 또한 그를 흔들 수 없지만, 작용에는 흔들리는 바가 있기 때문에 '不動地'라 이름 붙일 수 없다.

그러나 이 지위에서는 작용이 없기 때문에 '모양 없는 관조[無相觀]'로 마음대로 하고 간단이 없기에, 위의 3가지가 그를 흔들 수 없다. 아래의 전륜왕과 범천왕의 비유로 이를 증명할 수 있다. 【초_ '아래 전륜왕의 비유'란 7지 보살은 번뇌와 모양에 이미 흔들리지 않는 경지라 말할 수는 있지만, '報行에 흔들림이 없다.'는 것까지는 아니다. 범천왕은 욕심을 버려서 범천에 태어난 것이다. 이는 곧 '작용에 흔들리지 않음'이다.】

九는 得無礙力하야 說法成就利他行故로 名善慧地라하니 得無礙慧하야도 尙未稱善이오 徧說徧益이라야 方名爲善이니라

제9지, "걸림 없는 힘을 얻어 설법하여 이타행을 성취하기에 그 이름을 '선혜지'라 한다."

걸림 없는 지혜를 얻었을지라도 아직은 '좋다'고 말할 수 없으며, 두루 설법하여 두루 이익이 되어야 비로소 '좋다'고 말할 수 있다.

十은 得大法身하야 具足自在일세 故名法雲이라하니라
此有二義하니
一은 得大法身은 語法雲體오 具足自在는 釋法雲義니 謂能雲雨說法 自在用故니 此約能說하야 爲名이라
二는 得大法身이라 此明'法'義니 是大法器故라 具足自在는 此釋'雲'義니 能受如來 雲雨說故라 下釋名分에 自當廣釋호리라

제10지, "큰 법신을 얻어 자재함이 구족한 까닭에 그 이름을 '법운지'라 한다."

여기에는 2가지 뜻이 있다.

(1) 큰 법신을 얻음이란 법운의 체성을 말하고, 자재함이 구족함이란 법운의 뜻을 해석한 것이다. 구름이나 비처럼 설법하여 자유자재한 작용 때문이다. 이는 설법의 주체로 이름을 삼은 것이다.

(2) 큰 법신을 얻음이란 '法'의 뜻을 밝힘이다. '큰 법그릇[大法器]'이기 때문이다. 자재함이 구족하다는 것은 '구름'의 뜻을 해석함이다. 구름과 비와 같은 부처님의 설법을 능히 받아들일 수 있기 때문이다.

아래의 명칭 해석 부분에서 자세히 해석할 것이다.

此十得名이 畧有四對하니
一은 約法喩니 燄慧·法雲은 法喩合目이오 餘皆就法이니라
二는 約體用이니 歡喜·善慧는 約體爲名이오 餘皆就用이니라
三은 約自他니 離垢·不動은 就他受稱이오 餘皆自義立名이니라
四는 約當位相形이니 難勝·遠行은 形他受稱이오 餘皆當位受名이라
此十이 圓融하야 地地皆具어니와 若約行布인댄 則前前之名이 應該後後오 後後之稱은 不該前前이니 如歡喜之名은 義該十地로되 法雲之稱은 不預前九라 今爲顯別相하야 各從初得受名이니 下文에 重顯이라

이 십지의 명제에는 간단하게 4대구가 있다.

(1) 법과 비유로 말하였다. 염혜지와 법운지는 법과 비유로 종합한 명목이고, 나머지는 모두 법으로 말하였다.

(2) 체성과 작용으로 말하였다. 환희지와 선혜지는 체성으로 이름을 삼았고, 나머지는 모두 작용으로 말하였다.

(3) 자리와 이타로 말하였다. 이구지와 부동지는 이타행으로, 나머지는 모두 자리행의 뜻에 따라 이름을 붙였다.

(4) 각 지위마다의 형상으로 말하였다. 난승지와 원행지는 다른 지위를 형용하여 이름을 붙였고, 나머지는 모두 해당 지위의 양상으로 이름 붙인 것이다.

이 십지의 명칭이 원융법문으로 지위마다 모두 갖추고 있지만, 항포법문으로 말하면 앞의 명칭일수록 뒤의 뒤를 포괄하고, 뒤의 명칭일수록 앞의 9가지 지위를 갖추지 않는다. 예컨대 환희지의 명제에는 십지의 의의를 갖추고 있지만, 법운지의 명칭에는 앞의 9지와는 상관이 없다.

여기에서는 개별의 양상을 밝히기 위하여 각기 초지로부터 그 명칭을 붙인 것이다. 아래의 해당 경문에서 다시 밝히고자 한다.

四 結名顯勝은 可知로다

경문의 '제4단락, 십지의 명제를 결론지으면서 훌륭함을 밝힌' 부분은 설명하지 않아도 알 수 있다.

第三 彰地要勝

3. 십지의 주요 훌륭함을 밝히다

經
佛子여 我不見有諸佛國土에 其中如來가 不說此十地

者니
何以故오 此是菩薩摩訶薩의 向菩提最上道며 亦是淸
淨法光明門이니 所謂分別演說菩薩諸地니라
佛子여 此處가 不可思議니 所謂諸菩薩隨證智니라

불자여! 나는 모든 부처님의 국토에 계신 여래께서 이 십지를 말씀하지 않는 자를 보지 못하였다.

무엇 때문인가. 이 십지는 보살마하살이 보리를 향하는 가장 좋은 길이자, 또한 청정광명 지혜의 법문이다. 이른바 보살이 닦아야 할 모든 지위를 분별하여 연설한 것이다.

불자여! 이런 십지의 도리는 헤아릴 수 없다. 이른바 모든 보살이 따라서 증득해야 할 지혜이기 때문이다."

● 疏 ●

'彰地要勝'者는 爲欲令物生渴仰故니라
文中二니
初는 明不見不說하야 反顯十方報化 皆說이오 二는 徵釋所由니라
徵云 '佛國不同하고 化儀亦異어늘 如何十地 要皆說耶아
釋意云 此最勝故니 謂萬法皆如라 體如成聖이니 離斯證智는 皆是隨宜니 故爲要勝이니라
文有四句하니 初二句는 總標顯勝이라
初句는 證行이니 謂諸佛이 證此爲因하야 成菩提故오 餘皆助道故니 此最上最勝이라

次句는 阿含이니 法門者는 名爲法體오 光明者는 顯照一切餘法門故니라

後二句는 別顯其相이니

初句는 釋前阿含이라 云分別說은 卽明前法光明이 是敎體用이니 此句는 是敎所照法門이라 故論云 分別十地事者는 顯示世間智所知法故라하니라

後句는 顯上證道 非地前世智所知일새 名不可思議라 故論云 顯示出世間智故라하니라 說證將默일새 故呼佛子니라

'십지의 주요 훌륭함을 밝힌다.'는 것은 중생으로 하여금 부처님의 설법을 우러러 보도록 하기 위함이다.

이의 경문은 2단락이다.

(1) 십지를 말하지 않은 부처님을 보지 못했다고 밝혀, 반대로 시방세계의 보신불과 화신불이 모두 설법한 도리임을 밝힌 것이다.

(2) 그 연유를 묻고 해석하였다.

"불국토가 똑같지 않고 교화의 위의 또한 다른데, 어떻게 십지를 굳이 모두 말하려고 하는가?"

"이는 가장 뛰어나기 때문이다. 일체 모든 법이 모두 진여임을 말한다. 진여를 체득하면 바로 성인이지만, 이러한 증득 지혜를 벗어난 것은 모두 근기에 맞추는 것이므로 주요 훌륭함을 밝힌 것이다."

이의 경문은 4구절이다.

첫 2구절은 훌륭함을 총체로 밝혔다.

첫 구절[向菩提最上道]은 증도의 수행이다. 여러 부처님이 이를

증득함으로 因을 삼아 깨달음을 성취한 때문이며, 나머지는 모두 '증도를 도와주는 법'이기 때문이다. 이것이 가장 드높고 가장 뛰어남이다.

둘째 구절[亦是淸淨法光明門]은 아함의 도리이다. 법문이란 그 이름을 '법의 체성'이라 하고, 광명이란 나머지 모든 법문을 밝게 비춰주기 때문이다.

뒤의 2구절은 개별로 그 모양을 밝혔다.

앞 구절[所謂分別演說菩薩諸地]은 앞의 아함을 해석하였다. '분별 연설'이라 말한 것은 곧 앞 구절에서 말한 '淸淨法光明'이 바로 가르침의 본체와 작용임을 밝혔다. 이 구절은 곧 가르침으로 비춰주는 법문이다. 따라서 논에 이르기를 "십지의 일을 분별하는 것은 세간의 지혜로 아는 법임을 밝혀 보이기 위함이다."고 하였다.

뒤 구절[此處不可思議]은 위에서 말한 證道란 십지 이전의 세간 지혜로 알 수 있는 경계가 아니기에, 그 이름을 '불가사의'라고 말하였다. 이 때문에 논에 이르기를 "출세간의 지혜임을 밝히기 위함이다."고 하였다. 증도를 말한 후에는 곧 침묵하려는 까닭에 '불자여!'라고 불러 다시 경각시킨 것이다.

第五 已說本分 竟하다

제5. 본분의 설명을 끝마치다.

십지품 제26-1 十地品 第二十六之一
화엄경소론찬요 제60권 華嚴經疏論纂要 卷第六十

화엄경소론찬요 제61권
華嚴經疏論纂要 卷第六十一

●

십지품 제26-2
十地品 第二十六之二

第六請分

中三이니 初는 說已默住오 二'是時'下는 三家五請이오 三'爾時金剛
藏觀察'下는 許說分齊라

所以默者는 將欲演之댄 必固默之니 欲令大衆 渴仰請說故니라

所以俟請者는 畧有二意라

一은 增諸菩薩尊敬法故오

二는 前本分中擧地歎勝은 爲增樂欲이라 令此請中에 生正解故니
라 云何生解오 謂由請故라 得說默之由에 顯地體甚深하야 離於言
念을 令衆先解라 後聞說分에 不隨聲取하야 離謬解故는 卽復由此
니라 故有第三示說分齊니라

今은 初라

제6. 설법을 청한 부분

이의 경문은 3단락이다.

[1] 십지의 명제만 말하고 더 이상 말이 없음이며,

[2] '是時' 이하는 3부류[해탈월보살, 대중, 여래]가 5차례나 법을 청함이며,

[3] '爾時金剛藏觀察' 이하는 설법을 허락하고 설법할 부분의 한계를 말하였다.

더 이상 말하지 않은 이유는 장차 연설하고자 하면 반드시 침묵해야 하기 때문이다. 이는 대중으로 하여금 우러러 설법을 간청하도록 하기 위함이다.

165

설법의 간청을 기다리는 것에는 대략 2가지 뜻이 있다.

(1) 여러 보살들의 법을 존경하는 마음을 키워주기 위함이며,

(2) 앞의 본분 가운데, 십지를 거론하여 훌륭함을 찬탄함은 기쁨과 의욕을 증진시키기 위함이다. 따라서 이 청법 부분에서 바른 견해를 내도록 하려는 것이다.

어떻게 바른 견해를 낼 수 있을까? 법을 청한 데에서 연유하기 때문이다. 침묵한 연유를 말할 적에 십지의 체성이 매우 깊어서 언어와 생각에서 벗어났음을 밝혀, 대중으로 하여금 이를 먼저 이해하도록 하려는 것이다. 뒤의 설법을 들은 부분에서 음성을 따라 이해하지 않고 잘못된 이해를 여읠 수 있는 것은 곧 또한 이에 연유한 것이다. 이 때문에 '[3] 설법할 부분의 한계'를 말하였다.

이는 첫 부분이다.

經

爾時에 **金剛藏菩薩**이 **說此菩薩十地名已**하고 **默然而住**하사 **不復分別**하신대

그때, 금강장보살이 보살의 십지 명제를 모두 말하고, 더 이상 아무런 말이 없이 십지의 의의에 대해 분별, 해석하지 않았다.

● 疏 ●

初默을 可知니라

'[1] 더 이상 말이 없음'은 설명하지 않아도 알 수 있다.

第二 請中에 三家請殊일세 卽分三段이라 謂初는 解脫月請이오 二는 大衆請이오 三은 如來請이라
所以要三家者는 顯法深妙하야 令聞解故니
衆首는 顯揚하고 當機는 渴仰하고 化主는 加勸이라야 事方周故오
道大兼亡으로 法應請故오
爲順請主의 '此衆堪聞'이 言不虛故며
爲成請者 '如來護念而生信受' 言有徵故니
此約因請生請이니 亦是次第니라
又佛請者는 卽名爲加니 謂衆雖已請이나 要假主佛威光이라야 方堪說故며
亦名爲敎니 如來敎說이 顯剛藏說이 傳佛敎故니라
又前二家請은 顯此地法을 因人修故오 後一家請은 顯此法을 佛所證故니라
前之二請은 餘經에 容有이어니와 後之一請은 餘經에 所無며 法華三請은 但是一家라 良以地法甚深하야 寄位難說故니라【鈔_道大兼亡은 道微則自濟오 道大則兼亡이라 亡字는 無心이니 此訓無라 下若加於心이면 兼忘兩字니 出於莊子라 意於自他兩忘이 若人相忘於道術이오 魚相忘於江湖라 雖有深意나 非此所用이니라
'爲順請主'者는 此第二家 因第一家起也니 謂初에 '剛藏云法深難受'일세 故止不說이라하니 次에 '解脫月이 歎衆堪聞하고 請云호되 此衆無諸垢하야 志解悉明潔等이라'하니라 衆若不請하면 則非堪聞이라

令解脫月으로 此言虛謬이라 故大衆請은 則言不虛니라
'爲成請'者는 卽第三請이 亦躡第一家生이니 謂解脫月이 末後에
雙歎人法하고 請云'佛子여 願承佛神力하야 分別說此不思議法
하소서 此人은 當得如來護念하야 而生信受니 何以故오 說十地時
에 法應如是하야 得佛護念이라 得護念故로 於此智地에 能生勇猛
이라'하니 卽其文也라 爲成此言일새 故有第三如來加請이니 文云'若
爲善逝力所加하면 當得法寶入其心이라'하니 卽護念生信에 有徵
也니라 此言은 因於天台而生이라
謂法華疏에 歎身子三請云'餘經에 無此慇勤之請이오 唯華嚴에
解脫月이 請金剛藏이 可爲連類로되 而彼因人하야 請於因法이오
此請佛慧니 故亦不同이라'하니라
今此는 翻明컨대 法華劣此니 署言에 但是一家오 細分에 乃有多異
라 且列四門호리라
彼是一家오 此有三家-不同也오
彼之一家는 但是聲聞이나 此有三家는 是佛菩薩이니 二不同也오
彼唯三請이나 此有五請하니 三不同也오
彼唯因人請이나 此有佛請하니 四不同也라
但彼云호되 法華는 請果오 華嚴은 請因者는 然此請因은 乃是佛因
이어니와 說分等中에 因果兼說이라 是故로 經云'此是菩薩이 向菩
提最上道며 亦是淸淨法光明門이라'하며 又云'如來大仙道와 智
起佛境界'라하며 第十地後校量佛德에 地影像分의 十山依地와 十
德依海 皆明因果相順이라 又有因果二分하야 令於因門에 徹見

果海하며 所入智地 亦通果故니라 法華에 雖然請說佛智나 及下廣說연마는 但示因門하나니 故說衆生이 皆有知見과 諸佛智慧는 卽此證道오 其智慧門은 卽此敎道라 敎證二門이 該因徹果니 非此獨因이라 各隨所弘하야 自揚聖敎耳니라】

[2] 5차례나 법을 청하다

이 부분은 법을 청하는 3부류가 다르기에 3단락으로 나뉜다.

1. 해탈월보살의 청법,
2. 대중의 청법,
3. 여래의 청법이다.

3부류의 청법이 필요한 까닭은 십지 법문의 심오하고 미묘함을 밝혀, 법문을 듣는 자로 하여금 이를 이해하도록 하려는 것이다.

따라서 보살 대중의 우두머리는 이를 밝혀 드높이고, 인연 있는 대중은 설법을 갈망하고, 교화의 법주는 권면을 더해야 법회의 일이 비로소 갖춰지기 때문이다.

도가 크면 겸하여 자타가 모두 마음까지 잊고서 무심으로 법을 청해야 하기 때문이다.

설법을 청한 사람의 "여기 모인 대중은 충분히 설법을 들을 만한 사람들이다."는 말이 헛되지 않음을 따른 때문이다.

법문을 청한 자에게 "여래의 가호와 염려로 신심을 일으켜 법을 받아 지닐 수 있는 마음을 낸다."는 말을 증명하기 위함이다.

여기에서는 앞의 '해탈월보살의 청법'으로 인해서, 뒤의 '대중과 여래의 청법'이 생겨나게 됨을 말하였다. 이 역시 차례를 따른 것이다.

또한 부처님의 청법이란 곧 '가피'라고 말한다. 비록 대중이 앞서 법을 청했지만 부처님의 위신력 광명을 빌려야만 비로소 설법할 수 있기 때문이며,

부처님의 청법이란 또한 '가르침'이라고 말한다. 부처님의 가르침은 바로 '금강장보살이 설법하면서 전수한 부처님의 가르침'임을 밝힌 때문이다.

또 앞의 해탈월보살과 대중의 청법은 십지의 법을 因位에서 닦아온 사람이기 때문이며,

뒤 여래의 청법은 십지법을 부처님이 증득하신 바이기 때문이다.

앞의 해탈월보살과 대중의 청법은 다른 경전에서도 간혹 찾아볼 수 있지만, 뒤 여래의 청법은 다른 경전에서 찾아볼 수 없다. 법화경에서 3차례 청법한 것은 단 하나의 부류일 뿐이다. 참으로 십지법이란 매우 심오하여 해당 지위에 따라 말하기 어려운 까닭이다.【초_ '道大兼亡'이란 도가 작은 부분이라면 스스로 제도할 수 있지만, 도가 크면 모두 亡[무심 또는 잊음]해야 한다. '亡'이라는 글자는 '無心'을 말한다. 이는 없다는 뜻이다. '亡' 자의 아래 변에 '心' 자를 더할 경우, '兼忘[兼忘天下難]' 2글자는 '莊子 外篇 제14 天運'에서 나온 말이다.

장자에서 말한 뜻은, 나와 남을 모두 잊는다는 것이다. "사람은 도술에서 서로 잊고, 물고기는 강호에서 서로 잊는다."는 말과 같

다. 장자에서 말한 뜻은 비록 깊은 의미가 있기는 하지만, 여기서는 인용할 바가 아니다.

"설법을 청한 사람의 …따른 때문이다."는 것은 '2. 대중의 청법'이 첫째, 해탈월보살의 청법으로 인연하여 일어났음을 말한다. 처음 금강장보살이 "법이 심오하여 받아 지니기 어렵기 때문에 말하지 않은 데 그친 것이다."고 하자, 그다음 해탈월보살이 "대중들이 충분히 법문을 들을 수 있다."고 찬탄하면서 법문 청하기를 "여기에 모인 대중은 모든 때가 없으며 뜻과 이해가 밝고도 조촐하다." 등이라 하였다. 따라서 해탈월보살을 뒤이어 대중이 청법하지 않았다면, 이는 법문을 들을 수 없는 사람들이라, 해탈월보살의 말이 헛되고 잘못된 말이 되었겠지만, 대중이 법을 청함에 따라서 그 말이 헛되지 않은 것이다.

"법문을 청한 자에게 …마음을 낸다."는 것은 3. 여래의 청법 또한 1. 해탈월보살의 청법을 뒤이어서 나온 것임을 말한다. 해탈월보살이 청법의 마지막 부분에서 사람과 법을 함께 찬탄하면서 법을 청하였다.

"불자여! 바라건대 부처님의 위신력을 받들어 이 불가사의한 법을 분별하여 말해주소서. 이 사람들은 당연히 여래의 가호와 염려를 입어 신심을 내어 받아들일 것입니다.

왜냐하면 십지를 말할 적에 법이 그와 같아 부처님의 가호와 염려를 얻었습니다.

가호와 염려를 얻었기에 이 지혜의 자리에서 용맹정진의 마음을 낼 것입니다."

위에서 말한 바가 바로 그 문장이다. 법문을 청한 자의 대중에 대한 찬탄을 성취해주기 위해서 '3. 부처님의 가피의 청법'이 있는 것이다.

그 게송에 "만일 부처님의 위신력 가피 있으면 법보가 그 마음에 들어가리라."고 하였다. 이는 가호와 염려로 신심을 일으킨다는 증거이다. 이 말은 천태 대사로 인하여 나온 것이다. 법화경 소에 의하면 다음과 같다.

사리불이 3차례 법을 청함에 대하여 찬탄하였다.

"다른 경전에는 이처럼 은근한 마음으로 법을 청한 사례가 없다. 오직 화엄경에서 해탈월보살이 금강장보살에게 청법한 것이 비슷한 사례라 할 만하다. 화엄경에서는 因位의 사람으로서 因位의 법을 청하였고, 여기서는 佛果의 지혜를 청하였으므로 또한 같지 않다."

이를 거꾸로 밝히면 법화경은 이보다 못하다. 대략 말하면 한 부류일 뿐이고, 자세히 구분하면 여러 가지 다른 점이 있다. 우선 4가지 부문으로 열거하고자 한다.

(1) 법화경에서 말한 바는 한 부류이지만, 여기서는 3부류이다. 이것이 첫째 다른 점이다.

(2) 법화경에서 말한 한 부류는 성문일 뿐이지만, 여기의 3부류에는 부처님과 보살이 더 있다. 이것이 둘째 다른 점이다.

(3) 법화경에서 말한 바는 오직 3번만 청했지만, 여기에서는 5차례나 청하였다. 이것이 셋째 다른 점이다.

⑷ 법화경에서 말한 바는 오직 因位의 사람이 청한 것일 뿐이지만, 여기에서는 부처님의 청법까지 있다. 이것이 넷째 다른 점이다.

다만 법화경 소에서 말하기를 "법화경에서는 果位를 청하였고 화엄경에서는 因位를 청하였다."고 하였다. 여기서 인위를 청한 것은 곧 부처님의 인위겠지만 說分 등에서는 인위와 과위를 함께 설하였다. 이 때문에 경에서 말하였다.

"이는 보살이 보리로 향하는 가장 좋은 길이며, 또한 청정한 법의 광명의 문이다."

또 말하였다.

"여래의 거룩한 신선의 도이며, 지혜를 일으키는 부처님의 경계이다."

제10지의 뒷부분에 불과의 공덕을 비교할 적에 십지의 영상부분에서 10곳의 산이 땅을 의지하는 것과 10가지 공덕이 바다를 의지하는 것이 모두 인과를 서로 따름을 밝혔다.

또한 因·果는 둘로 나누어 因門에서 果海를 꿰뚫어 보도록 하고, 들어간바 지혜의 지위 또한 과해에 통하기 때문이다. 법화경에서 비록 불과의 지혜를 말해주도록 청하였지만, 아래의 자세히 설하는 부분에서는 因門만을 보여주었다.

이 때문에 중생에게 모두 지견과 부처님의 지혜가 존재한다고 말한 것은 곧 證道이고, 그 지혜의 법문은 곧 敎道이다. 교도와 증도의 두 법문이 因位를 포함하고 과해에 통한다. 이는 오직 원인일

173

뿐 아니라, 각기 넓히는 바에 따라서 스스로 성인의 가르침을 顯揚한 것이다.】

又三請次第者는 初 解脫月者는 彼衆上首故니 餘問則亂이라 何緣大衆不亂問耶아 衆調伏故라 由前二止三請은 抑揚時衆이라 故次衆請以表虔誠이나 然非爭起니 依前請儀하야 同聲齊請일세 故亦不亂이라 後는 聽說理窮일세 故如來勸說이니라 今初 衆首請中에 總有三請하니 所以三者는 順世儀式이니 少不殷重이오 多則繁亂이니 正得中故로 以止有三이니 抑揚當時하야 調伏機故라 二家는 助成일세 各唯一請이라【鈔_ '抑揚當時'者는 三止 皆抑이오 三請 皆揚이라】

또한 '3차례 청법한 순서'에서 첫째, 해탈월보살은 대중 가운데 상수보살이기 때문이다. 나머지의 물음은 산란하다.

무슨 이유로 대중들이 산란하게 묻지 않았는가. 대중이 조복되었기 때문이다. 앞에서 2차례 그만두고 3차례 법을 청함으로 말미암아 당시의 대중을 억제하기도 하고 칭찬하기도 하였다.

따라서 다음 대중이 법을 청하여 경건함과 성의를 표했지만, 쟁론이 일어나지 않았다. 앞에서 청법한 의례를 따라서 한목소리로 동시에 청하였기에 또한 산란하지 않았다.

뒤는 설법을 듣고서 이치를 알았기에 여래가 설법할 것을 권하였다.

1. 해탈월보살의 청법

대중의 상수보살이 청법한 부분에는 모두 3차례의 청법이 있다. 3차례 청법한 이유는 세간의 의식을 따른 것이다. 3차례보다 적으면 정성의 마음이 아니고, 3차례보다 많으면 번잡하고 산란하다. 바로 중도를 취한 때문에 3차례에 멈추니, 이는 당시의 대중을 억제하기도 하고 칭찬하기도 하여 중생의 근기를 조복하기 위함이다. 대중과 보살 2부류는 성취를 보조하기에 각기 한 차례씩 법을 청하였다.【초_ "당시의 대중을 억제하기도 하고 칭찬하기도 하였다."는 것은 3차례의 멈춤은 모두 억제이고, 3차례의 청법은 모두 칭찬이다.】

然依三請하야 應分三段이오 若兼三止인댄 應分爲六이로되 以前默住之止는 通爲五請之本이라 不可唯屬於初故로 止請相乘하야 且爲五段이니

一은 怪默騰疑請이오

二는 法深難受止오

三은 歎衆堪聞請이오

四는 不堪有損止니 謂雖有堪者라도 亦有不堪故오

五는 雙歎人法請이니 謂不堪聞者는 以法深故어니와 亦得佛護일새 固應爲說이라

於是에 剛藏이 理窮하야 更無違請이니라

就初請中하야 分二니

初는 明大衆이 覯默生疑오

二 解脫月下는 騰疑爲請이라

今은 初라

그러나 3차의 청법에 따라 당연히 3단락으로 나누어야 하지만, 3차의 멈춤을 겸할 경우, 당연히 6단락으로 나누어야 한다. 앞에서 침묵으로 멈춤은 5차 청법의 기본이기에 유독 첫 단락에 국한시킬 수 없다. 이 때문에 멈춤과 청법의 수효를 곱하여 5단락이 되었다.

1) 침묵을 이상히 여기고서 의심 내어 법을 청하였고,

2) 법이 심오하여 받아들이기 어렵다고 멈추었으며,

3) 충분히 들을 만한 보살 대중임을 찬탄하면서 법을 청하였고,

4) 법문을 알아듣지 못하여 손해가 있다 하여 멈추었다. 비록 충분히 들을 만한 사람도 있겠지만, 또한 도저히 알아듣지 못할 사람도 있기 때문이다.

5) 사람과 법을 함께 찬탄하면서 법을 청하였다. 알아듣지 못한 자는 법이 심오하기 때문이지만, 또한 부처님의 가호를 얻으면 설법할 수 있다.

이에 금강장보살이 이치를 알았기에 또한 법을 청하는 데에 어긋남이 없다.

1) 처음 법을 청하는 부분은 2단락으로 나뉜다.

첫째, 대중이 금강장보살의 침묵을 보고서 의심을 냄에 대해 밝혔고,

둘째, '해탈월' 이하는 의심을 내어 법을 청하였다.

이는 첫 부분이다.

是時에 **一切菩薩衆**이 **聞菩薩十地名**하고 **不聞解釋**하야 **咸生渴仰**하야 **作如是念**하사대 **何因何緣**으로 **金剛藏菩薩**이 **唯說菩薩十地名**하고 **而不解釋**고

이때, 모든 보살들이 보살의 십지 명제만을 들었을 뿐, 이에 대한 해석을 듣지 못하였기에, 모두 갈망하는 마음을 내어 이렇게 생각하였다.

'무슨 인연으로 금강장보살이 보살 십지의 명제만을 말하고, 해석을 하지 않는 것일까?'

◉ 疏 ◉

言'何因何緣'者는 疑怪之辭니 爲因說者 不能說耶며 爲緣聽者 不堪聞耶아 '金剛藏'下는 出所疑事라

'무슨 인연'이란 이상하게 여기는 생각을 말한다. 무슨 이유로 설법하는 이가 법을 말하지 않은 것일까? 무슨 연유로 법문을 듣는 이가 이를 들을 수 없는 것일까?

'금강장' 이하는 의심되는 일을 나타낸 것이다.

二 騰疑爲請

中二니 初는 序請因하다

둘째, 의심을 내어 법을 청하다

이의 경문은 2단락이다.

앞부분은 법을 청한 원인을 서술하였다.

經

解脫月菩薩이 **知諸大衆心之所念**하사 **以頌問金剛藏菩薩曰**

해탈월보살이 대중들이 마음속으로 생각하는 바를 알고서 게송으로 금강장보살에게 물었다.

◉ **疏** ◉

序請因은 **謂領衆疑故**라

'법을 청한 원인을 서술함'은 대중의 의심을 알기 때문이다.

二 **以頌正請**

뒤는 게송으로 바로 청하다

經

何故淨覺人이　　　　　**念智功德具**하사
說諸上妙地에　　　　　**有力不解釋**이니잇고

무슨 까닭입니까? 청정한 깨달음을 얻은 보살이여
청정한 생각과 지혜 광명의 공덕 두루 갖춰

최상의 미묘한 십지의 명제만 말하시고

능력 가지고서도 해석하지 않으십니까

一切咸決定하야　　　　**勇猛無怯弱**이어늘
何故說地名하고　　　　**而不爲開演**이니잇고

일체의 지혜 모두 결정되어

용맹하여 겁이 없는데

무슨 까닭에 십지 명제만 말하시고

우리 위해 연설하지 않으십니까

諸地妙義趣를　　　　**此衆皆欲聞**하야
其心無怯弱하니　　　　**願爲分別說**하소서

여러 지위 심오하고 미묘한 이치를

이 대중이 모두 듣고자 하여

겁약한 마음 없사오니

분별하여 말씀해주소서

衆會悉淸淨하야　　　　**離懈怠嚴潔**하며
能堅固不動하야　　　　**具功德智慧**니이다

모인 대중 모두 청정하여

게으름을 여의어 장엄 고결하며

견고한 마음 흔들리지 않아

공덕과 지혜 갖추었습니다

相視咸恭敬하야 　　　**一切悉專仰**호되
如蜂念好蜜하며 　　　**如渴思甘露**하노이다

　서로 바라보고 모두 공경하여
　모두 오롯한 마음으로 우러러
　벌들이 꿀을 생각하듯 하며
　목마른 이 감로수 그리워하듯 합니다

◉ 疏 ◉

文有五偈하니 顯說聽無過라 是以로 應說이니 卽分爲二니라
初偈는 說者無過니 亦遣大衆何因之疑며
後四는 聽者無過니 亦遣大衆何緣之疑라
雖似初二는 徵黙所由하야 爲拂衆疑오 後三 請說은 爲遂衆欲이나
文影畧耳라 非不互通일새 故依前判이니라

　이의 경문에 5수 게송이 있다. 법을 말하는 자와 법을 듣는 이에게 잘못이 없기에 당연히 설법해야 함을 밝혔다.

　이는 2단락으로 나눈다.

　첫 1수 게송은 설법하는 이에게 잘못이 없다. 이는 또한 대중이 '무슨 이유일까?' 의심하는 바를 떨쳐버림이다.

　뒤의 4수 게송은 법문을 듣는 이에게 잘못이 없다. 또한 대중이 '무슨 연유일까?' 의심하는 바를 떨쳐버림이다.

앞의 2수 게송은 침묵한 이유를 질문하여 의심을 떨쳐버렸고, 뒤의 3수 게송의 설법을 청함은 대중의 욕구를 이뤄준 것이나, 이의 게송은 한 부분씩을 생략한 채 밝힌 것이다. 서로 통하지 않음이 없기에 앞의 科判을 따랐다.

今初는 歎說者淨覺無過니 偈初二字와 偈末三字를 合爲徵問之詞라 謂有中間에 淨覺無過어늘 何故不解釋耶아 聖德 雖多나 偏歎淨覺者는 是說因故라 覺卽覺觀이니 由此하야 得爲口加行故니라 具能所治하야 無思發言일새 故云淨覺이니 淨覺之人을 名淨覺人이라 三字爲總이오 餘皆是別이라

別歎淨覺에 有二勝能하니

一은 攝對治니 謂念智具라 念謂四念이오 智謂如智라

二는 離諸過니 謂餘十字라 具字는 兩用이라

初中에 由有能治하야 所治不生이라 所治有二하니

一者는 雜覺이니 謂凡夫尋伺가 與四倒相應이라 卽迷事倒니 以四念爲治라

二는 雜覺因이니 憶想分別이라 謂隨名相轉이니 卽迷理倒라 以眞如智로 爲治니 前唯凡夫오 後通凡小니라

言離過者는 離三種過니

一은 由無瞋等하야 功德具故로 離慳嫉過니 謂無瞋은 治嫉하고 等取無貪이니 無貪은 治慳이라 不等無癡니 無癡는 卽前念智攝故니라

二는 由前已說上妙地라 故無說法懈怠過라

三은 由有樂說辯力일새 無不樂說過라

이의 첫 게송은 설법하는 보살이 청정한 깨달음으로 잘못이 없음을 찬탄하였다.

게송의 첫 2글자[何故]와 끝의 3글자[不解釋]를 합하여 묻는 말이다. 중간 부분에 '청정한 깨달음은 잘못이 없는데 무슨 까닭으로 십지를 해석하여 말해주지 않는가?'라는 말이다.

성인의 공덕이 여러 가지이지만 유독 '청정한 깨달음'만을 찬탄한 것은 설법의 원인이기 때문이다. 깨달음이란 곧 覺觀이다. 이로 인하여 입으로 가피하는 행동을 성취하기 때문이다. 다스림의 주체와 다스릴 대상을 모두 갖추어 아무런 생각 없이 말을 하기에 '청정한 깨달음'이라 말한다. '청정한 깨달음'을 지닌 사람을 '청정한 깨달음을 얻은 분'이라고 말한다. '淨覺人' 3글자는 총상이고, 나머지는 모두 별상이다.

개별로 찬탄한 청정한 깨달음에는 2가지 뛰어난 능력이 있다.

(1) 섭수하여 다스림이다. 청정한 생각[念]과 지혜[智]가 갖춰져 있음을 말한다. 念이란 四念處[身·受·心·法念處]를, 智란 如理智와 如量智인 진여의 지혜를 말한다.

(2) 모든 잘못을 여읨이다. 나머지 10글자[功德具, 說諸上妙地, 有力]를 말한다. '具' 자는 念과 智 2가지 작용을 모두 말한다.

'(1) 섭수하여 다스림' 부분에는 다스림의 주체가 있음에 따라 다스릴 대상이 생겨나지 않았다. 다스릴 대상에는 2가지가 있다.

① 혼잡한 깨달음이다. 범부의 尋伺(객관인 대상의 뜻과 이치를 탐구하고, 상세하게 분별하는 정신 작용)가 진리와 반대로 생각하는 4가지의

잘못된 사고방식[四倒]에 상응한다. 현상의 일을 제대로 알지 못한 잘못된 생각이다. 이는 四念處로 다스린다.

② 혼잡한 깨달음의 원인이다. 이는 기억이나 생각으로 분별하는 견해이다. 명제와 형상을 따라 바뀌는 것이다. 근본의 이치를 제대로 알지 못한 잘못된 생각이다. 이는 진여의 지혜로 다스린다.

'① 혼잡한 깨달음'은 오로지 범부이고, 뒤는 범부와 소승에 모두 통한다.

'(2) 잘못을 여읨'이란 3가지 잘못을 여읜 것이다.

① 성내지 않음 등으로 공덕을 구비한 때문에 인색하거나 질투하는 잘못을 여읜 것이다. 성내지 않음으로 질투를 다스리고, 탐욕의 마음 없이 평등하게 취하니 탐욕이 없는 것으로 인색함을 다스린다. 어리석음이 없음은 평등하게 취하지 않는다. 어리석음이 없음은 곧 앞서 말한 四念處와 智에 속하기 때문이다.

② 앞에서 이미 가장 미묘한 지위를 말하였기에 '설법을 게으리하는 잘못'이 없다.

③ 설법하기를 좋아하는 변재력이 있기에 '설법하기 싫어하는 잘못'이 없다.

第一歎聽者無過中에 四偈分三하니
初二는 歎同生衆이라 論云 '同法決定故라 有樂聞故'라하니라
次一偈는 歎異生衆이니 論云 '復示餘者心淨故'라하니라
後一偈는 雙歎이니 論云 '又顯此衆이 皆堪聞法故'라하니라

뒤의 4수 게송은 '법문을 듣는 이는 잘못이 없다고 찬탄'한 부

분이다. 이는 3부분으로 나뉜다.

(1) 2수 게송은 '함께 태어난 대중[同生衆]'을 찬탄하였다.

논에서 말하였다.

"같은 법을 수행하려고 하는 확고한 의지 때문이고, 법문 듣기를 좋아하기 때문이다."

(2) 1수 게송은 '달리 태어난 대중[異生衆]'을 찬탄하였다.

논에서 말하였다.

"또한 나머지 중생도 마음이 청정함을 보여준 것이다."

(3) 1수 게송은 위의 2부류 대중을 함께 찬탄하였다.

논에서 말하였다.

"또한 이 대중들이 모두 법문을 들을 만한 자격이 있음을 밝힌 것이다."

今初 二偈에 前偈는 歎根이라 故云決定이오 後偈는 歎欲이라 故云欲聞이라 若有欲無根하면 雖聞不解오 有根無欲이면 設聞不受라 故須雙歎이니라

今初에 同法은 卽是同生이니 揀後異生이오 決定은 卽是根器니 揀後樂欲이라 初句爲總이니 論云'決定者는 點慧明了故'라하니 點慧는 卽根이니 點能知敎오 慧入證故니라

次二句는 別이니 論云 決定有三이니

一은 上決定이니 願大菩提라 故云勇猛이오

二는 名聞決定이니 他善敬重이라 故云無怯弱이라하니 由內無怯弱하야 外著大名이라

三은 攝受決定이니 謂彼說者善知故니 卽經說地名은 由堪攝受라야 方爲說耳니라

下句는 徵黙이니 可知로다

後偈歎欲中에 初句는 所欲之法이오 次二句는 正明有欲이오 後句는 結請이라 '其心無怯弱'者는 論經云'佛子智無畏'라하니 無畏는 卽無怯弱이오 契理之心을 卽名爲智니라 然智有二種하니 一은 證法故니 此屬前根이오 二는 現受故니 此屬今欲이라 欲亦須智니 故於樂聞에 心無怯弱이니라 總前二偈에 根欲雙具하니 諸地妙義를 願爲說之니라

'(1) 2수 게송' 가운데 첫 게송은 근기를 찬탄하기에 '決定[一切咸決定]'이라 하였고,

둘째 게송은 의욕을 찬탄하기에 '欲聞[此衆皆欲聞]'이라 하였다. 만일 의욕은 있는데 근기가 없으면 아무리 법문을 들을지라도 알지 못하고, 근기는 있는데 의욕이 없으면 설법을 들어도 받아들이지 못한다. 따라서 이 2가지를 반드시 함께 찬탄해야 한다.

이의 첫 게송에서 법이 똑같은 것은 곧 同生衆이기 때문인 바, 뒤 게송의 異生衆과 구별한 것이며, 결정은 곧 근기인 바, 뒤 게송의 欲樂과 구별한 것이다.

첫 구절[一切咸決定]은 총체이다. 논에 이르기를 "결정이란 '영리한 지혜[點慧]'로 분명히 통달하였기 때문이다."고 하였다. '영리한 지혜'는 곧 근기이다. '點'은 가르침을 알고, '慧'는 도를 증득하기 때문이다.

185

다음 2구절[勇猛無怯弱, 何故說地名]은 개별이다.

논에서 말하였다.

"결정에는 3가지가 있다.

① 최상의 결정이다. 큰 깨달음을 발원하기에 '용맹'이라 말한다.

② 반드시 名聞을 얻고자 하는 결정이다. 남들의 선행을 공경하고 존중하기에 '겁내거나 나약함이 없다.'고 말한다. 안으로 겁내거나 나약함이 없기에 바깥으로 큰 명성이 나타나게 된 것이다.

③ 반드시 받아들이려는 결정이다. 그 설법하는 이가 잘 알기 때문이다. 이는 경문에서 말한 십지의 명제는 이를 충분히 받아들일 수 있어야만 바야흐로 설법할 수 있기 때문이다."

마지막 구절[而不爲開演]은 묵연한 이유를 묻는 것으로, 이는 설명하지 않아도 알 수 있다.

뒤의 게송은 의욕을 찬탄함이다.

첫 구절[諸地妙義趣]은 의욕 대상의 법이고,

다음 2구절[此衆皆欲聞, 其心無怯弱]은 바로 의욕이 있음을 밝혔으며,

마지막 구절[願爲分別說]은 청법으로 끝맺었다.

"그 마음에 겁내거나 나약함이 없다."고 말한 것은 논경에서 "불자는 지혜로워서 두려움이 없다."고 하였다. '두려움이 없다.'는 것은 겁내거나 나약함이 없음이며, 이치에 하나가 된 마음을 지혜라 말한다.

그러나 지혜에는 2가지가 있다.

① 법을 증득하였기 때문이다. 이는 전생의 근기에 속한다.

② 현전에 받아들이기 때문이다. 이는 금생의 의욕에 속한다.

의욕 또한 지혜를 필요로 한다. 따라서 법문 듣기를 좋아하기에 마음에 겁내거나 나약함이 없다.

앞의 2수 게송을 총괄하여, 근기와 의욕을 모두 갖췄기에 십지의 미묘한 뜻을 모두 말해주기를 원함이다.

第二 一偈는 歎異生衆이니 但云衆會故로 雙歎根欲이라

初句爲總이니 心無濁故로 名爲淸淨이라

三句爲別이니 別離六濁이니

一은 不欲濁이니 謂無心餐採故니 離懈怠治之니라

二는 威儀濁이니 不恭肅故니 嚴整治之니라

三은 五蓋濁이니 貪名等故니 潔淨治之니라

四는 異想濁이니 謂貢高雜染과 輕慢雜染等을 皆名異想이라 今說行堅固不動으로 治之니라

五는 不足功德濁이니 善根微少故로 於彼說中에 心不樂住니 具功德으로 治之니라

六은 愚癡濁이니 謂愚暗不了故니 智慧로 治之니라

(2) 1수 게송은 '달리 태어난 대중[異生衆]'을 찬탄하였다. 다만 衆會悉淸淨의 '대중의 법회[衆會]' 2글자만으로도 근기와 의욕을 함께 찬탄하였다.

첫 구절[衆會悉淸淨]은 총상이다. 마음에 혼탁함이 없기 때문에

'청정'하다고 이름하였다.

　3구절은 개별이다. 개별로 6가지 혼탁을 여읨이다.

　① 설법을 원하지 않는 혼탁이다. 아무런 생각 없이 밥 먹거나 나물을 캐기 때문이다. 이는 게으름을 여읨으로 다스린다.

　② 위의의 혼탁이다. 공손하거나 엄숙하지 못한 때문이다. 이는 엄정함으로 다스린다.

　③ 5가지 번뇌[五蓋: 貪慾, 瞋恚, 睡眠, 掉悔, 疑法蓋]의 혼탁이다. 명예 등을 탐한 때문이다. 이는 고결하고 청정함으로 다스린다.

　④ 엉뚱한 생각의 혼탁이다. 아만이 높은 雜染, 남을 업신여기는 잡염 등을 모두 '엉뚱한 생각'이라 말한다. 이 게송에서 말한 '견고하고 흔들리지 않음[能堅固不動]'으로 다스린다.

　⑤ 공덕이 구족하지 못한 혼탁이다. 선근이 미약한 까닭에 다른 이의 설법에 좋아하는 마음으로 머물지 않는다. 이는 '공덕의 구족'함으로 다스린다.

　⑥ 어리석음의 혼탁이다. 어리석고 혼미하여 깨닫지 못한 때문이다. 이는 지혜로 다스린다.

第三 一偈는 雙歎二衆이니 云一切故니라 相視는 爲總이니 論云'迭共相瞻者는 示無雜染故'라하니라 餘皆是別이니 咸恭敬等은 無輕慢雜染이라

下半은 喩顯이라 敬法轉深이어니 何有雜染이리오 然鑊之念蜜과 渴之思漿은 喩希法喜解脫之味어니와 更言好蜜하고 復思甘露는 顯法之妙에 思渴情深이라

(3) 1수 게송은 위의 2부류 대중을 함께 찬탄하였다.

'相視咸恭敬'의 '서로 우러러 본다.'는 相視 2글자는 총체이다. 논에서 "서로가 서로 모두 우러러 본다는 것은 雜染이 없음을 보여주는 것이다."고 말하였다.

나머지 구절은 모두 개별이다. '함께 공경[咸恭敬]' 등은 남을 업신여기는 잡염이 없음을 뜻한다.

아래의 2구는 비유로 밝혔다. 법문을 공경함이 더욱 깊어지는데 어찌 잡염이 있을 수 있겠는가. 하지만 꿀벌이 꿀을 생각하는 것과 목마른 사람이 마실 것을 생각하는 것은 法喜와 해탈의 맛을 얻고자 희망하는 생각을 비유함이지만, 거듭 '좋은 꿀을 생각한다[如蜂念好蜜].'고 말하고 다시 '감로수를 생각한다[如渴思甘露].'고 말한 것은 법의 미묘함을 생각하는 마음이 보다 더 간절하고 깊음을 밝힌 것이다.

第二 法深難受止

2) 법이 심오하여 받아들이기 어렵다고 멈추다

經

爾時에 大智無所畏金剛藏菩薩이 聞說是已하고 欲令衆會로 心歡喜故로 爲諸佛子하야 而說頌言하사대

그때, 큰 지혜로 두려움이 없는 금강장보살이 이 말을 듣고서,

법회 대중의 마음을 즐겁게 해주고자, 모든 불자를 위하여 게송으로 말하였다.

● 疏 ●

文中二이니 先은 序意오 後는 偈酬라
前中에 令衆歡喜는 是總酬答相이니 謂說偈는 本爲除前疑惱하야 得心喜故니라
酬答有二하니
一은 堪酬答이니 自有大智故오
二는 不怯弱酬答이니 不畏大衆之不堪故니라
論云 此二는 示現自他의 無過故라하니라 故後偈意는 明法難說이언정 非已無智而不能說이오 但言難聞이언정 非斥大衆全不堪聞이라

경문은 2단락이다.

앞에서는 의미를 서술하였고, 뒤에서는 게송으로 답하였다.

앞에서 '대중을 기쁘게 한다.'는 것은 총체로 대답하는 모양이다. 게송을 말하는 본의는 앞의 의심이나 번뇌를 없애주어 마음에 기쁨을 얻도록 하려는 것이다.

게송의 답에는 2가지가 있다.

(1) 충분히 법문을 들을 수 있다고 답하였다. 자신이 큰 지혜를 지니고 있기 때문이다.

(2) 겁내거나 나약하지 않다고 답하였다. 대중이 충분히 법문을 듣지 못할까 두려워하지 않기 때문이다.

논에 이르기를 "이 2가지는 나와 남에게 허물이 없음을 보여주는 것이다."고 하였다. 그러므로 뒤 게송에서 말한 뜻은 법을 말하기 어렵다고 말할지언정, 자신에게 지혜가 없어 말하지 못한 게 아님을 밝힌 것이다. 다만 법문을 잘 알아듣기 어렵다고 말할지언정, 대중 전체가 충분히 법문을 들을 수 없다고 배척한 것이 아님을 밝혔다.

經

菩薩行地事가　　　最上諸佛本이니
顯示分別說이　　　第一希有難이로다

　보살행과 십지의 일은
　최상이라, 모든 부처님의 근본이시니
　이를 밝혀 분별하여 말하기가
　가장 드문 일이자 어려운 일이다

微細難可見이며　　　離念超心地며
出生佛境界니　　　　聞者悉迷惑이로다

　미세하여 보기 어렵고
　생각을 여의어 마음을 초월하며
　부처의 경계 내어주니
　듣는 이 모두 어리둥절하여라

● 疏 ●

偈中에 五偈分四하니

初二頌은 明法難說하야 遣上何因之疑하야 成上有智오

次頌은 顯法難聞하야 遣上何緣之疑하야 成前無畏라

三一偈는 喩難說聞이오

後一偈는 擧難結黙이라

初中 分二니 前偈는 顯難說之法이오 後偈는 彰難說所以라

今初니 偈末難字는 卽是總相이니 謂難得故오 難得所以는 後偈明之니라

此難에 有二種하니 一은 最難이니 體出名相이라 故經云 '第一'이오 二는 未曾有難이니 在相所無라 故經云 '希有'라하니라

上二는 明難相이니 何者 是難法體오 卽偈初二句니라

菩薩行者는 是出世間智니 謂卽是證道니 證心涉境일새 故名爲 行이라

地事者는 謂十地事行이니 卽是敎道니 相差別故니라

最上者는 通說二勝故니라

諸佛本者는 釋上證智로 得菩薩行名所以라 行是因義니 覺於佛智일새 所以名佛이라 今此證智 亦覺佛智일새 故爲彼本이니 本卽因也니라

此之敎證이 於何處成難고 謂顯示分別說이니 證道는 亡心일새 故難顯示오 敎道는 依證일새 亦難分別이니라

第二 釋難所以者는 彼前菩薩行事라 所以難者는 由住微妙深

義故니 難得有四하니

一은 微細難得이니 顯非聞慧境故오

二는 難見難得이니 亦非思慧心眼見故오

三은 離念難得이니 亦非世間修慧境故니 以地智는 是於眞修일새 故非地前의 心數分別로 緣修之境이라

四는 超心地難得이니 非唯非地前之境이라 亦非登地已上報生 善得修道智境이니 謂變易所起인 異熟心識을 名爲報生이니 生便 能知無常等일새 故名善得修道智라 以非照實之智일새 故亦不 測地智라 知無常等을 未忘心境일새 名爲心地니 以七地已還은 皆 容出觀故라 又此善得修道智는 卽加行後得智오 非根本故로 所 以揀之니라【鈔_名'善得'者는 生而卽得하고 不假修習일새 故名善 得이니 其由生而知之者 上也라

言'無常'等은 等取苦·空과 無我及常樂我淨이니 以昔久修無漏 因故로 變易酬彼를 名爲報生이라

言'以非照實'者는 釋不能知라 夫照實者는 忘心體極이니 今報生 識雖知無常等이나 不契合故로 不能知此니라

'未忘心境'者는 心地之言에 通有二義하니 一은 就體性이니 如梵網 經에 說盧舍那佛心地法門이니 謂心體 包含生成住持라 亦如法 華의 一切智地니 斯爲妙也로대 今言心地는 是所揀者니 卽是心量 法門이라 故楞伽說호대 '覺自心現量은 非心之心量이로대 我爲說 心量이라'하니 心量이 卽心地故일새니라】

　　게송의 5수는 4부분으로 나뉜다.

193

첫째, 2수 게송은 십지법을 말하기 어려움을 밝혀, 위에서 '무슨 원인일까?'라는 의심을 없애어 위에서 말한 '지혜'를 끝맺었고,

둘째, 1수 게송은 법문 듣기 어려움을 밝혀, 위에서 '무슨 연유일까?'라는 의심을 없애어 앞에서 말한 '두려운 마음이 없음'을 끝맺었으며,

셋째, 1수 게송은 말하기도 어렵고 듣기도 어려움을 비유하였고,

넷째, 1수 게송은 논란을 들어 침묵한 연유를 끝맺었다.

첫째, 2수 게송은 다시 2부분으로 나뉜다.

첫 제1 게송에서는 말하기 어려운 법을 밝혔고,

뒤의 제2 게송에서는 말하기 어려운 이유를 밝혔다.

이는 첫 제1 게송이다. 이 게송의 말미에 어렵다[有難]는 글자는 곧 총상이다. 이는 얻기 어려움을 말한다. 얻기 어려운 이유는 제2 게송에서 밝히고 있다.

이러한 어려움에는 2가지가 있다.

(1) 가장 어려움이다. 본체에서 명제와 형상이 나왔기에 게송의 끝 구절[第一希有難]에서 '第一'이라 말하였고,

(2) 일찍이 없던 어려움이다. 형상의 세계에 없는 바이기에 게송의 끝 구절에서 '希有'라 말하였다.

위의 2가지는 어려운 모습을 밝힌 것이다.

무엇이 어려운 법의 체성인가. 게송의 제1, 2구[菩薩行地事, 最上諸佛本]이다.

'菩薩行'이란 출세간의 지혜이다. 證道를 말한다. 증득한 마음으로 경계를 관계하기에 '行'이라 말한다.

'십지의 일[地事]'이란 십지 보살의 일이요, 행이다. 이는 敎道이다. 형상의 차별이 있기 때문이다.

'最上'이란 위의 2가지 뛰어남을 통합하여 말한다.

'모든 부처님의 근본[諸佛本]'이란 위에서 말한 증득한 지혜로 '보살행'이라는 이름을 얻게 된 이유임을 해석한 것이다. '行'이란 원인[因]이라는 의의이다. 부처님의 지혜를 깨달았기에 그 이름을 '부처님'이라 하고, 오늘날의 증득한 지혜 또한 부처님의 지혜를 깨달았기에 '모든 부처님의 근본'이다. 근본이 바로 원인이다.

여기에서 말한 敎道와 證道가 어느 부분에서 말하기 어려움이 있는가. 밝혀 보여주고 분별하여 말함을 이른다. 증도는 '마음이 없기'에 밝혀 보여주기 어렵고, 교도는 증도를 의지하기에 이 또한 분별하여 말해주기 어렵다.

'뒤의 제2 게송에서 말하기 어려운 이유를 해석하였다.'는 것은 앞서 말한 '보살행'의 일이다. 어려운 이유는 미묘하고 심오한 뜻에 머물기 때문이다.

얻기 어려움에는 4가지가 있다.

(1) 미세하여 얻기 어렵다. 聞慧의 경계가 아님을 밝혔다.

(2) 보기 어렵고 듣기 어렵다. 또한 思慧의 心眼으로도 볼 수 있는 게 아님을 밝혔다.

(3) 생각을 여의어서 얻기 어렵다. 세간의 修慧 경계가 아니기

때문이다. 십지의 지혜는 참다운 수행이기에, 십지 이전의 '객관 대상의 일반성을 인식하는 心數[心所]' 분별로 반연하여 닦는 경계가 아니다.

(4) 마음을 초월하여 얻기 어렵다. 오로지 십지 이전의 경계가 아닐 뿐 아니라, 또한 십지 이상에서의 報生으로 태어나면서부터 잘 수도하여 얻은 지혜의 경계도 아니다. 다시 말하면, 몸을 바꾸어 일으킨 異熟識[7]을 報生이라 한다. 태어나면서부터 바로 無常 등을 잘 알기에 그 이름을 '전생에 잘 수도하여 얻은 지혜'라 하였다.

하지만 그것은 진여실상을 비추어 얻은 지혜가 아니므로 그 또한 십지의 지혜는 헤아리지 못한다. 무상 등을 아는 것은 마음 경계를 잊지 못한 것이기에 '心地'라 하였다. 7지 이하에서는 모두 覺觀에서 나온 것이기 때문이다. 또한 '잘 수도하여 얻은 지혜'는 加行位의 후득지이지 근본지는 아니기에 이를 구분 지은 것이다.【초_"잘 수도하여 얻었다."는 것은 태어나면서부터 얻은 것이지, 후천적으로 닦아서 익힐 필요가 없기에 이를 '잘 얻었다.'고 말한다. 이는 태어나면서부터 알고 있는 것이기에 最上이다.

'無常' 등이라는 말은 苦와 空, 無我와 常·樂·我·淨을 똑같이 들어 말한다. 예전부터 오랫동안 無漏의 인행을 닦아왔기에 생을

....

[7] 異熟識: 범어 vipaka-vijnana의 번역. 아뢰야식의 果相이란 점에서 果報識이라고 할 수 있다. 八識은 인간계나 천상계와 같은 有情에게 공통의 報를 가져다주는 引業에 의해서 이끌어가므로 항상 끊어질 사이 없이 상속하는 總報의 體이기에 異熟·異熟能變·異熟識·眞異熟이라 한다.

바꾸어 다른 몸으로 받은 것을 '報生'이라 한다.

"진여실상을 비추어 얻은 지혜가 아니다."는 것은 '십지의 지혜를 알 수 없음'을 해석한 말이다. 진여실상을 비춘다는 것은 마음을 잊고 극처를 체득한 것이다. 지금 '보생으로 인식한 지혜'는 비록 무상 등을 알기는 하지만 계합하지는 못하였다. 이 때문에 십지의 일을 알지 못한다.

"마음 경계를 잊지 못하였다[未忘心境]."에서 心地라는 말에는 모두 2가지 뜻이 있다.

하나는 체성으로 말한다. 법망경에서 말한 '노사나불의 心地 법문'과 같다. 마음의 체성이 '生成'과 '住持'의 뜻을 포괄하고 있음을 말한다.

또 다른 하나는 법화경에서 말한 '일체 지혜의 땅'과 같다. 이는 미묘한 존재임에도 여기에서 '心地'라 말한 것은 근본지와 구분 지은 때문이다. 이는 곧 '心量法門'이다. 따라서 능가경에 이르기를 "나의 마음 現量은 마음으로 분별할 수 없음을 깨달았지만, 나는 그들을 위해 心量을 말한다."고 하였다. '心量'이 곧 '心地'인 까닭이다.】

旣非四心之境이어니 是誰境耶아 卽佛智境이라 何者是智오 見實義故니라

出生에 有二義하니 一은 生彼佛智故오 二는 出離於生이니 是無漏故니라

末句云 所以難說者는 恐聞者가 隨聞取著하야 悉迷惑故니라

이미 4가지 마음의 경계[三慧·報生識智의 경계]도 아닌데, 그 무슨 경계가 있겠는가. 곧 부처님의 지혜 경계이다. 무엇이 지혜인가. 진여실상의 법의 뜻을 보았기 때문이다.

태어남에는 2가지 뜻이 있다.

(1) 저 부처님의 지혜 경계에서 태어난 때문이다.

(2) 태어남에서 벗어남이다. 무루이기 때문이다.

마지막 구절에서 말하기 어렵다고 한 것은 법문을 듣는 이가 듣고서 집착하여 모두 미혹할까 두렵기 때문이다.

經

持心如金剛하야　　　　**深信佛勝智**하며
知心地無我하야사　　　**能聞此勝法**이로다

　　금강처럼 견고한 마음 지니고서
　　부처님의 수승한 지혜 깊이 믿으며
　　마음자리에 '나'라는 생각이 없어야
　　이처럼 훌륭한 법문을 들을 수 있으리

⊙ 疏 ⊙

第二 一偈는 顯難聞者라 論云 '已辨難說이라 復顯難聞이라' 하니라 然 偈中에 擧具德能聞하야 反顯難聞하고 兼欲使人으로 學能聞故니라 於中에 三句는 擧德이오 末句는 結成能聞이라
初中 初句는 爲總이니 謂持聽法心이 堅如金剛이면 則能得聞이라

下二句는 別이라

堅有二種하니

一은 決定信堅이니 卽第二句라 若無此堅이면 於他分法에 不能入故니라

二는 證得堅이니 卽第三句라 若無證堅하면 於自分法에 不能入故니라
深信之相은 云何오 謂於佛智에 設心智不及이라도 仰推佛智 非我境界 是深信相이니 卽勝鬘 三種正智中에 仰推智也라
所信은 是何오 謂佛智慧니 以此地智 上同佛智故니라

佛智 有二하니

一은 菩提智니 是自行證法이 稱性無邊이오

二는 化生權智니 是利他敎法이 隨機隱顯하는 種種差別이니 卽是 法華의 諸佛智慧와 及智慧門이니 於此二深에 皆能信故니라 【鈔_ '卽是法華'下는 證成勝義니 卽方便品初云 '爾時世尊이 從三昧 安詳而起하사 告舍利弗하사대 諸佛智慧는 甚深無量이오 其智慧門은 難解難入이라'하니라 論釋云 '諸佛智慧는 卽證甚深이오 其智慧門은 卽阿含甚深이라'하니 故此二句 卽佛敎證二道라 故古人云 '二深을 先唱하사 警察群座之心'이 是也니라

彼經自釋호되 '如來知見이 廣大深遠이라'하니 卽實智也오 如來方便知見波羅蜜이 皆已具足은 卽權智也라 所以難解者는 一은 當體深故오 二는 權實隱顯故니 故云 唯有諸佛이라야 乃能知之니라
下廣文云 '諸佛隨宜說法은 意趣難解'는 卽智慧門難入也오 '唯以一大事因緣故로 出現於世'는 卽智慧甚深也니라

昔에 不言三是方便일새 故方便門閉러니 今云三乘은 是方便門開
라 開則見實이니 故彼經云 此經開方便門하야 示眞實相이라하니 故
方便門은 如蓮之華오 眞實相者는 如華之蓮라 此華 不有則已어니
와 有則華實雙含이오 此經을 不說則已어니와 說則權實雙辨이라 一
經이 唯爲說佛智慧니 故彼文云'說佛智慧故로 諸佛出於世'라하
니 以佛智慧 不離敎證이니 權之與實이라 故說二深이 卽以畧示法
華經宗이니라 此二는 亦卽淨名經中에 '智度는 菩薩母오 方便以爲
父라 一切衆導師 無不由是生'이라하니 故地智二道 徹果海之二
深이니 是所信也니라 於此二深에 皆能信故로 結成信義니라】

둘째, 1수 게송은 법문 듣기 어려움을 밝힌 것이다.

논에서 말하였다.

"앞서 설법하기 어려움을 논변하였기에, 다시 법문 듣기 어려움에 대해 밝힌 것이다."

그러나 게송에서는 공덕을 갖췄을 때에 비로소 법문을 들을 수 있음을 들어서, 반대로 법문 듣기 어려움을 밝혔고, 겸하여 사람들로 하여금 법문을 들을 수 있는 자격을 배우도록 하려는 것이다.

게송의 3구절은 공덕을 들어 말하였고, 마지막 구절은 법문을 들을 수 있는 것으로 끝맺었다.

앞의 3구절 가운데 첫 구절[持心如金剛]은 총체이다. 법문을 들으려는 마음을 금강처럼 견고하게 지니면 법문을 들을 수 있다는 뜻이다.

다음 2구절[深信佛勝智, 知心地無我]은 개별이다.

견고함에 2가지가 있다.

⑴ 확고하게 결정된 신심이 견고함이다. 이는 제2구[深信佛勝智]의 뜻이다. 이처럼 견고한 믿음이 없으면 남들이 지닌 법에 들어갈 수 없기 때문이다.

⑵ 증득의 견고함이다. 이는 제3구[知心地無我]의 뜻이다. 증득의 견고함이 없으면 자신의 법에 들어갈 수 없기 때문이다.

제2구의 '깊은 신심[深信]'의 양상은 어떠한가. 부처님의 지혜에는 설령 마음의 지혜가 미치지 못한다 할지라도, '부처님의 지혜는 나의 경계는 아니라'고 우러러 받드는 것이 바로 '깊은 신심'의 양상이다. 이는 승만경에서 말한 3가지의 바른 지혜 가운데 '부처님을 우러러 받드는 지혜[仰推如來智]'이다.

믿음의 대상은 무엇인가. 부처님의 거룩한 지혜를 말한다. 이 십지의 지혜가 위로 부처님의 지혜와 같기 때문이다.

'부처님의 지혜'에는 2가지가 있다.

⑴ 보리의 지혜이다. 이는 스스로 수행하여 증득한 법이 법성과 같아 끝이 없다.

⑵ 중생 교화의 방편의 지혜이다. 利他에 의한 가르침의 법이다. 중생의 근기에 따라 보여주거나 보여주지 않는 가지가지의 차별이다. 이는 법화경에서 말한 '부처님의 지혜'와 '그 지혜의 법문'이다.

이 2가지의 심오한 지혜를 모두 잘 믿기 때문이다. 【초_ '卽是法華' 이하는 훌륭한 의의를 증명하였다.

법화경 방편품의 첫 부분에서 말하였다.

"그때, 세존께서 삼매에서 조용히 일어나 사리불에게 말씀하셨다.

'여러 부처님의 지혜는 매우 깊어 한량이 없으며, 그 지혜의 문은 이해하기도 어렵고 들어가기도 어렵다.'"

법화론(법화경 우바제사)에서 이르기를 "여러 부처님의 지혜는 곧 증득이 지극히 깊고, 그 지혜의 문은 아함의 도가 지극히 깊다."고 하였다.

위의 2구절은 부처님의 敎道와 證道의 2가지이다. 이 때문에 옛사람의 "2가지 심오한 도를 먼저 제창해야 앉아 있는 대중의 마음을 경각할 수 있다."는 말이 바로 이를 말한다.

법화경에서 스스로 해석하기를 "부처님의 지견은 광대하고 매우 깊다."고 하였다. 이는 '진여실상의 지혜'이다. "여래의 방편과 지견바라밀을 모두 구족하다."는 것은 곧 '방편의 지혜'이다.

따라서 이해하기 어렵다는 것은,

첫째, 지혜 그 자체가 심오하기 때문이고,

둘째, 방편과 실상이 보이기도 하고 보이지 않기도 하기 때문이다. 따라서 "오직 부처님만이 이를 알 수 있다."고 하였다.

아래의 자세히 언급한 경문에서 "여러 부처님이 중생의 근기에 따라 설법하신 의미를 이해하기 어렵다."는 것은 부처님 지혜의 문에 들어가기 어렵다는 뜻이며, "오로지 일대사인연 때문에 세상에 출현하신다."는 것은 지혜가 지극히 심오하다는 뜻이다. 예전에는 三乘이 방편이라고는 말하지 않았기에 방편문이 닫혀 있었는데, 여기에서 三乘이라 말한 것은 방편문을 열어놓은 것이다. 방편문을 열어놓으면 실상의 법을 볼 수 있다. 이 때문에 법화경에서 "이 경은 방편문을 열어 진실한 모습을 보여준다."고 하였다.

그러므로 방편문은 연꽃 줄기에서 피어난 꽃송이와 같고, 진실한 모습이란 꽃송이의 연꽃 줄기와 같다. 이러한 꽃송이가 없다면 모르겠지만 있다면 꽃송이와 연꽃은 함께 함유하듯이, 이 경문을 말하지 않는다면 모르겠지만 말한다면 방편과 실상을 함께 말할 수밖에 없다.

이 경문에서는 오로지 부처님의 지혜만 말하였다. 이 때문에 법화경에서 "부처님의 지혜를 설하기 위하여 여러 부처님이 세상에 출현하신다."고 하였다. 부처님의 지혜가 교도와 증도, 그리고 방편과 실상에서 벗어나지 않는다. 이 때문에 2가지의 심오함이 바로 법화경의 종지를 간추려 보여준 것이라 말할 수 있다.

이 2가지는 또한 유마경에서 "지혜바라밀은 보살의 어머니이고, 방편바라밀은 아버지이다. 일체중생을 이끄는 부처님도 이로 인하여 태어나지 않은 분 없다."고 하였다. 이 때문에 십지의 지혜에서 2가지의 도가 佛果를 통하는 2가지 심오함이니 바로 믿음의 대상이다. 이 2가지의 깊은 지혜를 모두 믿기 때문에 믿음의 뜻을 끝맺은 것이다.】

云何證堅고 此亦有二니 一은 知是能證이오 二는 心地是所證이라
言無我者는 通能所證이오 心地는 卽二空眞理라

下句는 結成이라 旣知難聞之義如是인댄 具上二堅이라야 方聞上來微細勝智니라

어떤 것을 증득의 견고함이라 하는가. 이 또한 2가지가 있다.
(1) 아는 것은 증득의 주체이고,
(2) 마음자리는 증득의 대상이다.

'無我'라 말한 것은 증득의 주체와 증득의 대상에 모두 통하고, '마음자리[心地]'는 곧 我空과 法空의 진리이다.

끝 구절[能聞此勝法]은 결론이다. 이미 법문 듣기 어려운 이치가 이와 같은 줄을 알았다면 위의 2가지 견고함을 갖추어야 비로소 위에서 말한 미세하고 훌륭한 지혜를 들을 수 있음을 말한다.

經

如空中彩畵며　　　如空中風相하니
牟尼智如是하야　　分別甚難見이로다

　　허공에 그려놓은 그림 같고
　　허공에 부는 바람 모양이다
　　부처님의 지혜 이와 같아
　　분별하여 보기 어려워라

◉ 疏 ◉

第三 一偈는 喩顯說聞이라 中에 上半喩오 下半合이라 此中喩意는 不單取虛空이니 以無畵處空으로 不爲喩故오 亦不單取畵니 以壁

上畵는 不將喩故니라 正取空中之畵니 風喩도 亦然이라 於中에 能依風畵는 以喩阿含이오 所依之空은 以喩證智라 然空中 風畵는 不可言無니 謂若依樹壁이면 則可見故며 亦不可言有니 依 空不住故니라 非有非無일새 故不可說이니 文意正爾라 下合은 可 知니라

셋째, 1수 게송은 말하기도 어렵고 듣기도 어려움을 비유로 밝혔다.

그 가운데 제1, 2구는 비유이고, 제3, 4구는 종합이다.

이 가운데 비유의 뜻은 단순히 허공만 취한 것이 아니다. 그림 그릴 곳이 없는 허공으로 비유하지 못하기 때문이다. 또한 단순히 그림만 취하지도 않는다. 벽의 그림으로 비유하지 못하기 때문이다. 이런 이유에서 바로 허공의 그림을 취한 것이다. 바람의 비유 또한 마찬가지이다.

여기에서 의지의 주체인 바람과 자취는 아함의 도를, 의지의 대상인 허공은 증도의 지혜를 비유하였다. 하지만 허공의 바람과 그림은 없다고 말할 수도 없다. 나뭇가지를 보면 바람 부는 줄을 알고, 벽 위의 그림은 엄연히 볼 수 있기 때문이다. 그렇다고 또한 있다고도 말할 수 없다. 허공을 의지하여 길이 머물러 있지 않기 때문이다. 따라서 있는 것도 아니고 없는 것도 아니기에 이를 말할 수 없다. 게송에서 말한 뜻은 바로 이와 같다.

아래의 종합 부분은 설명하지 않아도 알 수 있다.

我念佛智慧　　　　最勝難思議라
世間無能受일세　　默然而不說이로라

　내, 생각하니 부처님의 지혜
　가장 거룩하여 헤아릴 수 없어라
　세간 중생 이를 받아들일 수 없기에
　침묵으로 말하지 않노라

● 疏 ●

第四 一偈는 擧難結默者라
若準上義면 以二事說하고 以二事聞이니 則可說可聞이나 但是難見이라 如何不說가 故有此偈라 意云 說聞本在證見이니 難見인댄 說之何益고 況復加以難信가 故我默然이니라
初句는 所證見法이오 次句는 難證이니 難中之難일세 故云最勝이라 次句는 難信이니 非地前證信이라 故曰世間이라 上三句는 擧難이오 後一句는 結默이라

　넷째, 1수 게송은 논란을 들어 침묵한 연유를 끝맺었다.
　"만약 위의 게송에 준하여 보면, 2가지 일로 말하고 2가지 일로 들으면 말할 수 있고 들을 수 있다. 단 이를 보기 어려울 뿐이다. 그렇다면 어찌하여 들을 수 있는 말조차 하지 않는 것일까?"
　위와 같은 논란 때문에 이 게송을 말한 것이다. 게송에서 답한 뜻은 다음과 같다.

"말하는 것과 들음은 본래 증득의 지혜만이 볼 수 있다. 보기 어렵다면 이를 말해준들 무슨 이익이 있겠는가. 하물며 또한 믿기 어려운 이치를 더한 것이야 오죽하겠는가. 이 때문에 나는 침묵한 것이다."

제1구[我念佛智慧]는 증득의 대상으로 법을 보여주었고,

제2구[最勝難思議]는 증득의 어려움이다. 어려움 가운데 가장 어려운 것이기에 '가장 거룩하다.'고 말하였다.

제3구[世間無能受]는 믿기 어려움이다. 십지 이전에는 증도의 믿음이 아니기 때문에 '세간 중생'이라 말하였다. 위의 3구절은 어려움을 들어 말하였다.

제4구[默然而不說]는 침묵으로 끝맺었다.

第三 歎衆堪聞請
前已歎竟이어늘 此復歎者는 由聞上言 證信難得하야 顯示此衆이 有信有證하야 有堪能故라
先은 長行이오 後는 偈頌이라
今은 初라

3) 해탈월보살이 '충분히 들을 만한 보살 대중'임을 찬탄하면서 법을 청하다

앞에서 이미 찬탄했었는데 여기에서 다시 찬탄한 것은, 위에서 '증도의 믿음'은 얻기 어렵다는 말을 들었기에, 여기에서는 이 보살

대중이 믿음과 증도를 갖추고 있어 충분히 들을 수 있음을 나타내 보여주기 위함이다.

앞은 산문이고, 뒤는 게송이다.

이는 앞부분이다.

經

爾時에 解脫月菩薩이 聞是說已하고 白金剛藏菩薩言하사대 佛子여 今此衆會가 皆悉已集하야
善淨深心하며 善潔思念하며 善修諸行하며 善集助道하며 善能親近百千億佛하며 成就無量功德善根하며 捨離癡 惑하며 無有垢染하며 深心信解하며 於佛法中에 不隨他 敎하나니
善哉라 佛子여 當承佛神力하야 而爲演說하소서 此諸菩 薩이 於如是等甚深之處에 皆能證知리이다

그때, 해탈월보살이 게송을 듣고서 금강장보살에게 말하였다.

"불자여! 지금 이 대중법회에 많은 보살이 다 모여 있는데,

깊은 마음이 아주 청정하였고,

생각함이 아주 고결하였으며,

모든 행을 잘 닦았고,

도를 도와 잘 모았으며,

백천 억 부처님을 아주 가까이하였고,

한량없는 공덕과 선근을 성취하였으며,

어리석은 의혹을 버렸고,

때에 물들지 아니하였으며,

깊은 마음으로 믿고 이해하였으며,

불법 가운데 있을 뿐, 외도의 가르침을 따르지 않습니다.

불자여! 부처님의 위신력을 받들어 연설하여 주소서. 이 모든 보살이 이와 같이 깊은 곳을 증득하여 알 것입니다."

● 疏 ●

前中分二하니 先은 敍請이오 後'佛子'下는 發言正請이라

於中三이니 初는 陳衆集이오 二'善淨'下는 歎衆德이오 三'善哉'下는 結請이라

二中에 十句하니 初總이오 餘別이라

總은 謂善淨深心이니 離敎證過일세 故名善淨이라 深心有二하니 一은 具修一切諸善行故니 卽下敎淨이오 二는 與理相應故니 卽下證淨이라

下九別中에 前五는 阿含淨이오 後四는 證淨이니 謂順敎修行을 名阿含淨이오 證理起行을 名爲證淨이라 敎는 通地前이오 證은 唯地上이라 今初 五中에

一은 善潔思念은 卽欲淨이니 隨所念阿含하야 得方便念覺淨이니 謂得方便하야 卽不取念相일세 名爲善潔이라

二 善修諸行者는 求淨이니 三業敬順하야 起求法行故니라

三 善集助道는 卽生得淨이니 願得益衆生處에 上上勝生하며 生而便得悲智勝念하야 以助正道故니라

四'善能'等은 卽受持淨이니 親近多佛은 意在多聞憶持故니라
五 成就善根은 卽行淨이니 爲求地上의 眞證法故로 習少欲頭陀
等과 離著善根이라【鈔_ 離著善根者는 欲入證時에 先須修行離
著之行이니 十二頭陀 皆爲捨著故니라】

앞의 산문은 2부분으로 나뉜다.

먼저 청함을 말하였고,

뒤의 '佛子' 이하는 발언하여 바로 법을 청하였다.

발언 청법의 부분은 다시 3부분으로 나뉜다.

(1) 대중이 모였음을 알렸고,

(2) '善淨' 이하는 보살 대중의 공덕을 찬탄하였으며,

(3) '善哉' 이하는 청법을 끝맺음이다.

'(2) 보살 대중의 공덕' 부분은 10구이다.

첫 구절은 총체로, 나머지 구절은 개별로 말하였다.

첫 구절의 총체는 깊은 마음이 아주 청정[善淨深心]함을 말하였다. 가르침과 증득의 허물을 여의었기에 '아주 청정[善淨]'하다고 말한다.

'깊은 마음'에는 2가지 뜻이 있다.

(1) 일체 모든 선행을 갖춰 닦았기 때문이다. 이는 아래에서 말한 '가르침의 청정'이다.

(2) 이치와 상응하기 때문이다. 이는 아래에서 말한 '증득의 청정'이다.

아래 9구절의 개별 가운데 앞 5구는 '아함의 청정'이고, 뒤 4구

는 '증득의 청정'이다. 가르침을 따라 수행하는 것을 '아함의 청정'이라 말하고, 이치를 증득하여 수행하는 것을 '증득의 청정'이라 말한다.

'가르침의 청정'은 십지 이전에 모두 통하고, '증득의 청정'은 오직 십지 이상에만 해당된다.

'앞의 5구' 가운데 첫 구절의 "생각함이 아주 고결하다."는 것은 '의욕의 청정'이다. 생각할 대상인 아함의 도를 따라 '방편 念覺의 청정'을 얻은 것이다. 이는 방편을 얻어 곧 생각의 양상에 집착하지 않기에 '아주 고결하다.'고 말하였다.

제2구의 "모든 행을 잘 닦았다."는 것은 '求法의 청정'이다. 삼업으로 공경하고 따라서 법을 구하는 수행을 일으켰기 때문이다.

제3구의 "도를 도와 잘 모았다."는 '태어난 과보의 청정'이다. 중생에게 이익을 베풀 곳에서 최상의 최상으로 훌륭하게 태어나는 과보를 얻고, 태어나서는 바로 자비와 지혜가 뛰어난 생각을 얻어서 바른 도를 돕고자 원하기 때문이다.

제4구의 '善能' 등은 곧 '受持의 청정'이다. 많은 부처님을 친근한 뜻은 불법을 많이 듣고 기억하고 간직하려는 데에 있기 때문이다.

제5구의 "선근을 성취하였다."고 말한 것은 '수행의 청정'이다. 십지 이상의 참된 증득 법을 구하기 위하여, 욕심을 적게 지니는 두타행 등 집착을 여읜 선근을 익히는 것을 말한다.【초_ '집착을 여읜 선근'이란 증득을 얻고자 할 때는 반드시 먼저 집착을 여읜

수행을 닦아야 한다. '12가지 두타행'이 모두 집착을 버리기 위한 때문이다.】

後證淨四中에 一은 捨離癡惑者는 得淨이니 現智로 善決定故니 謂 眞見道中에 得無分別智오 非比知故로 名爲現智라 相見道中에 以後得智로 審觀理智로 故決定無惑이니 亦可俱通이라 相見道中 에는 亦名現觀이오 眞見道中에는 決理無惑이니 皆破無明일세 故云捨 離癡惑이니라

二無有垢染은 卽不行淨이니 修道中에 一切煩惱不行故라 相見 道後에 至金剛無間道中에 皆是修道라 復數修習無分別智일세 故 名修道니 滅二麤重하야 皆使不行이라 對見道中의 初斷所知일세 故云垢染이라

三 深心信解는 卽無厭足淨이니 不樂小乘하고 但於上勝佛德에 深 心希欲하고 信解決定故니라

四 於佛法下는 不隨他敎淨이니 趣菩薩地盡道中에 自正行故라 上歎德竟하다

　　뒤의 '증득의 청정' 4구는 다음과 같다.

　　제1구 "어리석은 의혹을 버렸다."는 것은 '얻은 바의 청정'이다. 現前智로 잘 결정하기 때문이다. 이는 진실한 見道 가운데 분별의 식이 없는 지혜[無分別智]를 얻은 것이지, 비량으로 아는 것이 아니 기에 '現前하는 지혜'라고 하였다. 相見道[8] 가운데 후득지로 如理

---

[8] 相見道: 眞見道 외에 다시 有分別을 일으켜, 앞서 無分別로써 증득한 바 진리에 대하여 다

智를 관찰하기 때문에 결정하는 데 의혹이 없다. 이 또한 모두 통한다. 相見道 가운데 또한 '현전하는 관찰[現觀]'이라 하였고, 진견도 가운데 이치로 결정하여 의혹이 없다. 이는 모두 무명을 타파하기에 '어리석은 의혹을 버렸다.'고 말하였다.

제2구 "때에 물들지 않았다."는 것은 '더 이상 수행할 것이 없는 청정[不行淨]'이다. 일체 번뇌가 일어나지 않기 때문이다. 상견도 이후로부터 金剛無間道에 이르기까지는 모두 '도를 닦아야 하는 지위'에 해당된다. 또한 거듭 무분별의 지혜를 닦아 익혀야 하기에 그 이름을 '도를 닦아야 하는 지위'라고 하였다. 2가지 '거칠고 무거운 속박[麤重縛]'을 없애어 다시는 모두 행하지 못하도록 하는 것이다. 견도 중에 처음 所知障을 끊는 것과 상대로 말하기에 '때에 물들었다.'고 하였다.

제3구 "깊은 마음으로 믿고 이해하였다."는 것은 곧 '작은 데 만족함이 없는 청정'이다. 소승을 좋아하지 않고, 오직 대승의 뛰어난 부처님의 공덕을 마음 깊이 바라고 원하며, 믿고 이해하여 결정한 때문이다.

제4구 '於佛法' 이하는 '다른 가르침을 따르지 않는 청정'이다. 보살 지위의 극진한 도에 나아가 스스로 바른 수행을 닦기 때문이다.

위는 보살 대중에 대한 공덕의 찬탄을 끝마치다.

第三 '善哉佛子' 下는 結請이니 可知니라

시 분별하며 진여의 相을 분별하고 진견도에 견주어 이를 관찰하는 지위.

(3) '善哉佛子' 이하는 청법을 끝맺음이다. 이는 설명하지 않아도 알 수 있다.

二 偈頌

해탈월보살의 게송

經

爾時에 **解脫月菩薩**이 **欲重宣其義**하사 **而說頌曰**

그때, 해탈월보살이 그 뜻을 거듭 펴고자 게송으로 말하였다.

願說最安穩한	**菩薩無上行**하소서
分別於諸地하면	**智淨成正覺**하리이다

바라건대 가장 편안한 불법으로
보살의 위없는 행을 말씀하소서
십지의 이치 분별해주시면
지혜가 청정하여 정각을 이루리이다

此衆無諸垢하고	**志解悉明潔**하며
承事無量佛하니	**能知此地義**리이다

이 법회대중 수많은 때 없고
뜻과 지혜 모두 밝고 조촐하며

한량없는 부처님 섬겼사오니
십지의 이치 알 수 있으리다

● 疏 ●

偈頌中에 初偈는 直擧法請이오 不頌前文이라 上半은 擧法請說이오 下半은 彰說有益이라 後偈는 頌前請이니 可知라

    2수 게송 가운데 제1 게송은 바로 법을 들어 청하였을 뿐, 앞의 경문을 칭송한 것은 아니다.

    위의 2구절은 법을 들어 금강장보살에게 설법해줄 것을 청하였고,

    아래 2구절은 설법해주시면 이런 이익이 있음을 밝혔다.

    제2 게송은 앞의 청법을 읊은 것이다. 이는 설명하지 않아도 알 수 있다.

第四 不堪有損止

中二니 先은 長行이라

    4) 법문을 알아듣지 못하여 손해가 있다 하여 멈추다

    이는 2단락이다.

    앞은 장항의 경문이다.

經

爾時에 金剛藏菩薩이 言하사대 佛子여 雖此衆集이 善淨思念하며 捨離愚癡와 及以疑惑하고 於甚深法에 不隨他敎나

그때, 금강장보살이 말하였다.

"불자여! 이 법회에 모인 대중들이 비록 생각이 청정하고 어리석음과 의혹을 여의어 매우 깊은 불법에 대한 신심으로 삿된 외도의 가르침을 따르지 않지만,

⦿ **疏** ⦿

長行中亦二니 先領前所歎이니 對下有損하야 所以言雖라

장항의 경문 또한 2부분이다.

앞 단락은 위에서 찬탄한 바를 받아들였다. 아래의 경문에 손해가 있다는 점을 상대로 '비록 …그러하지만'이라 말한 것이다.

經

然有其餘劣解衆生이 聞此甚深難思議事하면 多生疑惑하야 於長夜中에 受諸衰惱하리니 我愍此等일세 是故黙然이로라

그러나 그 나머지 이해가 부족한 중생들이 이처럼 매우 깊어 불가사의한 일을 들으면 흔히 의혹을 내어 어리석음과 무명의 긴긴 밤에 수많은 고뇌를 받을 것이다. 나는 그런 이들을 가엾이 여

긴 까닭에 십지 법문을 말하지 않은 것이다."

◉ 疏 ◉

後'然有'下는 擧損違請이라
於中에 二니
先은 擧損이니 劣解之人은 通凡小等이니 皆是迷法之器故라 多生疑者는 正行相違하야 猶豫義故오 惑者는 心迷於理하야 能破壞善法하야 遠離善法故라 此는 明現損이오 '於長夜'下는 明其當損이오
後'我愍'下는 結黙違請이라

뒤 단락의 '然有' 이하는 손해가 됨을 들어 청법을 거절하였다. 이의 경문은 2단락이다.

앞은 손해가 됨을 들어 말하였다. 이해가 부족한 사람이란 범부와 소승 등을 모두 포괄한다. 그들은 모두 법을 알 수 없는 근기이기 때문이다.

"흔히 의혹을 낸다."는 것은 바른 수행과 서로 어긋나 미적거리는 것을 뜻하며,

'惑'이란 마음이 도리에 혼미해서 선한 법을 파괴하여 선한 법을 멀리하기 때문이다. 이는 현재의 손해를 밝힌 것이며,

"어리석음과 무명의 긴긴 밤[於長夜]" 이하는 그들은 당연히 손해를 입을 수밖에 없음을 밝힌 것이다.

뒤의 '我愍' 이하는 침묵으로 청법을 거절함을 끝맺은 것이다.

二 偈頌

금강장보살의 게송

經

爾時에 金剛藏菩薩이 欲重宣其義하사 而說頌曰

그때, 금강장보살이 그러한 뜻을 거듭 펴고자 게송으로 말하였다.

雖此衆淨廣智慧하며　　甚深明利能決擇하며
其心不動如山王하며　　不可傾覆猶大海나

　비록 대중이 청정하고 지혜가 많으며
　매우 총명하여 잘 결택하며
　그 마음이 수미산처럼 흔들리지 않고
　기울임 없음이 바다와 같을지라도

有行未久解未得하야　　隨識而行不隨智라
聞此生疑墮惡道하나니　　我愍是等故不說이로라

　오랜 수행이 없는 초발심보살이 지혜가 없어
　알음알이만 따르고 지혜를 따르지 못한 터라
　이런 법문 듣고서 의심 내면 삼악도에 떨어지기에
　그들을 불쌍히 여겨 말하지 않으리

● 疏 ●

偈中亦二하니 初偈는 頌前段이라 淨은 明有信이오 餘皆有證이라 如山과 如海는 雙喩敎證이라【鈔_ 如山海者는 動은 謂動搖요 覆은 謂翻覆이니 今於敎에 決信不動하고 更無翻覆하며 於證에 亦然이라】

　게송은 또한 2단락이다.

　첫 게송은 앞 단락[領前所歎]을 읊었다. 衆淨의 '淨'은 신심이 있음을, 나머지는 모두 증득이 있음을 밝혔다. 수미산과 같고 바다와 같다는 것은 동시에 부처님의 가르침과 증득이 있음을 비유하였다.【초_ "수미산과 같고 바다와 같다."고 말한 것은 '動'은 동요를, '覆'은 번복을 말한다. 여기에서는 부처님의 가르침에 대하여 확고한 믿음으로 흔들리지 않고 다시는 뒤바뀜이 없으며, 진리의 증득 또한 마찬가지이다.】

後偈는 頌後段이라 以取相故로 但依於識하고 不能依智라

　뒤의 게송은 뒤 단락[結默違請]을 읊었다. 겉모양만을 취하기 때문에 알음알이를 따를 뿐, 지혜를 따르지 못한 것이다.

▬

第五 雙歎人法請中에 復重請者는 示彼疑惑을 應須斷之니 豈可避之아 避之不說하면 有多過咎니라 何等過咎아 不得成就一切佛法이니라

文中에 先은 長行이오 後는 偈頌이라

　5) 사람과 법을 함께 찬탄하면서 법을 청하다

219

여기에서 다시 거듭 청한 것은, 그들의 의심과 미혹을 반드시 끊어야 할 것이기에, 어떻게 이를 마다할 수 있겠는가. 이를 마다 하고서 설법하지 않으면 오히려 많은 허물이 있게 될 것이다. 어떠한 허물들인가. 모든 불법을 성취할 수 없을 것임을 보여줌이다.

이의 경문 가운데 앞은 장항이요, 뒤는 게송이다.

經
爾時에 解脫月菩薩이 重白金剛藏菩薩言하사대 佛子여 願承佛神力하사 分別說此不思議法하소서 此人이 當得 如來護念하야 而生信受하리이다

그때, 해탈월보살이 거듭 금강장보살에게 아뢰었다.

"불자여! 바라건대 부처님의 위신력을 받들어 이처럼 불가사의한 법을 분별하여 말해주소서. 이 사람들은 여래의 가호와 염려로 믿고 받들 것입니다."

● 疏 ●
長行中三이니 初는 標請이요 次何以故下는 釋請이요 後'是故佛子' 下는 結請이라

장항은 3단락으로 나뉜다.

(1) 처음은 청법을 밝혔고,

(2) '何以故' 이하는 청법의 이유를 해석하였고,

(3) '是故佛子' 이하는 청법을 끝맺었다.

釋中二니

先直徵釋이오 後轉徵釋이라

今은 初라

> (2) 청법의 이유를 해석한 부분은 다시 2부분으로 나뉜다.
> 앞은 직접 묻고 해석하였고,
> 뒤는 우회적으로 묻고 해석하였다.
> 이는 앞부분이다.

經

何以故오 說十地時에 一切菩薩이 法應如是得佛護念하며 得護念故로 於此智地에 能生勇猛이니

> 무슨 까닭인가?
> 십지를 말할 적에 모든 보살이 법에 대해 반드시 부처님의 가호와 염려를 받을 것이며, 가호와 염려를 받으므로 이 지혜의 십지법에 용맹심을 낼 것입니다.

● 疏 ●

前中에 先徵이니 意云 何以當得佛護而能信耶아 釋云 法應得護니 由得護故로 必能信受니라

> 앞부분에서 먼저 물었다. 그 물음의 뜻은 아래와 같다.
> "무엇 때문에 부처님의 가호를 얻어 신심을 낼 수 있을까?"

이에 대한 해석은 아래와 같다.

"십지법은 당연히 부처님의 가호를 얻을 것이다. 부처님의 가호를 얻기 때문에 반드시 믿고 받아들이게 될 것이다."

二 轉徵釋

뒤는 우회적으로 묻고 해석하다

經

何以故오 此是菩薩의 最初所行이며 成就一切諸佛法故라 譬如書字數說이 一切皆以字母爲本이라 字母究竟에 無有少分도 離字母者인달하야

佛子여 一切佛法이 皆以十地爲本이라 十地究竟에 修行成就하야 得一切智하나니

무슨 까닭인가?

이는 보살이 최초로 행해야 할 대상이며, 일체 부처님의 법을 성취하기 때문입니다.

마치 글씨와 글자와 구절[數]과 말들이 일체 모두 자음과 모음으로 근본을 삼음과 같습니다. 자음과 모음이란 결국 끝까지 조금이라도 자음과 모음의 원칙을 떠날 수 없는 것처럼.

불자여! 일체 불법이 모두 십지로 근본을 삼습니다. 십지 법문이 결국 끝까지 수행을 성취하여 일체 지혜를 얻을 수 있습니다.

● 疏 ●

轉徵釋中에 先徵이오 後釋이라

徵意云 何以說十地時에 法應得佛護耶아 下釋意云 如來說法이 不離敎證하야 最所要故라

文中三이니 謂法과 喻와 合이라

法中에 最初所行者는 依阿含行故오 成就一切諸佛法者는 是證智故라

二喻中에 以字母로 喻於地智 爲諸法本이라 論云 書者는 是字相이니 如嘶字 師子形相等者는 以書記字에 非正字體라 言師子形者는 謂凨字 如蹲踞形이라【鈔_'以書記字'下는 疏釋論이라 書卽色法이오 字卽是文이니 不相應行일세 故言非正字體라 言師子形者는 牒論解釋이라 然嘶字는 本從र्स娑(上)字流出이니 卽十二音中의 第四字라 謂娑(上)·娑(平)·枲·嘶·蘇(上)·蘇(引)·洗·鰓·蘇·騷·毢·索이니 今嘶字는 卽第四字라 梵語輕重이 今古小殊나 大旨無異라 若作十二梵字者인댄 र्स娑(上) र्स娑 र्स枲 र्स嘶 र्स蘇(上) र्स蘇(引) र्स洗 र्स鰓 र्स蘇 र्स騷 र्स毢 र्स:索이라】

우회적으로 묻고 해석한 가운데 앞은 물음이고 뒤는 해석이다.
물음의 뜻은 다음과 같다.
"어찌하여 십지법을 말할 적에 부처님의 가호를 얻을 수 있을까?"
아래 해석의 뜻은 다음과 같다.
"여래의 설법이 가르침과 증득에서 벗어나지 않아, 가장 중요한 내용이기 때문이다."

이의 경문은 3부분이다.

법과 비유와 종합이다.

첫째, 법의 부분 가운데 최초로 행해야 할 바는 아함에 의지한 행법이기 때문이며, 일체 불법을 성취한다고 말한 것은 증득의 지혜이기 때문이다.

둘째, 비유의 부분에서는 자모로써 십지의 지혜가 모든 불법의 근본이 됨을 비유하였다.

논에 이르기를 "書란 글자의 형상이다. 마치 '嘶'라는 글자가 사자의 형상과 같다."는 것은 글씨로 글자를 기록할 적에 올바른 字母(12母韻)와 體文(35子音)이 아니다. 사자의 형상이라 말한 것은 凩 자가 마치 사자가 웅크리고 걸터앉은 모양과 같음을 말한다. 【초_ '以書記字' 이하는 註疏로 해석한 논이다. 글씨는 곧 물질의 존재[色法]이고, 글자는 곧 문장이다. 서로 상응하지 않는 글이기에 올바른 자모와 체문이 아니라고 말한 것이다.

'사자의 형상'이라 말한 것은 논을 이어서 해석하였다. 하지만 '嘶' 자는 본래 凩의 上에서 나온 글자이다. 이는 12가지 音 가운데 네 번째 글자이다. 12음이란 娑(上)·娑(平)·枲·嘶·蘇(上)·蘇(引)·洗·鰓·蘇·騷·毿·索을 말한다. 여기에서 말한 '嘶' 자는 12음 가운데 네 번째 글자이다. 범어의 輕音과 重音이 조금 고금의 차이가 있지만 큰 뜻으로는 차이가 없다. 만일 12음을 12가지 범어로 쓰면, 刋娑(上) 刋娑 刋枲 刋嘶 刋蘇(上) 刋蘇(引) 刋洗 刋鰓 刋蘇 刋騷 刋毿 刋:索이다.】

字者는 論云 噁阿等者인댄 即十四音이라 正是字體니 字即文也니 等餘十二라 然有十四音호되 二音이 不入字母하니 謂里黎二字라 數者는 名句니 此二는 是數義者라 謂有二字와 多字名하야 必以多字로 成句하니 故皆數也라 說者는 是語言이라【鈔_ 即十四音者는 此下는 疏釋論이라 此譯은 帶古라 然噁字는 合是第十四字니 若準 興善三藏譯金剛頂瑜伽字母云인댄 一阿(上)오 二阿(長)오 三伊 (上)오 四伊(長)오 五塢오 六汚오 七㖇㖇(引去)오 八力嚧(引)오 九瞖 오 十愛오 十一汚오 十二奧(引)오 十三暗이오 十四噁라하고 其里·黎 字는 即金剛頂中의 㖇㖇와 力嚧字가 各是二合이니 故成十四니라 謂有二字者는 若一字名인댄 不名爲數오 二字名과 三字名等을 皆 名爲數니 如色即一字名이오 末那는 即二字名이오 阿賴耶는 即三 字名이라 言必以多字成句者는 終無一字句故라 說者語言은 義 當色法이니라】

　　'글자'란 논에서 말한 아흐(ah: 噁)와 아(a: 阿)를 합하면 곧 '14음'이다. 바로 글자의 모체이다. 글자는 곧 문장이다. 나머지 '12음'과 같다. 그러나 14음이 있긴 하지만 '아흐'와 '아' 2음은 자모에 들어가지 않는다. 그 2음은 里와 黎의 2글자를 말한다. 숫자란 명사이다. 이 2글자는 숫자에서 숫자의 이치를 말한다. 2글자와 여러 글자의 명사가 반드시 여러 글자로 구절을 이루고 있다. 이 때문에 모두가 숫자이다. 말이란 언어이다.【초_ '곧 14음' 이하는 註疏로 해석한 논이다.

　　이의 번역은 古語를 따른 것이다. 하지만 '噁'라는 글자는 당연히 14번째 글자이다. 만일 興善寺 不空 삼장이 번역한 金剛頂瑜伽字母에 준하면, "1 阿(上), 2 阿(長), 3 伊(上), 4 伊(長), 5 塢, 6 汚, 7 呢哩(引去), 8 力嚧(引), 9 曀, 10 愛, 11 汚, 12 奧(引), 13 暗, 14 噁"라 하였다. 그 里와 黎라는 글자는 곧 금강정유가자모경에서 말한 '7 呢哩(引去), 8 力嚧(引)'가 각각 2음에 부합한다. 이 때문에 14음이 된 것이다.

'2글자[謂有二字]'란 만약 한 글자로 된 명사라면 숫자라 말하지 않고, 2글자의 명사나 3글자의 명사 등을 모두 '숫자'라고 말한다. 예컨대 '色'은 한 글자의 명사이고, 末那는 2글자의 명사이고, 阿賴耶는 3글자의 명사이다.

"반드시 여러 글자로 하나의 구절을 이룬다."고 말한 것은 色法에 해당한다는 뜻이다. 】

皆以字母爲本者는 明末依本이며 喻果依因이라 字母究竟者는 明本能攝末이며 喻因無不攝이라 上二는 順明이오 無有少分離字母者는 反成上二라【鈔_是則上書字數說이 總是聲名句文이라 共爲敎體일새 故此四事가 總攝一切能詮敎法에 皆用字母하야 而爲其本이니라】

모두 字母로 근본을 삼는다는 것은 지말이 근본을 의지함을 밝힌 것이며, 결과가 원인을 의지함을 비유하였다.

'자모의 구경'이란 근본이 지말을 포괄함을 밝히고, 원인이 포괄되지 않음이 없음을 비유하였다.

위의 2가지는 차례대로 밝혔고, "조금이라도 자음과 모음의 원칙을 떠날 수 없다."고 말한 것은 위의 2가지를 반대로 성립한 것이다.【초_ 이는 위의 글씨, 글자, 숫자, 말이 모두 음성, 명사, 구절, 문자이다. 모두 가르침의 본체이기에, 이 4가지 일이 모든 표현하는 주체인 교법을 총괄할 적에 모두 자모를 사용하여 그 근본을 삼기 때문이다.】

言字母者는 卽迦佉等 三十四字니 以前十二音이 入此三十四字라 則一一字中에 成十二字하고 復有二合과 三合과 乃至六合하야 展轉相從하야 出一切字일새 故名爲母라 論經에 名爲初章者는 以梵章之中에 悉談字母 最在初故라 然五天口呼에 則輕重有異나 書之具葉에 字體不殊라 梵天之書는 千古無易하니 不同此土의 篆隷隨時일새 故此爲母며 亦常楷定이니라【鈔_ 卽迦佉等者는 若古三藏說인댄 謂牙·齒·舌·喉·脣에 各有五音하며 及會音에 有九라하니

牙音五者는 卽迦(上)와 佉(上)와 誐(上)와 伽(去引)와 仰(鼻聲呼去)이오

齒音五者는 左와 嗟(上)와 鄭(才可)와 孃(上)이오

舌音五者는 謂吒(上)와 姹(上)와 拏(上)와 茶(去)와 拏(旎爽反仍鼻聲呼)와

喉音五者는 多(上)와 他와 娜와 馱와 囊이오

脣音五者는 謂跛와 頗와 麽와 婆(去重)와 莽(鼻聲呼之)이오

會音九者는 野와 囉와 邏(上)와 嚩(無可反)와 捨와 灑와 娑(上)와 賀와 乞灑(二合)라

已上에 三十四字 足이니라

若般若三藏云인댄 前五句中에 一句之內에 卽有五音하니 如迦는 齒音이오 佉는 氣從喉出이오 誐字는 喉音이오 伽字는 齶藏音이오 仰

字는 鼻音이오 其餘四句는 準例皆然이라하니라

'則一一字'者는 謂將上阿(上)와 阿等十二字하야 徧入三十四니 如初迦字가 十二音入하야 便成迦(上)와 迦와 雞(上)와 雞와 俱(上)와 俱와 計(上)와 改와 姑와 晧와 甘과 伽(去)라 入迦字가 旣爾에 入佉字三十三字도 亦然이니라

'復有二合'等者는 如以囉字半體로 入迦字時에 便成舸羅(二合)字하야 成十二字라

言囉字半體者는 囉字具足梵字者인댄 ꡘ字是也오 半體者는 ꡩ一半이 是也라 若入迦字者인댄 迦字梵書ꡣ이 若入半體인댄 謂ꡣ此字가 是也라 ꡣ(卽迦邏字)는 卽云迦羅(二合 理下反 一)며 柯羅(里迦反 二)며 吉里(三)며 吉梨(四)며 古魯(五)며 姑盧(六)며 吉禮(七)며 吉梨(八)며 古路(九)며 古澇(十)며 吉濫(十一)이며 吉邏(來下反十二)니라 若以迦佉字로 合沙字인댄 爲遏塞迦니 卽三合字가 成十二字니 梵字樣은 若此ꡣ라 言四合者는 遏悉怛邏오 五合者는 遏悉怛梨(上)也오 言六合者는 謂遏識(上)彌(上)雉持也라 但至六合에 字已無邊이라 如一字王이 但有二合에 云部林이오 有三合에 云唵部林이라 此等諸義는 故非正要나 經有論有일새 故須畧知耳니라

'梵天之書'者는 謂大梵天王이 劫初之時에 作此書字하야 以敎衆生이라하니라

'不同此方'者는 古書가 隨時하야 有多名目하니 史籀가 是大篆하고 李斯가 爲小篆하고 蔡邕이 八分하고 程邈이 爲隸書等이니 皆隨時有別이니라】

자모라 말한 것은 '迦'·'佉' 등 34글자를 말한다. 앞의 12모음이 이 34글자에 들어 있다. 그러므로 하나하나 글자가 12글자가 되고, 또한 2글자를 합치거나 3글자를 합치거나 내지 6글자를 합쳐 점차로 서로 어울려 모든 글자가 나오기에 이를 '모음'이라 명명하였다.

논경에 '初章'이라 이름한 것은 범어 문장에서 悉談章의 자모가 가장 첫 자리에 있기 때문이다. 하지만 오천축국에서 입으로 말할 적에는 가벼운 음가, 무거운 음가에 따라 차이가 있지만, 경전에 쓸 적에는 자모(12母韻, 摩多)와 體文(35子音)이 다르지 않다.

인도의 '글씨'는 영원히 바뀌지 않았다. 중국의 전서와 예서가 시대 따라 바뀌는 것과 같지 않다. 따라서 이를 '모음'이라 하였고, 또한 항상 楷定하였다.【초_ '迦·佉 등'이란 옛 삼장의 말에 의하면, "牙音, 齒音, 舌音, 喉音, 脣音에 각기 5가지 음이 있으며, '모여서 나오는 음성[會音 곧 重字]'은 9가지가 있다."고 하였다.

아음의 5가지는 迦(上), 佉(上), 誐(上), 伽(去引), 仰(콧소리, 去)이며,

치음의 5가지는 左, 惹(上), 酇(才可), 孃(上)이며,

설음의 5가지는 吒(上), 姹(上), 拏(上), 茶(去), 拏(ㅁ+ㅎ의 반절음= 망, 이 또한 콧소리)이며,

비음의 5가지는 多(上), 他, 娜, 馱, 囊이며,

순음의 5가지는 跛, 頗, 麼, 婆(去重), 莽(콧소리)이며,

모여서 나오는 소리 9가지는 野, 囉, 邏(上), 嚩(無可反), 捨, 灑, 娑(上), 賀, 乞灑(二合)이다.

이상으로 34글자가 갖춰진 것이다.

만약 반야삼장의 말에 의하면, "앞의 5구절 가운데, 한 구절 속에 5음이 있다. 예컨대 迦는 치음이고, 佉는 목구멍에서 나온 소리이고, 誐는 목구멍에서 나온 소리이고, 伽는 가슴속에서 나온 소리이고, 仰은 콧소리이다. 나머지 4구절도 앞의 예에 준하여 보면 모두 그와 같다."고 하였다.

'하나하나의 글자'란 위의 '阿(上)' '阿' 등 12모음을 두루 34자음에 넣어가는 것이다. 이는 마치 '迦'가 12모음에 들어가면서 바로 '迦(上)', '迦', '雞(上)', '雞', '俱(上)', '俱', '計(上)', '改', '姑', '唔', '甘', '伽(去)'가 이뤄지는 것과 같다. '迦'에 들어가는 글자가 이미 이러하기에, '佉' 자 등의 나머지 33글자에 들어가는 것 또한 마찬가지이다.

'또한 2글자를 합치다[復有二合].' 등이란 마치 '囉' 자의 절반 체문으로 '迦' 자에 들어가면 곧 '舸羅'라는 2글자를 합한 글자가 되어 12글자가 된다.

'囉 자의 절반 체문[囉字半體]'이란 '囉' 자의 범어체를 온전히 하면 ${라는 글자가 이것이다. '절반의 체문'이란 T의 절반이다. 만일 '迦' 자에 넣으면 '迦' 자는 범어의 ᄌ인데, 이에 절반의 체문을 넣으면 ᄌ라는 글자가 된다는 것이 바로 그것이다.

ᄌ ('迦邏' 자)는 곧 1 迦羅(2글자의 종합, 理下의 반절음), 2 柯羅(里迦의 반절), 3 吉里, 4 吉梨, 5 古魯, 6 姑盧, 7 吉禮, 8 吉梨, 9 古路, 10 古澇, 11 吉濫, 12 吉邋(來下의 반절음)이다.

만일 '迦·佉' 자에다가 '沙' 자를 합하면 '遏塞迦'가 된다. 이는 3글자를 합친 글자가 12자를 만들어낸다. 범어 글자의 모양새는

𑖀 자와 같다.

'4글자를 합친 글자'라 말한 것은 '遏悉怛邏'이고,

'5글자를 합친 글자'는 '遏悉怛梨(上)也'이고,

'6글자를 합친 글자'는 '遏識(上)彌(上)雉持也'이다.

단 '6글자를 합친 글자'에 이를 경우, 글자는 끝이 없다. 마치 한 글자의 왕이 단 2글자와 합하면 '部林'이라 하고 3글자와 합하면 '唵部林'이라 하는 것과 같다. 이러한 등등의 여러 뜻은 굳이 바르고 중요한 부분은 아니지만, 경에서도 이런 부분을 말하였고 논에서도 이런 부분을 말하였다. 이 때문에 조금이나마 알아야 한다.

'인도의 글씨[梵天之書]'란 "대범천왕이 겁초에 이 글씨로 글자를 만들어 중생을 교화하였다."고 한다.

'중국과는 다르다[不同此方].'는 것은 중국 고대의 글씨는 시대를 따라 여러 가지 명칭이 있어 왔다. 史籀는 大篆을, 李斯는 小篆을, 蔡邕은 八分을, 程邈은 隸書를 만든 것 등이다. 모두 시대를 따라 달리 사용되어 왔다.】

三合中에 初는 合末依於本이라 後十地究竟은 合因無不攝이라 所以須此二者는 若但言爲本하면 容非是末이니 如以百錢爲本하야 成多財貨等이라 今明如水爲海本에 無海非水니 故云究竟에 無有離者라 又爲本者는 非但因爲果本이라 亦乃後爲前本이니 地前에 望證하야 修阿含故며 初心에 卽以智로 觀如故니라

셋째, 종합 부분 가운데 앞은 지말이 근본에 의지함을 종합하고, 뒤의 십지 궁극은 원인이 모두 포괄함을 종합한 것이다. 이 2가

지를 필요로 하는 것은 근본만을 말하면 간혹은 지말이 없다. 마치 백 냥의 돈으로 밑천을 삼아 많은 재화를 쌓아가는 것과 같다.

여기에서는 마치 모든 강물이 바다의 근본임을 밝힐 적에 바다가 없으면 물도 없다. 그러므로 궁극에는 서로 여의지 않는다고 말한다. 또 근본이 되는 것은 단지 원인이 결과의 근본일 뿐 아니라, 또한 뒤가 앞의 근본이 되기도 한다. 십지 이전에는 증도를 바라고서 아함의 도를 닦기 때문이며, 처음 발심할 적에 곧 근본지로 진여를 관찰하기 때문이다.

第三 結請

(3) 청법을 끝맺다

經

是故로 **佛子**여 **願爲演說**하소서 **此人**이 **必爲如來所護**하야 **令其信受**하리이다

그러므로 불자여! 원컨대 연설하소서. 이 사람들이 반드시 여래의 가호를 받아 그로 하여금 그 법문을 믿고 받들 것입니다."

● 疏 ●

結請을 可知라

問이라 若依上義인댄 諸佛有力으로 能令信者어늘 何故로 今後衆生

이 於彼法中에 亦有謗意오

答이라 有二種定이면 則不可加니 一은 感報定이니 以先世와 今世에 造定業故오 二는 作業定이니 宿惡熏心하야 猛利纏起에 難曉喩故라 上如釋種이오 下는 如瑠璃니라【鈔_ 上如釋種等者는 竝如觀佛三昧經과 及智度論等說이라 釋種은 報定하니 是故로 必爲瑠璃王殺이오 瑠璃王은 作業定일세 故佛不能諫이니라】

청법의 결론은 설명하지 않아도 알 수 있다.

"만일 위의 뜻을 따른다면 여러 부처님의 위신력으로 신심을 가질 수 있는데, 무슨 까닭에 지금과 후세의 중생들이 그 불법에 대해 또한 비방하는 뜻이 있는가?"

"2가지 정함이 있으면 부처님의 위신력이 더할 수 없다.

첫째, 감응한 과보가 정해져 있다. 선세와 금세에 지은 바의 업이 정해진 까닭이다.

둘째, 지은 업이 정해져 있다. 숙세에 악이 마음을 훈습하여 맹렬하게 번뇌가 일어날 적에 깨달음을 얻기 어려운 까닭이다. 위는 석가 종족과 같고 아래는 유리왕과 같다."【초_ '上如釋種等'이란 관불삼매경과 지도론 등의 설이다. 석가 종족은 과보가 정해져 있다. 이 때문에 반드시 유리왕이 죽임을 당하였다. 유리왕은 지은 업이 정해져 있기에 부처님도 말할 수 없다.】

二. 偈頌

해탈월보살의 게송

經

爾時에 解脫月菩薩이 欲重宣其義하사 而說頌曰

그때, 해탈월보살이 그 뜻을 거듭 펴고자 게송으로 말하였다.

善哉佛子願演說　　趣入菩提諸地行하소서
十方一切自在尊이　　莫不護念智根本하나니

훌륭합니다, 불자여

보리에 들어가는 모든 지의 행을 연설하소서

시방 일체 자재하신 세존이

지혜의 근본 가호하지 않는 이 없습니다

此安住智亦究竟이라　　一切佛法所從生이
譬如書數字母攝하야　　如是佛法依於地니이다

여기에 머무는 지혜도 구경의 자리

일체 불법이 생겨남이

비유하면 글씨, 수, 자모를 포괄하여

이와 같이 불법은 십지에 의지합니다

● 疏 ●

頌中에 初偈는 頌標請이오 後偈는 頌釋請이라 畧不頌結頌이라

釋中 長行法中에는 無究竟之言하고 而喩中에 有어늘 今此反前은 欲顯具有라

又法中에 明本能生末이오 合中에 明末依於本이니 皆影畧耳니라

　게송 가운데 첫 게송은 게송으로 청법을 밝혔고, 뒤의 게송은 게송으로 청법을 해석하였다. 생략하여 결론의 게송을 읊지 않았다.

　해석한 부분 가운데 장항의 법에는 '究竟'이란 말이 없고 비유한 부분에 있지만 지금 여기서 앞과 반대는 구체적으로 있음을 밝히고자 하였다.

　또 법 가운데 근본이 지말을 낳음을 밝혔고, 종합 부분에 지말이 근본에 의지함을 밝혔다. 이는 모두 한 부분을 생략한 채, 서로 보여준 것이다.

第二 大衆同請

　2. 대중이 함께 청하다

經

爾時에 諸大菩薩衆이 一時同聲으로 向金剛藏菩薩하야 而說頌言하사대

　그때, 여러 대보살들이 일시에 같은 목소리로 금강장보살에게 게송으로 말하였다.

235

● 疏 ●

同請者는 上來衆首請說하야 顯衆堪聞樂聞이라 今大衆展誠하야 自陳有根有欲이라

文中에 先은 敍請이라【鈔_ 有根本欲者는 有根故로 堪聞이오 有欲故로 樂聞이라】

대보살들이 함께 법을 청한 것은 위에서는 보살 대중 가운데 상수보살이 설법을 청하면서, 대중이 충분히 법문을 들을 수 있고 기쁜 마음으로 들을 것임을 밝힌 것이다. 여기에서는 보살 대중들이 성의를 다하여 스스로 근기가 있고 듣고 싶은 욕구가 있음을 밝혔다.

경문에서 앞은 청하는 뜻을 서술하였다.【초_ "근기가 있고 듣고 싶은 욕구가 있다."는 것은 근기가 있는 까닭에 충분히 법문을 들을 수 있고, 원하는 마음이 있기 때문에 기쁜 마음으로 듣고자 함이다.】

經

上妙無垢智와　　　　無邊分別辯으로
宣暢深美言하사　　　第一義相應하시며

　가장 미묘하고 허물없는 지혜
　끝없이 분별하는 변재로
　깊고 아름다운 법언 연설하여
　제일의제에 상응하시며

念持淸淨行하고　　　　十力集功德하사
辯才分別義하야　　　　說此最勝地니이다

　　청정한 행 마음에 지니고
　　열 가지 힘으로 공덕 쌓아
　　뛰어난 말솜씨로 진리를 밝혀
　　가장 훌륭한 십지를 말해주소서

● 疏 ●

後는 正偈請이라

於中二이니 前四偈半은 歎人堪能請이오 後一偈는 歎法成益請이라

今初亦二하니 前二頌은 歎說者오 餘는 歎聽者라

前中初五句는 歎說者가 自成敎證이오 後三句는 歎能令他入이라

今初니 初四句는 歎證이오 一句는 歎敎라 此中에 歎證辯才 有三하니 一은 眞實智가 爲辯所依니 卽經初句라 無漏故로 無垢오 過小故로 云妙니라

二는 辯體性이니 卽第二句라 謂堪能分別無邊法義故니라

三者는 辯果라 卽下二句니 依前起詞樂說일세 故名爲果라 一은 詮表深旨에 字義成就니 卽下句오 二는 滑利勝上하야 字義成就니 卽宣暢句니라

二는 有一句는 歎阿含이니 謂念持於敎하야 得淨慧無疑를 名淸淨行이라

'三句 歎能令他入'者는 初句는 令入證이니 謂已入地者를 令得佛

十力이오 未入地者를 令得入地라 故云 集功德이니 集功德은 卽論
經淨心이오 淨心은 卽初地니 由集德成故라 後二句는 令入阿含이
니 辯才分別說者는 意令受持十地法故라 說主旣內具二力하고
外令他入이어니 何故不說가

 뒤는 바로 게송으로 법을 청하였다.

 이는 2단락으로 나뉜다.

 제1단락, 4수 반의 게송은 보살들이 충분히 법문을 청할 수 있음을 찬탄하였고,

 제2단락, 1수 게송은 법의 이익 성취로 청법을 찬탄하였다.

 제1단락의 4수 반 게송 또한 2부분으로 나뉜다.

 앞의 2수 게송은 설법한 자를 찬탄하였고, 나머지 2수 반의 게송은 법문 듣는 자를 찬탄하였다.

 앞의 2수 게송 8구 가운데 첫째 5구는 설법한 자가 스스로 교도와 증도를 성취했음을 찬탄하였고, 뒤의 3구는 다른 이들로 하여금 증득하여 들어가도록 함을 찬탄하였다.

 이의 첫째 5구 가운데, 첫 4구는 증도를, 나머지 1구는 교도를 찬탄하였다. 여기에서 증도의 변재를 찬탄함은 3가지이다.

 ⑴ 진실한 지혜가 변재의 의지 대상이다. 이는 게송의 첫 구절[上妙無垢智]이다. 無漏이기에 無垢라 하였고, 소승을 뛰어넘었기에 '上妙'라 하였다.

 ⑵ 변재의 체성이다. 이는 게송의 제2구[無邊分別辯]이다. 끝없는 법과 이치를 잘 분별함을 말한다.

(3) 변재의 결과이다. 이는 게송의 아래 제3, 4구[宣暢深美言, 第一義相應]이다. 앞의 진실한 지혜와 변재의 체성에 따라 말을 일으키고 말하기를 좋아하기에 '결과'라고 말한다.

① 심오한 종지를 표현할 적에 글자와 이치를 성취하니, 곧 아래 구절의 '제일의제에 상응[第一義相應]'하는 도리이다.

② 매끄러움이 뛰어나 글자의 뜻을 성취하니, 곧 '깊고 아름다운 법언 연설[宣暢深美言]'한다는 구절을 가리킨다.

첫째 5구 가운데, 나머지 한 구절[一句 歎教: 念持淸淨行]은 아함을 찬탄하였다. 가르침을 생각하고 지니어 청정한 지혜로 의심이 없는 것을 '청정한 수행'이라 말한다.

뒤의 3구[後三句 歎能令他入] 가운데 첫 구절[十力集功德]은 그들을 증득하여 들어오게 함이다. 이미 십지에 들어온 이들은 부처님의 十力을 얻도록 하고, 십지에 들어오지 못한 사람은 십지에 들어오도록 하는 것이다. 이 때문에 '공덕을 쌓는다[集功德].'고 말하였다. 공덕을 쌓아간다는 것은 논경에서 말한 '청정한 마음'이고, 청정한 마음은 곧 初地이다. 이는 공덕을 쌓아간 데서 성취한 때문이다.

나머지 2구절[辯才分別義, 說此最勝地]은 아함의 도에 들어가도록 하는 것이다. '변재로 분별하여 말한다.'는 것은 마음으로 십지의 법을 받아 간직하였기 때문이다. 설법주가 이미 안으로 2가지의 힘[證力辯才와 阿含力辯才]을 갖췄고, 밖으로 다른 이로 하여금 십지에 들게 하는 것인데 무엇 때문에 설법하지 않는가.

定戒集正心하야　　離我慢邪見이라
此衆無疑念하니　　惟願聞善說하노이다

　　선정과 계율로 바른 마음 쌓아
　　아만과 삿된 소견 여의었으니
　　보살 대중 의심 없어
　　좋은 말씀 듣기 원합니다

● 疏 ●

二 有二頌半은 歎聽者라
中二하니 初偈는 歎衆有根이오 後一偈半은 歎衆有欲이라
今初 由有根故로 堪受敎證이니 初句는 有治오 次二句는 離所治이
오 下句結請이라
結請에 惟願是總이오 惟願有二에 一은 求阿含이오 二는 求正證이라
有二妄想하야 不堪聞敎니 一은 我오 二는 慢이니 以我慢故로 於法과
法師에 不生恭敬이라 以定戒로 爲治니 謂若有定하면 則心調伏일세
故內無我慢이라 戒則善住威儀하야 外相不彰이라
有二妄想에 不堪得證이니 一은 邪見이니 顚倒見故오 二는 疑念이니
於不思議處에 不生信故라 有二對治면 則能得證하니 一은 正見이
니 善思義故라 卽經集正이니 謂積集深思故오 二者는 正心이니 信
心歡喜故니라

　　제1단락의 4수 반 게송 가운데, 나머지 2수 반의 게송은 듣는

이를 찬탄하였다.

2수 반의 게송은 다시 2부분으로 나뉜다.

첫 게송은 보살 대중에게 선근이 있음을 찬탄하였고, 뒤의 1수 반 게송은 보살 대중에게 듣고자 하는 바람이 있음을 찬탄하였다.

이의 첫 게송은 보살의 선근이 있는 까닭에 가르침과 증득을 받아들일 수 있음을 말하였다.

제1구[定戒集正心]는 다스림이 있음을, 다음 2구절[離我慢邪見, 此衆無疑念]은 다스릴 대상[아만심, 삿된 견해]을 여읨을, 제4구[惟願聞善說]는 청법을 끝맺었다.

'청법을 끝맺음'은 오직 원한다는 '惟願' 2자가 총체이다. '오직 원한 것[惟願]'에는 2가지가 있다.

(1) 가르침을 추구하고,

(2) 바른 깨달음을 추구함이다.

2가지 망상이 있어 가르침을 받아들이지 못한다.

첫째, '나'라는 생각이다.

둘째, 아만이다.

'아만'이 있기 때문에 불법과 법사에 대해 공경하는 마음을 내지 못한다. 따라서 선정과 지계로 이를 다스리는 것이다. 선정이 있으면 마음이 조복되기에 안으로는 아만심이 없고, 계율을 지키면 위의로 잘 지녀 바깥으로 모양을 드러내지 않는다.

2가지 망상이 있어 깨달음을 얻지 못한다.

첫째, 삿된 견해이다. 전도된 견해이기 때문이다.

둘째, 의심하는 생각이다. 부처님의 불가사의한 부분에 신심을 내지 않기 때문이다.

이를 2가지로 다스리면 깨달음을 얻을 수 있다.

① 바른 견해이다. 이치를 잘 생각하기 때문이다. 본 게송에서는 "바른 마음을 쌓는다[集正心]."고 하였다. 이는 깊은 생각을 쌓아가기 때문이다.

② 바른 마음이다. 신심으로 기뻐하기 때문이다.

經

如渴思冷水하고　　　**如饑念美食**하며
如病憶良藥하고　　　**如蜂貪好蜜**이라

　　목마르면 냉수 생각하듯
　　허기지면 좋은 음식 생각하듯
　　질병에 좋은 약 생각하듯
　　벌들이 좋은 꿀 생각하듯

我等亦如是하야　　　**願聞甘露法**하노라

　　우리 또한 이처럼
　　감로법 듣기를 원합니다

● **疏** ●

二 歎有欲者는 顯示大衆이 求法轉深이라

於中에 一偈는 喩明이오 半偈는 法合이라

前有四喩하야 喩四種義門하야 示現正受彼所說義라

一은 受持니 謂求聞慧니 初聞에 卽受하고 隨聞受持 如水不嚼하고 隨得而飮이라

二는 助力이니 謂求思慧니 嚼所聞法하야 助成智力이 如食咀嚼하야 以資身力이라

三은 遠離니 謂求修慧니 依聞思行하야 能去惑習이 如服良藥에 藥行除病이라 上三은 三慧니라

四는 安樂行이니 謂求證智니 卽三慧果 聖所依處며 現法受樂行故로 如蜜衆蜂所依일새 故云貪也라

後 法合中에 能求는 一向是法이오 所求는 猶通法喩라 以一甘露로 總合四喩니 甘露 有四能故니 一은 除渴이오 二는 去饑오 三은 愈病이오 四는 安樂故니라

　뒤의 1수 반 게송에서 법문을 듣고자 하는 바람을 찬탄하였다는 것은 보살 대중이 법을 추구하는 마음이 갈수록 더욱 깊어감을 밝힌 것이다. 이의 부분에서 1수 게송은 비유로 밝혔고, 반 수의 게송은 법으로 종합하였다.

　앞의 1수 게송은 4가지 비유로 4가지 뜻을 비유하여, 그 보살들에게 말한 뜻을 바르게 받아들일 것임을 나타내 보여주었다.

　(1) [如渴思冷水] 받아 지님이다. 聞慧의 추구를 말한다. 처음 들으면 바로 받아들이고 들음에 따라 받아 간직함이 마치 물이란 씹지 않고 얻는 대로 마시는 것과 같다.

(2) [如饑念美食] 도움이 되는 힘이다. 思慧의 추구를 말한다. 들었던 법을 잘 곱씹어서 지혜의 힘을 도와 이룸이 마치 음식을 꼭꼭 씹어 몸에 힘을 돕는 것과 같다.

(3) [如病憶良藥] 멀리 여읨이다. 修慧의 추구를 말한다. 聞慧와 思慧를 따라 행하여 번뇌의 습기를 없앰이 마치 좋은 약을 복용하면 약이 몸에 퍼지면서 병이 사라지는 것과 같다.

위의 3가지는 '3가지 지혜[三慧]'를 말한다.

(4) [如蜂貪好蜜] 안락한 행이다. 증득한 지혜의 추구를 말한다. 이는 3가지 지혜의 결과가 성인이 의지한 곳이며, 현재의 법을 즐겁게 받아들여 행하는 까닭에 마치 수많은 벌들의 의지처가 되는 꿀과 같다. 이 때문에 '貪'이라고 말한다.

뒤[我等亦如是, 願聞甘露法]의 법으로 종합한 가운데, 추구의 주체는 하나같이 법만을 말했지만, 추구의 대상은 오히려 법과 비유에 모두 통한다. 하나의 감로수로 4가지 비유를 모두 통합하였다.

감로수에는 4가지 기능이 있기 때문이다.

(1) 갈증을 달래주고, (2) 허기를 없애주며, (3) 병을 치유하고, (4) 안락을 주기 때문이다.

經

善哉廣大智여　　　　願說入諸地하야
成十力無礙하는　　　善逝一切行하소서

거룩하여라, 드넓고 큰 지혜여

십지에 모두 들어가
열 가지 힘과 장애 없는
부처님의 모든 행을 말해주소서

◉ 疏 ◉

二有一偈는 歎法利益請이라 直觀經文인댄 似當結請이나 今依論判일새 故云歎法이라 善哉는 是總이니 所說法中에 善具足故니라
善哉有三하니
一은 所依니 卽廣大智라 說地必依此慧故니라
二는 體性이니 卽第二句의 正說入諸地니 則地地轉勝故니라
三者는 地果니 卽後二句라 謂具十力無障礙佛菩提故니라 行은 亦果行이니 如出現品說이니라

　　제2단락, 1수 게송은 법의 이익을 찬탄하면서 청법하였다. 직접 게송을 살펴보면 청법을 끝맺은 것 같지만, 여기에서는 논에 의해 찬탄하였기에 '법을 찬탄하였다.'고 말하였다. '善哉'는 총체이다. 설법한 가운데 잘 갖춰져 있기 때문이다.
　　'善哉'에는 3가지 뜻이 있다.
　　(1) [廣大智] 의지의 대상이다. '광대한 지혜'이다. 십지를 설하려면 반드시 이 지혜를 의지해야 하기 때문이다.
　　(2) [願說入諸地] 체성이다. 제2구의 모든 지위에 들어가 바로 말함이다. 지위마다 더욱 뛰어나기 때문이다.
　　(3) 십지의 결과이다. 이는 뒤의 2구[成十力無礙, 善逝一切行]이

다. 열 가지 힘을 갖춰 장애 없는 부처님의 깨달음이기 때문이다.
'一切行'의 '行' 또한 佛果의 행이다. 제37 여래출현품에서 말한
바와 같다.

━

自下는 第三如來加請이라 前雖二家四請이나 爲顯法勝하야 復待
佛加라 前來에 爲分主伴이니 主佛은 唯明意加어니와 今欲具於身
口일세 故復重加라 又前은 默與威神하사 令有加請이어니와 今加는
爲說이니 不與前同이라

若爾인댄 諸佛이 前已具於三業이어늘 何得復加오 前但是加라 未
是請故오 今以加爲請하니 竝異於前이라 上力被下를 說以爲加오
因加勸說을 目之爲請이라 加卽是請일세 故云加請이라

長行은 則以加爲請이오 偈頌은 則以請爲加니라 不以常口로 求請
하고 而以雲臺發言하며 不以常身展敬하고 而以光業代者는 爲不
輕尊位故오 要復請者는 爲重法故니라

前加分中에 不加大衆이어니와 今此에 加者는 前若卽加면 說主 無
由三止오 此若不加면 請主의 前言得佛護念이 便爲無驗이니라

文中에 通有八業二身이라 且分爲二니 先長行에 有二身七業이라
後偈頌은 但明請業이라

前中에 二니 先은 此佛이 光照十方이오 後는 十方佛이 放光照此라
二光互照에 必互相見이니 二段에 皆有二身七業이라

今은 初라

3. 여래의 가피로 법을 청하다

앞에서 비록 2부류가 4차례 청했지만 법이 뛰어남을 밝히기 위하여 다시 부처님의 가피를 기다린 것이다. 앞에서 설법주와 도반 대중으로 구분하였다. 설법주이신 부처님은 오로지 마음으로 가피하심만 밝혔으나, 여기에서는 몸과 입의 가피를 모두 갖추고자 한 까닭에 다시 거듭하여 가피를 내린 것이다. 또 앞에서는 침묵과 위신력으로 가피를 내려 법을 청하도록 하였지만, 여기에서의 방광과 몸의 가피는 설법하기 위한 것이기에 앞의 침묵 가피와는 똑같지 않다.

"만일 그렇다면 여러 부처님은 앞에서 이미 3가지 업을 갖췄는데, 어찌하여 다시 가피하였는가?"

앞에서는 가피만 있을 뿐, 법을 청하지 않았기 때문이다. 여기에서는 가피로 법을 청하도록 하였다. 이것이 이전의 가피와는 다른 것이다. 윗사람의 힘으로 아랫사람을 감싸주는 것을 '가피'라 말하고, 가피로 인하여 설법해주기를 권하는 것을 가리켜 '청법'이라 말한다. 여기에서의 가피는 곧 청법이기에 '가피의 청법[加請]'이라 말하였다.

경문에서는 가피로 청법을 삼았고, 게송에서는 청법으로 가피를 삼았다. 일상의 입으로 청법하기를 바라지 않고 雲臺로 말하였고, 일상의 몸으로 공경의 마음을 펼치지 않고 광명의 업으로 대신하는 것은 존귀한 지위를 가벼이 여기지 않기 때문이다. 다시 청법을 바라는 것은 법을 존중한 때문이다.

앞의 가피 부분에서는 대중에게 가피를 내리지 않다가 여기에서 가피를 내린 것은 앞에서 바로 가피하였다면 설법주가 3차례나 멈출 이유가 없을 것이며, 여기서도 만일 가피하지 않았다면 법을 청했던 보살이 앞에서 "부처님의 가호를 얻었다."고 말한 바가 아무런 효험이 없었을 것이다.

이의 경문에는 8가지 업과 2가지 몸에 모두 통한다.

또한 2부분으로 나뉜다.

앞의 경문에는 2가지 몸과 7가지 업이 있으며, 뒤의 게송은 청법한 업만을 밝혔다.

앞의 경문 부분은 다시 2부분으로 나뉜다.

1) 이곳 부처님의 광명이 시방세계를 비췄고,

2) 시방 부처님의 광명이 이곳을 비췄다.

두 곳의 광명이 서로서로 비출 적에 반드시 서로 보게 될 것이다. 2단락에 모두 2가지 몸과 7가지 업이 있다.

이는 1) 이곳 부처님의 광명이 시방세계를 비춘 부분이다.

經

爾時에 世尊이 從眉間出淸淨光明하시니 名菩薩力熖明이라 百千阿僧祇光明으로 以爲眷屬하야 普照十方一切世界하야 靡不周徧하니 三惡道苦가 皆得休息하며

又照一切如來衆會하사 顯現諸佛不思議力하시며

又照十方一切世界에 一切諸佛所加說法菩薩之身하사

作是事已하시고
於上虛空中에 **成大光明雲網臺而住**어시늘

그때, 세존의 양 미간에서 해맑은 광명이 쏟아져 나왔는데, 그 이름을 '보살 법력의 화염 광명[菩薩力焰明]'이라 하였다.

백천 아승기 광명으로 권속을 삼아 시방 일체 세계에 두루 비춰 두루 빛나지 않은 데가 없었다.

삼악도의 고통이 모두 멈췄고, 또한 일체 여래의 대중법회에 비춰 여러 부처의 불가사의한 힘을 나타내었고,

또한 시방 일체 세계에 계시는 일체 부처의 가피로 설법하는 보살의 몸에 비췄다.

이런 일을 마치고서 허공 위에 큰 광명 그물로 된 좌대[臺]를 만들고 그 위에 머무셨다.

◉ 疏 ◉

分二니 先은 明光體業用이오 後 '作是事已' 下는 正明所作이라
今初에 先은 明光本이니 上加於下에 多用眉間之光은 亦表將說中正之道라 '出淸淨' 下는 正明體用이라

於中에 文有六業[9]하니
一은 覺業이니 卽光明體라 謂是光이 照菩薩身已에 自覺如來力加

....

[9] 六業: 이는 七業의 오류로 생각된다. 아래의 예문에서 7가지 업[1 覺業, 2 因業, 3 卷舒業, 4 止業, 5 降伏業, 6 敬業, 7 示現業]을 말했고, 위에서도 '二身七業'이라 말한 것으로 보아 잘못된 부분으로 여겨진다. 〈譯註〉

故라 覺照光用일세 故曰燄明이니라

二 '百千'下는 因業이니 能生眷屬義故라

三 '普照'下는 卷舒業이니 舒則普照十方이오 卷則還入常光이라 今文에 畧無卷業이어니와 若兼取下文의 如日身中에 於空中住하면 義則通有니라

四 '三惡'下는 止業이오

五는 降伏業이니 論經에 云 一切魔宮이 隱蔽不現이어니와 今經闕此라

六 '又照一切'下는 敬業이니 顯現佛會하야 令物敬故라

七 '又照十方'下는 示現業이니 正爲令衆見說聽者가 皆得佛加하야 堪說聽故라 長行受身加之名이 偏從此立이니라

二는 正顯所作이니 卽二身之一이라

言二身者는 一은 流星身이니 往他方世界故라 論에 不指經이어니와 古德이 共指卷舒·敬·示 三業當之니 以是往來光體如星流故니라

二는 如日身이니 謂如日處空이라 卽此所作이 於上空中爲臺 是也라 故로 以身業相對에 應成四句니

一은 業而非身이니 謂八中에 除三이오

二는 身而非業이니 卽如日身이오

三은 亦身亦業이니 卽流星身이오

四는 非身非業이니 此經에 所無어니와 卽論經에 彼此相見이라 以身으로 約有體오 業은 約有用이라

三則雙具오 四則非正所爲故니라

　　이의 경문은 2부분으로 나뉜다.

앞은 광명의 체성과 작용을 밝혔고, 뒤의 '作是事已' 이하는 바로 만들어 놓은 바를 밝혔다.

앞부분에서는 먼저, 광명의 근본을 밝혔다. 위에서 아랫사람에게 가피를 내릴 적에 흔히 미간의 광명을 쓰는 것은 또한 중도의 바른 도를 말할 것임을 밝힌 부분이다.

'出淸淨' 이하는 바로 본체와 작용을 밝혔다. 이의 경문에는 7가지 업이 있다.

(1) 깨달은 업이다. 이는 광명의 본체이다. 이 광명이 보살의 몸을 비춤에 부처님 위신력의 가피임을 스스로 깨닫기 때문이다. 깨달음으로 광명의 작용을 비춰주기에 이를 '화염 광명'이라 말한다.

(2) '百千' 이하는 원인의 업이다. 광명으로 권속을 내어주는 이치이기 때문이다.

(3) '普照' 이하는 펼치고 거둬들이는 업이다. 펼치면 시방을 널리 비추고, 거둬들이면 다시 일상의 광명으로 들어간다. 이의 경문에서는 광명을 거둬들이는 업이 생략되어 언급된 바 없지만, 아래 경문에서 말한 '태양과 같은 몸'으로 허공에 머무는 것을 겸해 취하여 살펴보면 그 뜻은 거둬들이는 업이 있다고 할 것이다.

(4) '三惡' 이하는 고통을 멈춰주는 업이다.

(5) 항복받는 업이다. 논경에서는 "일체 마군의 궁전들을 꽁꽁 숨겨 나타내지 못한다."고 말했지만, 이의 경문에서는 이 부분이 빠져 있다.

(6) '又照一切' 이하는 존경받는 업이다. 부처님의 법회를 나타내어 중생으로 하여금 공경토록 하기 때문이다.

(7) '又照十方' 이하는 보여주는 업이다. 바로 대중으로 하여금 설법주와 법문 듣는 대중들이 모두 부처님의 가피를 입어 충분히 설법을 들을 수 있게 하기 위함이다. 장항의 경문에서 '몸의 가피'라는 명칭을 붙인 것은 오직 이에 의해 정립된 것이다.

뒷부분에서는 바로 만들어 놓은 바를 밝혔다. 이는 2가지 몸 가운데 하나이다.

2가지 몸이라 말한 것은 다음과 같다.

(1) 유성과 같은 몸이다. 다른 지방의 세계로 가기 때문이다. 논에서는 어느 경문이라 직접 지적하지는 않았지만, 옛 스님들은 '펼치고 거둬들이는 업', '존경받는 업', '보여주는 업' 3가지를 한꺼번에 들어 유성신에 해당 지어 보았다. 이처럼 오가는 광명의 체성이 마치 별이 흐르는 것 같기 때문이다.

(2) 태양과 같은 몸이다. 허공에 떠 있는 태양과 같다는 말이다. 곧 여기에서 만든 바가 허공 위에 광명 그물의 좌대를 만든 것이 바로 그것이다.

그러므로 몸의 업을 상대로 말하면 4구절이 된다.

제1구, 업이요 몸은 아니다. 8가지 업 가운데 3가지[卷舒·敬·示現業]를 제외한 업[覺·因·伏·止業]이다.

제2구, 몸이요 업이 아니다. 이는 태양과 같은 몸이다.

제3구, 몸이기도 하고 업이기도 하다. 이는 유성과 같은 몸[卷舒

·敬·示現業]이다.

제4구, 몸도 아니요 업도 아니다. 이의 경문에서는 언급한 바 없지만 논경에는 이곳저곳에서 찾아볼 수 있다고 하였다.

몸이란 본체로 말하고, 업은 작용으로 말하였다. 제3구는 몸과 업을 모두 갖췄고, 제4구는 바른 행위의 대상이 아니기 때문이다.

二十方佛放光照此
2) 시방 부처님의 광명이 이곳을 비추다

經

時에 十方諸佛도 悉亦如是하사 從眉間出淸淨光明하시니 其光의 名號眷屬作業이 悉同於此하며 又亦照此娑婆世界佛及大衆과 幷金剛藏菩薩身과 師子座已하시고 於上虛空中에 成大光明雲網臺하시니

그때, 시방의 여러 부처님도 모두가 또한 세존처럼 양 미간에서 해맑은 광명을 쏟아내었다.

그 광명의 명호와 권속과 하는 일이 모두 세존과 똑같았고,

또한 사바세계의 부처님과 대중과 아울러 금강장보살의 몸과 사자좌에 비치고서 허공 위에다가 큰 광명 그물의 좌대를 만들었다.

◉ 疏 ◉

放光照此者는 正爲照此라 然其作業이 亦周十方하니 七業二身이 不殊此佛而加라 又亦照此娑婆는 經文에 以主佛普照는 此不待言이어니와 伴佛普照는 正意가 爲此加被相故니라

광명이 쏟아져 이곳을 비춘다는 것은 바로 이곳을 비추기 위함이다. 그러나 그 작용의 일 또한 시방에 두루 비춰, 7가지 업과 2가지 몸이 이곳 부처님의 가피와 다르지 않다. 또한 사바세계를 비추는 것은, 본경의 문장에 主佛이 널리 비추심은 굳이 말할 필요가 없지만, 도반의 시방 부처님이 널리 비추는 정의가 이런 가피의 양상을 보여주기 위한 까닭이다.

第二 偈頌

뒤는 게송이다

經

時에 光臺中에 以諸佛威神力故로 而說頌言하사대

그때, 광명의 좌대에서 여러 부처님의 위신력으로 게송을 말하였다.

◉ 疏 ◉

偈頌은 明請業이라 中二하니 初偈는 所依니 望前에 猶屬於身이라

게송은 청법하는 업을 밝힌 것이다.

이는 2부분으로 나뉜다.

첫 게송은 의지의 대상이다. 앞의 경문에 대조하여 보면 오히려 몸에만 속한다.

經

佛無等等如虛空하시며　　**十力無量勝功德**이시며
人間最勝世中上인　　　　**釋師子法加於彼**로다

　부처님의 '무등등', 허공과 같고
　십력과 한량없는 훌륭한 공덕이여
　인간의 최상이고 세계에 으뜸이신
　석사자 법으로 그들에게 가피 내리네

● **疏** ●

後는 正偈請이라
五偈를 分二니 前四는 加請所說이오 後一은 教說分齊라
前中에 亦二니 初二偈는 舉法請이오 後二偈는 舉益請이라
前中에 亦二니 初偈는 正顯作加오 後偈는 顯加所爲라
今初니 '加於彼' 三字는 是總이니 此偈 正爲加故니라 其 '世中上'은 亦總亦別이니 望 '加於彼'면 是別이니 以二種加中에 是具果加故오 望四勝義면 是總이라 以上은 即勝義니 具四種勝하야 爲 '世中上' 故니라 言四勝者는 亦如世王이니

一은 自在勝이니 所作無礙故라 卽經初句니라 言'佛無等'者는 由離
二障하야 解脫自在하야 不染如空이니 十地已還에 皆無等故라 重
言'等'者는 唯與佛等이니 欲顯佛佛이 等正覺故니라
二는 力勝이니 經卽十力이라 能伏邪智之冤敵故니라
三은 眷屬勝이니 卽無量勝功德과 及人間最勝이라
四는 種姓勝이니 謂家姓勝故니 卽釋師子法이니라
於中又二니 一은 釋師子는 是生家勝이니 謂應生釋姓이 輪王貴胄
故라 諸佛同加에 偏語釋者는 以現見故며 是主佛故라 二 法之一
字는 是法家勝이니 謂非但生家勝이라 諸佛이 皆同眞如法中住故
니라 由上四義일새 故稱法王이며 名世中上이니라
上云二種加者는 一은 具身加니 依法身故라 謂釋師子는 是有法
所依之身故니라
二는 具果加니 證佛果故라 卽是世中上과 及別明四果勝이니 異未
成佛之色身故라 今此具德之人이 加金剛藏이니라

뒤는 곧 게송으로 법을 청하였다.

5수 게송은 2단락으로 나뉜다.

1) 앞의 4수 게송은 설법의 대상을 가피로 청하였고,

2) 마지막 1수 게송은 가르침의 설법 부분과 한계이다.

'1) 앞의 4수 게송'은 또한 2부분으로 나뉜다.

처음 제1, 2수 게송은 법을 들어 법을 청하였고,

뒤의 제3, 4수 게송은 이익을 들어 법을 청하였다.

'처음 제1, 2수 게송'은 또다시 2부분으로 나뉜다.

제1 게송은 바로 가피함을 밝혔고,

제2 게송은 가피의 목적을 밝혔다.

이는 제1 게송이다.

'加於彼' 3자는 총체이다. 이 게송이 바로 가피이기 때문이다.

그 '세계의 으뜸[世中上]'은 총체로 말하기도 하고 개별로 말하기도 한다. '그들에게의 가피[加於彼]'를 상대로 말하면 개별이다. 총체와 개별 2가지의 가피 가운데 '불과를 갖춘 가피'이기 때문이다. 4가지 뛰어난 의의[四勝義]를 상대로 말하면 총체이다. 위에서 말한 바는 곧 뛰어나다는 의의이다. 4가지 뛰어난 의의가 구족하여 '세계의 으뜸'이 되기 때문이다.

'4가지 뛰어난 의의'라 말한 것은 또한 세간의 왕과 같다.

(1) 자재함이 뛰어나다. 하는 일에 걸림이 없기 때문이다. 이는 게송 제1구[佛無等等如虛空]이다.

"부처님은 그 어떤 이와도 견줄 수 없이 뛰어나다[佛無等]."고 말한 것은 번뇌장과 소지장을 여읨으로 인하여 해탈이 자재하여 물들지 않음이 허공과 같다. 십지 이후에 그 누구도 견줄 수 없기 때문이다.

거듭 '等[無等等]'이라 말한 것은 오직 부처님만이 평등하다. 부처와 부처가 모두 정각이 평등함을 밝히고자 한 때문이다.

(2) 능력이 뛰어나다. 게송 제2구에서 말한 '十力'이다. 삿된 지혜의 원수와 적을 항복받기 때문이다.

(3) 권속이 뛰어나다. 이는 게송 제2구에서 말한 '한량없는 훌륭

한 공덕[無量勝功德]'과 제3구의 '인간의 최상[人間最勝世中上]'이다.

(4) 종족이 뛰어나다. 이는 가문과 성씨가 뛰어나기 때문이다. 이는 게송 제4구에서 말한 '석사자의 법[釋師子法]'이다.

'석사자의 법[釋師子法]'에는 또한 2가지 의의가 있다.

(1) 석사자란 '태어난 가문이 뛰어남'이다. 應生한 석씨 가문이 전륜왕의 귀족이기 때문이다. 여러 부처가 다 같이 가피하는 데에 유독 '석씨'만을 말한 것은 현전에 보이는 것이기 때문이며, 主佛이기 때문이다.

(2) 釋師子法의 '法'이란 한 글자는 '불법가문의 뛰어남'이다. 태어난 가문이 좋을 뿐 아니라, 여러 부처님이 다 함께 '진여의 법'에 머무르기 때문이다.

위의 4가지 뜻으로 인하여 '법왕'이라 칭하고, '세간의 으뜸'이라 말한다.

위에서 말한 '2가지 가피'는 다음과 같다.

(1) 몸을 갖춘 가피이다. 법신에 의지한 때문이다. '석사자'는 법이 의지할 대상의 몸이기 때문이다.

(2) 불과를 갖춘 가피이다. 불과를 증득하였기 때문이다. 바로 '세간의 으뜸'과 개별로 밝힌 '4가지 佛果의 뛰어남'을 말한다. 이는 성불 이전의 색신과는 다르기 때문이다.

여기에서는 이러한 공덕이 구족한 분이 금강장보살에게 가피를 내린 것이다.

經

佛子當承諸佛力하야　　開此法王最勝藏하야
諸地廣智勝妙行을　　　以佛威神分別說이어다

　　불자여, 부처님의 위신력 받들어
　　법왕의 가장 좋은 법장 활짝 열치고
　　십지의 광대한 지혜 미묘한 행을
　　부처님의 위신력으로 자세히 말하라

◉ 疏 ◉

第二偈는 加所爲者는 欲令開現法藏義故라
文中에 初句와 及下句以佛威神은 是說所依요 餘文은 正辨所爲라
開勝藏一句는 是總이오 下十字는 是別이라
別歎勝藏에 有其二種하니 一은 義藏成就오 二는 字藏成就라
'義藏'은 卽勝妙行이니 行者는 諸菩薩行이니 所謂助道法故라 妙者는 眞實智故니 卽是證道라 勝者는 神力勝故니 是不住道라 染淨無礙일세 故云神力이라 如是顯示深妙勝上之義니라
'二 字藏'者는 卽諸地廣智와 及分別說이니 謂說十地差別相故라

　　제2 게송은 가피의 목적이라 하는 것은 '법 창고의 진리'를 활짝 열어 나타내고자 한 때문이다.

　　게송의 제1구 및 제4구의 '以佛威神'은 설법하는 이가 의지할 대상이고, 나머지 게송은 바로 목적을 밝힌 것이다.

　　제2구의 "법왕의 가장 좋은 법장 활짝 열치다[開此法王最勝藏]."는

총체이고, 아래 10자[제3구 諸地廣智勝妙行, 제4구 分別說]는 개별이다.

개별로 찬탄한 '가장 좋은 법의 창고[最勝藏]'에는 2가지가 있다.

(1) 진리의 창고를 성취하고,

(2) 글자의 창고를 성취함이다.

'(1) 진리의 창고'는 게송 제3구에서 말한 '뛰어나고 미묘한 행[勝妙行]'이다.

'行'이란 모든 보살의 수행이다. 이른바 '도에 도움이 되는 법'이기 때문이다.

'妙'란 진실한 지혜이기 때문이다. 이는 도를 증득함이다.

'勝'이란 위신력이 뛰어나기 때문이다. 이는 '머물지 않는 도'이다. 잡염과 청정에 걸림이 없기에 '위신력'이라 하였다. 이처럼 심오하고 미묘하며 뛰어난 뜻을 나타낸 것이다.

'(2) 글자의 창고'는 게송 제3구의 '십지의 광대한 지혜[諸地廣智]'와 제4구의 '자세히 말함[分別說]'이다. 십지의 각기 다른 양상을 말하기 때문이다.

上 舉法請 竟하다

위는 법을 들어 청한 부분을 끝마치다.

經

若爲善逝力所加면　　　　當得法寶入其心하야

부처님의 위신력으로 가피 내리면

법보가 그 마음에 들어가

◉ 疏 ◉

第二. 擧益請者는 顯所說法利他 有三時益故라
二偈를 分三이니 初半偈는 聞時益이니 若得上加하면 則法寶入心하
야 成聞持故니라

　　뒤의 제3, 4수 게송에서 이익을 들어 법을 청하는 것은 설법의 이타행에 '3시기의 이익[三時益: 聞, 修, 轉生時益]'이 있음을 밝히기 위함이다.
　　2수 게송은 3부분으로 나뉜다.
　　첫째, 반 수의 게송은 '들을 때의 이익[聞時益]'이다. 위의 가피를 입으면 법의 보배가 마음속에 들어가 듣고서 이를 간직하기 때문이다.

經

諸地無垢次第滿하며　　　亦具如來十種力이라
　　십지 모두 청정무구, 차례로 성취하고
　　여래의 열 가지 힘도 구족하리다

◉ 疏 ◉

次半頌은 修時益이니 上句는 修時因圓이오 下句는 所修果滿이라
　　둘째, 반 수의 게송은 '수행할 때의 이익[修時益]'이다.
　　위 구절은 수행할 때의 因行이 원만함이며,
　　아래 구절은 닦은 바의 佛果가 원만함이다.

雖住海水劫火中이라도　　堪受此法必得聞이어니와
其有生疑不信者는　　　　永不得聞如是義로다

바닷물과 겁화 속에 있을지라도

이 법을 참고 받들면 반드시 듣거니와

의심 내어 믿지 않는 자는

영원히 이런 이치 듣지 못하리

● 疏 ●

後一偈는 轉生時益이니 卽具堅種人이라 上半은 順明이니 明有信之益이오 下半은 反顯이니 舉無信之損이라【鈔_卽具堅種人은 謂具金剛種이니 雖在八難이라도 而得聞經할세 以彰聞經益之深遠이며 種子無上이라 故地獄天子가 三重頓圓이니라】

뒤의 1수 게송은 '다시 태어날 때의 이익[轉生時益]'이다. 이는 곧 견고한 종성을 갖춘 사람이다.

위의 제1, 2구는 순리대로 밝힘이니 믿음을 가진 사람의 이익을 밝혔고, 아래 제3, 4구는 반대로 밝힘이니 믿음이 없는 사람의 손해를 들어 말하였다.【초_ "견고한 종성을 갖춘 사람"이란 금강종성을 갖춘 이를 말한다. 비록 8가지 어려움[10] 속에 있을지라도 경을 들을 수 있다는 것으로, 경을 들은 이익이 매우 깊

10　불법을 만나기 어려운 환경(地獄, 餓鬼, 畜生, 長壽天, 邊地, 盲聾瘖瘂, 世智辯聰, 佛前佛後).

으며, 종자가 으뜸임을 밝혔다. 그러므로 지옥천자도 3겁으로 단박에 원만해졌다.】

論經에 但有順明하니 偈云 雖在於大海와 及劫盡火中이라도 決定 信無疑하면 必得聞此經이라하니 今經堪受가 卽決定信義니라 此中 大意에 云 若有信有機爲堪受者는 無問惡道·善道·難處生者코 皆得聞經이라 以難不障聞일새 故言'雖'也니라

海水와 劫火는 卽是轉生難處라 大海는 卽是惡道니 畜生趣故라 故論云 '龍世界와 長壽도 亦得聞此經이니 偈言雖在於大海故'라 하니라 而言長壽者는 如有經說호되 '右脇著地하야 未動之間에 已經 賢劫千佛出世'라하니 更一轉에 亦爾하며 但暫臥息에 尙爾은 況其 一生가 劫火中者는 卽是善趣니 論云 '雖在色界光音天等이라도 亦得聞此經이니 偈言及劫盡火中故'라하니라 此卽指二禪已上하 야 爲長壽天難이라 然論無長壽之言하고 而前龍趣에 却有長壽하 니 且三惡爲難은 不必長壽라 恐是譯人이 誤將此中長壽하야 入於 前文이로다

然二經中에 文皆巧畧하니 若具인댄 應言劫盡火起時에 在光音天 中이니 故論爲此釋이니 以火起時에 初禪無人이나 二禪에는 不爲其 壞일새 於中에 得聞故니라

等言은 等取三禪과 四禪이 免水風災하고 長壽天難이라 乃至無色 이라도 亦皆得聞이니라 今擧初攝後하며 及對水成文일새 故云劫火니 라 按智論等컨대 通上二界니 除五淨居로는 皆長壽難이라하니라 今不 取初禪者는 以彼有梵王이 多好說法하며 有覺有觀하야 聞法障輕

이오 又正已燒일세 故不說之니라

上順論釋일세 八難之中에 善惡二趣에 各擧其一이나 理實八難이 皆容得聞이라 又劫火之言은 兼佛前後니 劫壞之時에 無佛出故오 修羅와 地獄은 容在海中이니 則兼數難矣니라 今經에 但云劫火라 니 則正在火中하야도 亦容得聞이니 以衆生見燒나 燒處에 有不燒 故니라【鈔_ '火中'之言은 卽法華意니 華藏品已引이라 故華藏云 '劫燒不思議며 所現雖敗惡이나 其處常堅固'라하니 卽明火中聞也 라 火浣之布와 火中之鼠와 炎鐵團內에 而有蟲生이라 衆生業殊어 니 豈妨火中聞法이리오 方對海水之內가 正在其中이니라】

논경은 순리대로 밝혔을 뿐이다. 게송에서 "비록 큰 바다와 겁화 속에 있을지라도 결정된 신심으로 의심이 없으면 반드시 이 경을 들을 수 있다."고 하였다. 지금 경을 감당하여 받는다는 것은 곧 결정된 신심이 있다는 뜻이다. 이 부분의 대의는 다음과 같다.

"만일 신심과 선근을 지니고서 이를 감당하여 받아들이는 이는 나쁜 세계이든, 좋은 세계이든 어려운 곳에서 태어났든 따지지 않고 모두 경전을 들을 수 있다."

어려운 환경이 경을 듣는 데에 장애가 되지 않기에 '비록 그 어떤 곳에 머물지라도[雖住…]'라고 말하였다.

'海水·劫火'는 다시 어려운 곳에 태어남을 말한다.

大海는 악도이다. 축생의 세계이기 때문이다. 그러므로 논에서 "용의 세계와 長壽天(四禪天 가운데 제4 無想天)도 이 경을 들을 수 있다. 게송에서 '비록 대해에 있을지라도'라고 말하였기 때문이다."고 하였다. 그러나 '長壽'라 말한 것은 어떤 경에서는 "오른쪽 가슴을 땅에 대고 움직이기 전에 이미 현겁의 1천 부처가 출세하는 시간이 지나간다."고 말한 것과 같다. 다시 한 번 돌아눕는 시간도 그와 같고, 다만 잠시 누워 쉬는 시간도 오히려 그와 같다. 하물며 한 번 태어나는 것이야!

'겁화 가운데[劫火中]'란 좋은 세계이다. 논에서 말하였다.

"비록 색계 광음천 등에 있을지라도 또한 이 경을 들을 수 있다. 게송에서 '겁화 속에 있을지라도'라고 말하였기 때문이다."

이는 二禪天 이상을 가리켜 장수천의 어려움이라고 하였다. 그러나 논에는 장수천에 대한 언급이 없고, 앞의 용의 세계에 도리어 장수천이 있다. 또한 삼악도를 나쁜 세계라 말한 것은 꼭 장수천만을 말한 게 아니다. 아마 이를 번역하는 사람이 이 가운데 장수천을 잘못 가져다가 앞의 문장에 넣은 것 같다.

그러나 두 경문 가운데 문장이 모두 정교하게 생략되었다. 만약 이를 구체적으로 말한다면 당연히 "겁화가 일어날 때 광음천 가운데 있다."고 말했어야 한다. 이 때문에 논에서 이러한 해석을 한 것이다. "겁화가 일어날 때, 初禪天에는 사람이 없지만 二禪天에는 무너짐이 일어나지 않기에 그 가운데서 들을 수 있기 때문이다."

'等[雖在色界光音天等]'이란 말은 三禪天과 四禪天에는 水災와 風災가 없고 장수천의 재난이 있으나 이를 똑같이 취한 것이다. 더 나아가 무색계에서도 또한 모두 들을 수 있다. 여기에서는 첫 부분을 들어서 뒤를 포괄하였고, 바닷물을 상대로 문장을 썼기에 '劫

火'를 말하였다.

대지도론 등을 살펴보면, 위의 색계와 무색계에 모두 통한다. 五淨居天을 제외하곤 모두 장수천의 어려움이라고 하였다. 여기에서 초선천을 취하지 않은 것은 그곳의 범왕이 자주 설법하기를 좋아하고, 깨달음과 관조의 힘이 있어 법을 듣는 데 장애가 적기 때문이며, 또한 바로 이미 타버렸기에 초선천을 말하지 않았다.

위에서는 논을 따라서 해석하였기에 '8가지 어려움' 가운데서 좋은 세계와 나쁜 세계에서 각기 그 하나만을 들어 말했지만, 이치로는 실재 8가지 어려움 속에서도 모두 불법을 들을 수 있다.

또한 겁화라는 말은 '부처의 이전과 이후'를 모두 겸하고 있다. 겁이 무너지는 때에 부처님의 출현이 없기 때문이다. 아수라와 지옥은 간혹 바닷속에 있으면서 여러 가지 어려움을 겸하고 있지만, 이 게송에서 '겁화'만을 말했을 뿐이다. 바로 불길 속에서도 불법을 들을 수 있다. 중생이 불타는 것을 볼지라도 불타는 곳에 불타지 않은 곳이 있기 때문이다.【초_ '불길 속[火中]'이라는 말은 법화경에서 말한 뜻이다. 제5 화장세계품에서 이미 인용한 바 있다. 화장세계품에서 "겁화는 불가사의하다. 나타난 바 비록 나쁘긴 하지만 그곳은 언제나 견고하다."고 하였다. 이는 불길 속에서도 들을 수 있음을 밝힌 것이다. 불로 때를 씻는 비단, 불길 속에서 사는 쥐, 붉은 쇳물덩이 속에서도 벌레들이 살 수 있다. 중생의 업이 각기 다르니 어찌 겁화 속에선들 법을 듣는 데에 방해가 되겠는가. 바야흐로 바닷물 속을 상대로 말한 뜻은 바로 그 가운데 있다.】

問이라 若依前義인댄 云何堪受法人이 復生難處오 答이라 此約乘戒緩急하야 應成四句니

一은 乘緩戒急이니 生長壽北洲하야 不聞法要오【鈔_"一乘緩戒急者는 事戒嚴峻하야 纖毫不犯이라도 三種觀心은 了不開解니 以戒急故로 人天受生하야 或隨禪梵世하고 躭湎定樂일새 世雖有佛하야 說法度人이라도 而於此類에 全無利益이오 設得値遇라도 不能開解니라 震旦一國이 不覺不知며 舍衛三億이 不聞不見이며 著樂諸天과 及生難處 不來聽受 是此類也라 譬如禁繫之人의 或以財物로 求諸大力하야 申延日月하며 冀逢恩赦인달하야 在人天中에도 亦復如是니라 冀善知識 化導修乘하야 卽能得解脫이니 若於人天에 不修乘者는 報盡에 還墮三惡道中하야 百千佛出이라도 終不得道니라】

"만일 앞의 뜻에 따른다면 어찌하여 불법을 받아들일 수 있는 사람이 또한 그처럼 어려운 세계에 태어나는가?"

이에 대한 답은 다음과 같다.

여기에는 敎法[乘]과 戒法[戒]의 완급에 따라서 당연히 4구를 이루고 있다.

(1) 교법은 느슨하고 계법은 준엄하다. 장수천이나 북구로주에 태어나 불법을 만나지 못하였다.【초_"(1) 교법은 느슨하고 계법은 준엄하다."고 말한 것은 현상세계에서의 계율이 매우 준엄하여 털끝만큼 범하지 않았을지라도 3가지로 관하는 마음[眞空觀, 理事無礙觀, 周徧含容觀]은 전혀 알지 못하였다. 계법이 준엄하였기에 인간과 천상에 태어나서 혹은 초선천에 따르고 선정의 즐거움에 빠진

나머지, 세상에 부처님이 출현, 설법하여 사람을 제도하더라도 이런 부류에게는 아무런 이익이 없다. 설사 부처님을 친견한다 할지라도 알지 못한다. 중국의 한 나라가 부처님이 계신 줄을 깨닫지도 못하였고 알지도 못하였고, 중인도 교살라국의 3억 백성은 듣지도 못하였고 보지도 못하였으며, 즐거움에 집착하는 여러 하늘과 어려운 세계에 태어난 무리가 부처님을 찾아와 듣거나 받들지 못하는 등이 이런 부류이다.

비유하면, 마치 옥에 갇힌 사람이 혹 재물로 모든 큰 권력자에게 생명의 연장을 구하거나 은사로 구제를 바라는 것처럼 인간과 천상 또한 이와 마찬가지이다. 선지식의 교화와 인도로 법을 닦아 해탈하기를 원하는 것이다. 만일 인간과 천상에서 법을 닦지 않는 사람은 과보가 다하면 다시 삼악도에 떨어져 1백 그리고 1천 분의 부처님이 나올지라도 끝까지 도를 얻지 못할 것이다.】

二者는 乘急戒緩이니 生三塗中하야 不礙聞法이라 故佛會中에 多列龍鬼等類오【鈔_'二乘急戒緩'者는 是人이 德薄垢重하야 煩惱所使로 是諸事戒가 皆爲羅刹之所噉食이오 專守理戒하야 觀行相續이라 以事戒緩으로 命終에 卽墮三惡道中하야 受於罪報하나니 於諸乘中에 隨何乘强하야 强者先牽이라 若一乘强이면 卽聞華嚴等이니라】

(2) 교법은 준엄하고 계법은 느슨하다. 삼악도에 태어나더라도 법문을 듣는 데 장애가 되지 않는다. 그러므로 부처님 회상에 용과 귀신 등의 유가 많이 나열되어 있다.【초_ "(2) 교법은 준엄하고 계법은 느슨하다."는 것은 사람이 공덕은 부족하고 때가 두터워서 번

뇌에 부림을 당하여 모든 현상의 계법이 모두 나찰에게 먹히었고, 오로지 이치의 계법만을 준수하여 관법수행이 서로 이어졌다. 현상의 계법이 느슨했던 까닭에 목숨이 다할 적에 곧바로 삼악도에 떨어져 죄의 보답을 받는다. 모든 교법 가운데 어떤 교법이 강하냐에 따라서 강한 쪽으로 먼저 끌어가게 된다. 만일 一乘이 강하면 곧 화엄경 등을 듣게 된다.】

三者는 乘戒俱急이니 則人天聞法이오【鈔_ '三乘戒俱急'者는 謂具持衆戒하고 理事無瑕하야 於諸妙乘에 觀念相續하면 卽於今生에 便應得道오 若未得道라도 此業最强에 强者先牽하야 必升善處호되 隨戒優劣하야 欲色等殊오 隨乘勝劣하야 運出亦異니 若一乘急하면 卽於人天等身中에 聞華嚴等이니라】

(3) 교법과 계법이 모두 준엄하다. 그는 인간과 천상에서 불법을 듣는다.【초_ "(3) 교법과 계법이 모두 준엄하다."는 것은 많은 계를 모두 지니고 이법계와 사법계에 잘못이 없어 여러 미묘한 교법에 관법과 생각이 서로 이어지면 곧 금생에 곧 도를 얻게 되고, 도를 얻지 못할지라도 이런 업이 가장 강하여 강한 쪽으로 먼저 끌어가서 반드시 좋은 세계에 오르게 되는데, 계법의 우열에 따라 욕계나 색계 등으로 달리 태어나고, 교법의 우열에 따라 옮겨가고 벗어남이 또한 다르게 된다. 만일 일승이 고준하면 곧 인간과 천상의 몸으로 화엄경 등을 듣게 된다.】

四는 乘戒俱緩이니 則處三塗며 諸根不具며 又不聞法이니라【鈔_ '四乘戒俱緩'者는 謂具犯衆戒하고 又復無乘하야 永墮泥犁하야 失

人天報며 神明闇塞하야 無得道期오 展轉沉淪하야 不可度脫이니라】

(4) 교법과 계법이 모두 느슨하다. 삼악도에 떨어지고 여러 감각이 구족하지 못하거나 또는 불법을 듣지 못하게 된다.【초_"(4) 교법과 계법이 모두 느슨하다."는 것은 많은 계를 모두 범하고, 또 다시 교법이 없어 영원히 지옥에 떨어져 인천의 보답을 잃으며, 밝은 정신이 어둡고 막혀서 도를 얻을 기약이 없다. 점점 깊이 빠져 들어 도저히 벗어날 수 없다.】

今海水와 劫火는 是二三兩句오 餘二는 無乘이니 故經論不明이니 卽後半意니라 勉旃覺徒하노니 願留心法要어다 故涅槃云 於戒緩者는 不名爲緩이오 於乘緩者를 乃名爲緩이라하니라【鈔_涅槃第六 當四依品에 因明菩薩의 忘犯護法하야 迦葉菩薩白佛言호되 '世尊이여 如是菩薩摩訶薩이 於戒에 縱緩이나 本所受戒는 爲具在不니잇가' 佛言하사대 '善男子여 汝今에 不應作如是說이니 何以故오 本所受戒는 如本不失이라 設有所犯이라도 卽應懺悔하면 悔已淸淨이니라 乃至云 善男子여 於乘에 緩者를 乃名爲緩이오 於戒에 緩者는 不名爲緩이라 菩薩摩訶薩이 於此大乘에 不作懈慢하면 是名奉戒며 爲護正法하야 以大乘水로 而自澡浴이라 是故로 菩薩이 雖見破戒라도 不名爲緩이라'하니라
釋曰 此意는 唯以大乘爲乘이오 今疏文意도 亦取大乘正法하야 爲乘耳라 故結勸云留心法要니라 旃은 猶之也라】

이의 게송에서 말한 바닷물과 겁화는 제2, 3구절에 해당한다. 나머지 2구절은 법이 없으므로 본경과 논에서 밝히지 않았다. 이

는 뒤의 절반의 뜻이다. 배우는 이들에게 권하니 法要에 마음 두기를 바란다.

그러므로 열반경에 이르기를 "계법에 느슨한 자는 그래도 느슨하다고 말하지 않지만, 교법에 느슨한 자는 느슨하다고 말한다."고 하였다.【초_ 열반경 제6 사의품에 의하면 다음과 같다.

보살이 범한 것을 잊고 법을 보호함을 밝히기 위하여 가섭보살이 부처님께 아뢰었다.

"세존이시여! 이와 같이 보살마하살이 계에 느슨할지라도 본래 받았던 계는 갖춰져 있는 게 아닙니까?"

"선남자여! 그대가 지금 그와 같은 말을 해서는 안 된다. 무엇 때문인가. 본래 받았던 계는 본래 잃지 않는다. 설령 계를 범했을지라도 바로 참회하면 참회하자마자 청정해진다. (……)

선남자여! 교법에 느슨한 자는 바로 느슨하다고 말하지만, 계법에 느슨한 자는 느슨하다고 말하지 않는다. 보살마하살이 대승에 게으르지 않으면 이를 계율을 받든다고 말하며, 바른 법을 수호하기 위하여 대승의 물로 스스로 씻는다. 그러므로 보살이 비록 현재 파계를 할지라도 느슨하다고 말하지 않는다."

이의 해석은 다음과 같다.

이 뜻은 오직 대승으로 교법을 삼은 것이다. 이 청량소에서 말한 뜻 또한 대승의 바른 법을 취하여 교법을 삼았을 뿐이다. 그러므로 결론지어 권하기를 "법요에 마음 두기를 바란다."고 하였다.

旃이란 어조사의 '之' 자와 같다.】

應說諸地勝智道와　　入住展轉次修習과
從行境界法智生이니　利益一切衆生故니라

　　십지의 모든 지위 뛰어난 지혜의 도와
　　십지에 들어가 머물면서 차례로 닦음과
　　행과 경계로부터 법의 지혜 생겨남을 말하라
　　일체중생의 이익을 위한 때문이다

● 疏 ●

第二 一偈는 教說分齊라 中에 應說諸地者는 總勸說也라 說地何義오 謂應說前字藏之中에 諸地廣智와 三漸次相故라 '次修習'言이 卽爲總相이라 言漸次者는 漸은 明非頓이오 次는 辨不亂이니라

云何爲三고 一은 觀漸次오 二는 證漸次오 三은 修行漸次니 此卽十地之中에 加行·根本·後得 三智 爲地地中의 初中後相也니라

'勝智道'者는 卽觀漸次라 道者는 因也니 以加行智로 爲正證勝智之漸次일세 故名勝智道니라

次'入住展轉'者는 是證漸次라 入者는 入地心이오 住는 卽住地心이니 未轉向餘地故라 展轉은 卽出地心이니 地地轉所住處故라 卽此三心證智 自爲漸次니라

第三句는 卽修行漸次니 以後得智로 要由證眞修行이라야 方能了俗일세 故名修行漸次라 言'法智'者는 正辨後得智體니 緣法別故

로 名爲法智니라 此智는 從二境生이니 一은 由證眞이니 故云從行生이라 故論云 '行者는 入住展轉成就故'라하니라 二는 外能了俗이니 故云從境界生이라 故論云 '境界者는 此行種種異境界故'라하니 謂以正證之行으로 行於俗境이니 是後得也라

'利益衆生' 一句는 結說之盆이니 亦是後得智境이니라

問이라 地地正證者인댄 如初地中에 正智로 親證眞如하면 則後九地中에는 不應更證이니 以如 無二無異故라하니라 古德釋云 如雖一味나 約智明昧하야 有十親證이라하니 此亦順理라

2) 마지막 1수 게송은 가르침의 설법 부분과 한계이다.

이 게송에서의 제1구 '당연히 십지의 모든 지위를 말하라[應說諸地].'는 총괄적으로 설법할 것을 권한 부분이다.

십지를 말한다는 것은 무슨 뜻인가? 앞서 말한 '글자의 창고' 가운데 십지의 모든 지위마다의 광대한 지혜와 3가지 점차의 양상을 말한 때문이다.

제2구의 '修習'이란 말은 곧 총상이다. '漸次'라고 말한 것은 漸이란 頓悟頓修의 頓이 아님을 밝혔고, '次'는 혼란스럽지 않음을 말한다.

무엇이 3가지 점차의 양상인가?

(1) 관찰의 점차,

(2) 증득의 점차,

(3) 수행의 점차이다.

이는 십지 가운데 加行智, 根本智, 後得智 3가지가 십지의 모

든 지위마다 초기, 중기, 후기의 양상이다.

제1구의 '뛰어난 지혜의 도[勝智道]'란 곧 관찰의 점차이다. '道'는 '원인'이다. 가행지로 바로 뛰어난 지혜의 점차를 증득한 까닭에 '뛰어난 지혜의 도'라고 말한다.

제2구의 '들어가 머물면서 옮겨가는[入住展轉]' 것이란 증득의 점차이다. 들어간다[入]는 것은 십지의 지위에 들어가는 마음이며, 머문다[住]는 것은 지위에 머무는 마음이다. 아직 다른 지위로 옮겨가지 않았기 때문이다. 옮겨간다[展轉]는 것은 해당 지위에서 나가는 마음이다. 지위마다 머무는 곳을 바꿔 옮겨가기 때문이다. 곧 이러한 3가지 마음[入地心 住地心 出地心]으로 증득한 지혜는 절로 점차의 단계가 된다.

제3구[從行境界法智生]는 수행의 점차이다. 후득지로 반드시 진여를 증득한 수행을 통해야 비로소 俗諦를 알 수 있기에 '수행의 점차'라 말하였다. '法智'라는 것은 바로 후득지의 체성을 말한다. '인연법[緣法]'과는 다르기에 '법지'라고 말하였다. 이러한 법의 지혜는 2가지 경계에서 생겨나는 것이다.

(1) 진여의 증득에 의한 까닭에 '행으로부터 생겨났다.'고 말하였다. 그러므로 논에서 이르기를 "행이란 지위에 들어가 머물고 옮겨가면서 성취하기 때문이다."고 하였다.

(2) 밖으로 속제를 아는 데서 유래한 까닭에 '경계에서 생겨났다.'고 말하였다. 그러므로 논에서 이르기를 "경계란 이 행이 갖가지 다른 경계이기 때문이다."고 하였다. 이는 바른 증득의 행으로

속제의 경계를 행함이니 후득지의 행을 말한다.

제4 '利益衆生' 구절은 설법의 이익을 끝맺은 것으로 이 또한 후득지의 경계이다.

물었다.

"지위마다 바른 증득을 이루었고 초지 중에서 바른 지혜로 몸소 진여를 증득하면 뒤의 9가지 지위에서는 당연히 다시는 증득할 게 없다. 진여는 둘이 없으며, 다르지도 않기 때문이다."

옛 스님이 이에 대해 해석하였다.

"진여는 비록 하나이지만, 지혜의 밝고 어둠에 의해 십지의 지위마다 몸소 증득해야 한다."

이 또한 이치를 따른 해석이다.

自下는 第三 許說分齊라
謂所說이 不過義說二大니 是地分齊라
於中二이니 先은 敍說儀意오 後는 正顯偈辭라
今은 初라

[3] 설법을 허락한 부분

설법의 내용은 義大와 說大 2부분에서 벗어나지 않는다. 바로 지위의 한계와 구분이다.

이의 경문은 2부분으로 나뉜다.

1. 설법하는 의식과 뜻을 밝혔고,

2. 바로 게송으로 밝혔다.
이는 앞부분이다.

經

爾時에 金剛藏菩薩이 觀察十方하고 欲令大衆으로 增淨信故로 而說頌曰

    그때, 금강장보살이 시방을 살펴보고 대중의 청정한 믿음을 키워주기 위하여 게송으로 말하였다.

◉ 疏 ◉

觀察十方은 是敍說儀니 論云 示無我慢과 無偏心故라하니 觀十方佛하야 將欲承力일세 故無我慢이오 觀十方機하야 擬將普被일세 故無偏心이라 故上下文에 皆云承佛神力이 普觀十方也라 亦可普觀物機는 不慢旁人이오 普觀諸佛은 不偏一佛이니라
'欲令大衆增淨信'者는 是敍說意니 謂衆先有信하야 深渴所聞일세 今更示說正地二大하야 增益聞者의 堪受正義라 不如言取를 名增淨信이라 若準論經인댄 更有增喜하니 彼經云 '欲令大衆으로 重增踊悅하며 生正信故'라하니 以踊悅이 卽是淨信이라 故今畧無니 論云 '踊悅이 有二種하니 一은 義大踊悅이니 爲得義故오 二는 說大踊悅이니 因此說大하야 能得義故라하니라【鈔_示說正地該通二大어늘 遠公이 以示說爲說大하고 正地로 爲義大라하니 乃成穿鑿이로다】

    시방을 관찰하는 것은 설법의 의식을 말한 것이다. 논에 이르

기를 "아만이 없음과 편벽된 마음이 없음을 보여주기 위함이다."
고 하였다. 시방의 부처님을 관찰하여 장차 부처님의 위신력을 받
들고자 한 까닭에 아만이 없고, 시방 중생의 근기를 살펴 장차 널
리 은택을 베풀려는 까닭에 편벽된 마음이 없다. 따라서 위아래의
문장에 모두 "부처님의 위신력을 받들어 널리 시방을 살펴본다."고
말하였다. 또한 중생의 근기를 널리 살피는 것은 곁에 있는 사람들
에게 거만하지 않음이며, 여러 부처님을 살펴봄은 한 부처님에게
치우치지 않음이다.

"대중의 청정한 믿음을 키워주기 위하여"는 설법의 의미를 밝
힌 것이다. 대중이 먼저 믿음이 있어 법문을 매우 갈망하였기에 여
기에서는 다시 '바른 지위'의 義大와 說大 2부분을 말하여, 법문
듣는 대중이 받아들이는 바른 이치를 더욱 더하려는 것이다. 말만
을 취하지 않음을 '청정한 믿음을 더한다.'고 말한다. 만일 논경에
준하면 또한 기쁨까지 더해줌이 있다. 그 논경에서 "대중들로 하
여금 더욱 뛸 듯이 기뻐하고 바른 믿음을 내도록 하기 위한 때문이
다."고 하였다. '뛸 듯이 기뻐함'이 곧 '청정한 믿음'이기에 여기에
서는 생략하여 논급하지 않았다. 논경에서 말하였다.

"뛸 듯이 기뻐함에는 2가지가 있다.

(1) 뜻이 커서 뛸 듯이 기뻐함이니 뜻을 얻었기 때문이며,

(2) 설법이 커서 뛸 듯이 기뻐함이니 이러한 큰 설법으로 인하
여 뜻을 얻었기 때문이다."【초_ '바른 지위를 말하여'라는 데에는
義大와 說大 2가지를 모두 포괄하고 있는데, 혜원 법사는 '말해주

었다.'는 것을 說大라 하였고, '바른 지위'를 義大라 말하였다. 이는 결국 지나친 천착이다.】

義는 名所以오 深廣을 稱大니 卽是當法受名이오 說은 名詮表니 因於此說하야 得彼義故라 依所得義일새 故名爲大라 大之說故로 依他受稱이니라 聞於二大에 皆踊悅者는 因詮得旨하야 湛淨無疑하야 法喜內充일새 故增踊悅이니 大意如此니라

然二大體相을 賢首釋云 此經宗要가 有六하니

一은 所依果海니 如太虛空이오

二는 地智所證十重法界니 如空所畫之處오

三은 根本智로 能證法界니 如能依畫相이오

四는 此地後得이니 隨事起行호되 悲智不住오

五는 諸地加行所起行解니 爲趣地方便이오

六은 寄法顯成諸地差別이니 如第二地中의 十善爲正과 三地禪支等이라

於此六中에 前三은 合爲義大오 後三은 合爲說大라하니라

古德因此하야 復辨可說不可說義라 然下論에 自明因果二分의 說不說義하니 非無眉目이니 故今敍之하노라

　'義大'의 義는 그 이유를 말하고, 심오하고 광대함을 '大'라 말하였다. 이는 법에 해당하여 붙여진 명칭이다.

　'說大'의 說은 말로 표현함을 말하니, 이러한 설법으로 인하여 그 뜻을 얻었기 때문이다. 얻은 바의 뜻을 따라 '大'라 말하였다. '광대한 설법'이기에 저 '義大'에 의하여 붙여진 명칭이다.

'義大'와 '說大'의 법문을 듣고서 모두 뛸 듯이 기뻐한다는 것은 언어의 표현으로 인하여 그 뜻을 얻어 담담하게 맑아 한 점의 의심이 없으니 법을 얻은 기쁨이 안으로 충만한 까닭에 뛸 듯이 기뻐하는 마음이 더해지는 것이다. '광대'하다는 뜻은 이와 같다.

그러나 2가지 광대함의 체성과 양상에 대해 현수 대사는 다음과 같이 해석하였다.

"이 십지경의 중요한 종지는 6가지이다.

(1) 의지 대상의 불과 바다이다. 이는 허공과 같다.

(2) 십지의 지혜로 증득할 10가지 법계이다. 이는 허공에 그림을 그린 흔적과 같다.

(3) 근본지로 증득할 수 있는 법계이다. 의지의 주체가 그린 그림과 같다.

(4) 여러 지위의 후득지이다. 현상의 세계를 따라 수행을 일으키되 자비와 지혜에 집착하지 않는다.

(5) 여러 지위의 加行智로 일으킨 수행과 견해이다. 지위에 나아가는 방편이다.

(6) 법에 의탁하여 성취한 여러 지위의 차별이다. 이는 제2지의 十善法으로 바름을 삼고, 제3지의 선정바라밀 등과 같다.

위의 6가지 종지 가운데, 앞의 3가지를 종합하여 說大라 한다.

옛 스님이 이로 인하여 다시 '말할 수 있는 것'과 '말할 수 없는 것'을 논변하였다. 그러나 아래의 논에서 그 나름대로 인과 2부분에서 '말할 수 있는 것'과 '말할 수 없는 것'을 밝히고 있다. 옛 스님의 말에 안목이 없지 않기에 여기에 서술한 것이다.

於中에 先就義大하고 次約說大하고 後辨雙融호리라

義中有三하니

一은 約果海하야 可以總標하야 令人知有를 名爲可說이니 不可指斥示人을 名不可說이니라

二는 約證處니 旣此所證이 離相離名이오 還云此法은 不可說聞이라하니 以此遣言之言으로 當彼法故로 名爲可說이오 有言斯遣일새 名不可說이라

三은 約本智니 謂以遮詮은 易解일새 故名可說이오 直詮은 不逮일새 故不可說이라【鈔_ 謂以空中鳥迹으로 喩於證智라 說有空中之迹은 卽是可說이오 不可示其長短大小는 卽不可說이니라】攝論云 '無分別智는 離五相故니 謂睡眠과 昏醉等이라 以直詮은 不到일새 故約遮詮하야 以示彼法이라하니라

여기에서 3가지로 밝히고 있다.

(1) 義大,

(2) 說大,

(3) 雙融.

(1) 義大에는 다시 3가지가 있다.

① 불과를 들어 총체로 표방하여, 사람들을 알 수 있게 하는 것은 '말할 수 있는 것'이라 이름하고, 가리켜 보여줄 수 없는 것은 '말할 수 없는 것'이라고 한다.

② 증득한 곳으로 말한다. 이미 증득할 대상이 형상과 이름을

여의었다. 다시 말하면, 이 법은 말할 수도 들을 수도 없다. 이처럼 말을 떨쳐버린 말로써 그 법에 해당하기 때문에 '말할 수 있는 것'이라 이름하고, 언어가 있는 것을 모조리 떨쳐버린 까닭에 '말할 수 없는 것'이라고 한다.

③ 근본지로 말한다. 부정적인 표현은 이해하기 쉽기에 '말할 수 있는 것'이라 이름하고, 긍정적인 표현은 미칠 수 없기에 '말할 수 없는 것'이라고 한다. 【초_ 허공의 새 발자취로 증도의 지혜를 비유하였다. '허공의 새 발자취'라 말한 것은 곧 '말할 수 있는 것'이고, 그 발자취가 길다 짧다 크다 작다 등 보여줄 수 없는 것은 곧 '말할 수 없는 것'이다.】

섭대승론에서 말하였다.

"분별이 없는 지혜는 5가지 형상을 여의었기 때문이다. 이는 수면과 취함 등을 말한다. 긍정적인 표현은 미칠 수 없기에 부정적인 표현을 들어서 그 법을 보여주는 것이다."

二는 就說大中 亦三이니

一은 約後得智니 隨事行相하야 可以言分別이라 是則可說이어니와 是는 出世間故로 不可說이라

二는 約加行智니 謂是意言觀故니 是則可說이어니와 觀中에 行相은 言不至故로 名不可說이니라

三은 約所寄法이니 可以寄此表示하야 令人解十地일새 故名爲可說이오 不可以此卽爲十地일새 名不可說이니라

(2) 說大의 부분 또한 3가지이다.

① 후득지로 말한다. 일의 행상을 따라 언어로 분별할 수 있음은 '말할 수 있는 것'이지만, 이는 출세간이므로 '말할 수 없다.'

② 가행지로 말한다. 마음과 말로 분별하는 관법이기 때문이다. 이는 '말할 수 있는 것'이지만, 관법 가운데 행상은 언어로 미칠 수 없기에 '말할 수 없다.'고 말한다.

③ 의탁한 법[如初地 寄布施, 二地 寄持戒等]으로 말한다. 이러한 표시에 따라 사람들에게 십지를 알도록 해주기에 이를 '말할 수 있는 것'이라 이름하고, 이는 곧 십지가 될 수는 없기에 '말할 수 없다.'고 말한다.

三은 約雙融中에 此上六中에 各說이 卽是無說이오 無說이 卽說하야 無二俱融하니 準思可知니라

又果海는 離緣일세 故不可說이오 所證은 就緣이니 是則可說이니라

二는 所證非修일세 故不可說이오 能證修起일세 是則可說이니라

三은 正證은 離相일세 故不可說이오 後得은 帶相이니 是則可說이니라

四는 後得은 無分別일세 故不可說이오 加行은 有意言이니 是則可說이니라

五는 加行觀은 無分別일세 故不可說이오 寄法表地는 是則可說이니라 此上不可說이 皆各不異於可說이니 以眞理는 普徧故라 可說이 不異不可說이니 以緣修無性故니라 是故로 下文에 雖說一分이나 義亦不少라 故論云 如實滿足攝取故 意在於此니라 涅槃에 亦云 不生生等을 皆不可說이오 有因緣故로 亦可得說이라하시니 故說不說에 不可局執이니라 餘至下明호리라

(3) 위의 2가지를 모두 융합한 6가지 가운데, 각기 '말할 수 있는 것'은 곧 '말할 수 없는 것'이며, '말할 수 없는 것'은 곧 '말할 수 있는 것'이어서, 둘이 없이 모두 원융하다. 이에 준하여 생각하면 설명하지 않아도 알 수 있다.

① 또한 불과는 반연을 여읜 자리이기에 말할 수 없으며, 증득할 대상은 반연이기에 이는 말할 수 있다.

② 증득할 대상은 닦아 얻는 것이 아니기에 말할 수 없으며, 증득의 주체는 수행으로 시작하기에 말할 수 있다.

③ 바른 증득은 형상을 여의었기에 말할 수 없으며, 후득지는 형상을 지니고 있기에 말할 수 있다.

④ 후득지는 분별이 없기에 말할 수 없으며, 가행지는 의미와 언어가 있기에 말할 수 있다.

⑤ 가행지의 관찰은 분별이 없기에 말할 수 없으며, 법에 의탁하여 지위를 나타내기에 말할 수 있다.

이상의 '말할 수 없는 것'은 모두 각기 '말할 수 있는 것'과 다르지 않다. 진리란 널리 두루 통하기 때문이다. '말할 수 있는 것'은 '말할 수 없는 것'과 다르지 않다. 반연으로 자성이 없음을 수행하기 때문이다. 이런 까닭에 아래 경문에서 비록 한 부분만 말했지만 의미 또한 적지 않다.

그러므로 논에서 "여실하게 만족스럽게 받아들였기 때문이다."고 말한 뜻은 여기에 있다.

열반경에서 또 말하였다.

"생겨나지 않은 것과 생겨나는 등은 모두 말할 수 없고, 인연이 있기에 또한 말할 수 있다."

따라서 '말할 수 있는 것'과 '말할 수 없는 것'에 집착해서는 안 된다. 나머지는 아래의 해당 부분에서 밝힐 것이다.

上來 敍意 竟하다

위에서 서술한 뜻을 끝마치다.

第二 正顯偈辭

有十二偈를 大分爲二니 前七은 顯義大오 後五는 明說大라

今初를 分四니

初四偈는 總顯地智微妙오 二有一偈는 類地行微오 三有一頌은 寄對彰微오 四有一頌은 喩顯地微라

今初를 分二니

初二는 總顯地微오 後二는 別顯微相이라

今은 初라

2. 바로 게송으로 밝히다

12수 게송은 크게 2단락으로 나뉜다.

제1단락, 앞의 7수 게송은 이치의 광대함을 밝혔고,

제2단락, 뒤의 5수 게송은 설법의 광대함을 밝혔다.

앞의 7수 게송은 다시 4부분으로 나뉜다.

1) 4수 게송은 총체로 십지 지혜의 미묘함을,

2) 1수 게송은 유별로 십지 행법의 미묘함을,

3) 1수 게송은 상대에 의탁하여 미묘함을,

4) 1수 게송은 비유로 십지의 미묘함을 밝혔다.

'1) 총체로 십지 지혜의 미묘함을 밝힌 4수 게송'은 다시 2부분으로 나뉜다.

⑴ 2수 게송은 총체로 십지의 미묘함을 밝혔고,

⑵ 2수 게송은 개별로 십지의 미묘한 양상을 밝혔다.

이는 첫 부분이다.

經

如來大仙道가　　　微妙難可知라
非念離諸念하니　　求見不可得이로다

　여래 대성인의 도란
　미묘하여 알 수 없다
　생각할 수 없는, 모든 생각 여읜 자리라
　보려 해도 볼 수 없어라

無生亦無滅하며　　性淨恒寂然하니
離垢聰慧人이　　　彼智所行處로다

　생겨남도 사라짐도 없이
　청정한 성품 항상 고요하니
　때 없는 총명한 사람만이

그 지혜로 행할 수 있는 곳

● 疏 ●

初는 正顯地智微妙之相이라 故論云 '此偈는 依何義說고 依智地故'라하니 依者는 據也라 云何知依智地오 上來本分請分이 皆依智地오 後說分中에 亦說智地니 即今此中의 第六偈云 '智起佛境界'는 亦依智地라 明知此顯地智微妙오 非別明佛果니라

言微妙者는 二偈總相이니 即前地智超言念故오 餘皆是別이라

別中에 初句는 是微體오 餘皆是微所以라 於中에 難可知는 總顯所以오 下六句는 別顯所以라

云何難知오 此有二義하니 一은 說時難知니 口欲辯而辭喪故오 二는 證時難知니 心將緣而慮息故라

上의 大仙道는 是所證說이니 大仙은 是佛이라 故言微妙오 道者는 是因이니 修行證智之因으로 得大仙果故니라

六句別顯微所以中에 初句는 即說時難知라 言非念者는 非有念慮分別心者之境界故니라 何以非是念慮境耶아 以此地智는 自體無念故니 故云 離諸念也니라 由上二義하야 如是聖道를 名爲甚微니라

下之五句는 明證時甚微라 於中에 復有總別하니 初句爲總이니 求欲證見이나 難證得故라 以無見無得하야사 方能證故니라 下四句는 別이라 有四甚微하니 第一은 觀行이오 第二는 依止오 第三은 淸淨이오 第四는 功德이라

初句는 卽功德甚微라 不生者는 契理出世故오 不滅者는 非一往滅이니 不捨利益衆生事故라 卽無住涅槃의 寂用無礙功德이니라 次句는 卽淸淨甚微니 性離煩惱오 非先有染이라 後時離故로 名爲性淨일새 如此則無不離之時일새 故恆寂然이니 卽性淨涅槃이니라 言離垢者는 卽觀行甚微니 謂觀智中에 離無明垢故로 不同世間八禪이 爲無明雜故니라 '聰慧人'下는 卽依止甚微니 聰慧人者는 登地以上有智之者라 彼人之智 能行地智니라【鈔_ 言依止者는 爲行依故니라】

첫째는 바로 십지 지혜의 미묘한 형상을 밝혔다. 그러므로 논에 이르기를 "이 게송은 무슨 뜻에 의하여 말하는가. 지혜의 지위를 따른 때문이다."고 하였다. '依'란 '근거'라는 뜻이다.

"어떻게 지혜의 지위에 의한 줄을 아는가?"

위에서 설한 본분과 청법 부분이 모두 지혜의 지위에 의하였고, 뒤의 설법 부분에서도 또한 지혜의 지위에 의하여 말하였다. 지금 게송 가운데 제6 게송에서 말한 "지혜를 일으키는 부처님의 경계" 또한 '지혜의 지위'에 의한 것이다. 따라서 이는 십지의 지혜가 미묘함을 밝힌 것이지, 별도로 부처님의 과덕을 밝힌 것이 아님을 분명히 알 수 있다.

제1 게송 제2구[微妙難可知]에서 말한 '微妙'는 2수 게송의 총상이다. 이는 앞서 말한 '십지의 지혜는 언어와 생각을 초월'하기 때문이다.

나머지 6구는 모두 별상이다.

6구의 별상 가운데 첫 구절인 제3구[非念離諸念]는 '미묘의 본체'이고, 나머지 5구는 모두 '미묘의 이유'이다.
　그 가운데 '알 수 없는 일[難可知]'이란 총체로 미묘의 이유를 밝혔고, 아래의 6구는 개별로 미묘의 이유를 밝혔다.
　어찌하여 알 수 없는 것일까? 여기에는 2가지 뜻이 있다.
　첫째, 설법할 때를 알 수 없다. 입으로 말하고 싶지만 말을 잃었기 때문이다.
　둘째, 증득할 때를 알 수 없다. 마음으로 반연하려 하지만 생각이 사라졌기 때문이다.
　위의 첫 구절에서 말한 '大仙道'는 증득한 대상을 말한다. 大仙은 부처님이기에 '미묘'라 말하고, '道'는 원인이다. 증득한 지혜를 수행하는 원인으로 큰 성인의 결과를 얻었기 때문이다.
　6구는 개별로 미묘의 이유를 밝혔다. 그 가운데 첫 구절[非念離諸念]은 곧 '설할 때를 알 수 없다.'는 뜻이다. '생각할 게 아니다[非念].'는 말은 생각하는 분별심의 경계가 아니기 때문이다.
　어찌하여 생각하는 경계가 아닌 것일까?
　이 십지의 지혜는 자체가 무념이기 때문이다. 따라서 '모든 생각을 여의었다[離諸念].'고 말한다. 위의 2가지 뜻으로 인하여 이와 같은 부처의 도를 '매우 미묘하다.'고 말한다.
　아래의 5구는 증득할 때가 매우 미묘함을 밝힌 것이다.
　5구 중에도 다시 총상과 별상이 있다.
　첫 구절[求見不可得]은 총상이다. 증득함을 보려고 하지만, 증득하기 어렵기 때문이다. 보는 것도 얻는 것도 없어야만 비로소 증득할 수 있기 때문이다.

아래의 4구는 별상이다. 여기에는 4가지의 매우 미묘함이 있다.

① 관행의 미묘함,

② 의지의 미묘함,

③ 청정의 미묘함,

④ 공덕의 미묘함이다.

첫째 구절[無生亦無滅]은 '공덕이 매우 미묘함'이다. '생겨나지 않는다[無生].'는 것은 이치를 깨달아 세간을 벗어났기 때문이다. '사라지지 않는다[無滅].'는 것은 한결같이 떠나가 사라지지 않는다. 중생에게 이익 되는 일을 그만두지 않기 때문이다. 이는 적멸과 작용에 걸림이 없는, 집착 없는 열반의 공덕이다.

둘째 구절[性淨恒寂然]은 '청정이 매우 미묘함'이다. 본성이 번뇌를 여읨을 말한다. 먼저 물들었다가 나중에 이를 여의는 것이 아니므로 본성이 청정하다고 말한다.

이와 같으면 번뇌를 여의지 않는 때가 없기에 항상 고요하다. 이는 '본성이 청정한 열반'이 된다.

셋째 구절[離垢聰慧人]의 '때를 여의었다[離垢].'고 말한 것은 '관행이 매우 미묘함'이다. 이는 觀智의 가운데 무명의 때를 여읜 까닭에 세간의 8가지 선정에 무명이 뒤섞여 있는 것과는 다르기 때문이다.

'聰慧人' 이하[離垢聰慧人, 彼智所行處]는 곧 '의지의 매우 미묘함'

이다. '총명한 사람'이란 십지 이상에 오른 지혜 있는 사람이다. 그 사람의 지혜가 십지의 지혜를 행할 수 있다.【초_ '依止'라는 말은 수행의 의지처가 되기 때문이다.】

何智로 能行고 若就總就實인댄 唯一實智로 見一實諦故오 若就別兼權인댄 則通三智니 一은 加行智니 增上善勝解故오 二는 根本智니 增上善寂滅故니 謂滅諸惑하고 證寂滅理故오 三은 後得智니 隨聞明了故니라

云何行處오 此之地智는 是彼證智로 自證知故라 依彼地智하야 說證智生일새 故說爲行이언정 非正證時에 有能所行也니라

上四微中에 功德은 異小오 觀行은 異凡이오 依止의 淸淨은 揀異外道自尊之者니 以智斷이 異故니라 前淸淨微는 是斷德이니 不同彼有見惑과 及滅心想으로 爲淸淨故오 依止는 卽是智德이니 不同彼以六行으로 而伏惑故니라 上依增勝이어니와 若通說者인댄 竝異凡小니라

어떤 지혜로 행할 수 있는 것일까? 만일 총상으로 實智에 나아가 살펴보면, 오직 하나의 실지로 하나의 진리만을 보기 때문이며, 별상으로 權智에 나아가 살펴보면, '3가지 지혜'에 모두 통한다.

① 加行智이다. 더없이 좋은 훌륭한 견해이기 때문이다.

② 根本智이다. 더없이 좋은 적멸이기 때문이다. 이는 모든 번뇌를 없애고 적멸의 도리를 증득하였기 때문이다.

③ 後得智이다. 법문을 들음에 따라서 밝게 깨달았기 때문이다.

어떤 것이 행할 곳인가? 본경의 십지 지혜는 그 증득한 지혜로 스스로 증득하여 알기 때문이다. 그 십지의 지혜에 의하여 증득한 지혜가 나온다고 말한 까닭에 '行'이라 말한 것이지, 바로 증득하였을 때에 수행의 주체와 대상이 있는 것은 아니다.

위의 4가지 미묘한 부분에서 '공덕의 미묘함'은 소승과 다르고, '관행의 미묘함'은 범부와 다르며, '의지의 미묘함'과 '청정의 미묘함'은 외도들이 스스로 존귀하다고 내세우는 것과 다르다. 지혜로 결단함이 다르기 때문이다.

앞서 말한 '청정의 미묘함'은 결단의 공덕이다. 저 외도들이 見惑이나 滅心想을 청정하다고 말하는 것과 다르기 때문이다.

'의지의 미묘함'은 지혜의 공덕이다. 저 외도들이 六行으로 번뇌를 억누르는 것과 다르기 때문이다.

위에서는 더없이 훌륭함을 따라서 말했지만, 총괄하여 말하면 모두 범부와 소승과는 다르다.

第二 兩頌 別顯微相
　(2) 2수 게송은 개별로 십지의 미묘한 양상을 밝히다

經
自性本空寂하야　　　無二亦無盡이라
解脫於諸趣하야　　　涅槃平等住로다

자성이 본래 공적하여
　　둘도 없고 다함도 없다
　　여러 악도에서 벗어나
　　열반과 평등하게 머무노라

非初非中後며　　　　　**非言辭所說**이라
出過於三世하야　　　　**其相如虛空**이로다

　　처음도 중간도 끝도 아니며
　　언어로 설명할 수 없어라
　　과거 현재 미래를 벗어나
　　그 모양이 허공 같아라

● 疏 ●

論云 '此甚微智 復有何相'고하니 此徵體相也라
是智有二相이니 初二句는 明同相이니 智體空寂故오 後六句는 不
同相이니 智位差別故니라
今初 同中에 上句는 總이오 下句는 別이라
總中에 此是誰相고 彼智相故니 故言自體라 此智自體는 以何爲
相고 謂本空寂이라 何以言同고 此卽性淨涅槃이라 上同諸佛하고
下同衆生이니 一切衆生이 皆有此故니라 橫同諸法이니 諸法皆如
故며 此如 卽是自體空故니라 一切 皆以空爲自性하야 智性과 色
性이 本無差別이오 一切 皆有安樂性故니라【鈔_安樂性者는 卽

292

【涅槃性이라】

　논에 이르기를 "이처럼 매우 미묘한 지혜가 또다시 무슨 형상이 있겠는가?"라고 하니, 이는 미묘한 지혜의 자체 양상을 물은 것이다.

　이 미묘한 지혜에는 2가지 양상이 있다.

　앞의 2구절은 동일한 양상을 밝혔다. 지혜 자체가 아무런 게 없기 때문이다.

　뒤의 6구절은 동일하지 않은 양상을 밝혔다. 지혜의 지위가 각기 다르기 때문이다.

　'앞 2구절의 동일한 양상' 가운데 위 구절[自性本空寂]은 총상, 아래 구절[無二亦無盡]은 별상이다.

　위 구절에서 말한 총상은 그 어떤 양상일까? 그 지혜의 양상인 까닭에 '자체'라고 말하였다.

　이 지혜 자체는 무엇으로 양상을 삼는가? 본래 공적함을 양상으로 삼는다.

　어찌하여 동일한 양상이라 말하는가? 이는 본성이 청정한 열반이다. 위로는 여러 부처와 같고 아래로는 중생과 같다. 일체중생이 모두 이를 소유한 때문이다.

　수평으로는 모든 법과 같으니 모든 법이 모두 진여이기 때문이며, 이 진여는 자체가 공적하기 때문이다.

　일체 모든 것은 모두 공으로 자성을 삼아, 지혜 자체와 물질 자체가 본래 차별이 없기 때문이며, 일체가 모두 '편안하고 즐거운

체성'이 있기 때문이다.【초_ 편안하고 즐거운 체성'은 곧 열반의 체성이다.】

'下句別者'는 論經에 加一有字하야 云'有不二不盡'이라하니
釋云 此智空寂이 其相云何오 謂離三種空攝이니 是眞空相이라
三種空者는 卽地前空亂意菩薩이라
一은 疑空滅色하야 取斷滅空이니 此失空如來藏이니 卽損減也라
二는 疑空異色하야 取色外空이오
三은 疑空是物하야 取空爲有니라
今云'有'者는 卽初離謗攝이오 不謂斷滅이 如兔角故니라
言'不二'者는 卽離異攝이니 不謂異此空智코 更有異空이라
言'不盡'者는 離盡滅攝이니 不謂有彼此自體 彼此轉滅故라 此明 非滅有體之智하야 成有體之空이며 亦非空有物은 可轉滅也라 離 此三空이라야 卽見自性本空인 空如來藏이라
今闕有字를 如何會通고 以不盡攝之니 謂有體故로 不盡無니 則 異於斷滅이오 若無可盡滅인댄 則非有物이니 義如前說이라 三種空 義는 如寶性論第四所明이라

　　"아래 구절[無二亦無盡]은 별상이다."는 것은 논경에서 '有' 자를 더하여 "둘도 아니요 다하지 않음이 있다[有不二不盡]."고 하였다. 이에 대해 다음과 같이 해석하였다.

　　이 지혜가 공적한 양상은 어떤 것일까? 3가지 '空'에 들어가지 않는다. 이것이 '眞空'의 양상이다. '3가지 공'이란 십지 이전의 '공' 에 혼란한 보살이다.

① 공이 색을 멸함을 의심한 나머지, '斷滅空'을 취함이다. 이는 '空如來藏'을 잃은 것이다. 곧 손해나고 감소한다는 견해이다.

② 공이 색과 다름을 의심한 나머지, 색 밖에서 공을 취하는 견해이다.

③ 공이 물질임을 의심한 나머지, 공을 취하여 有로 삼는 견해이다.

여기에서 '有不二不盡'의 '有'를 말한 것은 비방에 포섭됨을 처음으로 여읜 것이지, 단멸이 토끼의 뿔과 같다는 것을 말함은 아니기 때문이다.

'둘도 아니다[不二].'는 말은 다르다는 것에 포섭됨을 여의었다는 것이지, 이런 공한 지혜와는 달리 또 다른 공이 있다는 말은 아니다.

'다하지 않는다[不盡].'는 말은 모두 소멸된다는 것에 포섭됨을 여의었다는 것이지, 저것과 이것의 자체가 피차 차츰차츰 소멸한다는 말은 아니다. 이는 자체가 있는 지혜가 소멸하여 자체가 있는 '공'이 이뤄진 게 아님을 밝혔고, 또한 '공'이 아닌 '유'의 존재가 차츰차츰 소멸함을 밝힌 것이다. 이런 3가지 공을 여의어야만 곧 자성이 본래 공한 '공여래장'을 보게 될 것이다.

아래 구절[無二亦無盡]에서 '有' 자가 빠진 것은 어떻게 회통할 것인가? 다하지 않는다[不盡]는 것으로 '有' 자의 의의를 포괄하고 있다. 자체가 있기에 다하여 없는 것이 아니다. 이는 단멸과는 다르다. 만일 다하여 사라짐이 없으면 '有'의 존재가 아니다. 이에 관한 뜻은 앞에서 말한 바와 같다.

3가지 '空'의 의미는 보성론 권4에서 밝힌 바와 같다.

二有六句 明不同相者는 卽方便淨涅槃이라

涅槃是果라면 此云何是오 約分證故라 又是所依果海니 如下十山과 十德이 不離海故라 此當義大 不可說故니라

今明地智 應是菩提어늘 那言涅槃고 若分相門인댄 則所證爲涅槃이어니와 今顯相融일세 卽智之性이 爲性淨涅槃이오 智出惑障이 爲方便淨涅槃이라 二而不二일세 難說甚深이 良在於此니라

文中에 解脫是總이오 餘皆是別이라

總은 謂淨相解脫이니 故異前也라 寶性論第四에 云 淸淨有二種이니 一은 自性淸淨이니 謂性解脫이라하니 卽前同相이오 二는 離垢淸淨이니 謂得解脫이라하니 卽此淨相解脫이니라

別中에 以別顯總이라 別有二種하니

一은 何處得解脫고 卽經의 於諸趣也라 此顯所脫이니 謂煩惱爲趣緣이오 業爲趣因이오 生爲趣果라 故三雜染이 皆諸趣攝이니 若脫因緣하면 則無生果니라

二는 云何解脫고 卽下五句니 此明解脫之體라 五句는 卽顯五種解脫之相하니 一은 等二際니 是觀智相이오 二는 斷煩惱니 是離礙相이오 後三은 體德圓備니 卽是涅槃之相이라【鈔_五句 卽顯五種解脫之相者는 標也라 下唯列三하니 後三을 合故니라 若具인댄 應云 三은 明般若니 是觀行相이오 四는 明法身이니 是轉依相이오 五는 明解脫이 是無礙相이라 今以後三으로 合爲涅槃이오 前之二義도 亦三德開出이니 般若를 約決理邊이면 卽名觀智오 約契合邊

이면 即名觀行이오 無間道斷은 即斷惑相이오 解脫道證은 即證無礙相이라 故雖五句나 但是三德이니라】

"뒤의 6구절은 미묘한 지혜가 동일하지 않은 양상을 밝혔다."는 것은 방편이 청정한 열반이다.

열반이 결과라면 여기서는 그 무엇을 말하는가? 分證(번뇌를 점점 끊으면서 조금씩 진리를 깨닫는 일)으로 말한 때문이다. 또한 이는 의지 대상인 불과의 공덕이다. 이는 마치 아래에서 말한 "10곳의 산과 10가지 덕이 바다를 여의지 않는다."는 것과 같기 때문이다. 이는 그 '뜻이 워낙 커서[義大]' 도저히 말로 표현할 수 없는 데에 해당하기 때문이다.

여기에서 밝힌 십지의 지혜는 당연히 보리를 말한 것인데 어찌하여 열반이라 말하는가? 만일 양상의 부문으로 구분한다면 증득의 대상이 열반이지만, 여기에서는 양상의 원융함을 밝혔기에 지혜와 하나가 된 본성을 '본성이 청정한 열반'이라 하고, 지혜가 번뇌의 장애를 벗어난 것을 '방편이 청정한 열반'이라 한다. 2가지이면서도 둘이 아니기에 매우 심오하여 말하기 어려운 이유가 참으로 여기에 있다.

게송에서 말한 '해탈[解脫於諸趣]'은 총상, 나머지 구절은 별상이다.

'해탈'의 총상이란 '청정한 양상의 해탈'을 말하기에 앞서 말한 바와 다르다.

보성론 권4에서 말하였다.

"청정에는 2가지가 있다.

첫째, 자성이 청정이다. 본성의 해탈을 말한다."

이는 앞서 말한 미묘한 지혜가 동일한 양상이다.

"둘째, 때를 여읜 청정이다. 해탈 얻음을 말한다."

이는 여기에서 말한 '청정한 양상의 해탈'이다.

별상 부분에서는 별상으로 총상을 밝혔다. 별상에는 2가지가 있다.

첫째, 어느 곳에서 해탈을 얻는가? 본 게송에서 말한 '여러 갈래의 악도'이다. 이는 해탈의 대상을 밝힌 것이다. ① 번뇌는 악도의 반연이요, ② 업장은 악도의 원인이요, ③ 태어남은 악도의 결과이다. 이러한 3가지 雜染이 모두 여러 악도에 포괄된다. 만일 악도의 원인과 반연에서 벗어나면 태어남이 없는 결과를 얻게 된다.

둘째, 어떻게 해탈하는가? 이는 아래 5구에서 말한 뜻이다. 이는 해탈의 체성을 밝히고 있다.

5구는 곧 5가지의 해탈 양상임을 밝혔다.

첫 구절[涅槃平等住]은 생사와 열반이 평등함이다. 이는 사리를 관조하는 바른 지혜[觀智]의 해탈 양상이다.

둘째 구절[非初非中後]은 번뇌의 단절이다. 장애를 여읜 해탈 양상이다.

셋째, 뒤의 3구절[非言辭所說. 出過於三世, 其相如虛空]은 해탈의 체성과 공덕을 원만히 갖춤이다. 이는 열반의 해탈 양상이다.【초_ "5구는 곧 5가지의 해탈 양상임을 밝혔다."는 것은 표장이다. 아래에서 3가지 양상[觀智相, 離礙相, 涅槃相]만을 나열한 이유는 뒤의 3구를 종합하여 말한 때문이다. 이를 구체적으로 말하면 당연히 다음과 같이 말해야 한다.

"셋째 구절[非言辭所說]은 반야를 밝혔다. 이는 觀行[觀心之行法]의 양상이다.

넷째 구절[出過於三世]은 법신을 밝혔다. 이는 轉依의 양상이다.

다섯째 구절[其相如虛空]은 해탈을 밝혔다. 이는 無礙의 양상이다."

여기에서는 뒤의 '반야·법신·해탈' 3구를 종합하여 '열반'으로 말했고, 앞의 '생사열반의 평등·번뇌의 단절' 2가지 뜻 또한 열반의 3가지 공덕에서 나온 것이다. 반야를 확고부동한 이치 측면에서 말하면 '觀智'라 하고, 이법계와 사법계의 계합 측면에서 말하면 '觀行'이라 한다. 無間道의 단절은 번뇌 단절의 양상이고, 해탈도의 증득은 무애의 양상이다. 이 때문에 비록 5구이긴 하지만 단 3가지 공덕일 뿐이다.】

言'平等'者는 謂世間과 涅槃을 平等攝取니 非如聲聞이 一向背世間故니 以世間之性이 卽涅槃故니라 中觀云 '世間之實際 卽是涅槃際니 無毫末差故'라하니라

'二 斷惑相'者는 謂三時無斷하야사 方說斷故니 故云非初非中後니라【鈔_雜集第七云 '從何而說煩惱斷耶아 不從過去니 已滅無故오 不從未來니 以未生故오 不從現在니 道不俱故니라'하니 此卽三時無斷義也라 中觀廣說은 卽以三時門明無斷義니 無斷은 卽是性空이니 以有性空義故로 一切法得成일새 故成斷義니라】

299

첫째, '涅槃平等住'의 '평등'을 말한 것은 세간과 열반을 평등하게 받아들이는 것이다. 성문이 한결같이 세간을 등지는 것과는 다르다. 세간의 체성이 곧 열반이기 때문이다.

중관론에서 말하였다.

"세간의 실제가 곧 열반의 실제이다. 털끝만의 차이가 없기 때문이다."

둘째, '번뇌의 단절 양상'이란 과거, 현재, 미래 삼세에 간단이 없어야만 비로소 '번뇌의 단절'이라 말할 수 있기 때문이다. 따라서 '처음도 아니요 중간도 끝도 아니다[非初非中後].'고 말하였다. 【초_ 잡집론 권7에서 말하였다.

"무엇으로 번뇌를 끊었다고 말하는가. 과거로부터 끊은 게 아니다. 이미 사라져 애당초 없기 때문이다. 미래로부터 끊은 게 아니다. 아직 생기지 않았기 때문이다. 현재로부터 끊은 게 아니다. 도가 함께하지 않기 때문이다."

이는 곧 삼세에 끊을 필요조차 없다는 뜻을 밝혔다.

中觀에 자세히 말한 뜻은 곧 삼세의 부분으로 끊을 필요조차 없다는 뜻을 밝힌 것이다. '끊을 필요조차 없음'은 곧 체성이 공하다는 뜻이다. 체성이 공한 뜻이 있기에 일체법을 성취하는 것이다. 이 때문에 '번뇌 단절'의 뜻이 성립된다.】

第二 斷煩惱 竟하다

둘째, 번뇌의 단절 부분을 끝마치다.

非言辭'下 三句는 明三德者라

初句는 卽般若라 是觀行相이니 謂無分別觀에 體絶名言하야 眞智內發일세 不同聲聞이 依聲而悟라 前云 觀智는 約其決了오 此云 觀行은 約行契極이니라

셋째, '非言辭' 이하 3구절은 열반의 3가지 공덕을 밝히고 있다.

첫 구절[非言辭所說]은 반야의 공덕이다. 이는 觀行의 양상이다. 분별심이 없는 관행의 본체는 명칭이나 언어를 붙일 수 없다. 참다운 지혜가 내면으로부터 나오기에, 성문보살이 음성에 의하여 깨닫는 것과는 다르다.

앞에서 말한 '觀智'는 그 결정코 밝게 아는 깨달음으로 말하였고, 여기서 말한 觀行은 수행하여 極處에 계합하는 것으로 말하였다.

次句는 法身이니 是轉依相이라 謂轉無常依일세 云出過三世니 故此微智는 依常法身이라 論云 '非如無常意識智 依止無常因緣者'라하니 此揀未轉依時오 今爲所轉依也라 無常意識智는 是彼能依오 無常因緣은 卽是所依니 持種本識은 是無常因이오 所持染淨諸種子等은 是無常緣이니 依此因緣하야 起無常意識이라 今轉無常識하야 成妙觀察智하고 轉無常意하야 成平等性智하야 以爲能依하고 依彼本識如來藏性과 眞如法身하야 以爲所依라 論云 '如修多羅中에 決定說者는 是了義故니라 涅槃經에 說轉無常識하야 獲常識故'라하며 諸大乘經에 其文非一이니라

問이라 '所依는 本有일세 可得是常이어니와 能依는 修起어니 寧無生滅이리오' 若依唯識인댄 '所依가 常故로 能依를 亦說爲常이라'하니 非自性常일세 是有爲故라 若起信等인댄 '始覺이 同本하니 亦皆是常이라

301

하고 勝鬘經云 '一切法이 常住故라'하니라【鈔_勝鬘經者는 若別說 三身인댄 '如來妙色身이 世間無與等'이며 '無比不思議'일새 '是故今 敬禮'는 則說化身이오 '如來色無盡이며 智慧亦復然'은 卽歎報身 이오 '一切法常住'는 卽歎法身이오 '是故我歸依'는 總歸三身이라 旣 云一切法常住어늘 則上二身이 豈非常住아 亦同法華世間相常 住니라 世間도 尚猶常住온 三身이 豈得無常가】

둘째 구절[出過於三世]은 법신의 공덕이다. 이는 轉依의 양상이다. 덧없는 세계의 의지처를 바꾸는 것이기에 '삼세를 벗어남'이라고 말하였다. 이 때문에 이처럼 미묘한 지혜는 변치 않는 법신에 의지한다.

논에서 "무상한 의식으로 인식하는 지혜가 무상한 인연법에 의지하는 것과는 같지 않다."고 하였다. 이는 아직 전의하지 못한 시절과 다름을 말한다. 여기에서는 전의해야 할 대상으로 삼았다.

'무상한 의식으로 인식하는 지혜[無常意識智]'는 바로 그 전의의 주체이며, '무상한 인연법[無常因緣]'은 전의의 대상이다. 종자를 간직한 근본식은 무상의 직접 원인이고, 간직한 잡염과 청정의 여러 종자 등은 무상의 간접 원인이다. 이러한 직접 원인과 간접 원인에 의하여 무상한 의식을 일으키게 된다. 여기에서는 무상한 의식을 전변하여 妙觀察智를, 무상한 생각을 전변하여 平等性智를 성취한다.

이로써 전의의 주체를 삼고 저 근본식인 여래장의 본성과 진여와 법신을 의지하여 전의의 대상을 삼았다. 논에서 "수다라에서 분명히 말한 바와 같다."고 말한 것은 요달한 이치이기 때문이다.

열반경에서는 "무상한 의식을 전변하여 영원히 변하지 않는 의식을 얻기 때문이다."고 말했으며, 여러 대승경전에 그러한 문장이 한둘이 아니다.

"전의의 대상은 본래 있는 것이기에 영원한 것이지만, 전의의 주체는 수행에 의한 것인데 어찌 생멸이 없겠는가?"

유식론에 의하면 "전의의 대상이 영원하기에 전의의 주체 또한 영원하다."고 말하였다. 이는 자성은 영원하지 않다. 이는 有爲法이기 때문이다.

기신론 등에 의하면 "始覺이 본각과 같다. 이 또한 모두가 영원하다."고 하였으며, 승만경에서도 "일체 법이 항상 머물기 때문이다."고 말하였다. 【초_ 승만경에서 말한 바를 만일 3가지 몸을 개별로 말한다면 다음과 같다.

"여래의 미묘한 색신은 세간에 그 누구와도 짝할 수 없고, 비할 바 없으며, 불가사의하기에 공경히 예배하나이다."는 것은 곧 化身을 가리킨 말이다.

"여래의 색신이 그지없듯이 지혜 또한 그와 같다."는 것은 報身을 찬탄함이다.

"일체 법이 영원히 있다."고 말한 것은 法身을 찬탄함이다.

"이런 까닭에 나는 귀의하였다."고 말한 것은 총괄적으로 3가지 몸에 귀의함이다.

이미 "일체 법이 영원히 있다."고 말하였는데, 위의 2가지 몸이

어찌 영원하지 않겠는가. 또한 법화경 방편품 제2에서 "세간의 모습은 영원히 있다."고 말한 바와 같다. 세간도 오히려 영원한데 3가지 몸이 어찌 무상하다고 말할 수 있겠는가. 】

三 其相如虛空은 卽解脫相이라 不同聲聞이 猶有智障이니 二障雙亡일세 故如空無礙니라 三德之義는 已見上文하니라 然圓滿은 在佛하니 圓敎에는 十住에 卽許開發이라 此中에 約因하니 卽言分得이오 所依果海는 等佛無差니라【鈔 見上文者는 卽問明品이라 然下出現品에 復當廣明이니라

'然圓滿在佛下는 約位分別이니 卽天台智者意라 約圓敎六卽하야 以明이니

一은 理卽三德이니 謂一切衆生平等共有라 卽三雜染이니 煩惱卽般若오 結業이 卽解脫이오 若報 卽法身이라 迷成三雜染이나 體卽三德이니라

二는 名字三德이니 謂於圓理에 若因若果를 解了分明이니라

三은 觀行三德이니 三德을 圓修하야 障無不寂이오 理無不照하야 寂照雙流하야 徹見心性이라 又一空에 一切空이 卽是般若오 一假에 一切假 卽是解脫이오 一中에 一切中이 卽是法身이니라

四는 相似三德이니 謂六根淸淨하야 身如琉璃하며 照法實相하야 業繫不羈니라

五는 分眞三德이니 如初發心住에 得如來一身無量身하며 說法智慧와 所作이 自在니라

六은 究竟三德이니 卽是如來니라 今此는 卽當分眞三德이오 今云

圓滿在佛은 卽究竟三德이라

'十住開發'은 卽是分眞이라 此中約因은 卽言分得이니 亦分眞也니 從十住初心으로 直至十地가 皆名分眞故라 所依果海는 卽等究竟이니라】

셋째 구절의 "그 모양이 허공 같다."는 것은 곧 해탈의 양상이다. 아직 지혜 장애가 남아 있는 성문보살과는 다르다. 번뇌장과 소지장이 모두 사라졌기에 허공처럼 걸림이 없다.

3가지 덕의 뜻은 이미 위의 경문에 보인다. 그러나 3가지 덕이 두루 원만함은 부처님에게만 있다. 圓敎에서는 十住의 단계에서 곧바로 불과를 깨닫는다고 인정하였다. 여기서는 因位로 말하였다. 이는 '부분적으로 얻는다.'고 말하였고, 의지의 대상인 果海는 부처님의 지위와 동등하여 차이가 없다. 【초_ "위의 경문에 보인다."는 것은 제10 보살문명품이다. 그러나 아래 제37 여래출현품에서 다시 자세히 밝히고 있다.

"그러나 3가지 덕이 두루 원만함은 부처님에게만 있다."는 지위로 구분 지어 말한 것이다. 이는 천태지자 대사의 주장이다. '圓敎의 六卽'을 가지고 밝힌 내용이다.

(1) 진리와 하나가 된 3가지 덕이다. 일체중생이 평등히 공유함을 말한다. 이는 곧 3가지 잡염이다. 번뇌는 곧 반야이고, 맺은 업은 해탈이고, 보신은 곧 법신이다. 미혹하면 3가지 잡염이 이뤄지지만 본체는 3가지 덕이다.

(2) 이름과 하나가 된 3가지 덕이다. 원교의 이치로 因行과 果

海를 분명히 아는 것이다.

(3) 관법 수행과 하나가 된 3가지 덕이다. 3가지 덕을 원만하게 수행하여 장애가 모두 없어지고, 이치로 모두 비추어 적멸과 관조가 함께 유행하여 심성을 사무치게 보는 것이다.

또한 하나를 空이라 관하면 일체가 공한 것은 반야이고, 하나를 假라고 관하면 일체가 假라는 것은 해탈이고, 하나를 중도라 관하면 모두가 중도라는 것은 법신이다.

(4) 相似와 하나가 된 3가지 덕이다. 육근이 청정하여 몸이 유리와 같고, 법의 실상을 관조하여 業繫苦相에 얽매이지 않는다.

(5) 부분적인 진여와 하나가 된 3가지 덕이다. 마치 초발심주의 지위에서 여래의 한 몸이 한량없는 몸이며, 법을 설하는 지혜와 하는 바에 자재함을 얻는 것과 같다.

(6) 궁극과 하나가 된 3가지 덕이다. 곧 여래를 말한다. 여기에서는 分眞과 하나가 된 3가지 덕에 해당한다. 여기에서 "3가지 덕이 두루 원만함은 부처님에게만 있다."고 말한 것은 구경의 지위에 하나가 된 3가지 덕이다. '십주 지위에서 깨닫는다.'고 말한 것은 곧 分眞이다.

여기에서 因으로 말한 것은 곧 부분으로 얻은 것을 말한 것이기에 이 또한 分眞이다. 十住 지위의 初心으로부터 곧바로 十地 지위에 이르기까지 모두 그 이름을 分眞이라 말하기 때문이다. 의지 대상의 果海는 究竟과 같다.】

此不同相은 由得前同하야 成斯不同일새 能顯前同하야 令離障淸

306

淨으로 無別不同이 如融金成像에 像非金外니라

　　이처럼 십지의 미묘한 양상이 똑같지 않은 것은 앞의 똑같은 양상으로 인하여 이와 같이 똑같지 않은 양상을 성립하는 것이다. 따라서 앞의 같은 양상을 밝혀 장애를 여읜 청정으로 하여금 똑같지 않은 양상과 구별이 없다. 이는 마치 황금을 녹여 불상을 만들면 불상은 황금 이외의 존재가 아닌 것과 같다.

第二 一偈 類地行微
2) 1수 게송은 유별로 십지 행법의 미묘함을 밝히다

經

寂滅佛所行이라　　言說莫能及이니
地行亦如是하야　　難說難可受로다

　　부처님이 행하신 적멸상은
　　말로 그 무어라 말할 수 없다
　　십지의 행 또한 이와 같아
　　말할 수도 받들기도 어려워라

● 疏 ●

於中上半은 牒前地智離言하야 以爲能類오 下半은 正擧地行하야 以爲所類라 初中에 謂彼前地智에 顯二涅槃이 皆言不及이라 寂卽

同相이니 性淨涅槃은 自性寂故오 滅은 卽不同相이니 方便淨涅槃은 要智緣滅이오 非約性滅故라 此二涅槃은 是佛所行일새 故言不及이라 '行'者는 證也라 '言不及'者는 說·聽이 皆難也라
何不直說無言하고 而云言所不及고 若一向無言인댄 何由悟解리오 令尋言求理하야 而知理圓言偏일새 故但云不及이니라
下半所類者는 謂非唯證智 如是深玄이라 而令智眷屬行도 亦難說受니라
論云 '地者는 境界觀이오 行者는 智眷屬이니 智眷屬者는 謂同行이오 同行者는 謂檀等 諸波羅蜜이라'하니라
言境界觀者는 如爲境界라 照達名觀이니 此卽加行이라 設地是地體라도 意在擧地取行일새 故云地行이니라 將此地智하야 修行檀等일새 故名同行이니 同彼事而行故라 斯卽後得이니 爲證智眷屬也니라

　게송의 제1, 2구는 앞서 언급한 '십지의 지혜가 언어를 여의었음'을 이어서 주체의 유를 삼았고, 제3, 4구는 십지의 수행을 들어서 대상의 유를 삼았다.

　첫 제1, 2구는 앞서 언급한 '십지의 지혜'에 2가지 열반[性淨, 方便淨涅槃]은 모두 그 어떤 말로도 표현할 수 없음을 밝힌 것이다.

　寂滅의 寂이란 똑같은 형상이니 '자성이 청정한 열반'은 자성이 공적하기 때문이며, 滅이란 똑같지 않은 형상이니 '방편이 청정한 열반'은 지혜를 갖춰 외적인 반연이 사라졌다는 것이지, 내면의 자성이 사라졌다는 것으로 말한 게 아니기 때문이다. 이 2가지의 열반은 부처님이 행한 바이기에 그 어떤 말로도 표현할 수 없다.

'佛所行'의 行이란 증득이며, "그 어떤 말로도 표현할 수 없다[言不及]."는 것은 법을 말하는 것이나 듣는 것이 모두 어렵다는 말이다.

"어찌하여 직접 '말할 수 없다.'고 말하지 않고 '그 어떤 말로도 표현할 수 없다.'고 하였는가?"

만일 한결같이 말할 수 없다면 어떻게 이를 알 수 있겠는가. 그들로 하여금 그 말에서 찾아보고 이치를 추구하여 이치는 원만하지만 언어란 한 부분에 치우쳐 있다는 점을 알도록 하기 위함이다. 이 때문에 '표현할 수 없다.'고 말하였을 뿐이다.

'아래의 제3, 4구는 대상의 유'라는 것은 증득한 지혜가 이처럼 깊고 미묘할 뿐 아니라, 지혜 권속의 행 또한 말하거나 받들기 어렵다고 한 것이다.

논에서 말하였다.

"地行의 地란 경계의 관찰이며, 行이란 지혜의 권속이다. 지혜의 권속이란 함께 행함을 말하고, 함께 행한다는 것은 보시 등 여러 바라밀을 말한다."

'경계의 관찰'이란 진여가 만든 경계이다. 비추고 통달함을 '관찰'이라 말하니 이는 곧 加行智이다. 설령 '地'가 십지의 본체라 할지라도 여기에서 말한 뜻은 십지를 들어 行을 취하였기에 '地行'이라고 말한다. 이 십지의 지혜를 가지고 보시바라밀 등을 행하기에 '함께 행한다.'고 하였다. 그런 일들을 함께 행하기 때문이다. 이는 곧 後得智이니 지혜의 권속을 증득하기 위함이다.

第三 一偈 寄對彰微

3) 1수 게송은 상대에 의탁하여 미묘함을 밝히다

經

智起佛境界는　　　　非念離心道며
非蘊界處門이니　　　智知意不及이로다

지혜로 일으키는 부처님의 경계는

생각할 수 없고 마음을 떠나

5온 18계 12처의 법문이 아니기에

증득한 지혜만이 알 뿐, 의식으론 알 수 없다

◉ 疏 ◉

寄對彰微者는 對聞思等하야 以顯微故니라
初句는 擧法體智니 是所起地智라 卽前五偈에 所明根本之智라
起者는 卽加行·後得이니 二皆觀如라 如는 卽佛境이오 竝爲能起라
次二句는 明難說이라 於中 初句는 非心數故로 難說이라 '非念'者는
非思慧境故오 '離心道'者는 非報生識智境故라 報生識者는 如上
違請中辨이니라 後句는 明不同三科니 有色心根境이라 故不可說
이니라 論經云 '非陰界入說'이라하야늘 論釋非說云 '離文字故'라하니라
今經에 畧無說字나 門卽是說이라 故法華中에 '以說爲智門'이라하니라
下句는 明不可聞이라 智知者는 唯證智知故오 意不及者는 如聞取

故니 卽依智不依識也니라

'상대에 의탁하여 미묘함을 밝힌다.'는 것은 聞慧와 思慧 등을 상대로 미묘한 지혜를 밝히기 때문이다.

첫 구절[智起佛境界]은 법의 본체 지혜를 들어 말하였다. 이는 일으킬 대상인 십지의 지혜이다. 이는 앞의 5수 게송에서 밝힌 根本智이다. 일으킨다[起]는 것은 곧 가행지와 후득지이다. 이 2가지 지혜는 모두 진여를 관조할 수 있다. 진여는 곧 부처님의 경지이자, 또한 일으키는 주체이다.

2구절은 말로 표현하기 어려움을 밝혔다.

2구절 가운데 첫 구절[非念離心道]은 생각하고 분별[心數]할 수 있는 대상이 아니기에 말로 표현하기 어렵다. '생각할 수 없다[非念].'는 것은 思慧의 경계가 아니기 때문이며, '마음의 길을 여의었다[離心道].'는 것은 報生으로 인식한 修慧의 경계도 아니기 때문이다. 보생으로 인식한다는 것은 앞의 청법을 위배한 부분에서 밝힌 바와 같다.

뒤 구절[非蘊界處門]은 5온 18계 12처의 3부분과는 같지 않음을 밝혔다. 3부분은 물질과 감각기관과 대상 경계가 있기 때문에 그것이 아닌 경계는 말할 수 없다. 논경에서 "5陰, 18界, 12入으로 말한 게 아니다."고 하였는데, 논에서 '말한 게 아님'을 해석하기를 "문자를 여의었기 때문이다."고 하였다.

이의 게송에서는 '說'이란 글자를 생략하여 말하지 않았지만, '非蘊界處門'의 門이 곧 '說' 자의 뜻이다. 그러므로 법화경 방편품에서 "설함으로 지혜의 문을 삼는다."고 하였다.

아래 구절[智知意不及]은 들을 수 없음을 밝혔다. '智知'는 오로지 증득한 지혜만이 알 수 있기 때문이다. '意不及'이란 聞慧로 취함과 같기 때문이다. 이는 곧 증득한 지혜만을 의지할 뿐, 의식에 의지하지 않는다는 뜻이다.

第四一偈喩顯地微

4) 1수 게송은 비유로 십지의 미묘함을 밝히다

經

如空中鳥迹을　　　　難說難可示하야
如是十地義를　　　　心意不能了로다

　허공에 나는 새 발자취
　말할 수도 볼 수도 없듯이
　이와 같이 십지의 뜻을
　마음과 뜻으로 알 수 없어라

◉ 疏 ◉

上半은 喩오 下半은 合이라
此中喩者는 不唯取空이라 餘處虛空은 不爲喩故오 不唯取迹이라 砂土上迹은 不爲喩故라 正取空中鳥迹이니라 論云 '鳥行空中에 迹

處不可說이오 相亦不可見'者는 總顯喩相也라 處는 卽迹處之空이
오 相은 卽空處之迹이니 不可示其長短과 大小令見이오 不可說爲
有無等이니라 此中에 迹處之空은 以喩證智하고 空處之迹은 以喩阿
含이라 故論에 合云 '如是鳥迹住處는 名句字身住處也라'하니라
何以不可說고 論云 '虛空處鳥迹相은 不可分別故라'하니 意云 鳥
足履砂에 則有迹及處어니와 由履空故로 處迹難分이니 名句字身
도 亦爾하야 菩薩證智로 所攝이니라 故不可說聞이니라 若說若聽이라
도 心意不能了也라 故以證攝教는 如空攝迹이니 令名句等은 非如
聲性也라 以是證智之名等故니라
上明麤相非有하야 順喩不可說聞하고 後明細相不無하야 以喩可
證이니 論云 '非無虛空行迹故라'하니 謂迹處之空이 異於餘空으로
喩非無地智오 空處之迹이 異於無迹으로 喩非無名句字身이니 以
有鳥行에 必有迹故니라
故論云 '非無地智 名句字身이라'하니 卽雙合也니 謂有諸聖親證
如故라 證尚不無은 況於言教아 又以空攝迹에 迹不可示로되 以迹
攝空이면 空亦非無니 喩以證攝教에 教不可示로되 以教攝證이면
證可寄言이니 喩意正爾니라
若欲開鳥異迹인댄 則鳥喩言詮이오 迹喩差別地相이라 則有三事
로되 而迹處中이니 以迹隨於鳥면 迹相非無오 以迹隨於空이면 迹
相非有니 喩以差別隨於詮이면 差別非無오 地相隨於證이면 差別
非有니라
若更開迹處之空이 異太空者인댄 則迹空은 喩證智오 太空은 喩果

海오 迹空隨於迹이면 地智可說이어니와 迹空隨太空은 則地智離言이라 雖通此義나 在論에 無文이라 若以迹喩證智는 如前風畵中辨이라【鈔_言'如風畵中辨'者는 以上空中風畵 例同今迹故니라 然彼處本論에 但以風畵로 喩阿含하고 所依之空으로 喩於智라 然其阿含은 約言敎說이라

次下疏云 '若將二喩하야 喩所詮者인댄 仍有兩重하니 一은 以風畵로 喩地相하고 所依空으로 喩證智오 二는 以風畵로 喩地智하고 所依空으로 喩果海니라. 今取例第二意라 然其風畵를 三徧用之하야 方成四事니 一은 喩言敎오 二는 喩地相이오 三은 喩證智니 兼所依空하야 喩所證十如오 四는 太空으로 喩果海라 然其風畵 離於空中風畵인댄 無別風畵 如鳥異迹故니라 無空處之畵로 以喩地相이오 畵喩能詮이라】

위의 제1, 2구는 비유이고, 아래의 제3, 4구는 법으로 종합하였다.

제1, 2구에서 말한 비유는 오직 허공만을 취한 게 아니다. 나머지 허공에 머무는 것은 비유로 삼지 않았기 때문이며, 오직 발자취만을 취한 게 아니다. 모래 위의 발자취는 비유로 삼지 않았기 때문이다. 바로 허공의 새 발자취만을 취하였다.

논에서 "새가 허공을 날아갈 적에 그 발자취를 말할 수 없고 그 모습도 볼 수 없다."고 말한 것은 비유의 양상을 총체로 밝힌 것이다.

'迹處不可說'의 '處'는 발자취가 머문 허공을 말하고, '相亦不可見'의 '相'은 허공에 머문 자취이다. 그 길이와 크기를 보여줄 수

없고, 있느니 없느니 따위로 말할 수 없다. 여기에서는 '발자취가 머문 허공'으로 증득한 지혜를 비유하고, '허공에 머문 자취'로 阿含을 비유하였다. 이 때문에 논에서 이를 종합하여 말하였다.

"이처럼 새의 발자취가 머문 곳은 문장과 글자가 머무는 곳이다."

어찌하여 말할 수 없는 것일까?

논에서 말하였다.

"허공에 머문 새의 발자취와 모습은 분별할 수 없기 때문이다."

논에서 말한 뜻은 다음과 같다.

"새가 모래를 밟으면 모래 위에 발자국과 머물렀던 곳이 남아 있겠지만, 허공을 스쳐 날아갔기에 발자국과 머물렀던 곳을 분별하기 어렵다. 문장과 글자 또한 그와 같다. 보살의 증득한 지혜만이 이를 받아들일 수 있기에 말할 수도 들을 수도 없다. 만약 말하거나 듣는다 할지라도 생각과 마음으로 이를 알 수 없다. 따라서 증득한 지혜로 가르침을 받아들이는 것은 마치 허공으로 새의 발자취를 받아들이는 것과 같다. 문장과 글자 등을 사용한다는 것은 음성의 근본 자성과 같은 게 아니다. 이는 증득한 지혜의 명칭과 같기 때문이다."

위에서는 거친 양상은 있는 것이 아니어서 말하거나 들을 수 없음을 순리대로 비유하여 밝혔고, 뒤에서는 미세한 양상은 없는 것이 아니어서 비유로 증명할 수 있음을 밝혔다.

논에서 "허공에 지나간 발자취가 없는 게 아니기 때문이다."고 말하였는데, 여기에서 말한 뜻은 다음과 같다.

새의 발자취와 새가 머문 곳의 허공은 다른 허공과 다르다는 것으로 십지의 지혜가 없는 것이 아님을 비유하였고, 허공에 남긴 발자취가 자취 자체가 없는 것과는 다르다는 것으로 문장과 글자가 없는 게 아님을 비유하였다. 새가 지나간 자리는 반드시 발자취를 남기기 때문이다.

이 때문에 논에서 "십지의 지혜에 대한 단어·문장·글자 자체가 없는 게 아니다."고 하였다. 이는 2가지를 모두 종합한 부분이다. 여러 성인들이 몸소 진여를 증득한 때문임을 말한다. 증득함이 오히려 없지 않은데, 어찌 언어와 가르침이 없을 수 있겠는가.

또한 허공으로 새의 발자취를 받아들임에 발자취를 보여줄 수 없지만, 새의 발자취로 허공을 받아들이면 허공 또한 없는 게 아니다. 이는 증득으로 가르침을 받아들이면 가르침을 보여줄 수 없지만, 가르침으로 증득을 받아들이면 증득 또한 언어에 의탁하게 됨을 비유하였다. 비유한 뜻은 바로 그와 같다.

만일 새와 발자취를 분리하여 말할 경우, 새는 언어의 표현에, 발자취는 각기 다른 십지의 지위 양상에 비유된다. 여기에는 새·발자취·허공 3가지가 있지만 발자취가 머문 허공에 있다. 발자취로 새를 따르면 발자취의 양상이 없지 않고, 발자취로 허공을 따르면 자취의 양상이 있지 않다. 이는 차별로써 언어의 표현을 따르면 차별이 없지 않고, 십지의 양상으로 증득을 따르면 차별은 있는 게 아니라는 것을 비유하였다.

만일 다시 발자취가 머문 허공은 아무런 것이 없는 허공과 다르다는 점으로 전개한다면 발자취가 머문 허공은 증득의 지혜에, 아무런 것이 없는 허공은 佛果의 바다에 비유된다.

발자취가 머문 허공으로 발자취를 따르면 십지의 지혜를 말할 수 있지만, 발자취가 머문 허공으로 아무런 것이 없는 허공을 따르면 십지의 지혜는 언어의 표현을 벗어난 것이다.

이는 비록 이런 뜻으로 통하기는 하지만, 논에는 해당 문장이 없다. 발자취로 증득의 지혜를 비유하는 경우는 앞서 바람과 그림의 비유에서 말한 바와 같다. 【초_ "바람과 그림의 비유에서 말한 바와 같다."는 것은 위에서 말한 허공의 바람과 그림이 여기에서 말한 발자취의 예와 같기 때문이다. 그러나 그곳의 본론에서는 단지 바람과 그림으로 아함에 비유하고, 의지한 바의 허공으로 증득의 지혜를 비유했을 뿐이다. 하지만 거기에서 말한 아함은 언어에 의한 가르침으로 말하였다.

다음 아래의 疏에서 말하였다.

"만일 2가지 비유를 가지고 표현의 대상을 비유할 경우, 이 또한 여전히 2중으로 말하고 있다.

첫째, 바람과 그림으로 십지의 양상에 비유하고, 의지한 허공으로 증도의 지혜에 비유하였다.

둘째, 바람과 그림으로 십지의 지혜에 비유하고, 의지한 허공으로 불과의 바다에 비유하였다."

여기에서는 둘째의 의의를 취한 것이다. 그러나 그 바람과 그림을 3차례나 두루 사용하면서 바야흐로 4가지 일을 이루었다.

(1) 언어의 가르침에 비유하였고,

(2) 십지의 양상에 비유하였으며,

(3) 증도의 지혜에 비유하였다. 의지한 허공을 겸하여 증득할 대상인 '10가지 진여'에 비유하였다.

(4) 태허공으로 불과의 바다에 비유하였다.

하지만 그 바람과 그림이 허공의 바람과 그림을 여읠 경우, 바람과 그림이 새의 달라진 발자취와 같다는 것과 차별이 없기 때문이다. 허공에 머문 그림이 없다는 것으로 십지의 양상을 비유하였고, 그림은 언어 표현의 주체에 비유하였다.】

以斯鳥迹之喩로 映下十地之文하면 則寄位淺深之言과 施戒禪支之類 一文一句 莫不深玄이어늘 豈謂地前爲深하고 地上爲淺가 故論에 總結云 '此中深故로 示義大踊悅'이라하니라

此中에 鳥迹은 亦雙喩敎證의 難說難聞이니 何異請中의 風畵之喩리오 故論云 '云何復說고' 論에 答云 '汝等이 不應如聲取義'라하니 此意云 上喩及法은 是顯黙不說之意어니와 此中에 喩及難說로 誡衆捨著하야 許爲宣說이니 意不同也니라

若以著心으로 隨聲取義면 有五過失하니

一은 不正信이니 以隨言解에 不稱實故오

二는 退勇猛이니 不能忘相하고 趣實理故오

三者는 誑他니 以己謬解로 爲人說故오

四者는 謗佛이니 指己謬解가 是佛說故오

五者는 輕法이니 以淺近解로 解深旨故라

謂法如言에 不殷重故니 意令大衆으로 自知하야 無此五過일세 所以酷明難說難聞이라 今人이 以地上爲淺者는 竝陷斯五失이라 故歎難說聞이면 則翻斯五失하야 以成五德하고 已說深義하야 令生正信이니라

이처럼 새의 발자취 비유로 아래 십지의 경문에 비춰보면, 해당 지위에 따른 淺深의 언어와 보시·지계·선정의 유에 관한 한 문장 한 구절이 심오하고 현묘하지 않은 게 없다. 어찌하여 십지 이전은 '심오'하다 말하고 십지 이상은 '淺近'하다고 말하는가. 이 때문에 논에서 총괄하여 끝맺기를 "여기에 심오한 종지가 있기에 그 이치를 보여주면 뛸 듯이 기뻐한다."고 하였다.

여기에서 말한 새의 발자취 또한 敎道와 證道란 말하기도 어렵고 듣기도 어려움에 동시에 비유하였다. 그렇다면 청법 부분에서 말한 바람과 그림의 비유와 그 무엇이 다르겠는가.

이 때문에 논에서 물었다.

"무엇 때문에 다시 말하였는가?"

논에서 답하였다.

"그대들은 소리를 따라 뜻을 취하지 말라."

여기에서 말한 뜻은 다음과 같다.

위의 비유와 법은 침묵으로 설법하지 않은 뜻을 밝혔지만, 여기에서는 비유와 말하기 어렵다는 것으로 대중에게 집착을 버리도록 경계하면서 설법할 것을 허락하였다. 이처럼 그 의의가 똑같지 않다.

만일 집착의 마음으로 음성을 따라 뜻을 취하면 5가지 허물이 있게 된다.

⑴ 바른 믿음이 아니다. 말을 따라 이해하면 실상에 맞지 않기 때문이다.

⑵ 용맹심이 물러나게 된다. 모양을 잊고 진실한 이치에 나가지 못하기 때문이다.

⑶ 남을 속이게 된다. 자신의 잘못된 이해로 남에게 말해주기 때문이다.

⑷ 부처님을 비방하게 된다. 자신의 잘못된 이해를 마치 부처님의 말씀처럼 여기기 때문이다.

⑸ 법을 경멸하게 된다. 수준 낮은 견해로 심오한 종지를 이해하려 하기 때문이다.

진여의 법대로 말하면 더욱 중시하지 않기 때문이다. 이처럼 말한 뜻은 대중으로 하여금 이런 사실을 스스로 알고서 이와 같은 5가지 허물을 없애주기 위함이다. 이런 이유에서 말하기도 듣기도 어렵다는 점을 그처럼 강조하여 밝힌 것이다.

요즘 사람들이 십지 이상을 안다고 말한 것은, 모두 이런 5가지 허물에 빠졌기 때문이다. 따라서 말하기도 어렵고 듣기도 어렵다고 찬탄하면 이 5가지 허물이 번복되어 5가지 공덕으로 바뀌게 되고, 이미 심오한 뜻을 말하여 바른 신심을 내주기 때문이다.

一

自下는 第二 復顯說大하야 令生正信이라

五偈를 分三이니

初 一偈半은 正顯說大니 三成就義라

二 有三偈는 彰己無過하야 誡衆除失이라

三 有半偈는 示說分齊니 但是說因이라

今은 初라

제2단락, 뒤의 5수 게송은 설법의 광대함을 밝히다

이는 다시 설법의 광대함을 밝혀 바른 신심을 내도록 한 것이다.
5수 게송은 3부분으로 나뉜다.

1) 1수 반의 게송은 바로 설법의 광대함을 밝히니 3가지를 성취하는 뜻이다.

2) 3수 게송은 자신에게 허물이 없음을 밝혀, 대중에게 잘못을 없애도록 경계하였다.

3) 반 수의 게송은 설법의 구분과 한계를 말하니 설법하게 된 원인일 뿐이다.

이는 '1) 1수 반의 게송'이다.

經

慈悲及願力으로　　　　出生入地行하야
次第圓滿心은　　　　　智行非慮境이라

　자비와 원력으로

십지에 들어가는 행을 내어

차례로 원만케 해주는 지혜의 마음

지혜로만 행할 뿐, 생각할 수 있는 경계 아니어라

是境界難見이니　　　**可知不可說**이로다

이런 경계 보기 어려우니

알 수는 있지만 말할 수 없어라

● 疏 ●

言三成就者는

一은 因成就大니 謂慈悲願力이 爲起行本이니 故名爲因이라

二는 因漸成就大니 謂聞思慧等이 爲出世智因이라 起之不頓일세 故名爲漸이니라

三은 敎說修成就大니 謂卽修慧라 眞修로 契實하야 如於正證하야 可寄言詮일세 故名敎說이라 敎說二字는 正揀義大니 非如果分不可說故니라

'3가지 성취'는 다음과 같다.

⑴ 因行 성취의 광대함이다. 자비와 원력이 수행을 일으키는 기본이기에 '원인[因]'이라 하였다.

⑵ 인행을 점차 성취한 광대함이다. 聞慧와 思慧 등이 출세간 지혜의 원인이 된다. 이는 일으키자마자 단번에 되는 일이 아니기에 '점차'라 말하였다.

(3) 가르침의 말씀을 닦아 성취한 광대함이다. 이는 修慧를 말한다. 참된 수행으로 실상의 법에 하나가 되어 진여를 바르게 증득해서 말에 의탁하여 표현하기에 '가르침의 말씀[敎說]'이라 말한다. 敎說 2자는 바로 이치가 광대하다는 것과는 다름을 구분한 것이다. 그 어떤 말로도 표현할 수 없는 佛果 부분과 똑같지 않기 때문이다.

'因成就大'는 卽初二句니 慈悲是利他오 願은 通二利오 力은 通上三이니 以二利로 熏修하야 不同二乘일세 故名爲力이라 下句는 卽二利之功이니 出生地行이 正是因義니라

'(1) 因行 성취의 광대함[因成就大]'은 첫 2구절[慈悲及願力, 出生入地行]이다. 자비는 이타행이고, 誓願은 자리이타에 통하며, 力은 위의 3가지 성취에 모두 통한다. 자리이타로 훈습하고 수행하여 이승과는 같지 않기에 이를 '힘[力]'이라 말하였다.

아래 구절[出生入地行]은 곧 자리행과 이타행의 공효이다. 십지의 여러 지위에 들어가는 행을 낳아주는 것이 바로 '원인'이라는 뜻이다.

二는 因漸成就大는 卽'次第'二字니 論云 '說聞思慧等次第하야 乃至能成出世間智因故'라하니 此云'等'者는 通有二義이니
一者는 等上이니 以其修慧는 是第三大일세 故不等之라
二者는 等修니 修有二種이니 一者는 緣修니 屬此門攝이오 二者는 眞修니 屬第三攝이라 由等義有包含일세 故但云'等'이라 不爾면 何不但言聞思修而以'等'替'修'리오

323

'(2) 인행을 점차 성취한 광대함[因漸成就大]'은 곧 제3구[次第圓滿心]에서 말한 '次第' 2자이다.

논에서 말하였다.

"聞慧·思慧 等의 수행 차례[次第]를 듣고서 이에 출세간의 지혜를 성취하는 데에 이르는 원인이 되기 때문이다."

여기에서 말한 '等'이란 통틀어 2가지 뜻이 있다.

① 위와 같다. 그 修慧는 '(3) 가르침의 말씀을 닦아 성취한 광대함'이기에 이와 똑같지 않기 때문이다.

② 修慧와 같다. 수행에는 2가지가 있다.

첫째, 반연하여 닦음이다. 이는 聞慧·思慧 부분에 속하는 수행이다.

둘째, 참된 수행이다. 이는 '(3) 가르침의 말씀'에 속하는 수행이다.

이런 등등의 뜻이 포함되어 있기에 다만 '等'이라고 말하였다. 그렇지 않으면 어떻게 聞慧·思慧·修慧라 말하지 않고 '等' 자로 '修' 자를 대신하였겠는가.

三'圓滿'下는 明教說修成就大라 此有二種하니 一은 滿足修니 卽初八字오 二者는 觀修니 卽後兩句라

眞修位極하야 世慮都寂하야 能滿地智를 名滿足修오 眞智內發하야 寂照分明을 名爲觀修니라 初는 卽稱性寂然이오 後는 卽寂而能照라 猶瑩明鏡에 垢無不淨은 如滿足修오 鑑無不徹은 如彼觀修니라 此二種修를 望於眞證인댄 猶彼等妙이니 等覺은 等於妙覺이나 而

但是因圓이오 妙覺에 捨行이라야 方稱果滿이니 此亦然也니라 二修는 如於出世니 但是因分之終이오 正證捨修하야 方名果分이니 諸有智者는 請鑑斯旨어다

文中에 慮는 卽聞思오 智는 卽眞修之智오 心은 卽眞修心體니 謂若無聞思緣慮之心이면 方名眞修之心圓滿이니 故唯眞修之智로 所能行耳니라 次觀修中에 是境界者는 卽眞修之境이오 難見者는 非聞思能見이오 可知者는 唯眞修自心으로 寂照方知니 知는 卽見也라 旣難可見인댄 亦難可說이어늘 而隨修以顯일새 說大中收니 不同果分이오 但是深義니라【鈔_旣難可見下는 通妨이니 妨云 旣難見聞인댄 何不義大中收오 後'而隨修'下는 會釋이니라】

제3구 圓滿心 이하는 (3) 가르침의 말씀을 닦아 성취한 광대함에 대해 밝힌 내용이다. 여기에 2가지가 있다.

① 가르침의 말씀을 만족하게 닦음[滿足修]이다. 이는 첫 8자[圓滿心, 智行非慮境]이며,

② 관찰하는 수행[觀修]이다. 이는 뒤의 2구절[是境界難見, 可知不可說]에 해당된다.

참된 수행의 지위가 극하여 세간의 속된 생각이 모두 사라져 십지의 지혜가 원만한 것을 '만족한 수행[滿足修]'이라 이름하고, 참다운 지혜가 내면에서 일어나 적멸과 관조가 분명한 것을 '관찰의 수행[觀修]'이라 말한다.

앞의 '만족한 수행'은 본성의 고요함에 하나가 되고, 뒤의 '관찰의 수행'은 고요하면서도 관조하는 것이다. 이는 마치 해맑은 거

울에 한 점의 때마저 없어 깨끗하지 않음이 없는 것은 '만족한 수행'과 같고, 모든 사물을 철저하게 비춰주지 않음이 없는 것은 '관찰의 수행'과 같다.

이러한 2가지 수행을 참된 증득에 견주어 보면 저 등각이나 묘각과 같다. 등각은 묘각과 같으면서도 다만 '인행이 원만'하고, 묘각은 더 이상 수행을 필요로 하지 않을 적에 비로소 '불과의 원만함'이라 말한다. 이 2가지 수행 또한 그와 같다.

2가지 수행은 출세간과 같지만, 단 '인행 부분[因分]'의 끝이다. 바르게 증득하여 더 이상 수행을 필요로 하지 않을 적에 비로소 '佛果의 부분[果分]'이라 말한다. 지혜 있는 모든 이들은 이러한 종지를 살펴보기를 바라는 바이다.

게송에서 말한 '非慮境'의 '慮'는 聞慧와 思慧이며, '智行'의 '智' 자는 참된 수행의 지혜이며, '圓滿心'의 '마음'은 참된 수행의 마음 본체이다. 이는 만약 듣거나 생각하거나 반연하는 마음이 없으면 비로소 참된 수행의 마음이 원만하다고 말한다. 이 때문에 오직 참된 수행의 지혜만이 이를 행할 수 있다.

다음 '관찰의 수행' 부분에서 말한 제5구[是境界難見]의 '是境界'는 참된 수행의 경계이고, '難見'이란 聞慧와 思慧로 볼 수 없으며, 제6구[可知不可說]의 '可知'는 오직 참된 수행을 한 그 자신의 마음으로 고요히 관조했을 적에 비로소 알 수 있는 자리이다. '可知'의 '知'는 곧 본다는 것이다. 이처럼 보기가 어렵다면 또한 이를 말하기도 어려운 일임에도 수행을 따라 이를 밝혔기에 '설법의 광대함' 속에 포함시킨 것이다. 이는 '불과 부분[果分]'이 단 심오하다는 뜻과는 같지 않다.【초_ "이처럼 보기가 어렵다면" 이하는 논란을 회통함이다. 논란하기를 "이미 보고 듣기 어렵다면 어찌하여 '이치의 광대함' 속에 포함시키지 않았는가."라고 말한 때문이다. 뒤의 "수행을 따라[而隨修]" 이하는 회통하여 해석한 부분이다.】

第二는 彰己無過하야 誡衆除失이라

2) 자신에게 허물이 없음을 밝혀, 대중에게 잘못을 없애도록 경계하다

經

佛力故開演호리니　　　**汝等應敬受**어다

부처님 힘 받들어 연설하리니
그대여, 공경으로 받들라

如是智入行은　　　**億劫說不盡**이니
我今但略說이나　　　**眞實義無餘**니라

이처럼 지혜만이 들어가는 행은
억겁엔들 모두 말할 수 없다
내, 이제 간단히 말하지만
진실한 뜻 남음이 없으리

一心恭敬待하라　　　我承佛力說호되
勝法微妙音과　　　　譬喻字相應이니라

　　일심으로 공경하여 기다리라
　　부처님 위신력 받들어 말하리라
　　훌륭한 십지법 미묘한 음성
　　문자의 뜻에 상응한 비유 하리라

無量佛神力이　　　　咸來入我身하니

　　한량없는 부처님 신통력
　　모두 나의 몸에 들어왔네

● 疏 ●

分二니 初半偈는 總明이오 後二頌半은 別顯이라
今初는 由說聽者 各有二過하야 不能得證일세 故竝彰離라
說二過者는 一은 佛不隨喜說이니 今云佛力開演하니 則知佛已隨喜라 二는 不平等說이라 今云汝等應受하니 則情無彼此니라
聽二過者는 一은 見諍過니 言我法是며 彼法非라하야 如是執著種種諸見이라 二는 於說法者에 不生恭敬이라 今令敬受일세 雙離二過니 謂敬法故로 無見諍過오 以敬人故로 無第二過니라

　　이의 게송은 2부분으로 나뉜다.
　　첫 반 수의 게송은 총체로 밝혔고, 뒤의 2수 반의 게송은 개별로 밝혔다.

이의 '첫 반 수의 게송'은 설법하는 자나 법문을 듣는 이들에게 각기 2가지 허물이 있어 증득하지 못하기 때문에 모두 이를 여의어야 함을 밝힌 것이다.

설법하는 이의 2가지 허물은 다음과 같다.

(1) 부처님께서 기뻐하시지 않는 설법이다. 게송의 첫 구절에서 "부처님의 위신력을 받들어 연설한다[佛力故開演]."고 하였다. 이는 부처님께서 따라서 진즉 기뻐하신 줄을 알 수 있다.

(2) 평등하지 못한 설법이다. 게송의 제2구에서 "그대들은 공경으로 받들어야 한다[汝等應敬受]."고 하였다. 이는 마음에 나와 남이 없는 것이다.

법문 듣는 이의 2가지 허물은 다음과 같다.

(1) 다른 견해로 다투는 허물이다.

나의 법은 옳고 남의 법은 틀리다고 생각하여, 이처럼 갖가지 견해에 집착하는 것을 말한다.

(2) 설법하는 이에게 공경심을 내지 않는 허물이다.

여기에서는 그들로 하여금 경건한 마음으로 받아들이도록[敬受] 하였기에 2가지 허물을 모두 여의었다. 법을 공경하기에 다른 견해로 다투는 허물이 없고, 사람을 공경하기에 둘째 허물도 없음을 말한다.

第二別顯中에 上雖離四過나 事但有三하니 一承力이오 二開演이오 三敬受라

今三段廣之니 初一偈는 廣開演이오 次一偈는 顯敬受오 後半偈는

顯承力이라

"뒤의 2수 반의 게송은 개별로 밝혔다."는 부분에서는, 위에서 '4가지의 허물을 여의었다.'고 하지만, 그에 관한 사례는 3가지일 뿐이다.

(1) 위신력을 받들다.

(2) 연설하다.

(3) 공경히 받들다.

여기에서는 이를 3단락으로 자세히 말하고자 한다.

첫째, 1수 게송은 '연설'을 자세히 말하였고,

둘째, 1수 게송은 '공경히 받듦'을 밝혔으며,

셋째, 반 수의 게송은 '위신력을 받듦'에 대해 밝혔다.

今初에 上但云開演하니 未知廣畧이나 今顯畧而非廣이라 上半은 顯智入之行이 深玄하야 廣說不盡이라 言智入行者는 地法爲所入이오 證智爲能入이니 行此智行이면 則入地法이라 又智入은 是證智오 行은 是事行이라 下半는 今雖畧說이나 攝廣無遺라 眞實者는 卽智入行也오 無餘者는 若事若理가 無不具故니라

'첫째, 1수 게송'은 위에서는 단 '연설[開演: 佛力故開演]'만을 말하였기에 자세한지 간략한지를 알 수 없었지만, 여기에서는 간략히 말할 뿐[我今但略說], 자세히 말하지 않겠다는 뜻을 분명히 밝혔다.

위의 제1, 2구[如是智入行, 億劫說不盡]는 지혜로 들어가는 수행이 너무 심오하고 현묘하여 아무리 자세히 말하려고 해도 다할 수 없음을 밝혔다. '지혜로 들어가는 수행[智入行]'이란 십지 법문을 들

어갈 대상으로 삼았고, '증득한 지혜[證智]'는 들어가는 주체이다. 이러한 지혜의 행으로 수행하면 십지 법문에 들어가는 것이다. 또한 '지혜로 들어감[智入]'은 증득한 지혜이고, '智入行'의 行은 현상계의 수행이다.

아래의 제3, 4구[我今但略說, 眞實義無餘]는 여기에서 간단하게 말했지만 자세한 부분을 모조리 포괄하여 조금도 남음이 없음을 말한다. '眞實義無餘'의 '진실'이란 지혜로 들어가는 수행이며, '남음이 없다[無餘].'는 것은 현상의 사법계와 진리의 이법계를 모두 갖추지 않음이 없기 때문이다.

第二 顯敬受者는 卽示恭敬相이라 初句는 正明이오 三句는 出因이라 恭敬有二하니 一은 身正恭敬待니 如威儀住에 堪受說法故오 二는 心正恭敬待니 如心決定에 堪能憶持故라 心敬則身必恭敬일세 偈但云 心也라 下釋恭敬所因이니 謂由善說故로 初句對人하야 彰己善說이니 說之一字는 論經名善說하니 善說者는 對於當機하야 無諂無憍慢故라 承佛力者는 示己無增上慢하야 不言齊佛故라 次二句는 對法하야 彰己善說이라 勝法二字는 卽是所詮이오 次六字는 是能詮이오 其相應二字는 通能所詮이라

文雖三節이나 義乃四重이니

一은 '今之所詮이 示現何事오' 所謂勝上地法이니 故云勝法이라

二는 復徵云 '所詮은 是地오 能詮은 多種이라 或以色·香·威儀·進止로 皆爲能詮이니 爲用何法爲能詮耶아' 故論云 以何事오하니라 答云 '我用八種梵響의 微妙音聲하야 以爲能詮이오 不用香等이니

331

라 故經云微妙音이라하니라

三은 復徵云 '用此音聲에 復有多種이니 爲直爾用가 爲喩類顯가 故論云 云何事오하니라 答云 '非直爾顯이오 寄喩類明이니 故云譬喩라 然喩有二種하니 一은 是譬事爲喩니 如下節節에 引金莊嚴具와 大海와 珠寶等이오 二는 借法相事니 況出於理하야 曉喩時聽을 亦名爲喩라 今通此二니라

四는 復徵云 '雖知喩顯이나 喩亦多種이니 爲依世間不善文字하야 而爲喩耶ㅇ 爲依出世善字喩耶ㅇ 故論云 依止何事오하니라 答云호되 '依於善字니라 經闕善言이나 論經에 具有라

云何相應고 通能所詮이니 一은 以妙音聲이 與喩로 相應이니 是約能詮이오 二는 約善字 與理相應이니 是通所詮이라 故論云 '善字有二種하니 一은 隨方言音이니 善隨順故오 二는 字句圓滿이니 不增不減하야 與理相應故라하니라 又與能詮三事로 相應이니 則與理相應也니라【鈔_三事는 卽聲·字·譬喩라】

"둘째, 1수 게송은 공경히 받듦을 밝혔다."는 것은 공경한 모습을 보여준 것이다. 첫 구절[我今但略說]은 바로 직접 공경을 밝혔고, 아래의 3구절[眞實義無餘, 一心恭敬待, 我承佛力說]은 공경의 원인을 밝혔다.

공경한 데에는 2가지가 있다.

첫째, 몸가짐을 바르게 하고 공경하는 마음으로 기다리는 것이다. 위의를 갖춰 머물 적에 설법을 받아들일 수 있기 때문이다.

둘째, 마음가짐을 바르게 하고 공경하는 마음으로 기다리는 것

이다. 마음으로 결정하여 흔들리지 않으면, 기억하여 지닐 수 있기 때문이다. 마음가짐이 경건하면 몸가짐도 반드시 공손하게 되므로, 게송에서는 '마음[一心恭敬待]'만을 말하였다. 아래 구절[我承佛力說]은 왜 공경해야 하는지 그 원인을 해석하였다. 설법을 잘한 까닭에 첫 구절[我今但略說]은 남들을 상대로 자신의 잘한 설법을 밝히고 있다. '略說'의 '說'이란 한 글자는 논경에서는 "설법을 잘한다[善說]."고 말하였다. 설법을 잘한다는 것은 당시의 인연 있는 대중을 상대하여 아첨이나 교만함이 없기 때문이다. '부처님의 위신력을 받는다[承佛力].'는 것은 자신에게 '깨달음을 얻지 못하고서 얻었다고 생각하는 교만'이 없어, 부처님과 동등하다는 말을 하지 않음을 보여준 것이다.

다음 2구절[勝法微妙音, 譬喩字相應]은 법을 상대로 하여 자신이 잘 설법함을 밝혔다. 훌륭한 법을 뜻하는 '勝法' 2자는 표현의 대상이고, 다음 6글자[微妙音, 譬喩字]는 표현의 주체이며, 그 '相應' 2자는 표현의 대상과 주체에 모두 통한다.

문장은 3절이지만 뜻은 4가지이다.

(1) "여기에서 말한 표현의 대상은 그 어떤 것을 보여주고자 하는가?" 이른바 '가장 뛰어난 십지 법문'이다. 이 때문에 '훌륭한 법[勝法]'이라 말하였다.

(2) 다시 물었다.

"표현의 대상은 십지이고, 표현의 주체는 여러 가지이다. 혹은 형상, 향기, 위의, 동정으로 모두 표현의 주체를 삼는다. 어느 법으로 표현의 주체를 삼는가?"

이 때문에 논에서 '어떤 것으로…'라고 말하였다.

이에 대해 답하였다.

"나는 8가지 범음의 미묘한 음성을 사용하여 표현의 주체로 삼을 뿐, 향기 등은 사용하지 않는다."

이 때문에 게송에서 '미묘한 음성'이라 하였다.

(3) 또다시 물었다.

"이 음성을 쓰는 데에도 여러 종류가 있다. 직접적인 방법으로 쓰는가? 비유나 유사한 방법으로 밝히는가?"

이 때문에 논에서 '어떤 방법으로…'라고 말하였다.

이에 대해 답하였다.

"직접적인 방법으로 표현하지 않는다. 비유나 유사한 것을 빌려 밝히는 것이다. 그래서 이를 '비유'라고 말한다. 그러나 비유에는 2가지가 있다.

① 비유의 방법으로 비유한다. 아래의 구절구절에서 금으로 장식된 도구, 큰 바다, 보배구슬 등을 인용하는 것과 같다.

② 법의 양상을 빌린 방법이다. 이치에 견주어 훌륭한 비유로 법문 듣는 이에게 맞추는 것 또한 비유라고 말한다.

이 게송에서 말한 '비유'는 위의 2가지에 모두 통한다.

(4) 또다시 물었다.

"비유로 밝힌 줄은 알겠지만, 비유 또한 여러 가지이다. 세상의 좋지 않은 문자로 비유하는가? 아니면 출세간의 좋은 문자로 비유하는가?"

이 때문에 논에서 "어떤 방법을 따르는가?"라고 말하였다.

이에 대해 답하였다.

"출세간의 좋은 문자를 따라야 한다."

게송에서는 '譬喩字'라 말했을 뿐, '좋은[善]'이라는 말이 빠졌지만, 논경에서 '出世善字喩'라 하여, 이를 구체적으로 쓰고 있다.

어떻게 '상응'하는가? 표현의 주체와 대상에 모두 통한다.

(1) 미묘한 음성이 비유와 상응한다. 이는 표현의 주체로 말한다.

(2) 훌륭한 문자가 진리와 상응한다. 이는 표현의 주체와 대상에 모두 통한다.

이 때문에 논에서 "훌륭한 문자는 2종류가 있다.

(1) 방언에 따르는 음성이다. 이는 그 지방의 중생 관습을 잘 따랐기 때문이다.

(2) 글자와 구절이 원만함이다. 글자와 구절을 더할 수도, 뺄 수도 없이 진리와 상응하기 때문이다."고 하였다.

또 표현의 주체인 3가지 방법과 상응한다. 이는 진리와 상응함을 말한다.【초_ '3가지 방법[三事]'은 음성·문자·비유이다.】

第三 廣承力者는 論云 '前言承佛神力이나 未說云何力이라'하니 故說此也니라

無量佛者는 畧有三類하니 一은 是主佛이오 二는 十方金剛藏佛이오 三은 十方一切佛也니라

"셋째, 반 수의 게송은 위신력을 받듦에 대해 자세히 밝혔다."
는 것은 논에 이르기를, "앞에서 부처님의 위신력을 받들었다고 말했지만 어떤 힘인지에 대해서는 말하지 않았다."고 하였기에 이를 말한 것이다.

'無量佛神力'의 '한량없는 부처님[無量佛]'이란 간추려 말하면 3가지가 있다.

　(1) 주존불,
　(2) 시방세계의 금강장부처님,
　(3) 시방세계의 일체 부처님이다.

第三 示說分齊
　3) 설법의 구분과 한계를 말하다

● 經 ●

此處難宣示나　　　　我今說少分호리라

　이처럼 미묘한 십지 도리 보여주기 어려우나
　내, 여기에서 조금만 말하리라

● 疏 ●

於中上句는 牒前所請이니 兼結上來義說二大하야 爲'此處'也라 難宣示義는 廣如上辨이니라

下句는 許說少分이라 論上解云 '前言十地如是는 不可得說聞이어늘 今言我但說一分이라하니 此言有何義오' '是地所攝이 有二種하니 一은 因分이오 二는 果分이라 說者는 謂解釋이오 一分者는 是因分이니 以於果分에 爲一分故라'하니라 然因果二分을 古有多釋하니 全乖文旨者는 今所不論이오 有可通者는 正而用之니라 直望論意컨대 卽指義大하야 爲果分일새 故不可說이오 說大로 爲因分하니 是則可說이니라

게송 가운데 위의 구절[此處難宣示]은 앞의 설법을 청하는 부분을 이어서 말하였다. 위에서 말하였던 '이치의 광대함[理大]'과 '설법의 광대함[說大]'을 모두 결론지으면서 "이처럼 미묘한 십지 도리[此處]"라고 규정지었다. "보여주기 어렵다[難宣示]."는 뜻은 위에서 자세히 밝힌 바와 같다.

아래 구절[我今說少分]은 조금 설법할 것을 허락하였다. 논의 위 해석에서 다음과 같이 말하였다.

"앞서 '십지의 이처럼 미묘한 이치는 말할 수도 들을 수도 없다.'고 말한 바 있는데, 여기에서는 '나는 일부분만을 말하겠다.'고 하니 이 말에 무슨 뜻이 담겨 있는가?"

"이 십지에 포괄하고 있는 바는 2가지이다.

첫째는 因分이고, 둘째는 果分이다.

'我今說少分'의 '說'이란 해석을 말한다. '일부분'이란 因分이다. 果分에 견주어 일부분이기 때문이다."

그러나 인분과 과분에 대해 옛사람의 많은 해석이 있다. 게송

의 뜻과 전혀 어긋나는 말은 여기서 논하지 않고, 의미가 통하는 말은 바르게 인용할 것이다. 직접 논에서 말한 뜻과 대조하여 살펴보면 '이치의 광대함[理大]'을 果分으로 삼기에 이는 말할 수 없는 자리이고, '설법의 광대함[說大]'을 因分으로 삼기에 이는 말할 수 있는 부분이다.

更以義取인댄 畧有二種하니
一은 唯就十地以明이니 以證智로 爲果分하고 方便寄法等으로 竝爲因分이니라 此復二義니 一은 以修證相對니 則方便造修 爲因分이오 息修契實 爲果分이라 二는 以詮表相對니 則以寄法顯地差別 爲因分이오 眞實證智 爲果分이니 如初三地는 寄同出間하며 次三은 寄二乘及禪支·道品等이라 令衆因此하야 表解地義爲因이오 所表證智 是此因之果니라 斯皆證智는 言所不及일새 故不可說이 如彼鳥迹이 同於虛空이오 方便寄法이면 可以言顯일새 故云可說이 如空中鳥迹을 約鳥說異라 是以로 一迹에 通有二分하니 即可說·不可說也니라
二는 約究竟佛果하야 對普賢因說이니 義通一部라 謂卽此證智 冥同究竟果海 爲果分이니 如迹處之空이 不異太空이라 地相之因이 同普賢因이니 以廣說 則有無量差別事와 殊勝願力하야 復過於此故라 是則迹處之空이 隨於空處之迹하야 亦有說義오 地智도 亦可寄言하야 標擧故니라

다시 의의로 말하면 대략 2가지가 있다.
(1) 오직 십지로 밝혔다. 證智로 果分을 삼고, 방편과 법에 의

탁함 등으로 함께 因分을 삼았다. 여기에는 다시 2가지 뜻이 있다.

① 수행과 증득을 상대로 말하였다. 방편으로 수행에 나아감은 인분, 수행을 멈추고 실제에 계합함은 과분이다.

② 표현을 상대로 말하였다. 법에 의탁하여 십지의 차별을 밝힌 것은 인분, 진실한 證智는 과분이다. 이는 십지 가운데 첫 부분의 초지, 2지, 3지는 모두 출세간에 의탁하고, 다음 4지, 5지, 6지는 이승과 선정바라밀과 助道品 등에 의탁함과 같다. 대중으로 하여금 이로 인하여 십지의 뜻을 밝혀 알게 함은 인분이고, 표현의 대상인 證智는 이 인분의 결과이다.

이러한 모든 증지는 그 어떤 언어로도 말할 수 없기에 말할 수 없음이 마치 새의 발자취가 허공과 같다는 점에 비유하였고, 방편으로 법에 의탁하면 이는 말로 표현할 수 있기에 말할 수 있음이 마치 허공의 새의 발자취를 새의 입장에서 말하면 다른 허공과 다르다고 말하는 것과 같다. 이 때문에 하나의 발자취에 인분과 과분이 모두 담겨 있다. 이는 곧 말할 수 있는 것과 말할 수 없는 것이다.

(2) 궁극의 佛果를 들어 보현의 因行을 상대로 말하였다. 이 뜻은 화엄경 전체에 통한다. 이는 증득한 지혜가 보이지 않게 궁극의 불과의 바다와 계합함이 果分임을 말한다. 마치 새의 발자취가 머물던 허공이 아무런 것이 없는 허공과 다를 바 없다는 것과 같다.

십지의 양상의 인분이 보현행의 인분과 같다. 이를 자세히 말하면 한량없는 차별의 일과 뛰어난 원력이 있어 이보다 더욱 뛰어나기 때문이다. 이는 발자취를 남긴 허공이 허공에 남긴 발자취를 따라 또한 말로 표현할 수 있는 뜻이 있는 것처럼, 십지의 지혜 또한 언어에 의탁하여 이를 들어 밝힐 수 있기 때문이다.

問이라 '上論云 是地所攝이 有二라하야늘 如何說爲究竟果耶아 答이라 '豈不向言冥同果海아 故上論云 此智를 是誰證고 偈言佛所行故라하며 又上加分云 不思議佛法이라하며 又地影像分에 云 彼十大山이 因大海得名이오 大海도 亦因十山得名인달하야 菩薩十地도 亦爾하야 同在一切智하야 因一切智得名이라하니 彼因果相順故라 是知論主亦用究竟之果하야 爲十地攝이로다'

물었다.

"위의 논에서 '십지의 포괄하는 바는 2가지이다.'고 말했는데, 어찌하여 궁극의 불과라 말하는가?"

이에 대해 답하였다.

"앞에서 '보이지 않게 불과의 바다와 계합한다.'고 말하지 않았는가? 이 때문에 위의 논에서 '이러한 지혜를 누가 증득했을까? 게송에서 부처님이 행하신 일이기 때문이다.'고 말하였다.

또한 위의 가피하는 부분에서는 '불가사의한 불법'이라 하였고, 또한 십지의 영상 부분에서는 '저 10곳의 큰 산이 큰 바다로 인하여 이름이 붙여졌고, 큰 바다 또한 10곳의 산으로 인하여 그 이름이 붙여진 것처럼, 보살의 십지도 그와 같다. 모두가 일체 지혜에 있으면서 일체 지혜로 인하여 붙여진 이름이다.'고 하였다. 그 말은 '인과가 서로 순응하기 때문'이라 하였다. 이로써 논주 또한 궁극의 불과를 인용하여 십지에 포괄한 것임을 알 수 있다."

● 論 ●

此中大意有十하니 文自具足일세 不須更釋이로라

其十事者는

一은 諸佛摩頂이니 明印可許說이오

二는 總擧十種地名이오

三은 黙止待請方宣이니 明法可貴하야 不輕授物이오

四는 解脫月이 知時而三請이오

五는 金剛藏菩薩이 恐器劣而三止오

六은 大衆이 咸同請이오

七은 明堪聞者는 諸佛所加나 不堪者는 元自不聞이오

八은 明光臺出音勸說이오

九는 明佛光灌頂이오

十은 明金剛藏菩薩이 辭退하사 法深難說일세 畧說少分이니

　이 경문의 대의는 10가지 일이다. 문장이 그 나름 잘 갖춰져 있기에 굳이 다시 해석할 필요가 없다.

　그 10가지 일이란 다음과 같다.

　⑴ 제불의 정수리이다. 인가하여 설법의 허락을 밝혔다.

　⑵ 십지의 명칭을 모두 열거하였다.

　⑶ 침묵으로 법문을 청할 때까지 기다렸다가 비로소 말씀하였다. 이는 법이 귀하기에 가벼이 중생에게 건네줄 수 없음을 밝힌 것이다.

　⑷ 해탈월보살이 때가 됨을 알고서 3차례 법을 청하였다.

(5) 금강장보살이 중생의 근기가 용렬함을 걱정한 나머지 3차례나 그만두었다.

(6) 대중이 모두 함께 법을 청하였다.

(7) 충분히 법문을 들을 수 있는 자는 제불의 가피를 받은 바이지만, 도저히 법문을 들을 수 없는 자는 원래 스스로가 듣지 않았음을 밝혔다.

(8) 光臺에서 소리를 내어 설법하도록 권함을 밝혔다.

(9) 부처의 광명이 관정함을 밝혔다.

(10) 금강장보살이 사양하면서, 법이 워낙 심오하여 말하기 어렵기에 조금만 간추려 말할 것임을 밝혔다.

大意가 明此十地體 與十信·十住·十行·十廻向·十一地로 互作依止故라 是故로 從十信十住十行十廻向으로 總有十地行門次第하야 爲以一箇如來自在無礙大智로 同行一箇十波羅蜜하야 以爲方便進修故니 總是初會十普賢法故라

是故로 解脫月菩薩이 以字母等喩로 一切書字及數說이 無離字母인달하야 一切佛法이 皆以十地爲本이라하니 明此十地法이 通因徹果하야 不離如來根本智코 依十普賢行하야 修差別智일새 故滿薩婆若海故니라

是故로 從初擧果勸修中에 放眉間光하시니 名菩薩力智光明이라 入佛足下輪中하사 用成十信하시고 今還於如來眉間放光하시니 名菩薩力燄明이라 灌金剛藏菩薩頂하사 用說十地하시니 足下光明은 以果成因生信이오 此光明은 說十地 是所信之果終이라

是故로 今還放初所信之十地智果之光하사 用灌加持金剛藏菩薩頂하사 令說此十地之行이니 從頂入者는 明十地 是一切菩薩 中道智果頂故며 至一切智之盡處故라
是故로 如來出現品·法界品에 總於如來眉間放光은 總明果體智光圓滿處故며 又光從頂入者는 明以從智頂處世行悲에 稱十廻向中所發大願하야 令行滿故며 明此十地 長養大慈悲門하야 赴所願滿足故니라
是以로 善財知識을 以十女天으로 表之하고 十一地엔 明悲滿從智하야 徧利衆生일새 以佛母摩耶生佛로 表之니 須妙得其意하야사 方可成信解之門과 升進之路오 不窮大敎면 無可指南이니라

위 10가지 일의 대의는 십지의 본체가 십신, 십주, 십행, 십회향, 십일지와 서로 의지가 됨을 밝힌 것이다. 따라서 십신, 십주, 십행, 십회향으로 모두 십지 수행 부분의 차례를 삼아, 한 분 여래의 자재무애한 大智로써 하나의 십바라밀을 함께 행하여 수행의 방편을 마련하였다. 이는 모두가 아란야법보리도량의 첫 법회에서 밝힌 十普賢法이기 때문이다.

이 때문에 해탈월보살이 "字母 등의 비유로 일체 문장, 글자, 수효, 말들이 자모에서 벗어날 수 없는 것처럼, 일체 불법이 모두 십지로써 근본을 삼는다."고 하였다. 이는 십지법이 因行과 果德에 모두 통하여 여래의 근본지를 여의지 않고, 十普賢行을 의지하여 差別智를 수행하기에 '모든 법을 깨닫는 지혜[薩婆若海]'가 원만한 까닭이다.

이 때문에 처음 '불과를 들어 수행을 권면하는 부분[舉果勸修]'에서 미간에서의 방광의 이름을 菩薩力智光明이라 하였다. 그 광명은 부처님의 발바닥으로 들어가 십신을 이뤘고, 여기에서 또다시 여래의 미간에서 방광하니 그 이름을 菩薩力燄明이라 하였다. 그 광명은 금강장보살 정수리에 쏟아져 이로써 십지를 설하였다. 발바닥의 광명은 불과로써 인행을 성취하여 신심을 내도록 하였고, 여기에서의 광명은 십지란 신심 대상이 되는 佛果의 끝자리임을 말해주는 것이다.

이 때문에 여기에서 최초 신심의 대상이 되는 십지 지혜의 불과 광명을 쏟아내어 금강장보살의 정수리에 비춰주는 가피를 내려 십지의 수행 방법을 설법하도록 하였다. 방광이 정수리로 들어간 것은 이 십지가 일체 보살의 中道 智果의 최고 정상이기 때문이며, 一切智의 극처에 이른 경지임을 밝혀주는 것이다.

이런 까닭에 제37 여래출현품과 제39 입법계품에서 모두 여래의 미간 방광은 果體智光이 원만한 곳임을 총체로 밝힌 때문이며, 또 광명이 정수리로 들어간 것은 지혜의 최고 정상으로 세상에 거처하면서 중생에게 자비를 행할 적에 십회향에서 일으킨 큰 원에 걸맞게 원만한 行을 성취하도록 함을 밝힌 때문이며, 이 십지가 대자비의 법문을 키워서 원하는 바 만족한 자리에 들어가도록 함을 밝힌 때문이다.

이로써 선재의 지식을 十女天으로써 밝혔고, 십일지에서는 자비의 원만함이 지혜를 따라 두루 중생에게 이익을 베풀기에 부처의 어머니, 마야부인이 부처를 탄생하는 것으로 밝히고 있다. 반드시 그 뜻을 잘 얻어야만 비로소 신심과 이해의 법문, 그리고 위로 닦아나가는 길을 성취할 수 있다. 이처럼 크나큰 가르침을 알지 못하면 결코 수행의 지침이 될 수 없다.

▬

自下大文 第七 明說分
中에 三門分別이라
一은 來意니 謂請儀既終에 已示分齊하야 彰其地實이로되 地實을 難明일세 寄顯在相이니 相卽因分이라
從此已下는 廣明地相하야 令尋相得實일세 故有此來니라
又請分은 生其正解오 此는 後顯其行修일세 故次來也니라

제7. 설법 부분

이의 경문은 3부분으로 나뉜다.

1. 유래한 뜻

법을 청하는 의식이 끝나자, 이미 구분과 한계를 보여주면서 십지의 실상을 밝혀주었다. 그러나 십지의 실상을 밝히기 어렵기에 십지의 양상에 의탁하여 밝혔다. 십지의 양상은 因分일 뿐이다.

이로부터 아래는 십지의 양상을 자세하게 밝혀 십지의 양상을 찾아 실체를 얻도록 함이기에 여기에 쓴 것이다.

또한 법을 청하는 부분은 바른 견해를 내기 위함이며, 여기에서는 그다음으로 수행하여 닦음을 밝혔기에 다음에 이를 쓰게

되었다.

二 釋名
演暢宣陳十地差別일새 故名說分이라 以上請分은 通請十地이니 對請辨說이면 理必宜通이라 爲歡喜在初일새 受斯總稱이니 故論云 自此以後는 正說初地라하니라 既有初地說分하니 即知十地 皆有說分이라

2. 품명의 해석

십지의 차별을 밝혀 말한 까닭에 그 이름을 '설법 부분'이라 하였다.

위의 법을 청하는 부분은 십지를 한꺼번에 청한 것이다. 청법을 상대로 설법한 것을 논변하면 이치는 반드시 통하기 마련이다. 환희심이 맨 처음 있기에 이의 총칭으로 붙인 것이다. 이 때문에 논에서 "이로부터 이후는 바로 초지를 설명한다."고 말하였다. 이미 초지에 설법 부분이 있기에, 이로 미루어 십지에 모두 설법 부분이 있음을 알 수 있다.

三 釋文者는 十地 即爲十段이라 就初地中하야 七門分別이니 一은 來意오 二는 釋名이오 三은 斷障이오 四는 證理오 五는 成行이오 六은 得果오 七은 釋文이라

3. 경문의 해석

십지는 각 지위에 따라 10단락이다.

초지는 7부분으로 나뉜다.

(1) 이를 쓰게 된 뜻,

(2) 품명의 해석,

(3) 장애의 단절,

(4) 진리의 증득,

(5) 수행의 성취,

(6) 과위의 얻음,

(7) 경문의 해석이다.

● '初 來意'者는 十地之中에 最初斷障證理하야 得聖性故니라

'(1) 이를 쓰게 된 뜻'이란 십지 가운데 가장 먼저 장애를 끊고 도리를 증득하여 성인의 본성을 얻었기 때문이다.

● '二 釋名'者는 此論所釋이 已見本分하고 當經有釋은 備於下文하니 今引他部하야 成立正義호리라 唯識第九云 初獲聖性하야 具證二空하야 能益自他하야 生大喜故라하니 此有三義라 一은 得位오 二는 證理오 三은 成行이니 由此三故로 句極歡喜니라

'(2) 품명의 해석'이란 논에서 해석한 바는 이미 본분에서 보여주었고, 본 경문의 해석은 아래의 문장에 모두 갖춰져 있다.

여기에서는 다른 경전을 인용하여 바른 뜻을 세우고자 한다.

성유식론 권9에서 말하였다.

"처음 성인의 성품을 얻어 아공과 법공을 모두 증득하였기에 나와 남에게 이익 되어 큰 기쁨을 일으키기 때문이다."

여기에는 3가지 뜻이 있다.

① 지위를 얻고,

② 진리를 증득하며,

③ 수행의 성취이다.

위의 3가지를 연유하여 구절마다 환희를 다하고 있다.

- '三 所斷障'者는 唯識第九中에 '異生性障은 是此所斷이니 謂二障中에 分別起者를 依彼種하야 立異生性故라 二乘見道가 現在前時에 唯斷一種하니 名得聖性이오 菩薩見道 現在前時에 具斷二種하니 名得聖性이라'하니 此言異性은 卽是凡夫니라 梁攝論中에 '名凡夫性이라'하며 此論本分中에 '名凡夫我相障이라'하니 此障障於初地니라

上來에 就能起煩惱가 是根本故로 說斷二障이어니와 若具說者인덴 亦斷惡趣諸業果等이라 由斯初地에 說斷二愚의 及彼麤重이니 一은 執著我法愚니 卽異生障이오 二는 惡趣雜染愚니 卽惡趣諸業果等이라 此業果等이 雖非是愚나 愚品類故니라 下九地中에 愚皆準此니라

'(3) 장애의 단절'이란 성유식론 권9에서 말하였다.

"異生(pṛthagjana의 의역, 즉 범부) 성품의 장애를 여기에서 끊는다. 이는 번뇌장과 소지장 2가지 가운데 분별심의 일으킴을 말한다. 그 종자에 의하여 범부의 성품을 세웠기 때문임을 말한다.

二乘의 견도가 現前할 때에 오직 하나의 번뇌 종자만을 끊는데, 이를 '성인의 성품을 얻었다.'고 말하고,

보살의 견도가 현전할 때에 2가지의 번뇌 종자를 끊는데, 이를 '성인의 성품을 얻었다.'고 말한다."

성유식론에서 말한 '異生의 성품[異性]'이란 곧 범부이다. 양섭론에서는 이를 '범부의 성품[凡夫性]'이라 하였고, 이 논의 본분에서는 '범부의 아상에 의한 장애'라 하였다. 이 장애는 초지에 장애가 되기 때문이다.

위에서는 번뇌를 일으키는 주체가 근본 장애임을 말하였기에, "2가지 장애를 단절해야 한다."고 말했지만, 만일 이를 구체적으로 말한다면 또한 악도에 떨어지는 여러 업과 등을 끊어야 한다.

이에 의하여 초지에서 2가지 어리석음 및 그 거칠고 무거운 번뇌를 끊어야 함을 말한다.

① 자아와 법에 집착하는 어리석음이다. 이는 중생 범부의 장애이다.

② 악도와 雜染에 집착하는 어리석음이다. 이는 악취에 떨어지는 여러 업의 과보 등이다.

이러한 업의 과보 등은 비록 어리석음이 아닐지라도 어리석음의 유이기 때문이다. 아래의 9지에서 말한 어리석음도 모두 이에 준한다.

• '四 所證理'者는 由斷前障하야 證徧行眞如니 謂此眞如가 二空所顯일세 無有一法이 而不在故라 梁攝論中에 名爲徧滿이라하니 徧滿一切有爲行故라 意明無有一法이 非二空故니 此地가 最初에

偏證偏滿이니라

'(4) 진리의 증득'이란 앞의 장애를 끊음에 의하여 '존재하는 진여[偏行眞如]'를 증득함이다. 이러한 진여는 아공과 법공 2가지에 의하여 밝혀진 것이기에 그 어떤 법도 존재하지 않음이 없기 때문이다. 양섭론에서는 이를 '두루 원만함[偏滿]'이라 말하였다. 일체 유위의 행법이 두루 원만하기 때문이다. 그 뜻은 그 어떤 법도 아공과 법공 2가지가 아닌 게 없기 때문임을 밝혔다. 이 지위는 최초이기에 오직 '두루 원만함'을 증득하였다.

• '五 所成行'은 畧有四種이니 一은 約增勝이니 修成施行이오 二는 約所成이니 起十大願이오 三은 約修成이니 謂信等十行이오 四는 約實行이니 謂十度等行을 無不皆修라 餘所修行은 釋文에 自顯이라 【鈔_'二 約所成'者는 大願을 昔發이라가 至於初地하야 能如願作일세 故稱所成이오 復名爲行이니라 謂信等者는 卽淨治地法이니 文在行挍量中하니 一은 信, 二는 悲, 三은 慈, 四는 捨, 五는 無有疲厭, 六은 知諸經論, 七은 善解世法, 八은 慚愧莊嚴, 九는 具堅固力, 十은 供養諸佛하고 依敎修行이라】

'(5) 수행의 성취'는 대략 4가지가 있다.

① 더욱 뛰어남으로 말한다. 보시행의 성취이다.

② 성취한 바로 말한다. 10가지 큰 서원을 일으킴이다.

③ 수행하여 성취함으로 말한다. 믿음 등 10가지 수행을 말한다.

④ 실제 수행으로 말한다. 십바라밀 등의 수행을 모두 닦지 않

음이 없음을 말한다.

나머지 수행할 바는 경문의 해석에 절로 나타나 있다.【초_"② 성취한 바로 말한다."는 것은 예전에 큰 서원을 일으켰다가 초지에 이르러 서원처럼 행하였기에 '성취한 바'라 말하고, 다시 '行'이라 말하였다.

"믿음 등 10가지 수행"이라 말한 것은 십지를 청정하게 다스리는 법이다. 경문은 행법을 비교한 가운데 있다. ① 믿음, ② 대비, ③ 大慈, ④ 희사, ⑤ 피곤해하거나 싫어하지 않고, ⑥ 여러 경과 논을 이해하고, ⑦ 세간법을 잘 이해하고, ⑧ 부끄러워함으로 장엄하고, ⑨ 견고한 힘을 갖추고, ⑩ 부처께 공양하고 가르침에 따라 수행함이다.】

- '六 所得果'는 畧有四種이니 一은 得當地滿時 調柔等 四果오 二는 得檀行하야 成大財果오 三은 依攝論인댄 通達障空하야 得一切障滅果오 四는 通論이니 得唯識三性과 三無性理智와 及奢摩他의 毘鉢舍那等果니라

然上請門은 多依行布어니와 若約圓融인댄 一斷에 一切斷이오 一證에 一切證이오 一行에 一切行이오 一得에 一切得也니라

'(6) 과위의 얻음'은 대략 4가지가 있다.

① 해당 지위가 원만했을 때, 調柔果 등의 4가지 결과를 얻음이다.

② 보시행으로 큰 재물의 결과를 얻음이다.

③ 섭대승론에 의하면, 일체 장애가 없는 결과를 얻음이다.

④ 전체를 회통하여 말함이다. 유식론의 3가지 성품, 3가지 자성이 없는 진리의 지혜, 사마타, 위빠사나 등의 결과를 얻음이다.

그러나 위의 청법 부분은 대체로 항포법문을 따랐지만, 원융법문으로 말하면 다음과 같다.

하나를 끊으면 일체 모든 것을 끊고,

하나를 증득하면 일체 모든 것을 증득하며,

하나를 행하면 일체 모든 것을 행하고,

하나를 얻으면 일체 모든 것을 얻는다.

● '第七 釋文'은 分二니 先은 長行이오 後는 偈頌이라

前中에 若直就經文인댄 應分爲二니

初는 明地法이오 後 '佛子菩薩住此地多作閻淨提王'下는 地果라

前中에 先은 廣明이오 後 '佛子是名'下는 總結이라

前中有三하니 初는 明入心이오 次는 '佛子此菩薩以大悲爲首'下는

明住地心이라 後 '佛子菩薩住此歡喜地已以大願力得見多佛'

下는 明其出心이라

十地之文이 大體皆爾니라 故依慈氏論인댄 於十地內에 皆有三心하며 仁王上卷에 亦云 '地地의 上中下三十忍과 地地中의 始生·住生·終生을 不可得等'이라하니 理必然也니라 而論에 以出心으로 爲調柔果所以는 至下當明하리라

今且依論判인댄 長行中二니 先은 明初地說分이오 後 '佛子菩薩住

此下는 挍量勝分이라

前中에 依論하면 總有百句를 分爲三分하니

初四十句는 明住分이오

二 '佛子菩薩住歡喜地' 下의 三十句는 釋名分이오

三 '佛子此菩薩以大悲' 下 三十句는 安住地分이라

若通取挍量勝하면 卽爲初地四分이니

初云住者는 出世菩提心生하야 堅守初地하야 更不退失일새 故稱爲住니 卽始住入心이라 初雖住地나 未得名善이니 更起信等하야 地中善住하면 故名安住니 卽地中正住와 及後一分이 竝是住心이라 其釋名分은 十地에 應齊호되 但從義顯하야 +偏釋三地니 謂初及八 ·十이라 餘畧不論이니 以初地는 是得聖之始오 釋名故로 用初라 八地는 無功用初오 法雲은 菩薩地盡이라 名無數劫滿일새 故偏釋也니라 然十地中에 旣三心을 齊證하니 則地地之中에 皆攝前之三位라 此中住分은 攝發心住오 其釋名分은 攝歡喜行이오 後之二分은 攝救護衆生離衆生相廻向이라 皆文義相順하니 如文思之니라

'(7) 경문의 해석'은 둘로 나누면 앞에는 경문이고, 뒤에는 게송이다.

앞의 경문 부분은 직접 경문으로 말하면 2부분으로 나뉜다.

① 십지의 법을 밝혔고,

② '佛子菩薩住此地多作閻淨提王' 이하는 십지의 결과를 밝힌 것이다.

'① 십지의 법을 밝힌' 부분의 앞은 자세히 밝혔고,

뒤의 '佛子是名' 이하는 총체의 결론이다.

'앞의 자세히 밝힌' 부분은 다시 3부분으로 나뉜다.

㉠ 십지에 들어가는 마음을 밝혔고,

㉡ '佛子此菩薩以大悲爲首' 이하는 십지에 안주하는 마음을 밝혔으며,

㉢ '佛子菩薩住此歡喜地已 以大願力得見多佛' 이하는 십지에서 나오는 마음을 밝혔다.

십지의 문장은 대체로 모두 이와 같다. 이 때문에 慈氏菩薩 즉 미륵의 논에 의하면, 십지 안에 모두 3가지 마음이 있으며, 인왕경 상권 觀如來品 또한 다음과 같이 말하였다.

"지위와 지위마다 상·중·하의 3忍이 있기에 십지는 도합 30가지 法忍이며, 지위와 지위 가운데 처음 생겨남과 머물러 생겨남과 마지막 생겨남을 얻을 수 없는 등이다."

이는 이치가 반드시 그와 같다. 그러나 논에 지위에서 나가는 마음으로 조화롭고 부드러운 결과가 되는 이유는 아래의 해당 부분에서 밝힐 것이다.

여기에서 다시 논에 의하여 과목을 나누면, 장항의 경문은 2부분으로 나뉜다.

[1] 앞은 초지의 설법 부분을 밝혔고,

[2] 뒤의 '佛子菩薩住此' 이하는 비교하여 뛰어남을 밝혔다.

'[1] 앞의 초지 설법 부분'은 논에 의하면, 모두 1백 구절은 3부분으로 나뉜다.

1. 40구절은 안주 부분을 밝혔고,

2. '佛子菩薩住歡喜地' 이하의 30구절은 품명의 해석 부분이며,

3. '佛子此菩薩以大悲' 이하의 30구절은 초지에 안주하는 부분이다.

만일 통틀어 뛰어남을 비교하는 부분까지 모두 취하면, 초지는 4부분으로 나뉜다.

'1. 40구절의 안주 부분'은 출세간의 보리심이 생겨나 견고하게 초지를 지켜서 다시는 물러서지 않기에 '안주'라고 말한다. 이는 처음으로 '십지의 들어가는 마음'에 안주한다는 뜻이다.

처음 비록 지위에 안주하지만 '좋다[善]'고 이름 붙일 수는 없다. 다시 신심 등을 일으켜 지위에 훌륭히 머물면 이를 '안주'라고 말한다. 이는 지위 가운데 바르게 안주하는 부분과 뒤의 한 부분이 모두 '안주의 마음'이다.

'2. 30구절의 품명 해석 부분'은 십지와 똑같지만, 의미를 따라 표현하여 오직 3지위만을 해석하였다. 3지위는 초지, 8지, 9지를 말한다. 나머지는 생략하여 논하지 않는다.

초지는 성인의 지위를 얻는 첫 단계이다. 명목을 해석한 까닭에 첫 지위에 썼다. 8지는 더 이상 공부가 필요 없는 첫 자리이며, 법운지는 보살의 마지막 지위이기에 '무수겁의 원만'이라고 말한다. 이 때문에 한쪽만을 해석하였다.

그러나 십지 가운데 이미 3가지 마음[入心·住心·出心]을 모두 증득하였다. 지위와 지위마다 모두 앞의 3지위를 포괄하고 있다.

이 가운데 '안주 부분'은 발심주를 포괄하고, '명목의 해석 부분'은 환희행을 포괄하며, 뒤의 2부분[安住地分, 挍量勝分]은 중생을 구제하고 보호하되 중생이라는 생각을 여읜 회향을 포괄한다. 모두 문맥이 순조로우니 경문처럼 생각해야 한다.

今初住分은 文分爲二니 初는 別顯住法이오 後 '菩薩住如是' 下는 結住入位라

前中에 四十句를 分四니 初十은 依何身이오 次十은 爲何義오 三有十句는 以何因이오 四有十句는 有何相이라 初는 謂深種善根이니 爲所依身이오 次는 爲得佛果니 爲所緣境義니 上二는 皆發心緣이라 三은 以大悲로 爲發心之因이오 四는 以過凡得聖으로 爲發心福利之相이라

瑜伽四十七에 亦有四相하니 論依經造일새 故同於此니라 又此四事가 卽三種菩提心이니 深種善根은 是深心이오 次爲求菩提는 是直心이오 三은 卽大悲心이니 具此三心하야 成後入地之相이라 又此四段에 各具含三心하니 可以思準이니라

今初는 依何身十句라

　이의 '1. 40구절의 안주 부분'은 2단락으로 나뉜다.
　제1단락, 먼저 개별로 안주의 법을 밝혔고,
　제2단락, 다음 '菩薩住如是' 이하는 안주하여 들어가는 지위를 끝맺었다.
　제1단락, 개별로 안주의 법을 밝힌 가운데 '1. 40구절'은 4부분으로 나뉜다.

1) 10구는 어떤 몸을 의지하는가?

2) 10구는 어떤 뜻이 담겨 있는가?

3) 10구는 어떤 원인인가?

4) 10구는 어떤 양상이 있는가?

'1) 10구'는 선근을 깊이 심음이니, 의지할 몸을 삼음이다.

'2) 10구'는 불과를 얻기 위함이니, 반연한 바의 경계라는 뜻이다.

위의 2가지는 모두 발심의 인연이다.

'3) 10구'는 큰 자비로 발심의 원인을 삼았고,

'4) 10구'는 범부를 지나 성인이 되는 것으로 발심과 복된 이익의 양상을 삼았다.

유가사지론 권47 또한 4가지 양상이 있다. 논은 경문을 따라 서술한 것이기에 이와 같다.

또한 4가지 일[深種善根·爲得佛果·大悲·過凡得聖]이 곧 3가지 보리심이다.

(1) '선근을 깊이 심음'은 '깊은 마음'이고,

(2) '깨달음을 구함'은 '정직한 마음'이며,

(3) 큰 자비의 마음이다.

위의 3가지 마음을 갖추고서 뒤의 지위에 들어가는 양상이 이뤄지는 것이다.

또한 4단락에 각기 3가지 마음을 모두 포괄하고 있다. 여기에 준하여 생각해야 한다.

이의 첫 부분은 '1) 어떤 몸을 의지하는가?'라는 10구이다.

經

佛子여 若有衆生이 深種善根하면 善修諸行하며 善集助道하며 善供養諸佛하며 善集白淨法하며 爲善知識善攝하며 善淸淨深心하며 立廣大志하며 生廣大解하며 慈悲現前하나니라

"불자여! 만약 어느 중생이 선근을 깊이 심으면,

모든 행을 잘 닦고,

도를 돕는 법을 잘 모으며,

여러 부처님께 잘 공양하고,

청정한 법을 잘 쌓으며,

선지식이 잘 거두어주고,

깊은 마음을 잘 청정하게 하며,

광대한 뜻을 세우고,

광대한 지혜를 내며,

자비가 앞에 나타나게 된다.

● 疏 ●

初는 總이오 餘는 別이라
總云若有衆生者는 是具行之人이라 依地持論컨댄 是解行人이니 有如是心이면 則入初地오 入已에 此心이 常現在前이라 下諸地中

의 初之十心을 類此可知니라 言深種善根者는 正是總句라 論經에는 名厚集하니 集卽種也라 若約圓融인댄 則不定時數어니와 若依行布인댄 謂一僧祇에 已積資糧일새 故云深種이니라

別有九種集하니 前六은 護煩惱行이오 後三은 護二乘行이라 前中은 卽增上三學이니 初는 戒오 次는 定이오 餘四는 是慧라 慧中에 前三은 如次是聞思修오 後一은 所成出世之智니라 後三中에 初二는 護二乘心이니 謂大志로 護狹心하고 大解로 護小心이며 後一은 護二乘行이라

已知其意하니 云何九集고

一은 行集이니 卽經 善修諸行이니 善作眷屬持戒故라 三聚非一일새 故名爲諸오 不淨尸羅면 不生三昧일새 故首明矣니라

二는 定集이니 卽經 善集助道라 善作眷屬三昧故니 卽明得等과 及四靜慮니 以定으로 親資慧일새 故名助道라 皆云眷屬者는 慧爲主故라

三은 親近集이니 卽經의 善供養諸佛이니 供佛은 爲欲集聞慧故라

四는 聚集이니 卽經 善集白淨法이니 取思慧하야 善思量波羅蜜等인 諸善法故니 謂依聞思彼若名若義와 自性差別에 有上下故로 成煖頂住하야 治諸蔽漏일새 故云白淨이라

五는 護集이니 卽爲善知識善攝이니 由內修行實證하야 得外敎授故로 修行實證은 卽如實智라 亦分上下하야 立於忍位와 及世第一이니 上五는 皆同加行이오 下四皆已入地니라【鈔_謂依聞思 等者는 以前之五集으로 明四善根이라 古來에 諸德이 皆云 權敎는 似小

하야 擬議立四어니와 華嚴에 卽無라하니라 然華嚴에 正約四十二位하야 文無彰灼四善根名하고 論無釋文이나 義旨含有니 是約五位收攝之義라

且十地에 皆有十句加行하야 起十種心하니 此心未滿이면 猶屬初地오 滿成二地며 二地의 加行十心이 未滿이면 屬於二地오 滿屬三地라 下七도 皆然이니라

未知케라 初地에 亦起十心하니 十心已滿에 卽入初地어니와 未滿에 屬何오 例於下九컨대 卽在地前이라 廻向會竟하니 旣非廻向이어니 當屬何人고 爲加行位 理極成矣로다 又上深種善根之人을 地持에 判屬勝解行人하야 有如是心이면 卽入初地오 明知未具에 是地前也니라

今約五位인댄 初地加行은 屬加行攝이온 況論에 釋十句호되 前五는 約聞思修等하고 第六에야 方名淨心集者는 前爲加行이 文理更明이로다 雖局初地나 而以地前으로 望於地上에 卽爲十地之加行也라 故於十地에 總有三處總集方便하니 謂初地·八地와 及與十地라 然初地方便에 復有二種하니 一은 收三賢하야 皆爲趣地之遠方便이오 二者는 取加行하야 爲近方便이라 三賢別會에 已廣說竟이오 今爲加行이 於理無違로다

復有人言호되 此中十句는 唯屬初地오 四加行位는 總屬十地라하나 斯人은 不曉唯識論文云'爲入見道인댄 復修加行'이라 明知卽是初地加行일새 故四加行義는 通於總別이니 勿復粗心이니라

言四加行者는 唯識第九偈云'現前立少物인댄 謂是唯識性'이라

以有所得故오 非實住唯識이라'하니 論曰 '菩薩이 於初無數劫에 善備福德智慧資糧하야 順解脫分하야 旣圓滿已에 爲入見道하야 住唯識性이오 復起加行하야 伏除二取니 謂煖·頂·忍과 世第一法이니 此四를 總名順決擇分이라 順取眞實決擇分故며 近見道故로 立加行名이오 非前資糧에 無加行義라'하니라】

첫 구절은 총체로, 나머지 구절은 개별로 말하였다.

총체의 첫 구절에서 말한 '만약 어느 중생'이란 '수행을 갖춘 사람'이다. 地持論에 의하면, '이해하고 수행하는 사람'을 가리킨다. 이러한 마음을 가지면 초지에 들어가게 되고, 들어간 뒤에 항상 이런 마음이 나타나게 된다. 아래의 여러 지위에서 말한 초지의 10가지 마음은 이와 같은 유임을 설명하지 않아도 알 수 있다.

'선근을 깊이 심으면'이라는 것은 바로 총상의 구절이다. 논경에서는 이를 "두텁게 모은다[厚集]."고 하였다. 모은다는 것은 곧 심는다는 뜻이다. 만일 원융법문으로 말하면 시기와 수효를 정할 수 없지만, 항포법문을 따르면 아승기겁에 이미 살림살이를 쌓아왔기에 이를 '깊이 심었다[深種].'고 말한다.

개별에는 9가지의 모음[九集]이 있다. 앞의 6가지는 번뇌를 막는 행이고, 뒤의 3가지는 이승을 막는 행이다.

앞의 6가지는 곧 三學을 더욱 향상시키는 것이다. 첫째[善修諸行]는 戒, 둘째[善集助道]는 定, 나머지 4구[善供養諸佛… 善淸淨深心]는 慧이다.

慧에 관한 4구 가운데 앞의 3구는 차례대로 聞慧[善供養諸佛],

思慧[善集白淨法], 修慧[爲善知識善攝]이며, 뒤의 1구[善淸淨深心]는 출세간의 지혜를 성취한 바이다. 앞의 3구 가운데 1, 2구는 이승을 막는 마음이다. 이는 큰 뜻으로 좁은 마음을 막아내고, 큰 견해로 작은 마음을 막아냄을 말한다. 뒤의 1구는 이승을 막는 행이다.

이미 그 뜻을 알았으니 무엇이 9가지 모음인가?

(1) 수행의 모음. 이는 경문에서 말한 '모든 행을 잘 닦음'을 말한다. 持戒의 권속을 잘 만들기 때문이다. 三聚戒(攝律儀戒, 攝善法戒, 攝衆生戒)는 한 가지가 아니기에 '모든[諸]'이라 말하였고, 계율[尸羅]을 청정하게 닦지 않으면 삼매가 생겨나지 않기에 가장 먼저 이를 밝힌 것이다.

(2) 선정의 모음. 이는 경문에서 말한 '도를 돕는 법을 잘 모으는 것'이다. 삼매의 권속을 잘 만들기 때문이다. 삼매의 권속은 明得定 등 4가지 靜慮이다. 선정으로 지혜를 가까이 돕기에 '도를 돕는 법[助道]'이라 하였다. 모두 권속이라 말한 것은 지혜가 위주이기 때문이다.

(3) 친근의 모음. 이는 경문에서 말한 '모든 부처님을 잘 공양하는 것'이다. 부처님을 공양함은 聞慧를 모으고자 함이다.

(4) 취합의 모음. 이는 경문에서 말한 '백정법을 잘 쌓아가는 것'이다. 思慧를 취하여 바라밀 등의 많은 선법을 잘 생각하기 때문이다. 그 명칭, 그 의의와 그 자성의 차별에 위아래가 있음을 듣고 잘 생각한 까닭에 煖位와 頂位에 안주함을 성취하여 숨겨져 있던 모든 번뇌를 다스리기에 이를 '白淨'이라 말한다.

(5) 보호의 모음. 이는 경문에서 말한 '선지식이 잘 거둬주는 것'이다. 안으로 자신의 수행과 實證에 의하여 밖으로 남들을 가르치기 때문이다. 수행과 실증이 곧 진여실상의 지혜이다.

또한 상하로 나누어 忍位와 世第一位를 세우는 것이니, 위의 5가지는 모두 加行位와 같고, 아래의 4가지는 모두 이미 '지위에 들어감'이다.【초_ '謂依聞思' 등이란 앞의 5가지 모음으로 '4가지 선근'을 밝혔다. 옛적에 많은 스님들이 모두 말하기를 "권교는 소승교와 비슷하게 생각하여 4가지 지위를 건립하였지만 화엄에는 없다."고 하였다. 하지만 화엄에서는 바로 42위를 가지고서 경문에는 4가지 선근의 명목을 밝히지 않았고, 논에도 이에 관해 설명한 문장이 없지만 의미는 포함되어 있다. 이는 5가지 지위로 모든 것을 포괄한 뜻이다.

또한 십지에 모두 10구절의 加行으로 열 가지 마음을 일으켰다. 이 마음이 원만하지 못하면 그대로 초지에 속하고, 원만하면 제2지에 속하게 되고, 제2지에서의 가행 열 가지 마음이 원만하지 못하면 그대로 제2지에 속하고, 원만하면 제3지에 속하게 된다. 아래의 7가지 지위도 모두 마찬가지이다.

알 수 없다. 초지 또한 열 가지 마음을 일으킨다. 열 가지 마음이 이미 원만하면 곧 초지에 들어가겠지만 원만하지 못하면 어떤 지위에 속하는 것일까? 아래의 9지위의 예로 미뤄보면 십지 이전에 해당된다.

십회향의 법회는 이미 끝마친 자리이다. 이는 이미 십회향의 지위가 아닌데 어느 단계의 사람에 속하는 것일까? 가행위의 이치를 극도로 성취한 것이다.

또한 위의 첫 구절에서 말한 '선근을 깊이 심은 사람'에 대해 地持經에서는 "뛰어난 견해로 수행하는 사람에 속한다."고 구분 지어, 이런 마음을 가지면 곧 '초지에 들어간다.'고 말한다. 이런 열 가지 마음이 원만하지 못하면 십지 이전임을 분명히 알 수 있다.

이의 경문을 5가지 지위로 말하면 초지의 가행은 가행위에 속한다. 더욱이 논에서 10구를 해석할 적에 앞의 5가지 모음[行集, 定集, 親近集, 聚集, 護集]은 聞思修 三慧 등으로 말하였고, 제6에 이르러서야 비로소 그 이름을 '청정한 마음의 모음[淨心集]'이라 한 것은 앞의 가행위의 문장과 이치가 더욱 분명하기 때문이다. 이처럼 초지에 국한되지만 십지 이전으로 십지 이상을 대조하여 보면 이는 곧 십지의 가행이다. 이 때문에 십지에 모두 3곳의 총체적인 모음의 방편이 있다. 이는 제1 환희지, 제8 부동지 및 제10 법운지를 말한다.

그러나 초지의 방편은 또한 2가지가 있다.

(1) 삼현을 거두어 모두 십지에 나아가는 머나먼 방편으로 삼는다.

(2) 四加行位를 취하여 가까운 방편으로 삼는다.

삼현의 별도 법회는 이미 모두 자세히 말한 바 있고, 여기에서 가행위를 삼은 것은 문맥에 어긋남이 없다.

또 어느 사람은 말하였다.

"여기에서 말한 10구는 오직 초지에 속할 뿐이지만, 四加行位는 모두 십지에 속한다."

하지만 그 사람은 유식론에서 말한 "見道位에 들어가고자 한다면 다시 加行位를 닦아야 한다."는 구절을 모른 까닭에 이처럼 말한 것이다. 이는 초지의 加行이기에 사가행위의 의의는 총상과 별상에 모두 통함을 분명히 알 수 있다. 다시는 거친 마음으로 넘봐서는 안 된다.

'사가행'이라 말한 것은 유식론 제9 게송에서 "앞에 조그마한 물건이라도 세우면 이를 유식의 자성이라고 말한다. 얻은 바 있기 때문이지, 실로 유식에 머문 것은 아니다."고 말하였다.

이에 대한 논은 다음과 같다.

"보살이 처음 헤아릴 수 없는 겁에 복덕과 지혜의 살림살이를 잘 갖추어 해탈분을 따라 이미 원만해 見道位에 들어가 유식성에 머물게 된다. 여기에 다시 加行을 일으켜 能所 二取의 습기를 조복해야 한다. 煖位, 頂位 그리고 忍位와 世第一法을 말한다. 이 4가지를 총괄하여 그 이름을 '順決擇分'이라고 말한다. 이는 眞實決擇分을 따른 때문이며, 見道位에 가까운 까닭에 加行位라는 이름을 세운 것이지, 앞의 資糧位에 加行의 의의가 없다는 것은 아니다."】

六은 淨心集이니 卽善淸淨深心이니 以得出世間正智하야 於所緣境에 無分別智로 都無所得하야 不取種種戱論相故로 名爲善淨이오 智能契理일세 故曰深心이니라

七은 廣集이니 卽立廣大志라 深心廣利故니라
八은 信心集이니 卽生廣大解라 求一切智智故라
九는 現集이니 卽慈悲現前이라 爲多行慈悲하야 無實暫捨일세 故云 現前이니라
然小乘은 無求佛意일세 故於護小心中에 明自利心으로 求一切智라 小乘도 亦有自利三學之行일세 故今護行之中에는 但擧利他慈悲라 於中에 慈依苦苦와 壞苦니 以正在苦에 思願樂故오 悲依行苦니 拔彼妄樂이 不知行苦之所遷故라 三界不離三苦일세 故爲 慈悲之境이니라 又明與樂이 卽能拔苦니 故慈依二苦오 拔苦卽與 眞樂이니 故悲依行苦니라 已知總別하니 集爲同相이오 戒等異相이오 畧說爲成이오 廣說爲壞라 如上具明이니라

(6) 청정한 마음의 모음. 이는 경문에서 말한 '깊은 마음을 잘 청정하게 함'이다. 출세간의 바른 지혜를 얻어 반연 대상 경계에 분별심이 없는 지혜는 도무지 얻은 바 없어 가지가지 희론의 양상을 취하지 않기 때문에 '善淨'이라 말하고, 지혜가 이치와 하나가 된 까닭에 '깊은 마음'이라고 하였다.

(7) 넓음의 모음. 이는 경문에서 말한 '광대한 뜻을 세움'이다. 깊은 마음으로 널리 이익을 베풀기 때문이다.

(8) 신심의 모음. 이는 경문에서 말한 '광대한 이해를 냄'이다. 일체 지혜의 지혜[一切智智]를 구하기 때문이다.

(9) 현전의 모음. 이는 경문에서 말한 '자비가 앞에 나타남'이다. 자비를 많이 실천하여 잠시도 중생을 버리지 않기에 '앞에 나

타난다.'고 말하였다.

그러나 소승은 부처를 구하려는 마음이 없기에 소승을 막고 보호하는 마음속에는 '자신의 이익을 구하는 마음'으로 일체 지혜의 추구를 밝힌 것이다. 소승 또한 自利의 戒·定·慧 三學의 수행이 있기에 여기에서 막고 보호하는 행 가운데, 단 이타의 자비만을 말하였다.

그 가운데 慈悲의 '慈'는 3가지 고통[三苦]의 '苦苦'와 '壞苦'에 의한 것이다. 바로 고통 속에서 소원과 안락을 생각하기 때문이다. 慈悲의 '悲'는 '行苦'에 의한 것이다. 그들의 헛된 안락이 行苦에 의한 遷變임을 모르는 것을 뽑아주기 때문이다.

삼계는 이처럼 3가지 고통에서 벗어나지 못하므로 이를 慈·悲의 경계로 삼는다. 또한 안락을 주는 것이 바로 고통을 없애주는 것이기에 慈는 '苦苦'와 '壞苦' 2가지 고통에 의하고, 고통을 없애주는 것이 곧 참된 안락을 주는 것이기에 悲는 行苦에 의한다.

총상과 별상은 이미 알았으니, '모음'은 同相이고, 戒 등은 異相이며, 간략히 말하면 成相이고, 자세히 말하면 壞相이다. 이는 위에서 구체적으로 밝힌 바와 같다.

第二 爲何義者는 爲求佛果라
先은 別顯求果之相이오
後'佛子'下 總結發心이라

2) 어떤 뜻이 담겨 있는가?

이는 불과를 구하기 위함이다.

앞은 개별로 불과를 구하는 양상을 밝혔고,

뒤의 '佛子' 이하는 발심을 총괄하여 끝맺었다.

經

爲求佛智故며

爲得十力故며

爲得大無畏故며

爲得佛平等法故며

爲救一切世間故며

爲淨大慈悲故며

爲得十方無餘智故며

爲淨一切佛刹하야 無障礙故며

爲一念에 知一切三世故며

爲轉大法輪하야 無所畏故라

佛子여 菩薩이 起如是心이니라

  부처님의 지혜를 구하기 위함이며,

  열 가지 힘을 얻기 위함이며,

  크게 두려움 없음을 얻기 위함이며,

  부처님의 평등한 법을 얻기 위함이며,

  일체 세간을 구호하기 위함이며,

큰 자비를 청정케 하기 위함이며,

시방에 남음 없는 지혜를 얻기 위함이며,

모든 부처님의 세계를 청정케 하여 장애를 없애기 위함이며,

한 생각의 찰나에 일체 삼세를 알고자 함이며,

큰 법륜을 굴릴 적에 두려운 바 없기 위함이다.

불자여! 보살이 이와 같은 마음을 일으키는 것이다.

● 疏 ●

十句에 初는 總이오 餘는 別이라

總云佛智는 謂無上智니 知斷證修故라 約無作四諦하야 說此四別이니 修究竟故며 亦得名修니라【鈔_'總云佛智等'者는 上句는 擧經이오 謂'無上智'는 卽論에 總指其體오 '知斷證修故'는 論에 別顯其相이니 謂知苦와 斷集과 證滅과 修道라 苦是報法일새 不可言斷이오 但可言知는 以令生厭이오 集則可斷이오 滅是理法이니 但可云證이오 道是心法이니 可以進修니라 約'無作'者는 此疏 釋論하야 揀非權小니 如四諦品이라 言'修究竟故'者는 釋妨이니 恐有問言호되 旣是佛智인댄 何得有修오 通意는 可知로다】

10구절 가운데 첫 구절은 총상이요, 나머지 구절은 별상이다.

총상에서 '부처님 지혜'를 말한 것은 '위없는 지혜'를 말한다. 苦諦를 알고 集諦를 끊고 滅諦를 증득하고 道諦를 닦기 때문이다. 작위가 없는 사성제를 가지고서 4가지의 별상으로 말하였다. 이는 닦음이 궁극이기 때문에 또한 '닦는다.'는 이름을 붙인 것이

다.【초_ '總云佛智等'이란 위 구절은 경문을 들어 말하였고, '無上智'는 논에서 총상으로 그 체성을 가리킨 것이며, '知斷證修故'는 논에서 그 양상을 개별로 밝혔다. 苦諦를 알고 集諦를 끊고 滅諦를 증득하고 道諦를 닦는다는 뜻이다.

苦는 과보로 얻은 법이기에 '끊는다.' 말하지 않고 단 '이를 안다.'고만 말한 것은 이를 싫어하는 마음을 내도록 하려는 것이다.

集은 끊을 수 있는 것이며,

滅은 이치의 법이기에 단 '증득'이라 말할 뿐이며,

道는 심법이기에 정진하여 닦을 수 있기 때문이다.

"작위가 없는 사성제를 의지한다."고 말한 것은 청량소에서 논을 해석하여 권교와 소승이 아님을 구별하기 위함이라고 하였다. 이는 제8 사성제품에서 밝힌 바와 같다.

"닦음이 궁극이기 때문이다."고 말한 것은 논란을 해석하려는 것이다. 혹시 어떤 이가 "이미 佛智라고 한다면 어찌 다시 닦을 게 남아 있겠는가?"라고 물을까를 염려한 때문이다. 해명한 의미는 설명하지 않아도 알 수 있다.】

此智差別이 有九種하니 皆悉求之니라

一은 力佛智니 問記로 爲業이니 以十種力으로 隨機答故라【鈔_ 一은 問記業이라 記는 卽答也라】

이러한 佛智를 구분하면 9가지가 있다. 이를 모두 추구해야 한다.

(1) 십력의 부처님 지혜이다. 묻고 기별하는 것으로 일을 삼는

다. 열 가지 힘으로 중생의 근기에 따라 답하기 때문이다.【초_ 첫째는 묻고 기별하는 일이다. '기별'은 곧 대답을 뜻한다.】

二는 無畏佛智니 破邪見業이라 揀異菩薩하야 復稱爲大니라

(2) 두려움이 없는 부처님의 지혜이다. 삿된 견해를 타파하는 업이다. 보살과의 차이를 구별하기 위해 '크다'는 말을 덧붙였다.

三은 平等佛智니 得人法無我하야 敎授衆生하야 證入之業이니라【鈔_ 三中에 平等이 有其二義하니 一은 二無我理니 生佛平等이오 二는 令衆生으로 平等皆證이라】

(3) 평등한 부처님의 지혜이다. 人無我와 法無我를 얻어 중생을 가르쳐 도를 증득하여 들어가도록 하는 일이다.【초_ (3)에서 말한 '평등'에는 2가지 뜻이 있다. ① 인무아와 법무아의 도리이다. 중생과 부처가 평등하다. ② 중생으로 하여금 평등하게 모두 증득하도록 하는 것이다.】

四는 救佛智니 以四攝法으로 化衆生業이라

(4) 세상을 구제하는 부처님의 지혜이다. 布施·愛語·利行·同事 4가지 법으로 중생을 교화하는 일이다.

五는 淨佛智니 能爲救攝因業이니 慈悲로 淨瞋恚故니라【鈔_ 五中에 救攝因者는 由慈淨瞋하야 能用四攝하야 廣利樂故라】

(5) 청정한 부처님의 지혜이다. 중생을 구제하고 받아들이는 원인을 짓는 일이다. 자비의 마음으로 성냄을 정화시키기 때문이다.【초_ (5)에서 말한 구제하고 받아들이는 원인이란 자비로 인하여 성냄을 정화시킬 적에 四攝法을 사용하여 널리 이익과 안락을

주기 때문이다.】

六은 無餘智佛智니 常以佛眼으로 觀世間衆生業이니 十方徧觀일새 故云無餘니라

(6) 남음이 없는 부처님의 지혜이다. 항상 부처님의 눈으로 세간의 중생을 관찰하는 일이다. 시방세계를 두루 살펴보기에 '남음이 없다.'고 말하였다.

七은 無染佛智니 若順今經인댄 以無障礙智로 嚴其依報하야 自然應化하사 令其信樂으로 爲業이라 論經에 闕於淨刹이니라

(7) 오염되지 않는 부처님의 지혜이다. 만일 이의 경문을 따르면 걸림 없는 지혜로 依報를 장엄하고 자연스럽게 교화하여 그들이 믿고 즐거워하도록 하는 것으로 일을 삼는다. 논에는 '국토를 청정히 한다.'는 부분이 빠졌다.

八은 覺佛智니 一念으로 知三世衆生心心數法으로 爲業이니라

(8) 깨달음의 부처님 지혜이다. 한 생각의 찰나에 삼세 중생의 마음과 心數法[受·想·行 등]을 아는 것으로 일을 삼는다.

九는 轉法輪佛智니 解脫方便善巧業故라 言善巧者는 於百億閻浮提에 同時轉大法輪故라 法輪은 卽是能令衆生으로 解脫方便이라 然上九句는 皆先標智體오 後顯其業이라 初三은 自利오 後六은 利他라 利他之中에 四攝은 是利他之行이오 慈悲는 是利他之心이라 後四는 利他之智니라

(9) 법륜을 굴리는 부처님의 지혜이다. 해탈의 방편이 뛰어난 일이다. '善巧'라 말한 것은 백 억의 염부제에서 동시에 큰 법륜을

굴리기 때문이다. 법륜은 중생으로 하여금 해탈하게 하는 방편을 말한다.

그러나 위의 9구절은 모두 앞에서는 지혜의 체성을 내세웠고, 뒤에서는 그 일을 밝히고 있다.

앞의 3구절은 자리행이고, 뒤의 6구절은 이타행이다. 이타행 가운데 布施·愛語·利行·同事 4가지 법은 이타의 행동이고, 자비는 이타의 마음이다. 뒤의 4구절은 이타의 지혜이다.

'二總結發心'中에 言'起如是心'者는 若直望經文인댄 即指前十心이라 而論云 '即是本分中의 願善決定'者는 上求佛智 即是願故니라 前本分中에 指此文云호되 '願善決定者는 如初地中의 發菩提心이라'하니 即此本分中願者가 即指此文이라 前指於此는 即攝上之十句佛智오 此指於前은 即攝前文의 六決定義라 彼是總句中指오 此是總結中指니 總攝別故니라

"뒤의 '佛子' 이하는 발심을 총괄하여 끝맺었다."는 부분에서 '이런 마음을 일으킨다[起如是心].'는 것은 직접 경문과 대조하여 보면 앞의 열 가지 마음을 가리킨다. 하지만 논에서 "곧 본분에서 서원을 잘 결정하였다."고 말한 것은 위로 부처님의 지혜를 구하는 것이 곧 보살의 서원이기 때문이다.

앞의 제5. 本分에서 이 경문을 가리켜 말하기를 "서원을 잘 결정함이란 마치 초지에서 보리심을 내는 것과 같다."고 하였다. 여기에서 '본분에서 말한 서원'이란 바로 이 문장을 가리킨다.

앞에서 '이 문장을 가리킨다.'고 말한 것은 곧 위의 10구절의

부처님 지혜를 포괄하고, 여기에 '앞의 경문을 가리킨다.'고 말한 것은 앞 문장의 6가지 결정의 뜻을 포괄한 것이다. 거기서는 총상 구절 부분을 말하였고, 여기서는 총체로 결론지은 부분을 가리키는 것이다. 이는 총상이 별상을 포괄하기 때문이다.

━

第三 明以何因生如是心은 意云 何因으로 求大菩提오 謂以大悲로 爲衆生故라

3) 어떤 원인으로 이러한 마음을 내는가?

이를 밝혔다는 뜻은 "무슨 까닭으로 큰 깨달음을 구하는가?"를 말한다. 이는 큰 자비의 마음으로 중생을 위한 때문이다.

經
以大悲爲首하야
智慧增上이며
善巧方便所攝이며
最上深心所持며
如來力無量이며
善觀察分別과 勇猛力과 智力과 無礙智가 現前이며
隨順自然智하며
能受一切佛法하야 以智慧敎化하며
廣大如法界하며

究竟如虛空하야 盡未來際니라

대비의 마음이 으뜸이 되어

지혜가 더욱 커나가고,

뛰어난 방편으로 받아들이며,

가장 훌륭한 깊은 마음을 지니고,

여래의 힘이 한량없으며,

잘 관찰하고 분별함, 용맹한 힘, 지혜의 힘, 걸림 없는 지혜가 앞에 나타나고,

자연의 지혜를 따르며,

일체 불법을 받아들여 지혜로써 교화하고,

광대함이 법계와 같으며,

다함이 허공과 같아 미래 세월의 끝까지 다하는 것이다.

◉ 疏 ◉

十句에 初는 總이오 餘는 別이라

別有九種大하니

　　10구 가운데 첫 구절은 총상이고, 나머지 구절은 별상이다.

　　별상에는 9가지의 위대함이 있다.

一은 增上大니 細行苦智慧가 增上生故라 謂若了苦苦壞苦하면 智非增上이라 論에 又云 智者는 因果逆順染淨觀故라하니 此約了事하야 名智니라 論云 慧者는 自相과 同相인 差別觀故라하니 此約了二諦通理하야 爲慧라 復是一門別義니라 言自相者는 因緣之有니 是

375

法自體故라 同相者는 二空眞如가 等一味故라 念生에 迷此일세 故
起悲心이니 同六地中의 大悲增上觀이라 其逆順等은 亦如六地廣
明하니라

(1) 더없는 향상이 위대하다. 미세한 行苦의 지혜가 더없이 향
상되어 생겨나기 때문이다. 만일 苦苦와 壞苦를 깨달으면 그 지혜
는 더없이 향상된 지혜가 아니다.

논에서 또다시 말하였다.

"지혜란 원인, 결과, 순경, 역경, 잡염, 청정을 관찰하기 때문이다."

여기에서는 현상의 사법계를 깨달은 것으로 '지혜'라 말하였다.

논에서 또다시 말하였다.

"지혜란 自相과 同相으로 차별하여 관찰하기 때문이다."

여기서는 이법계와 사법계가 모두 통하는 진리를 깨달은 것으
로 '지혜'라 말하였다. 이는 또 다른 하나의 뜻이다.

'自相'이란 인연으로 존재하는 것이다. 이는 법의 자체이기 때
문이다.

'同相'이란 아공과 법공의 진여가 똑같이 하나이기 때문이다.

망념이 일어나면 이를 미혹하기에 悲心을 일으키니, 6지 가운
데 '대비가 더욱 향상된 관법'과 같다.

그 순경과 역경 등의 의미는 또한 6지에서 자세히 밝힌 바와
같다.

二善巧'等은 卽攝大니 四攝으로 曲巧隨宜攝故니라

(2) '善巧' 등은 중생을 받아들임이 위대하다. 사섭법으로 자세

하고 정교하게 중생의 근기에 맞추어 받아들이기 때문이다.

三'最上'下는 淳至大라 淳至는 卽最上義니 謂向發大心하야 許盡生界의 無盡利益이니 故曰深心이라 緣此悲增하야 淳厚至到일새 故云最上이니 常以此二로 持此菩薩이니라

(3) '最上深心所持'는 지극히 순박함이 위대하다. 지극히 순박하다는 것은 최상이라는 뜻이다.

진즉 큰마음을 내어 끝없는 중생세계에 끝없는 이익을 베풀겠다고 다짐하였기에 이를 '깊은 마음'이라 하였다.

이런 자비의 마음이 더욱 더함에 따라서 순수하고 후덕함이 궁극에 이르렀기에 이를 '최상'이라 하였다.

항상 이 자비의 증상과 지극히 순박함 2가지로 보살을 부지하는 것이다.

四'如來力無量'者는 無量大니 攝取如來無量神力하야 生物信故라

(4) '여래의 힘이 한량없다.'는 것은 한량없음이 위대하다. 여래의 한량없는 신통력을 지니고서 중생의 신심을 내어주기 때문이다.

五'善觀'等은 卽決定大니 於上妙法에 決定信解를 令善觀分別이오 於諸衆生에 決定能度를 爲勇猛力이오 於所治障에 決能對治를 爲智力이라 無礙智現前은 通結上句라

(5) '善觀' 등이란 결정함이 위대하다.

최상의 미묘한 법에 결정된 믿음과 이해로 '잘 관찰하여 분별'하도록 하고,

모든 중생에게 결정코 잘 헤아리는 것을 '용맹의 힘'이라 하며,

다스려야 할 장애를 결정코 다스리는 것을 '지혜의 힘'이라 하고,

'걸림 없는 지혜가 앞에 나타남'은 위의 구절에서 말한 3가지
[善觀察力, 勇猛力, 智力]를 모두 포괄하여 끝맺었다.

六'隨順自然智'는 卽隨順大니라

(6) '자연의 지혜를 따른다.'는 것은 따름이 위대하다.

七'能受'等은 卽受持大니 能取大勝法하야 授與衆生故라 大는 包一切오 勝은 卽佛法이오 授與는 卽敎化니 智慧故로 能授라

(7) '일체 불법을 받아들여' 등은 수지함이 위대하다. 크게 뛰어난 법을 취하여 중생에게 나누어주기 때문이다.

크다[大]는 것은 모든 것을 포괄하고,

뛰어남[勝]이란 불법을 말하며,

나누어준다[授與]는 것은 교화를 말한다. 지혜가 있기에 불법을 나누어줄 수 있다.

八'廣大如法界'는 卽最妙大니 攝受勝妙功德故라

(8) '광대함이 법계와 같다.'는 것은 곧 가장 미묘함이 위대하다. 훌륭하고 미묘한 공덕을 섭수한 때문이다.

九'究竟'下는 住盡大니 無量愛果因이 盡涅槃際故라
爲成十句는 合於此二라 後之二大는 如本分說이라 但前云 無常愛하고 此云無量者는 勝用非一故니라 上九大中에 前七은 悲體오 次一은 悲德이오 後一은 悲能이라 七中에 前三은 百自分이니 一은 拔苦智오 二는 拔苦行이오 三은 拔苦心이라 後四는 勝進이라

(9) '究竟' 이하는 머묾의 극진함이 위대하다. 한량없는 애욕의 결과와 원인이 열반의 끝까지 다한 때문이다.

10구의 형성은 이 2가지[廣大如法界, 究竟如虛空]에 모두 종합된다.

뒤의 2가지 위대함[最妙大, 住盡大]은 제5. 본분에서 말한 바와 같다. 단 앞에서는 '덧없는 애욕'이라고 말하고, 여기서는 '한량없는 애욕'이라 말한 것은 뛰어난 작용이 하나가 아니기 때문이다.

위의 9가지 위대함 가운데 앞의 7가지[增上大, 攝大, 淳至大, 無量大, 決定大, 隨順大, 受持大]는 자비의 체성이고, 다음의 하나[最妙大]는 자비의 공덕이며, 마지막 하나[住盡大]는 자비의 공효이다.

앞의 7가지 중에 처음 3가지[增上大, 攝大, 淳至大]는 자신의 본분 도리이다. 첫째는 고통을 뽑아내는 지혜, 둘째는 고통을 없애는 수행, 셋째는 고통을 없애주는 마음이다.

뒤의 4가지[無量大, 決定大, 隨順大, 受持大]는 훌륭하게 닦아나가는 정진이다.

第四有何相은 正顯得位福利之相이라

4) 어떤 양상이 있는가?

이는 바로 지위, 복덕, 이익의 양상을 밝혔다.

佛子여 菩薩이 始發如是心하고 卽得超凡夫地하야

379

入菩薩位하며
生如來家하며
無能說其種族過失하며
離世間趣하야 入出世道하며
得菩薩法하며
住菩薩處하며
入三世平等하며
於如來種中에 決定當得無上菩提니라

    불자여! 보살이 처음 이런 마음을 내고, 곧 범부의 처지를 초월하여

    보살의 지위에 들어가고,
    여래의 집에 태어나며,
    그 집안의 허물을 말한 이가 없고,
    세간의 길에서 떠나 출세간의 도에 들어가며,
    보살의 법을 얻고,
    보살의 자리에 머물며, 삼세가 평등한 데 들어가며,
    여래의 종성에서 결정코 위없는 보리를 얻는다.

● 疏 ●

文有九句하니 初는 總이오 餘는 別이다
總云 '始發如是心'者는 指前二段이라 '卽得超凡夫地'者는 以得出世間聖道故라 超卽過義니라

경문은 9구절이다. 첫 구절은 총상, 나머지 구절은 별상이다.

총상 구절에서 '처음 이런 마음을 낸다.'는 것은 앞의 2단락[第二爲何義, 第三明以何因生如是心]을 가리킨다. '곧 범부의 지위에서 초월하였다.'고 말한 것은 출세간의 성인의 도를 얻었기 때문이다. '超'는 그 지위를 '지나간다.'는 뜻이다.

二入菩薩位下는 別有八種過라 論皆先法後喩니라 此入聖位하야 生如來家는 如世王子 生王家故일세 故句句에 皆有相似法言이니라

제2구의 '入菩薩位'는 별상으로 8가지의 뛰어넘음이 있다. 논에서는 모두 앞은 법으로, 뒤는 비유로 말하였다고 한다.

여기에서 '성인의 지위에 들어가 여래의 집안에 태어났다.'는 것은 마치 세간의 왕자가 왕족의 집안에 태어난 것과 같다. 이 때문에 구절마다 모두 법과 비슷하게 말하였다.

一은 入位過니 初成出世間心이 如始住胎相似法故라 瑜伽住品에 '名入菩薩正性離生'이라 하니라

(1) 지위에 들어감이 뛰어남이다. 처음 출세간의 마음을 성취함은 마치 처음 모태에 머무는 모습과 비슷한 법이다. 유가사지론 住品 권47에서 "보살의 正性離生에 들어간다."고 말하였다.

二'生如來家'者는 卽家過니 生家相似法이니 謂如世人이 雖受胎報나 若在凡家하면 不足爲勝이오 要在王家하야사 方爲顯勝이라 菩薩亦爾하야 若在外道法中出家하면 不足爲勝이어니와 今得佛所證法이라야 方爲尊勝이라 梁攝論云 '生法王家하야 具足尊勝'이라 하니라 下諸句는 例皆躡前揀勝이니라

(2) "여래의 가문에 태어난다."는 것은 가문이 뛰어남이다. 가문에 태어난 것과 비슷한 법이다. 마치 세간 사람이 비록 인간의 몸으로 受胎하는 보답을 받았을지라도 범부의 집안에 태어나면 훌륭하다고 말할 수 없다. 왕족의 집안에 태어나야만 비로소 훌륭함을 나타낼 수 있는 것과 같다.

보살 또한 그와 같다. 만약 외도법으로 출가하면 훌륭하다고 말할 수 없다. 지금 부처님이 증득한 법을 얻어야만 비로소 존귀하고 훌륭하다고 말할 수 있다.

양섭론에서 "법왕의 집안에 태어나 존귀하고 훌륭함을 두루 갖췄다."고 하였다.

아래의 모든 구절의 예는 모두 앞의 문장을 이어서 훌륭함을 구별한 것이다.

三'無能'下는 種性過니 子相似法이라 大乘行生故니 謂大行成立이 如得王體分이라 堪紹佛種이 是子義也니 非賤非客故라 梁攝論云 '以過二乘과 及世間種姓故'라하니라

(3) '無能' 이하는 종성이 뛰어남이다. 자식과 같은 법이다. 대승의 법에서 생겨나기 때문이다. 대승법의 실천으로 성립함은 마치 왕의 몸을 얻는 것과 같다. 부처의 종자를 잘 계승하는 것이 '자식'의 의의이다. 이는 비천하지도 않고 나그네도 아니기 때문이다.

양섭론에서 "이승과 세간의 종성에서 벗어났기 때문이다."고 하였다.

四'離世'下는 道過니 以非有漏故로 離世間趣 如非鬼畜等王之

體오 成無漏故로 入出世道 如要人王之體分故니라 梁攝論云 '永不作殺生等邪行故'라하니라

(4) '離世' 이하는 도가 뛰어남이다. 유루법이 아니기에 세간의 길을 떠나 아귀의 왕, 축생의 왕 따위의 몸을 받지 않는 것과 같다. 무루를 성취한 까닭에 출세간의 도에 들어가 마치 인간세계의 왕의 신분과 같기 때문이다.

양섭론에서는 "영원히 살생 등 삿된 행위를 범하지 않았기 때문이다."고 하였다.

五'得菩薩法'은 卽法體過니 以同體大悲로 爲菩薩體故니 以化他事 卽是自事라 若無大悲면 法身不具니 如揀異殘缺이라 瑜伽云 '設有問言호되 菩薩이 以何爲體오하면 應答以大悲爲體'라하니라

(5) "보살의 법을 얻었다."는 것은 법체가 뛰어남이다. 중생과 자신이 같은 몸이라고 생각하는 대자비심으로 보살의 몸을 삼기 때문이다. 남을 교화하는 것이 곧 보살 자신의 일임을 말한다. 만일 대자비의 마음이 없다면 법신이 완전하지 못하다. 이는 모자람이 있는 소승과 구별한 것이다.

유가사지론에서 말하였다.

"설령 어떤 이가 '보살은 무엇으로 몸을 삼는가?'라고 물으면, 당연히 '대자비의 마음으로 몸을 삼는다.'고 대답할 것이다."

六'住菩薩處'者는 處過니 謂不住道가 是其住處니 不同凡小가 染世捨世하야 以滯二邊이라 如世王子가 不處鄙陋니라

(6) "보살의 자리에 머문다."고 말한 것은 자리가 뛰어남이다.

'머물지 않는 도'가 곧 보살이 머무는 자리이니 범부나 소승들이 세상을 번뇌에 물들이고 세상을 버려서 양극단에 지체함과는 같지 않다. 마치 세상의 왕자가 낮고 더러운 곳에 머물지 않는 것과 같다.

七'入三世平等'者는 業過니 謂證平等眞如하야 以資慧命이니 揀無滋味라 則壽命이 夭促하면 不任紹繼故니 是命相似法이니라

(7) "삼세가 평등한 데 들어간다."는 것은 하는 일이 뛰어남이다. 진여평등을 증득하여 지혜의 생명을 도움을 말한다. 이는 아무런 맛이 없다는 것과 구별하기 위함이다. 수명이 짧으면 慧命을 뜻대로 계승하지 못하기 때문이다. 이는 혜명과 비슷한 법이다.

八'於如來'下는 畢定過니 佛種不斷은 顯因畢定이오 得無上道는 顯果畢定이니 如世王子가 雖依正이 精勝이나 志氣不立에 所作不成이어니와 今志氣成立하야 決定紹位일새 名成就相似法이니라

(8) '於如來' 이하는 필경 결정함이 뛰어남이다. 부처의 종자가 끊이지 않음은 원인이 필경에 결정됨을 밝혔고, 위없는 도를 얻음은 결과가 필경에 결정됨을 밝힌 것이다. 이는 마치 세간의 왕자가 비록 의보와 정보가 정밀하고 뛰어나지만 의지와 기개가 성립되지 않아 하는 일을 성취하지 못하는 것과 같다. 그러나 여기에서는 의지와 기개가 성립되어 반드시 부처의 지위를 계승하기에 '성취와 비슷한 법'이라고 말하였다.

第二 結住入位

제2단락, 안주하여 들어가는 지위를 끝맺다

經

菩薩이 住如是法이 名住菩薩歡喜地니 以不動相應故니라

보살이 이와 같은 법에 머무는 것을 보살의 환희지에 머문다고 말한다. 흔들리지 않는 법과 상응하기 때문이다.

◉ 疏 ◉

'住如是法'者는 指上四段이라 '名住歡喜地'者는 是初住地義라 '以不動相應故'者는 釋成住義니 一證眞理하야 不復失故오 二乘異道 不能動故니라

然不動有五하니

一은 種子不壞를 名不動이니 卽種性地已上이오

二는 起行不退를 名不動이니 卽此初地已上이라 地持云 '初地已上에 如明分月이 日夜增長하야 善法不退도 亦復如是라'하니라

三은 空有無間不動이니 卽七地라

四는 無功用不動이니 卽八地已上이오

五는 究竟不動이니 卽佛地也니라

"이와 같은 법에 머문다."는 것은 위의 4단락을 가리킨다.

"보살의 환희지에 머문다고 말한다."는 것은 처음으로 십지 법문에 머문다는 뜻이다.

"흔들리지 않는 법과 상응하기 때문이다."는 것은 '住' 자의 의의를 해석하여 끝맺은 것이다. 한 번 진리를 증득하면 다시는 잃지 않기 때문이며, 이승과 외도들이 그를 흔들 수 없기 때문이다.

그러나 흔들리지 않음은 5가지가 있다.

⑴ 종자가 부서지지 않음을 흔들리지 않는다고 말한다. 이는 종성의 지위 이상이다.

⑵ 수행을 시작하여 물러서지 않음을 흔들리지 않는다고 말한다. 이는 초지 이상을 말한다.

보살지지경에서 말하였다.

"초지 이상은 마치 조각달이 밤낮으로 더욱 커나가는 것처럼, 선한 법에서 물러서지 않음 또한 그와 같다."

⑶ 空과 有에 사이가 없음을 흔들리지 않는다고 말한다. 이는 7지이다.

⑷ 더 이상의 수행이 없음을 흔들리지 않는다고 말한다. 이는 8지 이상이다.

⑸ 究竟을 흔들리지 않는다고 말한다. 이는 부처의 지위이다.

初 四十 句의 明住分을 竟하다

처음 40구의 지위에 안주를 밝힌 부분을 끝마치다.

◉ 論 ◉

從'佛子菩薩始發如是心'已下에 有五行經은 都結菩薩能發此三十種廣大志樂이니 始發如是心에 卽超凡夫地하야 入菩薩位하

며 生如來家니라

此一段은 通收前十住中 初發心住 同此十地中初歡喜地에 生如來家하야 爲佛眞子니 爲明同乘一如來智慧爲體故니라 明五位中差別行과 及差別智 無前後始終하야 一時同進故로 非同三乘의 逐情法故니 法行이 雖廣이나 是一佛智印일세 諸法非前後故라 故此十地法이 返成前十住十行十廻向法이오 非是此十地別有法來니 猶如蘿葍이 從根生葉하야 復以葉滋根하며 亦如種穀에 以果生苗하야 苗熟果成에 還初果也라

'佛子菩薩始發如是心'으로부터 아래의 5행의 경문은 보살이 밝힌 '30가지의 광대한 의지와 안락'을 모두 끝맺었다.

처음 이와 같은 마음을 일으키자마자 곧바로 범부의 지위를 초월하여 보살의 지위에 들어가고 여래의 집안에서 태어난 것이다.

이 단락은 앞의 십주 가운데 初發心住가 十地 가운데 처음 환희지에서 여래의 집안에 태어나 부처의 진짜 아들이 되는 것과 같음을 모두 거둬들인 것이다. 이는 하나의 여래 지혜를 함께 타고서 본체를 삼았음을 밝히기 위함이다.

5위 가운데 각기 다른 행과 각기 다른 지혜가 앞과 뒤, 그리고 시작과 끝의 차이가 없이 일시 한꺼번에 나가기 때문에 情識을 따르는 삼승의 법과는 똑같지 않음을 밝히기 위함이다. 법의 수행이 비록 광대하지만, 하나의 부처 지혜로 도장을 찍기에 모든 법이 앞뒤의 차이가 있는 게 아니기 때문이다.

그러므로 이 십지법은 도리어 앞의 십주, 십행, 십회향을 성취

하는 법이지, 이 십지에 별도의 법이 있는 것은 아니다. 마치 무가 뿌리에서 잎이 돋아나고 다시 잎이 뿌리를 덮어주는 것과 같으며, 또한 곡식을 심으면 씨앗에서 새싹이 돋아나고 새싹이 성숙하면 씨앗이 이뤄져 다시 처음 씨앗이 되는 것과 같다.

如善財_가 見慈氏如來_{할새} 慈氏如來 還令却見文殊_는 明果不離因中果也_며 又如人_이 初生_에 至三十而長終_{호되} 但以長初生爲大故_오 非別有大來_며 又初生至老大_하 時無先後也_니 以智爲先導_오 非情所收_{일새} 無先後異也_{니라} 此一乘五位法門_은 智爲先導_{하야} 無前後故_오 五位之行敎_에 辨升進同異差別_{하야} 雖立升降差殊_나 但明一法界智中階級_{일새} 非如情見階級故_니 以智照之_면 可見_{이니라}

선재동자가 자씨여래를 친견하자, 자씨여래는 도리어 문수보살을 친견하도록 한 것은 결과란 원인을 여의지 않는 결과임을 밝힌 것과 같고, 또한 사람이 처음 태어나면 30세에 이르러 성장을 마치지만 처음 태어나 장성한 것으로 큼을 삼기 때문이지, 별도로 큰 것이 있는 게 아님과 같으며, 또한 처음 태어나서부터 늙을 때까지 때에는 선후가 없다. 지혜로 先導를 삼는 것이지, 情識으로 거둬들일 바가 아니기에 선후의 차이가 없는 것이다.

이 一乘五位 법문은 지혜를 선도로 삼아 앞뒤가 없기 때문이며, 五位의 行敎에 위로 올라감이 같은지 다른지 차별을 논변하여 비록 升降의 차이를 세웠지만, 다만 하나의 법계 지혜 가운데 계급을 밝힐 뿐, 情見의 계급과는 다르기 때문이다. 지혜로 비춰보면 이를 볼 수 있다.

亦如龍女 一刹那際에 三生具行成佛이 是也니 三乘之種은 不體會法華經 會權就實之意하고 返云是化하야 要經三祇劫하야사 方得成佛이라하나니 此是法界大智宅外門前之見也라 猶住草菴이며 且免三界麤苦之樂하고 得三種意生身하야 住火宅門外權設三車라 是以几案에 有憑據之乘이니 以淨土穢土 有二別故며 未入法界大智의 生死涅槃이 無依住故라 若智悲無限佛인댄 本報 居華藏海宅故니 以衆生海 卽佛海故며 衆生智 是如來智故로 於一毛孔에 以智所觀이면 一切刹海에 凡聖이 同在其中하야 於一刹那中에 普見無限三世劫海 無有始終이니 不同權敎의 定時劫淨穢하야 全作差別法故니라

또한 용녀가 한 찰나의 사이에 3생의 行을 갖춰 성불함이 바로 이것이다. 삼승의 種은 權敎를 회통하여 實敎에 나가는 법화경의 뜻을 알지 못한 채, 도리어 化라고 말하여, 삼아승기겁을 지내야 바야흐로 성불할 수 있다고 말한다. 이는 법계 大智의 집을 벗어나 문 밖에서 보는 견해이다. 이는 오히려 오두막에 머묾이며, 또한 삼계의 거친 고통을 면한 즐거움이며, 3가지 意生身[三昧樂, 覺法自性, 種類俱生無行作意生身]을 얻어서 火宅門 밖에 임시로 마련한 羊車(성문의 비유)·鹿車(연각)·牛車(三藏敎菩薩)에 머무는 격이다. 이 때문에 의자와 案席이라는 의지가 있는 수레이다. 정토와 예토에 2가지 차별이 있기 때문이다. 이는 法界大智의 생사열반이 의지하여 머묾이 없는 자리에 들어가지 못했기 때문이다.

만약 大智大悲가 한량없는 부처라면 本報가 華藏海宅에 거처하기 때문이다. 중생의 바다가 곧 부처의 바다이고, 중생의 지혜가 여래의 지혜이다. 따라서 하나의 모공을 지혜로 살펴보면, 일체 국토의 바다에 범부와 성인이 똑같이 그 가운데 있으면서 한 찰나의 사이에 한량없는 삼세의 겁해가 시작도 끝도 없음을 볼 수 있다. 이는 권교에서 時劫과 정토·예토를 설정하여 모두 차별의 법으로 보는 것과는 똑같지 않기 때문이다.

此經十地之法門은 莫以三乘留惑과 或以願力으로 不取淨土코 留身穢境하야 以悲化衆生等解니 皆不稱此之法界普光明大智本宅之門이라 須改三乘之見網眇目者하야 令圓滅存留惑과 及淨穢土之漏身하야사 始可稱智身之廣大오 入此不動廣大智身하야사 方名歡喜地不動相應也니 亦是十信中不動智佛爲體하야 十住十行十廻向이 隨升進立名하야 至此位歸本名故라

　이 경의 십지 법문은 삼승이 남긴 의혹과 혹은 원력으로 정토를 취하지 않고 예토의 경계에 몸을 머물면서 대자비의 마음으로 중생을 교화한다는 등을 이해하지 못한 것이다. 이는 모두 법계의 普光明大智 本宅의 문과는 걸맞지 않다. 이는 반드시 삼승의 잘못된 견해의 그물[見網]과 애꾸눈[眇目]을 고쳐서, 남겨진 의혹과 정토·예토의 유루의 몸을 원만하게 없애주어야 비로소 지혜 몸의 광대함에 하나가 될 것이며, 이처럼 흔들림이 없는 광대한 지혜 몸에 들어가야만 바야흐로 환희지의 흔들림이 없는 것과 상응한다고 말할 것이다. 또한 십신에서 不動智佛로 본체를 삼아 십주, 십

행, 십회향으로 한 단계씩 올라감에 따라 명목을 세워가다가 이 지위에 이르러서 본래의 명목으로 돌아가기 때문이다.

論主 乃爲頌曰 無限智悲成佛德이라 佛以智悲成十地하야 還將十地成諸位하니 前後五位加行門이 不離十地智悲起라 是故十住初發心에 發心卽入十地智니 雖然五位方便殊나 只爲成熟十地智라 猶如迅鳥飛虛空에 不廢遊行無所至하며 亦如魚龍游水中에 不廢常游不離水하야 如是五位行差別이 不廢差別不離智니 所有日月歲差別이 以智法印無別異로다 體智不成亦不壞로 以明諸位除習氣니 了習無習悲行成하야 萬行常興無作智라 如無礙智是觀達하야 無礙因觀行所成이니라

> 통현장자는 論主로서 이를 게송으로 읊었다.
> 한량없는 大智大悲, 부처님 공덕 이루기에
> 부처님은 지혜와 자비로 십지 성취하여
> 도리어 십지로 모든 지위 이루니
> 전후 五位의 加行門이
> 십지의 지혜와 자비를 여의지 않고 일어난다.
> 이 때문에 십주의 초발심에서
> 발심하여 곧 십지 지혜 들어가니
> 5위의 방편이 다르다지만
> 십지 지혜의 성숙을 위할 뿐이다.
> 마치 빠르게 허공을 나는 새가
> 훨훨 날아가지 못할 곳이 없고

또한 용이 물속에 노닐 적에

언제나 물을 떠난 적이 없는 것처럼

이와 같은 五位 行의 차별이

차별을 버리지 않으면서도 지혜를 여의지 않는다.

세월의 차별이란

지혜의 법인으로 살펴보면 차이가 없다.

본체의 지혜는 이뤄지지도 않고 무너지지도 않음으로

모든 지위의 습기 없애는 것을 밝히니

습기의 습이 없음을 알면 자비행 성취하여

만행에 항상 작위 없는 지혜 일어나리

진여의 걸림 없는 지혜로 달관하여

걸림 없이 觀으로 인하여 십지행을 성취하는 바이다.

大文第二 釋名分中에 二니 一은 總標오【鈔_釋名分者라 此中에 論有生起云호되 '已說住義하니 次說釋名호리라 云何多歡喜오 示名歡喜오(此問得名) 以何歡喜오(此問喜相) 此地中의 菩薩歡喜라 復以何念고(此問喜因) 初說十句오(此答喜相) 後說二十句라'하니라(此答喜因) 釋曰 '上論疏已摘用일세 故不併擧어니와 恐尋論者가 怪不見文일세 故此具出이라'】

2. 품명을 해석한 부분

이는 2단락으로 나뉜다.

제1단락, 총괄하여 내세웠고,【초_ 명목을 해석한 부분이다. 이 부분의 논에서 문장을 시작하면서 말하였다.

"이미 '머묾'의 뜻을 설하였다. 다음으로 품명의 해석을 말하고자 한다.

어찌하여 환희가 많은가? 환희지라는 이름을 보여주는 것이다. (이는 지위의 이름을 얻게 된 연유를 물은 것이다.)

무엇을 기뻐하는가? (이는 환희의 양상을 물음이다.) 이 초지 가운데 보살이 환희하기 때문이다.

또한 무슨 생각으로 기뻐하는가? (이는 환희의 원인을 물음이다.) 처음 10구를 말하고, (이는 환희의 양상을 답하였다.) 뒤의 20구를 말하리라. (이는 환희의 원인을 답하였다.)"

이에 대한 해석은 다음과 같다.

위의 論疏에서 이미 인용하였기에 여기서는 함께 들어 말하지 않았다. 그러나 논을 살펴보는 이가 해당 문장이 보이지 않음을 이상하게 생각할까 두려운 마음에 이를 구체적으로 말한 것이다.】

經

佛子여 菩薩이 住歡喜地에

불자여! 보살이 환희지에 머물 적에

二는 別顯이라 於中에 分二니 初는 正明喜相이오 後'佛子'下는 出喜

所因이라

然喜相이 對依何身이니 以深種善根으로 得此位故니라

後喜因中에 有念當得喜는 對爲何義니 以所求果 定當得故니라

有念現得喜는 對有何相이니 以現離凡得聖故니라

其第三以何因은 悲心惻愴이라 喜義不顯일새 故不對之니라

今初는 正明喜相이라

제2단락, '成就' 이하는 개별로 밝히다

이의 경문은 2단락으로 나뉜다.

1) 앞은 환희의 양상을 바로 밝혔고,

2) 뒤의 '佛子' 이하는 환희의 원인이 되는 바를 말하였다.

그러나 앞의 환희 양상은 '어떤 몸에 의지하는가?'[依何身]'의 구절을 상대로 말하였다. 이는 선근을 깊이 심어 이런 지위를 얻었기 때문이다.

뒤의 환희 원인을 말한 부분에서 "제불을 생각하면 미래에 환희를 얻게 된다."는 것은 '어떤 뜻이 담겨 있는가?'[爲何義]'의 구절을 상대로 말하였다. 이는 추구하는 바의 결과를 반드시 얻을 수 있기 때문이다.

또한 "제불을 생각하면 바로 앞에서 환희를 얻게 된다."는 것은 '어떤 양상이 있는가?[有何相]'의 구절을 상대로 말하였다. 이는 현재 범부에서 벗어나 성인이 되기 때문이다.

그 '3) 어떤 원인인가?[以何因]'의 구절은 대비심으로 몹시 슬퍼하여 환희의 뜻이 드러나지 않기에 이를 상대로 말하지 않았다.

이의 첫 부분은 환희의 양상을 바로 밝혔다.

經

成就多歡喜와 **多淨信**과 **多愛樂**과 **多適悅**과 **多欣慶**과 **多踊躍**과 **多勇猛**과 **多無鬪諍**과 **多無惱害**와 **多無瞋恨**이니라

수많은 환희, 수많은 청정한 신심, 수많은 즐거움, 수많은 희열, 수많은 기쁜 경사, 수많은 날뜀, 수많은 용맹, 싸움이 없는 수많음, 고뇌가 없는 수많음, 성냄과 한이 없는 수많음을 성취하게 된다.

● 疏 ●

喜相中에 十句니 初는 總이오 餘는 別이라
總有三喜일세 云多歡喜니
一은 心喜니 謂入觀之心이 適悅이라
二는 體喜니 出觀에 喜受相應이라
三은 根喜니 由前心體에 歡喜內充하야 外及五根이 輕安調暢이라 故此喜者는 亦名爲樂이라 又內及觀心이 卽無喜之喜니 不同二禪의 浮動之喜라 故梵本과 他經에 多名極喜니 喜之極故니라

1) 환희의 양상을 밝히다.

이는 10구이다. 첫 구절은 총상이며, 나머지 구절은 별상이다.

총상에는 3가지 환희가 있기에 이를 '수많은 환희'라고 말한다.

(1) 마음의 환희, 이는 관법에 들어간 마음이 기쁨을 말한다.

(2) 몸으로 느끼는 환희, 이는 관법에서 나올 적에 느끼는 기쁨에 상응한다.

(3) 육근의 환희, 이는 앞의 마음 본체에 기쁨이 내면으로 충만하여 밖으로 眼耳鼻舌身의 감관이 평안하고 조화롭기에 이런 환희를 또한 '즐거움[樂]'이라고 말한다.

또한 안으로 마음을 관조함이 곧 '환희 없는 환희'이다. 이는 二禪天의 들뜨고 요동하는 기쁨과는 다르다. 이 때문에 범본과 다른 경전에서는 대부분 그 이름을 '지극한 환희'라고 불렀다. 환희의 지극한 곳이기 때문이다.

別中九니
一은 敬喜라 證三寶體하야 得不壞信하야 增恭敬故오

별상 부분은 9가지이다.

(1) 공경의 환희, 삼보의 체성을 증득하여 무너지지 않는 신심을 얻어 삼보에 더욱 공경하는 마음을 증명한 때문이다.

二는 愛喜니 樂觀眞如法故라
上二는 卽喜行之心이니 卽是心喜오 次三은 正是喜之體相이라

(2) 사랑의 환희, 진여의 법을 관찰하기 좋아하기 때문이다.

위의 공경과 사랑의 환희 2가지는 환희를 실행하는 마음이기에, 바로 위에서 말한 '마음의 환희'이다. 아래의 3가지[調柔喜, 慶喜, 踊躍喜]는 바로 환희의 자체와 그 양상이다.

三은 調柔喜니 身心徧益하야 皆適悅故니 卽六根喜니라

(3) 부드럽고 조화로움의 환희, 몸과 마음에 두루 도움이 되어 모

두 편안하고 기쁘기 때문이다. 이는 위에서 말한 '육근의 환희'이다.
四는 慶喜니 自覺所證이 勝地前故라 此句는 論當第三이니 前覺後
悅이 義甚次第니라

(4) 경사의 환희, 증득한 바의 경지가 십지 이전보다 뛰어났음을 스스로 알기 때문이다. 이 구절은 논에서 말한 총상의 "(3) 기쁨이 내면으로 충만하여 밖으로 몸이 편안함[歡喜內充 外及五根 輕安調暢]"에 해당한다. 먼저 깨닫고 뒤에 기쁨을 얻어가는 이치가 더해지는 차례이다.

五는 踊躍喜니 身心徧益하야 增上滿足故니 增上過前이 是踊躍義라

(5) 뛸 듯이 기쁜 환희, 몸과 마음에 두루 도움이 되어 더없이 만족하기 때문이다. 앞의 환희보다 더욱 뛰어남이 '뛸 듯이 기쁜 환희'의 뜻이다.

六은 勇猛喜니 自知堪受菩提하야 去果不遙일세 故云勇猛이라
此一은 喜能이오 上六은 皆自行喜오 下三은 化他니 離於喜障이라
【鈔_此一喜能者는 喜行成就하야 能攝菩薩일세 故名爲能이라 '此
與念當得喜로 有何異耶아 答이라 '念當은 逆念當果오 此念은 念之
自能이니 故不同也니라'】

(6) 용맹스러운 환희, 깨달음을 받아 佛果와의 거리가 멀지 않음을 스스로 알았기에 '용맹스러운 환희'라 말한다.

이 하나는 환희의 작용이며, 위의 6가지는 모두 자리행의 환희이며, 아래 3가지[無鬪爭喜, 無惱喜, 不瞋恨喜]는 남을 교화하는 행으로, 환희의 장애를 여의었기 때문이다.【초_ "이 하나는 환희의 작

용"이라고 말한 것은 환희의 행을 성취하여 보살을 포괄하였기에 이를 '작용'이라 말하였다.

"이는 제불을 생각하면 당연히 환희를 얻게 된다는 것과 그 무엇이 다른 것일까?"

이에 대해 답하였다.

"'생각하면 당연히'라는 것은 앞서 미래의 결과를 생각함이며, 여기서의 '생각'은 생각 그 자체의 작용이기에 똑같지 않다."】

七은 無鬪諍喜니 自心調伏故라 論義解說時에 不令自他心擾動故니라

(7) 다툼이 없는 환희, 나의 마음을 조복한 때문이다. 이치를 의논하고 해설할 때에 나와 남이 모두 동요하지 않도록 마련하기 때문이다.

八은 無惱喜니 化攝衆生時에 但以慈柔로 不惱他故니라

(8) 고뇌가 없는 환희, 중생을 교화하고 섭수할 때에 다만 사랑과 부드러움으로 중생을 괴롭히지 않기 때문이다.

九는 不瞋恨喜니 見不如說行이라도 當時不瞋이며 後無恨故라

(9) 성냄과 한이 없는 환희, 말처럼 실행되지 않을지라도 그 당시 성내지 않고 그 이후 마음속에 한이 없기 때문이다.

第二彰喜所因
中에 二니 先은 念當得故喜오 後는 念現得故喜라 各有十句하니

今은 初라

2) 환희의 원인을 밝히다

이는 2부분으로 나뉜다.

앞은 생각하면 미래에 얻을 수 있기에 기쁘고,

뒤는 생각하면 현재 바로 얻을 수 있기에 기쁘다.

각각 10구이다.

이는 '앞의 생각하면 미래에 얻는 기쁨'이다.

經

佛子여 菩薩이 住此歡喜地에
念諸佛故로 生歡喜하며
念諸佛法故로 生歡喜하며
念諸菩薩故로 生歡喜하며
念諸菩薩行故로 生歡喜하며
念淸淨諸波羅蜜故로 生歡喜하며
念諸菩薩地殊勝故로 生歡喜하며
念菩薩不可壞故로 生歡喜하며
念如來敎化衆生故로 生歡喜하며
念能令衆生으로 得利益故로 生歡喜하며
念入一切如來智方便故로 生歡喜니라

불자여! 보살이 이 환희지에 머물면서
부처님을 생각하기에 환희심이 생겨나고,

부처님 법을 생각하기에 환희심이 생겨나며,
보살을 생각하기에 환희심이 생겨나고,
보살의 행을 생각하기에 환희심이 생겨나며,
청정한 바라밀다를 생각하기에 환희심이 생겨나고,
보살의 지위가 수승함을 생각하기에 환희심이 생겨나며,
보살의 깨뜨릴 수 없음을 생각하기에 환희심이 생겨나고,
여래의 중생 교화를 생각하기에 환희심이 생겨나며,
중생들의 이익을 얻게 함을 생각하기에 환희심이 생겨나고,
일체 여래의 지혜와 방편에 들어감을 생각하기에 환희심이 생겨나는 것이다.

● 疏 ●

初는 總이오 餘는 別이라
總云 '念諸佛'者는 論云 '如佛所得을 我亦當得故'者니라
文中에 雖皆念他나 竝是以他類己일새 故判爲念當得也라
若別顯義相인댄 統收十句 不出因果人法하니 一은 佛이오 二는 法이니 是果中人法이라 後八은 皆因이라 初一은 是人이니 謂二地已上과 乃至普賢之位오 餘七은 是法이라
於中에 更有總別하니 菩薩行은 爲總이라
別中에 六句는 次第顯前菩薩行이니
一은 以何法爲所顯고 謂波羅蜜淨이니 以是行體故라
二는 彼之行體가 顯相云何오 謂一地에 去一垢하고 淨一度니 卽菩

薩地가 殊勝故라

三은 何謂此行全顯고 謂第十菩薩地盡에 去障盡故로 則行不可壞라

上三은 自利오 餘三은 利他니 皆法雲之行이라

一은 能受諸佛法明하야 爲敎化法이오

二는 能雲雨說法하야 則衆生이 得利益이오

三은 受佛智職하야 入大盡等이니 是一切智行이라

亦可後三은 通於諸地니라

又上十句에 初는 佛이오 次는 法이오 餘皆是僧이라 僧中에 有人有德하니 可知로다

첫 구절은 총상이고, 나머지 구절은 별상이다.

총상의 구절에서 "부처님을 생각한다."는 것은 논에서 "부처님이 얻은 경지처럼 나 역시 당연히 얻을 수 있기 때문이다."고 하였다.

경문에서 모두 부처나 보살을 생각하고 있지만, 아울러 이는 그들 역시 나와 같기에 '생각하면 당연히 얻을 수 있다.'고 판단하였다.

만일 개별로 그 뜻의 양상을 밝히면 전체 10구는 忍行과 果德의 사람과 법에서 벗어나지 않는다.

제1구[念諸佛故]는 부처님을, 제2구[念諸佛法故]는 불법으로, 과덕의 사람과 법을 말한다.

뒤의 8구절은 모두 인행이다. 이의 첫 구절[念諸菩薩故]은 사람으로 말했다. 2지 이상으로부터 보현보살의 지위에 이르기까지를 말한다.

나머지 7구는 법으로 말했는데, 그 가운데도 다시 총상과 별상이 있다. 둘째 구절[念諸菩薩行故]의 보살행은 총상에 해당된다.

나머지 7구의 별상 가운데 6구는 앞의 보살행을 차례대로 밝혔다.

(1)[念淸淨諸波羅蜜故], 어떤 법으로 밝힐 대상을 삼는가? 청정한 바라밀을 말한다. 이는 십지 수행의 자체이기 때문이다.

(2)[念諸菩薩地殊勝故], 그 십지 수행의 자체에서 나타나는 양상은 어떠한가? 하나의 지위에서 하나의 번뇌를 없애고 하나의 바라밀을 청정케 함을 말한다. 이는 보살 지위가 뛰어나기 때문이다.

(3)[念菩薩不可壞故], 무엇이 십지 수행을 완전히 밝혔다고 말하는가? 보살의 궁극의 지위인 제10 법운지에서 장애를 모조리 없앴기 때문에 수행이 무너지지 않음을 말한다.

위의 3구절은 자리행이고, 나머지 3구절은 이타행이니 모두 법운지의 수행이다.

(1)[念如來敎化衆生故], 여러 불법의 광명을 받아 중생 교화의 법을 삼는다.

(2)[念能令衆生得利益故], 구름과 비처럼 설법하면 중생이 이익을 얻는다.

(3)[念入一切如來智方便故], 부처님 지혜의 직위를 받아 광대하고 끝없는 지혜에 들어가는 등이다. 이는 一切智의 행이다.

또한 뒤의 3구절은 모든 지위에 통한다.

또한 위의 10구 가운데 첫 구절은 佛을, 둘째 구절은 法을, 나머지 구절은 모두 僧을 말한다. 보살 가운데 사람도 있고 과덕도 있으니 이는 설명하지 않아도 알 수 있다.

―

第二. 念現得中에 二니 初는 正明所念이오 二 '何以故'下는 隨難徵釋이라
今은 初라

 뒤의 생각하면 현재 바로 얻을 수 있는 기쁨 부분은 2부분으로 나뉜다.
 첫째, 바로 생각할 대상을 밝혔고,
 둘째 '何以故' 이하는 논란에 따라 묻고 해석하였다.
 이는 '첫째, 생각할 대상'이다.

經

復作是念호되
我轉離一切世間境界故로 生歡喜하며
親近一切佛故로 生歡喜하며
遠離凡夫地故로 生歡喜하며
近智慧地故로 生歡喜하며
永斷一切惡趣故로 生歡喜하며
與一切衆生으로 作依止處故로 生歡喜하며
見一切如來故로 生歡喜하며

生佛境界中故로 生歡喜하며
入一切菩薩平等性中故로 生歡喜하며
遠離一切怖畏毛竪等事故로 生歡喜니라

또 이런 생각을 한다.
내가 모든 세간의 경계를 전변하여 여의었기에 환희심이 생겨나고,
일체 부처님을 가까이하였기에 환희심이 생겨나며,
범부의 지위를 멀리 여의었기에 환희심이 생겨나고,
지혜의 지위에 가까워졌기에 환희심이 생겨나며,
모든 악도의 길을 영원히 끊었기에 환희심이 생겨나고,
일체중생의 의지할 곳이 되었기에 환희심이 생겨나며,
일체 여래를 알현하였기에 환희심이 생겨나고,
부처님의 경계에 태어났기에 환희심이 생겨나며,
일체 보살의 평등한 성품에 들어갔기에 환희심이 생겨나고,
일체 두렵고 머리털이 곤두서는 일을 멀리 여의었기에 환희심이 생겨난 것이다.

◉ 疏 ◉

前中十句니 初는 總이오 餘는 別이라
總云 '我轉離一切世間境界' 者는 轉離一切凡夫取著事故니라 然
事有麤細하니 麤則外六塵境이니 通是一切凡夫取難境故오 細謂
現前立少物이니 謂是唯識性도 亦爲地前凡夫取著境故일세니라

別有九種轉離라 然此九種이 對前有何相中의 總別九句컨대 文雖不次나 法體는 全同이니 以是念前福利相故니라 故論二段之中에 皆以'相似·不相似'揀하니 謂與地前不相似故니라【鈔_ 總別九句'者는 初는 卽第二生如來家過오 二는 卽總句超凡夫地오 三은 卽第一入菩薩位니 入位過오 四는 卽第四離世間趣니 得道過오 五는 卽第五得菩薩法이니 法體過오 六은 卽第三無能說其種族過失이니 種姓過오 七은 卽第六住菩薩處니 處過오 八은 卽第七入三世平等이니 是業過오 九는 卽第八於如來種中에 決定當得無上菩提니 名畢定過라 餘八은 全同이오 唯第九는 捨轉離相이 文小不同일새 故疏會釋이니라】

앞은 10구이다. 첫 구절은 총상이고, 나머지 구절은 별상이다.

총상의 첫 구절에서 "내가 모든 세간의 경계를 전변하여 여의었다."고 말한 것은 모든 범부의 집착하는 일을 전변하여 여의었기 때문이다. 그러나 범부의 일에는 거친 부분과 미세한 부분이 있다. 거친 부분은 바깥의 육진경계이니, 이는 일체 범부가 집착하는 경계이기 때문이다. 미세한 부분은 나의 앞에 적은 사물을 세움이니, 이는 유식의 성품 또한 십지 이전의 범부가 집착하는 경계이기 때문이다.

별상은 9구에 따라서 9가지의 전변하여 여읨이 있다. 그러나 9가지는 앞의 '어떤 양상이 있는가?[有何相]'라는 구절에서 말한 총상과 별상의 9구절과 대조하여 보면 경문의 차례는 맞지 않지만 법의 체성은 모두 똑같다. 이는 앞의 복덕과 이익의 양상을 생각하기 때문이다. 따라서 논의 2단락에서는 모두 같은 점과 다른 점으

405

로 구분하였다. 이는 십지 이전과 같지 않기 때문이다.【초_ "총상과 별상의 9구절"이란 다음과 같다.

제1구[親近一切佛]는 제2구 '여래의 집안에 태어난 뛰어남'이다.

제2구[遠離凡夫地]는 총상 구절의 '범부의 지위보다 뛰어남'이다.

제3구[近智慧地]는 제1구 '보살의 지위에 들어감이니 지위의 뛰어남'이다.

제4구[永斷一切惡趣]는 제4구 '세간의 악도를 여읨이니 得道의 뛰어남'이다.

제5구[與一切衆生作依止處]는 제5구 '보살의 법을 얻음이니 법체의 뛰어남'이다.

제6구[見一切如來]는 제3구 '그 종족의 허물을 말할 수 없음이니 종족의 뛰어남'이다.

제7구[生佛境界中]는 제6구 '보살의 처소에 머묾이니 처소의 뛰어남'이다.

제8구[入一切菩薩平等性中]는 제7구 '세계의 평등함에 들어감이니 업의 뛰어남'이다.

제9구[遠離一切怖畏毛竪等事]는 제8구 '여래의 종성에 반드시 위없는 보리를 얻음이니 필경의 뛰어남'이다. 나머지 8구는 완전히 같고, 오직 제9구는 버리고서 전변하여 여의는 양상의 경문이 조금 같지 않기에 疏에서 이를 회통하여 해석하였다.】

九中에 一은 入轉離니 經云 '親近一切佛이라'하니 以了法如하야 常見佛故라 此顯事不相似니 謂卽前의 生如來家라 以佛法爲事일세

不似凡夫六塵事故니라

별상의 9구는 다음과 같다.

제1구는 들어가 전변하여 여읨이다. 경문에서 "일체 부처님을 가까이한다[親近一切佛]."고 하였다. 법의 여여함을 깨달아 항상 부처님을 뵙기 때문이다. 이는 현상의 사법계가 서로 똑같지 않음을 밝혔기 때문이다. 앞서 말한 '여래의 집안에 태어남'을 말한다. 불법으로 일을 삼기에 범부의 육진경계의 현상과는 다르기 때문이다.

二는 遠轉離오

三은 近至轉離니 此二는 示自身이 不相似니 謂初는 卽過凡夫地하야 識爲身故오 後는 卽入菩薩位하야 智爲身故라

제2구는 멀리 전변하여 여읨이다.

제3구는 가까이 전변하여 여읨이다.

위의 2가지[遠, 近至轉離]는 자신이 서로 똑같지 않음을 보인 것이다. 앞의 제2구는 범부의 지위를 초월하여 '識'으로 몸을 삼기 때문이며, 뒤의 제3구는 보살의 지위에 들어가 '지혜'로 몸을 삼기 때문이다.

四는 斷轉離니 卽行不相似니 謂離世間趣行하야 行出世淨行故라

제4구는 단절로 전변하여 여읨이다. 곧 행법이 서로 똑같지 않음이다. 이는 세간의 악도에서 벗어난 행으로 출세간의 청정한 행을 닦았기 때문임을 말한다.

五는 依止轉離니 卽迭相依止不相似니 謂得菩薩法하야 大悲爲體일새 依衆生起하야 還與衆生爲依니 不同凡夫 不起悲心하야 不

爲他依故니라

제5구는 의지로 전변하여 여읨이다. 서로 바꾸어 의지함과 같지 않다. 보살의 법을 얻어 큰 자비로 체성을 삼았기에 중생에 의하여 자비의 마음이 일어나 도리어 중생을 의지로 삼는다. 따라서 범부가 大悲의 마음을 일으키지 못하여 다른 이의 의지처가 되지 못하는 것과 같지 않기 때문이다.

六은 近見轉離니 是他力不相似니 謂以大乘行으로 成種性無過하며 見佛得助道力하야 不似凡夫 非器不得故니라

제6구는 가까이 친견으로 전변하여 여읨이다. 이는 다른 이의 능력과 같지 않다. 대승의 행으로 종성이 허물없음을 성취하고, 부처님을 친견하여 도에 도움이 되는 힘을 얻었기에, 범부는 근기가 아니어서 득도하지 못하는 것과 다르기 때문이다.

七은 生轉離니 卽處不相似니 謂不住道는 是佛境界오 亦菩薩住處라 依之起行을 名生其中이니라

제7구는 태어나면서 전변하여 여읨이다. 이는 처소가 같지 않다. 머물지 않는 도는 부처님의 경계이자, 또한 보살이 머무는 처소이다. 의지하여 행을 일으키는 것을 '그 속에 태어난다.'고 말한다.

八은 平等轉離이니 卽生業不相似라 謂證三世平等之性하야 以資慧命하야 而生智業일세 不同凡夫雜染業也니라

제8구는 평등으로 전변하여 여읨이다. 이는 생업이 같지 않다. 삼세의 평등한 성품을 증득하여 慧命을 도와 지혜의 업에서 생겨나기에, 범부의 잡염법과는 같지 않다.

九는 捨轉離라 卽成就不相似니 謂成就離障畢定勝位라 捨는 約離障이오 成은 約得位니 卽前'第八畢定過'니 成就相似法故라 由離怖畏하야 決得無上菩提라 前就行位오 此就斷位니라 言'怖畏'者는 論云'不愛·疑·慮·憂·想이 共心相應故라'하니 不愛는 是所畏事오 不活等五는 令心憎惡故니라 疑慮憂想은 正是畏體니 所畏不定일새 便生疑慮오 所畏決定에 便生憂想이라 由心畏故로 相現在身에 名毛豎等이라【鈔_ 卽前第八下는 會通前文이라 此斷前行일새 故須會釋이라 謂前明者는 志氣成立에 決成菩提하야 於如來種中에 卽是行義라 行斷雖殊니 決成菩提는 義則同矣니라】

제9구는 버려서 전변하여 여읨이다. 이는 성취함이 같지 않다. 이는 장애에서 벗어나 필경에 결정코 뛰어난 지위를 성취하게 됨을 말한다. '버린다[捨].'는 것은 장애에서 벗어남으로 말하고, '成就'는 지위를 얻은 것으로 말한다. 이는 앞서 말한 "(8) 필경 결정함이 뛰어남"이다. 이는 성취함이 서로 같은 법이기 때문이다. '두려움[怖畏]'을 여읨으로 인하여 반드시 위없는 깨달음을 얻은 것이다. 앞에서는 수행의 지위로 말하였고, 여기서는 단절의 지위로 말하였다.

'遠離一切怖畏毛豎等'에서 두렵다[怖畏]고 말한 것은 논에서는 "사랑하지 않는 것, 의심, 염려, 근심, 생각이 마음과 함께 상응하기 때문이다."고 말하였다. '사랑하지 않음[不愛]'은 두려워하는 일이며, 살지 못하는[不活] 등 5가지[不活畏, 惡名畏, 死畏, 惡道畏, 大衆威德畏]는 마음에 싫어하고 미워하는 일이기 때문이며, 의심, 염려,

근심, 생각은 바로 두려움의 자체이다. 두려운 대상이 결정되어 있지 않을 적에는 곧 의심과 염려의 마음이 생겨나고, 두려움의 대상이 결정되면 곧 근심과 생각이 생겨난다. 마음의 두려움으로 인하여 몸에 나타나는 양상을 '머리털이 곤두선다.' 등으로 말하였다.
【초_ "이는 앞서 말한 (8) 필경 결정함이 뛰어남이다[即前第八]." 이하는 앞의 문장을 회통하였다. 여기서는 앞의 십지 이전의 행을 단절한 까닭에 반드시 회통하여 해석한 것이다. 앞에서 밝힌 것은 의지와 기개가 성립되어 반드시 보리를 성취하여 여래의 종성 가운데 곧 행하는 의의이다. 행을 단절함은 비록 다르지만 반드시 보리를 성취한 의의는 똑같다. 】

然此九句 與有何相으로 文同符契일새 皆已義引이니 不得異解어다 由上諸義 不相似故로 名爲轉離오 非唯離障을 名轉離也니라

그러나 9구절은 '어떤 양상이 있는가?'라는 구절의 문장과 부절을 합한 듯이 꼭 들어맞는다. 모두 이미 그 의미를 인용한 것이니만큼 달리 해석해서는 안 된다. 위의 여러 의의가 똑같지 않기 때문에 이를 '전변하여 여의다[轉離].'라고 말한 것이지, 오직 장애를 여의는 것만을 '전변하여 여의다.'라고 말하지는 않는다.

第二 隨難徵釋
由捨轉離 文義廣故로 重徵釋之라

둘째, 논란에 따라 묻고 해석하다

'버려서 전변하여 여읨'의 의미가 드넓기 때문에 이를 거듭 묻고 해석하였다.

經

何以故오
此菩薩이 得歡喜地已에 所有怖畏를 悉得遠離하나니
所謂不活畏와 惡名畏와 死畏와 惡道畏와 大衆威德畏니
如是怖畏를 皆得永離니라
何以故오
此菩薩이 離我想故로 尙不愛自身이어든 何況資財아 是故로 無有不活畏하며
不於他所에 希求供養하고 唯專給施一切衆生일세 是故로 無有惡名畏하며
遠離我見하야 無有我想일세 是故로 無有死畏하며
自知死已에 決定不離諸佛菩薩일세 是故로 無有惡道畏하며
我所志樂을 一切世間이 無與等者어든 何況有勝가 是故로 無有大衆威德畏니
菩薩이 如是遠離驚怖毛豎等事니라

무슨 까닭일까?

이 보살이 환희지를 얻으면 그가 지닌 모든 공포와 두려움을 모두 멀리 여의기 때문이다.

이른바 살아갈 수 없는 두려움, 악명의 두려움, 죽음의 두려움,

악도에 떨어지는 두려움, 대중 위덕의 두려움이다.

이와 같은 공포와 두려움을 모두 영원히 여의게 된다.

무슨 까닭일까?

이 보살이 '나'라는 생각에서 벗어났기에 나의 몸마저도 아끼지 않는데 하물며 재물을 아끼겠는가. 이 때문에 살아갈 수 없다는 두려움이 없다.

다른 곳에서 공양을 바라지 않고 오로지 일체중생에게 보시하기에 악명의 두려움이 없다.

'나'라는 소견을 멀리 여의어 '나'라는 생각에서 벗어났기에 죽음의 두려움이 없다.

죽은 후에도 반드시 부처님과 보살을 떠나지 않을 줄을 스스로 알기에 악도에 떨어지는 두려움이 없다.

내가 좋아하는 바란 일체 세간의 그 어떤 것도 똑같은 게 없는데, 어찌 이보다 더 좋은 게 있을 수 있겠는가. 이 때문에 대중 위덕의 두려움이 없다.

보살이 이처럼 두렵고 머리털이 곤두서는 일들을 멀리 여의는 것이다.

● 疏 ●

義有四重하니 謂怖畏與離에 各有因果로되 而文分五節하니 一은 總徵이오 二는 列名總答이오 三은 轉徵이오 四는 擧因顯相이오 五 菩薩如是 下는 結酬初徵이라

경문의 의의는 4중이다. 공포와 여읨에는 각기 원인과 결과가 있지만, 경문은 5절로 나뉜다.

(1) 총체의 물음,

(2) 명칭을 열거하여 총체로 답하였고,

(3) 바꾸어 물었으며,

(4) 원인을 들어 양상을 밝혔고,

(5) '菩薩如是' 이하는 '(1) 총체의 물음'을 끝맺으면서 답하였다.

今初 徵意云 '何以此中에 說離畏耶아

(1) 총체 물음의 의도는 "어찌하여 여기에서 두려움을 여의었다고 말하는가?"를 말한다.

二는 答意云 以五怖畏는 是初地障이니 得初地時에 法爾離故라 又離此면 卽是此地利益이라 翻畏를 名喜니 此相最顯일새 故於釋名分中에 辨之니라

(2) 대답의 의도는 다음과 같다.

5가지의 두려움은 초지의 장애이다. 초지를 얻고자 할 때의 수행법은 이를 여의어야 하기 때문이다.

또한 이를 여의면 곧 초지 수행의 이익이다. 두려움을 뒤집으면 '기쁨'이라고 말한다. 이러한 두려움의 양상은 가장 뚜렷하기에, 명목을 해석하는 부분에서 다시 논변할 것이다.

三 轉徵者는 此之一徵에 文含四意하니

一은 云何以名爲不活等畏耶아

二는 云何因而有此五畏耶아 此二는 是怖畏因果라 故論上生起

413

호되 '云何者是怖畏며 云何怖畏因고'하니라

三은 何以名爲得永離耶아

四는 因何令此得永離耶아 此二는 離畏因果니 若得離因하면 自然無果라 故論上云 '遠離此因하야 無怖畏故'라하니라

(3) 바꾸어 물었다는 것은 이 하나의 물음에 4가지 뜻을 포함하고 있다.

① 무엇 때문에 '살아갈 수 없는 두려움 등'이라는 이름을 붙였을까?

② 무슨 원인으로 이런 5가지의 두려움이 있는 것일까?

위의 2가지는 두려움의 원인과 결과이다. 이 때문에 논의 첫 시작 부분에서 "무엇이 두려움이며, 어떤 것이 두려움의 원인인가?"라고 말하였다.

③ 무엇 때문에 '영원한 여읨'으로 명명하였는가?

④ 무엇 때문에 이러한 두려움을 영원히 여의도록 한 것일까?

위의 2가지는 두려움을 여의는 원인과 결과이다. 만약 두려움을 여의는 원인을 알면 저절로 두려움의 결과도 사라질 것이다. 이 때문에 논에서 말하였다.

"이런 원인을 멀리 여의어 두려움이 없기 때문이다."

四 擧因顯相者는 謂正擧離因하야 顯離果相이니 反顯畏因과 及畏果相이라 故通有四意하야 酬前四徵이라 如'不愛自身 何況資財'는 是離不活因이니 則反顯愛身資財 是不活畏因이라 若不畏不活하면 卽是離畏果니 則反顯畏於不活이 是此畏果라 餘四例然이라

又此離因이 卽是能治오 其怖畏因은 卽是所治니라
五怖畏果의 不活與死 二相을 何別고
懼無資緣하야 身不存於朝夕을 名不活畏오 懼其因盡하야 正捨報時를 名爲死畏니 大怖之極이 無過死故니라
又不活은 通於三業이오 死唯約身이라 故論云 '第一·第二·第五는 依身口意오 第三·第四는 依身이라하니라 死는 約愛於善道오 懼捨身故라 惡道畏者는 憎於惡道니 懼得彼身故라 但說五者는 打縛等畏는 皆五攝故니라
此怖畏因이 畧有二種이니 一은 邪智妄取하야 想見愛著故오 二는 善根微少故라 然此二因이 通五怖畏하니 善根少者는 亦乏資財하야 懼不活等故오 有愛著者는 未能忘懷일새 畏大衆等故니라
若取相顯인댄 初一은 爲前三畏因이오 後一은 爲後二畏因이니라 邪智는 卽是分別身見이니 取我乖理일새 目之爲邪라 邪心決斷을 名之爲智니 由有此智일새 妄取於我와 及我所想하야 以成執見하야 而起愛著이라 故我見爲主오 我所隨生이라
愛著於我면 則有死畏니 見有我身이면 懼捨命故오 愛著我所면 有前二畏니라 但著財利면 有不活畏오 著利兼名이면 有惡名畏로되 但無我我所면 則三畏因亡이라 然不活因은 擧我況所니 意但取所니라 後二因者는 功德善少면 畏墮惡道오 智慧善少면 畏於大衆이니라 又過去善少면 今畏大衆이오 現在善少면 當畏惡道어늘 今具福智하고 兼二世善하야 以爲對治라 故初三離因은 卽二空智오 後二離因은 卽二莊嚴이니라

(4) 원인을 들어 양상을 밝힘이란, 바로 두려움을 여읠 수 있는 원인을 들어 두려움을 여읜 결과의 양상을 밝힘으로써, 반대로 두려움의 원인과 공포의 결과 양상을 밝힌 것이다. 이 때문에 4가지 뜻을 통하여 앞의 4가지 질문에 대답하였다.

예컨대 "나의 몸마저 아끼지 않는데 하물며 재물이야! 이는 '살아갈 수 없는 두려움'의 원인을 여읜 것이자, 나의 몸과 재물을 아낌이 '살아갈 수 없는 두려움'의 원인임을 반대로 밝힌 것이다. 만약 살지 못할까를 두려워하지 않으면, 곧 두려움을 여읜 결과이자, 살아갈 수 없는 두려움이 이 두려움의 결과임을 반대로 밝힌 것이다. 나머지 4가지도 그런 예와 같다.

또한 두려움을 여읜 원인은 다스림의 주체이고, 그 두려움의 원인은 다스려야 할 대상이다.

5가지 두려움[不活畏, 惡名畏, 死畏, 惡道畏, 大衆威德畏]의 결과 부분에서 '살아갈 수 없는 두려움'과 '죽음의 두려움'이라는 2가지 양상에는 어떤 차이가 있을까?

살림살이에 반연되는 것들이 없어 일조일석에 몸을 보존할 수 없는 것을 '살아갈 수 없는 두려움'이라 말하고, 그 인연이 다하여 바로 보답으로 받아온 몸을 버려야 할 때를 '죽음의 두려움'이라고 말한다. 가장 큰 공포의 극치는 죽음보다 더한 것이 없기 때문이다.

또한 '살아갈 수 없는 두려움'은 몸·입·생각에 모두 통하지만, 죽음이란 오직 몸으로만 말한다. 이 때문에 논에서 다음과 같이 말하였다.

"제1 不活畏, 제2 惡名畏, 제5 大衆威德畏는 몸·입·생각에 의한 것이지만, 제3 死畏, 제4 惡道畏는 몸에 의한 것이다."

'죽음의 두려움'은 좋은 세계의 애착으로 말하였다. 이는 몸을 버리게 될까 두려운 마음 때문이다.

'악도에 떨어질까의 두려움'이란 지옥을 싫어하는 것으로 말한다. 이는 그 지옥의 몸을 얻게 될까 두려운 마음 때문이다.

5가지의 두려움만을 말한 것은 두들겨 맞거나 속박받는 등의 두려움은 모두 5가지의 두려움에 포괄되기 때문이다.

이런 두려움의 원인을 간추려 말하면 2가지가 있다.

① 삿된 지혜로 헛되이 취하여 생각과 견해의 애착 때문이며,

② 미세하고 적은 선근 때문이다.

그러나 이 2가지 원인이 5가지의 두려움에 모두 통한다. '미세하고 적은 선근'은 또한 재물이 궁핍하여 살지 못할까 두려워하는 때문 등이며, '애착이 있다.'는 것은 생각을 잊지 못하기에 대중의 위덕을 두려워하는 등이다.

만일 양상을 취하여 밝힌다면, '① 삿된 지혜의 想見 애착'은 앞의 3가지[不活畏, 死畏, 惡道畏]의 원인이고, '② 미세하고 적은 선근'은 2가지[惡名畏, 威德畏]의 원인이다.

'삿된 지혜[邪智]'는 '나'라는 생각의 집착[身見]으로 분별한 것이다. '나'라는 생각에 집착하여 이치에 어긋나기에 이를 삿되다고 말하며, 삿된 마음으로 결단한 것을 '삿된 지혜'라고 말한다. 이런 삿된 지혜로 인하여 '나'라는 생각과 '나의 것'이라는 생각을 잘못 취하

여 집착의 견해를 이루고 애착을 일으키게 된다. 이 때문에 '나'라는 견해가 주가 되고, '나의 것'이라는 생각이 따라 생겨난 것이다.

'나'라는 생각에 애착하면 죽음의 공포가 있게 된다. 이는 '나의 몸'이 있다는 견해로 나의 목숨을 버릴까 두렵기 때문이다.

'나의 것'이라는 생각에 애착하면 앞의 2가지 두려움[不活畏, 死畏]이 있게 된다. 단 재리에 집착하면 살아가지 못할까 하는 두려움이 있게 되고, 재리와 명예를 모두 집착하면 '악명의 두려움'이 있지만, '나'라는 생각과 '나의 것'이라는 생각이 없으면 3가지 두려움의 원인이 사라진다. 그러나 살지 못할까 두려워하는 원인을 '나'라는 생각을 들어서 '나의 것'에 비유한 것이니, 여기에서 말한 뜻은 '나의 것'만을 취했을 뿐이다.

뒤의 2가지 두려움의 원인이란 공덕의 선이 적으면 지옥에 떨어질까 두려워하고, 지혜의 선이 적으면 대중의 위덕을 두려워하게 된다. 또한 과거의 선이 적으면 현재의 대중 위덕을 두려워하고, 현재의 선이 적으면 미래의 악도를 두려워하게 된다. 여기에서 복덕과 지혜를 갖추고, 과거와 현재의 선을 겸하여 이로써 두려움을 다스리는 길로 삼았다. 이 때문에 앞의 3가지 두려움[不活畏, 死畏, 惡道畏]에서 벗어나는 원인은 아공과 법공의 지혜이고, 뒤의 2가지 두려움[惡名畏, 威德畏]에서 벗어나는 원인은 곧 복덕장엄과 지혜장엄이다.

五'菩薩如是'下는 結酬初徵이니 前云'何以能離'오하니 今酬호되 '由上三段의 如是義故로 所以能離'라하니 意正如此라

(5) '菩薩如是' 이하는 첫 물음을 끝맺으면서 답하였다. 앞에서 "어떻게 이를 여읠 수 있는가?"라고 말하였기에, 여기에서 답하기를 "위의 3단락은 이러한 뜻을 연유한 까닭에 두려움을 여읠 수 있다."고 하니 그 뜻이 바로 이와 같다.

第二三十句釋名分竟하다

2. 품명을 해석한 30구 부분을 끝마치다.

십지품 제26-2 十地品 第二十六之二

화엄경소론찬요 제61권 華嚴經疏論纂要 卷第六十一

화엄경소론찬요 제62권
華嚴經疏論纂要 卷第六十二

◉

십지품 제26-3
十地品 第二十六之三

一

自下大文 第三 安住地分

中三이니 初는 總明安住요 二'所謂'下는 別顯安住요 三'佛子菩薩 以成就'下는 總結安住라

今은 初라

> 3. 초지에 안주하는 부분
>
> 이의 경문은 3단락이다.
>
> 1) 총괄하여 초지의 안주를 밝혔고,
>
> 2) '所謂' 이하는 개별로 안주에 대해 밝혔으며,
>
> 3) '佛子菩薩以成就' 이하는 총괄하여 초지의 안주를 끝맺었다.
>
> 이는 첫 부분이다.

經

佛子여 此菩薩이 以大悲爲首하야
廣大志樂을 無能沮壞하며
轉更勤修一切善根하야 而得成就하나니

> 불자여! 이 보살이 대비로 으뜸을 삼아
>
> 광대한 뜻과 즐거움을 가로막을 자가 없고,
>
> 전전하여 더욱 일체 선근을 닦아서 성취하였다.

◉ 疏 ◉

文有三句하니

一 '大悲爲首'는 是安住因이니 菩薩所行은 皆爲衆生하야 悲爲行本일세 故言爲首라
二 '廣大志樂無能沮壞'는 是安住觀이니 論云 '煩惱와 小乘이 不能壞此觀故라하니 謂契理深心爲大라 故煩惱不能壞오 悲化兼物이 爲廣이라 故小乘不能壞也니라
三 轉更勤修一切善根而得成就는 是安住行이라 此望初句에 是智導悲오 望第二句에 是行塡願이라 此所修善은 卽下三十句顯示니라

이의 경문은 3구이다.

제1구의 "대비로 으뜸을 삼는다."는 것은 초지에 안주하는 원인이다. 보살이 행한 바는 모두 중생을 위하여 대비의 마음을 행의 근본으로 삼기에 '으뜸을 삼는다.'고 하였다.

제2구의 "광대한 뜻과 즐거움을 가로막을 자가 없다."고 말한 것은 안주의 관찰이다. 논에서 "번뇌와 소승이 이의 관찰을 가로막지 못하기 때문이다."고 말하였다. 도리에 맞는 심오한 마음을 크다[大] 하기에 번뇌가 가로막지 못하고, 자비의 교화로 중생을 모두 받아들이는 것을 드넓다[廣] 하기에 소승이 가로막지 못한다.

제3구의 "전전하여 더욱 일체 선근을 닦아서 성취하였다."는 것은 안주의 수행이다. 이를 제1구에 대조하여 보면 지혜로 자비를 선도하고, 제2구에 대조하여 보면 수행으로 서원을 채움이다. 여기서 닦아야 할 선근은 아래의 30구에서 보여주고 있다.

第二別顯安住니 卽顯前第三勤修善根이라
云何勤修오 此有三十句하야 顯三種成就하니
一은 信心成就오 二는 修行成就오 三은 廻向成就라
信爲行始오 次는 依信起行이오 後는 廻行成德이니 以爲行修次第니라
今初는 信心十句라

2) 개별로 안주에 대해 밝히다

이는 앞의 경문 제3구의 '부지런히 닦는 선근'을 밝힌 내용이다. 어떻게 부지런히 닦는가? 여기에는 30구로 3가지의 선근 성취를 밝히고 있다.

(1) 믿음의 성취,

(2) 수행의 성취,

(3) 회향의 성취.

첫째 믿음은 수행의 첫발이고, 다음은 믿음에 따라 수행을 일으키며, 끝은 수행을 회향하여 공덕을 성취함이다. 이처럼 3구로 수행의 차례를 삼았다.

이는 첫 부분의 믿음에 관한 10구이다.

> **經**
>
> 所謂信增上故며 多淨信故며 解淸淨故며 信決定故며 發生悲愍故며 成就大慈故며 心無疲懈故며 慚愧莊嚴故며 成就柔和故며 敬順尊重諸佛敎法故며

이른바 신심이 더욱 향상하기 때문이며,

많은 청정한 신심이 더욱 향상하기 때문이며,

이해의 청정이 더욱 향상하기 때문이며,

믿음의 결정이 더욱 향상하기 때문이며,

가엾이 여기는 마음을 냄이 더욱 향상하기 때문이며,

큰 사랑의 마음 성취가 더욱 향상하기 때문이며,

고달픈 마음 없음이 더욱 향상하기 때문이며,

부끄러움으로 장엄함이 더욱 향상하기 때문이며,

유화의 성취가 더욱 향상하기 때문이며,

부처님의 가르치신 법을 공경하고 존중함이 더욱 향상하기 때문이며,

● 疏 ●

初는 總이오 餘는 別이라

總云'信增上'者는 隨所有事니 謂下所列諦寶等境에 深信決定을 名爲增上이라

別中有九하니 初六은 始起信心이오 後三은 信增成欲이라

前中에 初二는 自利오 後四는 利他라

自利中에 一은 '敬信增上'이니 謂徧信三寶일세 名多淨信이오 二는 '淨信增上'이니 自證眞淨智解故라 上二에 皆云淸淨은 是信之性이라

三 '決定信增上'은 分別하야 令他證淨智故니 卽利他之行이라

四는 悲오 五는 慈오 六은 無疲厭이니 此三增上은 皆利他心이라 慈悲

는 明心大오 無在厭은 明心常이라

後三中에 七'慚愧信增上'은 是所成行體니 謂有慚愧故로 治慳等蔽하고 不著世間하야 成檀等度故니라

八'柔和信增上'은 是得等侶니 於同法者에 不惱亂故니라

九'敬法信增上'은 於所入法에 益敬信故니라【鈔_慚愧者는 論云'樂修何等行고 波羅蜜行故'라하니 以崇重賢善으로 爲慚일세 故成檀等諸度오 輕拒暴惡이 爲愧니 故治於慳等諸蔽라 輕拒暴惡은 卽不著世間이라 無惡有善일세 故曰莊嚴이라 故遺敎經云'以慚愧服으로 而自莊嚴이라'하니라

'是得等侶'는 亦卽行緣이니 論云'僧爲等侶오 同事安樂'이라하니라

九'敬法'者는 卽行所依니 論云'入何法中고 謂諸佛敎'라하니 則亦行所詣며 是所入故니라】

첫 구절은 총상이고, 나머지 구절은 별상이다.

첫 구절의 총상에서 "신심이 더욱 향상한다."고 말한 것은 그 모든 일을 따라서 더욱 향상되는 것이다. 아래의 경문에서 열거한 진리나 보배 등의 경계에 깊은 신심으로 결정한 것을 '더욱 향상한다.'고 말한다.

별상에는 9구절이 있다.

앞의 6구절은 처음 신심을 일으킴이며, 뒤의 3구절은 신심이 더욱 향상되어 원하는 바를 성취함이다.

앞의 첫째 2구절[多淨信, 解淸淨]은 자리행이며, 뒤의 4구절[信決定, 發生悲愍, 成就大慈, 心無疲懈]은 이타행이다.

앞의 2구 자리행 가운데 제1구[多淨信]는 공경하는 신심이 더욱 향상됨이다. 삼보를 믿기에 "많은 청정한 신심이 더욱 향상된다."고 말하였고, 제2구[解淸淨]는 청정한 신심이 더욱 향상됨이다. 스스로 진실하고 청정한 지혜를 증득한 이해이기 때문이다.

위의 2구에서 모두 '청정'하다고 말한 것은 믿음의 체성을 말한다.

제3구의 "믿음의 결정이 더욱 향상"됨은 분별하여 다른 이로 하여금 청정한 지혜를 증득하게 하기 때문이다. 이는 이타행이다.

제4구의 가엾이 여기는 마음, 제5구의 사랑의 마음, 제6구의 고달픔이나 싫어함이 없음, 이 3가지의 더욱 향상됨은 모두 이타행의 마음이다. 여기에서 말한 慈·悲는 '마음이 큼'을, 싫어함이 없음은 '마음이 떳떳함'을 밝혔다.

뒤의 3구절 가운데 제7구[慚愧莊嚴]는 부끄러움의 신심이 더욱 향상됨이다. 이는 성취의 대상인 수행의 체성이다. 부끄러워하는 마음이 있기에 인색 등의 잘못을 다스리고 세간에 집착하지 않고 보시바라밀 등을 성취하기 때문이다.

제8구[成就柔和]는 유화의 신심이 더욱 향상됨이다. 이는 동등한 도반을 얻음이니 함께 법을 닦는 이들에게 고뇌와 혼란을 끼치지 않기 때문이다.

제9구[敬順尊重諸佛敎法]는 법을 공경하는 신심이 더욱 향상됨이다. 이는 들어간 법에 공경의 신심이 더하기 때문이다.【초_ '부끄러워함[慚]'이란 논에 이르기를, "어떤 행을 기쁜 마음으로 닦아야 하는가? 바라밀 수행이기 때문이다."고 하였다. 어질고 착한 이를 높이 받드는 것으로 부끄러움을 삼기에 보시바라밀 등을 성취한다.

포악한 이를 가벼이 여기고 거부하는 것으로 부끄러움[愧]을 삼는다. 이 때문에 인색함 등의 여러 잘못을 다스린다. 포악한 이를 가벼이 여기고 거부하는 것은 세간에 집착하지 않음이다.

악인이 없고 선인만 있기에 이를 '장엄'이라고 말한다. 이 때문에 유교경에서 "부끄러움의 옷으로 스스로 장엄한다."고 말하였다.

제8구의 "동등한 도반을 얻는다."고 말한 것은 또한 수행의 반연이다.

논에서 말하였다.

"스님이 동등한 도반이고, 함께 일하면서 안락하기 때문이다."

제9구의 "불법을 공경한다."는 것은 수행의 의지처이다.

논에서 말하였다.

"어떤 법에 들어가는가? 모든 부처님의 가르침이다."

이 또한 수행으로 나아가야 할 바이며, 들어갈 대상이기 때문이다.】

第二 修行成就

中에 九句이라

(2) 수행의 성취

이는 9구이다.

日夜修習善根호되 無厭足故며

親近善知識故며

常愛樂法故며

求多聞無厭足故며

如所聞法正觀察故며

心無依着故며

不耽着利養名聞恭敬故며

不求一切資生之物故며

生如寶心호되 無厭足故며

    밤낮으로 선근을 닦아 싫어함이 없기 때문이며,

    선지식을 친근한 때문이며,

    항상 법을 사랑한 때문이며,

    많이 알기를 추구하여 싫어함을 모르기 때문이며,

    들은 법대로 관찰한 때문이며,

    마음에 의탁함이 없기 때문이며,

    일신의 편안함이나 명예나 공경받기를 탐하지 않기 때문이며,

    일체 살림살이를 추구하지 않기 때문이며,

    보물 같은 마음을 내어 싫어함이 없기 때문이다.

◉ 疏 ◉

初는 總이오 餘는 別이라

總云 無厭足者는 卽無間修라

別有八集하니 前七은 敎行이오 後一은 證行이라

前中에 初二는 攝法方便이니 一은 親近集이니 近善友가 意在不忘諸法故라 二는 樂法集이니 於問答中에 論義解釋하야 心喜樂故라

後五句는 次第修行이라

於中에 前三은 內觀順理之行이니 一은 多聞集이니 斯卽聞慧라 二는 正觀集이니 卽是思慧라 三은 不著集이니 卽是修慧라 於三昧中에 無依著故니라

後二는 隨緣離著行이니 謂六은 不貪集이니 是知足行이니 已得不貪故니라 七은 不求集이니 是少欲行이라 未得不求故니라

八은 如寶心集이니 卽證行圓明하야 常現前故라 又難得·無垢·勢力·莊嚴·殊勝·不改니 證心同此하야 具六義故라 上依論釋 竟하다

【鈔_又難得下는 擧世寶六義하야 顯證法六義라】

첫 구절은 총상이고, 나머지 구절은 별상이다.

제1구의 총상에 '만족함이 없다.'고 말한 것은 '끊임이 없는 수행'이다.

별상에는 쌓아 모아가는 8가지가 있다. 앞의 7구는 가르침의 행이고, 뒤의 1구는 증득의 행이다.

앞의 7구 가운데 첫 2구절은 법을 받아들이는 방편이다.

첫째, 제2구는 친근함을 쌓아 모아가는 것이다. 선지식을 가까이하는 뜻은 모든 법을 잊지 않으려는 데에 있기 때문이다.

둘째, 제3구는 법을 좋아하여 쌓아 모아가는 것이다. 묻고 대답

하는 가운데 논의와 해석을 마음으로 기뻐하고 좋아하기 때문이다.

뒤의 5구는 차례대로 수행함이다.

그 가운데 앞의 3구는 안으로 이치를 따라 관찰하는 수행이다.

첫 구절 제4구[求多聞無厭足故]는 많이 들음을 쌓아 모아가는 것이다. 이는 聞慧이다.

둘째, 제5구[如所聞法正觀察故]는 바른 관찰을 쌓아 모아가는 것이다. 이는 思慧이다.

셋째, 제6구[心無依着故]는 집착하지 않음을 쌓아 모아가는 것이다. 이는 修慧이다. 삼매에 의지하거나 집착하지 않기 때문이다.

뒤의 2구절은 인연에 따르되 집착을 여의는 수행이다.

넷째, 제7구[不耽着利養名聞恭敬故]는 탐착하지 않음을 쌓아 모아가는 것이다. 이는 만족할 줄 아는 수행이다. 이미 탐착하지 않음을 얻었기 때문이다.

다섯째, 제8구[不求一切資生之物故]는 추구하지 않음을 쌓아 모아가는 것이다. 이는 욕심이 적은 수행이다. 얻지 못할 것은 구하려 하지 않기 때문이다.

뒤의 제9구[生如寶心無厭足故]는 보배와 같은 마음을 쌓아 모아가는 것이다. 이는 증득의 수행이 원만하고 분명하여 항상 앞에 나타나기 때문이다. 또한 얻기 어려움, 때가 없음, 세력, 장엄, 뛰어남, 변하지 않음이다. 증득의 마음이 이와 같이 6가지 의의를 갖췄기 때문이다.

위의 논에 의한 해석을 끝마치다. 【초_ '또한 難得' 이하는 세간

보배의 6가지를 들어서 증득한 법의 6가지 의의를 밝힌 것이다.】

其第六·七集은 更有一理하니 謂第六心은 是遠離修니 修對治心하야 離三過故니라

諸說法者 有三種過하니

一은 著利養이니 求四事故로 少欲과 知足으로 則能治之라

二는 取名聞이니 爲勝他故일세 正念定慧로 則能治之라

三은 謂他屬이니 過愛敬事故일세 遠離와 精進으로 則能治之라 此中 能治는 卽大人覺이라

其第七句는 是觀過修니 八種不淨을 是謂資生이니 一切不求는 見不淨故라【鈔_言'八覺'者는 一은 少欲이오 二는 知足이오 三은 寂靜이오 四는 精進이오 五는 正意오(卽正念是) 六은 正定이오 七은 正慧오 八은 無戲論이니라

'八種不淨'者는 一은 畜田宅이오 二는 種植根栽오 三은 貯聚穀粟하고 居店求利오 四는 畜奴婢人民이오 五는 畜眷屬群畜이오 六은 畜金銀財寶오 七은 畜象牙金銀과 刻鏤諸寶大牀과 綿褥氍毹이오 八은 畜銅鐵釜鑊이니라】

경문에서 제6구[不著集], 제7구[不貪集]는 또한 하나의 이치이다. 제6구[心無依着故]에서 말한 '心'은 '멀리 여의는 수행'이다. 이는 마음을 다스리고 닦아서 3가지 잘못을 여의기 때문이다.

설법하는 모든 이에게 3가지 잘못[利養·名聞·恭敬]이 있다.

① 일신의 편안함에 대한 집착이다. 이는 4가지 일[의복·음식·의약·房舍]을 구하기 때문이다. 욕심을 줄이고 만족을 아는 것으로 이

를 다스려야 한다.

② 명예의 집착이다. 남보다 뛰어남을 위한 때문이다. 바른 생각, 바른 선정, 바른 지혜로 이를 다스릴 수 있다.

③ 남을 나의 권속으로 생각하는 것이다. 지나친 사랑과 공경으로 섬기기 때문이다. 멀리 여의고 정진으로 이를 다스릴 수 있다. 이런 것으로 잘 다스림은 대인의 깨달음이다.

제7구[不耽着利養名聞恭敬故]는 '잘못을 관찰하는 수행'이다. 8가지 不淨을 '살림살이'로 생각한 것이다. 일체 그 모든 것을 추구하지 않음은 청정하지 않음을 보았기 때문이다.【초_ 8가지를 깨달음이라는 말은 ① 少欲, ② 知足, ③ 寂靜, ④ 精進, ⑤ 正意[正念], ⑥ 正定, ⑦ 正慧, ⑧ 無戲論이다.

8가지의 不淨은 ① 논밭과 집을 쌓아가는 것, ② 종자를 심고 재배하는 것, ③ 곡식과 과실을 쌓아두고 점포를 열어 재리를 구하는 것, ④ 수많은 노비와 사람을 쌓아가는 것, ⑤ 가족과 가축을 쌓아가는 것, ⑥ 금은과 보배를 쌓아가는 것, ⑦ 상아나 금은 등으로 장식한 보배로 만든 평상과 모피나 비단을 쌓아가는 것, ⑧ 구리나 무쇠의 솥을 쌓아가는 것이다.】

第三 廻向成就

謂求一切智니 是廻向菩提라 有十二句라

(3) 회향의 성취

일체지의 추구를 말한다. 이는 보리의 회향이다.
12구이다.

經

求一切智地故며
求如來力無畏不共佛法故며
求諸波羅蜜助道法故며
離諸諂誑故며
如說能行故며
常護實語故며
不汚如來家故며
不捨菩薩戒故며
生一切智心하야 如山王不動故며
不捨一切世間事하고 成就出世間道故며
集助菩提分法호되 無厭足故며
常求上上殊勝道故라

　　일체 지혜의 자리를 구하였기 때문이며,
　　여래의 힘과 두려움 없음과 함께하지 못하는 불법을 구하였기 때문이며,
　　모든 바라밀다의 도를 돕는 법을 구하였기 때문이며,
　　모든 아첨과 속임을 여의었기 때문이며,
　　말한 대로 행하였기 때문이며,

진실한 말을 항상 보호하였기 때문이며,

여래의 집안을 더럽히지 않았기 때문이며,

보살의 계율을 버리지 않았기 때문이며,

일체 지혜의 마음을 내어 태산처럼 움직이지 않았기 때문이며,

일체 세간의 일을 버리지 않고서 출세간의 도를 성취하였기 때문이며,

보리를 돕는 부분의 법을 모으되 싫어함이 없었기 때문이며,

언제나 최상의 최상인 수승한 도를 구하였기 때문이다.

● 疏 ●

初는 總이오 餘는 別이라 總은 卽所求之事니 名之爲家라 一切智地是求處故니라【鈔_ 從一切智地是求處者는 以經으로 釋論爲家之言이니 處卽家故니라】

첫 구절은 총상이고, 나머지 구절은 별상이다.

총상의 첫 구절은 곧 구하려는 일이다. 이를 '집'이라고 말한다. '일체 지혜의 자리'는 구하려는 곳[處]이기 때문이다.【초_ '온갖 지혜가 곧 구하는 자리'라는 것은 경문으로 논에서 말한 '집'이라는 말을 해석한 것이다. '곳[處]'이 곧 집이기 때문이다.】

別은 卽能求之因이라 有十一求하니

初一은 顯能求之觀이니 名爲依家니 於前家中에 分別觀察하야 具足十力無畏等故니라

餘十은 能求之行이라 幷總하야 都有三求하고 於求行中에 又分總

別이라 總은 名無障求니 謂求諸度無著法故며 能除蔽障이라 下九句는 別이니 別治諸障故라

별상 11구는 잘 구할 수 있었던 원인이다.

11구에 따라서 11가지 구함이 있다.

11구의 첫 구절[求如來力無畏不共佛法]은 잘 구하기 위한 관찰로, 이를 '집에 의지함[依家]'이라고 말한다. 앞서 말한 '집[家: 所求之事 名之爲家]'에서 분별하고 관찰하여, 부처의 '열 가지 힘', '두려움이 없음' 등이 두루 만족스럽기 때문이다.

나머지 10구는 잘 구하기 위한 수행이다. 총상의 첫 구절과 함께 모두 3가지를 구함이 있고, 구하는 10가지의 수행 중에도 다시 총상과 별상이 있다.

총상의 구절[求諸波羅蜜助道法故]은 '장애 없음을 구함'이라고 한다. 이는 모든 바라밀에 집착 없는 법을 구하기 때문이며, 폐단과 장애를 없애주기 때문이다.

아래 9구는 별상이다. 모든 장애를 개별로 다스리기 때문이다.

初二는 對治檀中二垢니 一者는 離求라 治於諂曲이니 見乞求者詐現方便이라도 一向無心與故요
二는 如說能行求니 治不隨先言이니 許而不與와 或許多勝이라가 與少劣故라
又前은 是諂이오 後는 則是妄이라

9구 가운데 제1구와 제2구는 보시바라밀 가운데 2가지 번뇌를 다스린 부분이다.

제1구[離諸諂誑]는 여읨을 구함이다. 아첨과 속임을 다스림이다. 구하는 이가 거짓으로 방편을 쓸지라도 하나같이 무심으로 건네주기 때문이다.

제2구[如說能行]는 말한 대로 잘 행할 것을 구함이다. 먼저 말한 바를 따르지 않음을 다스리는 부분이다. 앞서 허락하였다가 건네주지 않는 것과 혹은 좋은 것들을 많이 주겠다고 허락하였다가 안 좋은 것을 적게 건네주기 때문이다.

또한 앞의 제1구에서는 아첨을 말하였고, 뒤의 제2구에서는 허망을 말하였다.

三者는 護求니 治戒一垢니 謂不護實語하고 違本所受하며 犯已覆藏故라

제3구[常護實語]는 보호함을 구함이다. 지계바라밀에 하나의 잘못이 있는 것을 다스리는 부분이다. 진실한 말을 지키지 않고 본래 받은 바를 어기며, 계를 범한 후에 이를 덮고 감추기 때문이다.

四는 不汚求니 治忍一垢니 謂惱亂他業이 是汚如來利益家故라

제4구[不汚如來家]는 더럽히지 않음을 구함이다. 인욕바라밀에 하나의 잘못이 있는 것을 다스리는 부분이다. 남들을 괴롭히는 일이 이익을 베푸는 여래 가문을 더럽혔기 때문이다.

五는 不捨求니 治進一垢라 謂菩薩戒法이 無量하야 不可具持며 劫數長遠하야 不可常持며 戒法精妙하니 難持難行이며 不可善持라하야 生退轉心을 今不捨菩薩戒하고 具能持之하며 不捨律儀일세 故能持難持하며 不捨三聚하야 能行難行也니라

進策萬行이어늘 而偏就戒辨者는 有三義故니 一은 戒爲三學之首
故요 二는 戒具三聚故요 三戒通事理니 難行易敗故로 寄以策之라
【鈔 '戒法無量'者는 戒有三聚하니 三千威儀와 八萬細行故니라
'劫數長遠'者는 一受不捨하야 至成佛故라
'戒法精妙'者는 防於意地니 起心動念이 卽毁犯이라 律儀는 論於
止作일새 故說爲持오 三聚는 進善利生일새 故云行也니라
後'進策'下는 釋通妨難이라
'難行易敗'者는 不同定慧證法之樂이 堅固難失이니라】

제5구[不捨菩薩戒]는 버리지 않음을 구함이다. 정진바라밀에 하나의 잘못이 있는 것을 다스리는 부분이다.

보살의 계율이 한량없어 이를 모두 지닐 수 없으며,

세월이 장구하여 항상 지닐 수 없으며,

계율은 정밀하고 미묘하여 지니기도 어렵고 행하기 어려우며,

잘 간직할 수 없다는 생각에 물러나는 마음이 생기는 법이다.

그러나 여기에서는 보살계를 버리지 않고 모두 간직하며,

계율과 위의를 버리지 않기에 지니기 어려운 것을 잘 지니며,

三聚戒를 버리지 않고서 행하기 어려운 것을 잘 행하는 것이다.

모든 행동에 대해 정진하고 경책해야 할 것임에도 유독 계율만을 말한 것은 3가지 의의 때문이다.

① 계율은 三學의 으뜸이기 때문이며,

② 계율은 三聚戒를 갖추었기 때문이며,

③ 계율은 사법계와 이법계에 모두 통한다. 행하기는 어렵지만 무너지기는 쉽기에 계율에 의탁하여 경책한 것이다.【초_ "보살의 계율이 한량없다."는 것은 계율에 '攝律儀戒, 攝善法戒, 攝衆生戒' 3가지가 있다. 3천 가지의 위의, 8만 가지의 미세한 행동이 있기 때문이다.

"세월이 장구하다."는 것은 한 번 몸을 받고서 성불의 단계까지 버리지 않기 때문이다.

"계율은 정밀하고 미묘하다."는 것은 생각의 자리를 막는 개념이다. 마음을 일으키고 생각을 움직이는 것은 곧 계율을 훼손하고 범한 것이다.

律儀란 악을 방지하고 선을 짓는 것으로 논한 것이기에 이를 '지닌다[持 즉 難持].' 말하고,

三聚는 선업을 정진하고 중생을 이롭게 하기에 '행한다[行 즉 難行].'고 말하였다.

뒤의 '進策' 이하는 논란에 대한 해석이다.

"행하기는 어렵지만 무너지기는 쉽다."는 것은 선정이나 지혜, 그리고 법을 증득한 즐거움이 견고하고 잃지 않은 것과 같지 않음을 말한다.】

六은 不動求니 治禪二垢라 一者는 亂心外攀을 如山治之오 二者는 不能調伏憶想分別을 一切智心治之니라

제6구[生一切智心如山王不動]는 동요하지 않음을 구함이다. 선정바라밀의 2가지 잘못을 다스린 부분이다.

① 산란된 마음으로 바깥으로 반연함은 '태산처럼 동요하지 않음'으로 다스리고,

② 망상 분별을 조복하지 못한 것은 일체 지혜의 마음으로 다스린다.

下之三句는 治般若三垢니 卽三道障이니

謂七은 不捨成就求니 治障不住道垢니 謂無善巧方便하야 一向涅槃이면 現不捨世間治之하고 一向世間이면 現成就出世治之하야 異於凡小成不住道니라

八者는 集求니 治障助道垢오

九者는 常求求니 治障證道垢니 於上勝妙證法之中에 願欲心薄故니라

아래의 3구절은 반야바라밀의 3가지 잘못을 다스린 부분이다. 이는 곧 도에 장애가 되는 3가지이다.

제7구[不捨一切世間事成就出世間道]는 버리지 않음을 성취하고자 구함이다. 도에 안주하지 못하는 장애의 잘못을 다스리는 부분이다.

뛰어난 방편이 없어 오직 하나같이 열반을 지향하면 세간을 버리지 않는 것을 나타내어 그를 다스리고,

한결같이 세간을 지향하면 출세간의 성취를 나타내어 다스린다. 이는 도에 안주하지 못한 범부나 소승과는 달리하는 것이다.

제8구[集助菩提分法無厭足]는 쌓아 모음을 구함이다. 도의 도움에 장애가 되는 잘못을 다스리는 부분이다.

제9구[常求上上殊勝道]는 언제나 구함을 구함이다. 도를 증득하는 데에 장애가 되는 잘못을 다스리는 부분이다. 위에서 말한 '뛰어나고 미묘한 증득의 법' 가운데 원력과 원하는 마음이 적기 때문이다.

―

第三. 總結
   3) 총괄하여 초지의 안주를 끝맺다

經

佛子여 菩薩이 成就如是淨治地法이 名爲安住菩薩歡喜地니라

   불자여! 보살이 이와 같이 청정하게 다스리는 지위의 법을 성취하는, 그 이름을 '보살의 환희지에 안주'라고 말한다.

● 疏 ●

總結者는 上三十句는 廣勤行具足成就라 此勤行 有四하니 一은 信이오 二는 欲이오 三은 精進이오 四는 方便이라 信은 謂忍受決定이오 欲은 謂希求趣彼行故니라
初十句中에 前七은 是信이오 後三은 是欲이라
次十은 是精進이니 對行造修라
後十은 是方便行이니 成巧求故니라

是名此地說分中安住일세 故云'成就如是淨治地法을 名爲安住
라'하니라 上依論辨이어니와 更有別理하니 上多淨信일세
已能永斷闡提不信障하야 發生悲愍하야 尊重敎法等이오
亦能永斷凡夫著我障하야 日夜勤修하야 無有疲倦이오
又能永斷聲聞畏苦障하야 求一切智하며 乃至常求上上勝道오
亦能永斷緣覺捨悲心障이라 故云'淨治地法'이라하니라

총괄하여 끝맺는다 함은, 위의 30구란 부지런히 수행하여 두루 넉넉히 성취함을 말한다.

여기에서 말한 '부지런한 수행[勤行]'은 4가지이다.

(1) 믿음, (2) 욕구, (3) 정진, (4) 방편이다.

(1) 믿음은 참고 결정하여 결절함을 말하고,

(2) 욕구는 부처님의 행을 바라고 구하여 나아가기 때문이다.

첫째의 10구 가운데 앞의 7구는 믿음을, 뒤의 3구는 욕구를 말하였다.

둘째의 10구는 정진이다. 행을 상대로 닦아나감이다.

셋째의 10구는 방편의 행이다. 훌륭하게 구함을 성취하였기 때문이다.

이의 명제는 '십지 설법 부분의 안주'이다. 이 때문에 "이처럼 십지의 법을 청정하게 다스려 성취한 것을 이름하여 '안주'라 한다."고 하였다.

위는 논에 의하여 말했지만, 여기에는 또 다른 이치가 있다. 위는 청정한 신심이 많다.

이미 '전혀 믿지 않는 천제의 장애'를 영원히 끊고서, 중생을 가엾이 여기는 마음을 내어 부처님의 가르침을 존중한다 등이고,

또한 "'나'라는 생각에 집착하는 범부의 장애"를 영원히 끊고서 밤낮으로 부지런히 수행해서 피로해하거나 게으름이 없으며,

또한 '고통을 두려워하는 성문의 장애'를 영원히 끊고서 일체지혜를 구하고, 나아가 언제나 최상의 최상인 수승한 도를 구하며,

또한 '대비심을 버리는 연각의 장애'를 영원히 끊는다. 이 때문에 "십지의 법을 청정하게 다스린다."고 말하였다.

第三 安住地分 竟하다

3. 초지에 안주하는 부분을 끝마치다.

大文第四 挍量勝分

謂住此地中이 勝二乘故라

論主旣云住此地中勝者는 明知願等이 初住地分에 已有어니와 但文不累安일새 故居安住之後연정 非是地滿에 方有願也니라

問이라 經云 初發에 已爲天人師라 勝出聲聞과 及緣覺이니 故沙彌發心에 羅漢推敬이라하나니 如何至此라야 方辨勝耶아 然其勝義 乃有衆多로되 統而收之면 不出三種이니 謂願·行·智라 此三歷位일새 故有衆多라

畧明十位니

一은 初發心勝이니 通於一切凡夫라 如沙彌等이니 此通三心이라

二는 信勝이니 亦通三心이라

三은 解勝이오 四는 行勝이오 五는 願勝이라 此三은 卽三賢이니 別歷三心이라

六은 證入勝이니 齊證三心하고 雙證二空이 是爲智勝이라 起十大願이 卽是願勝이오 備修諸行이 卽是行勝이라 下辨果勝이 亦三心果니 此中行智 由願導故로 所以最勝이라 依行布說인댄 七地已上에 智方自勝이니 故下經云 '從初地來로 彼悉超過언마는 但以願求諸佛法故로 非是自智觀察之力이라'하고 今此七地는 自智力故로 一切二乘의 所不能及이라 論主立願爲挍量勝하나니 憑此明文컨대 雖歷諸地나 戒定道品等이 地地超勝이나 亦不出三心故니라

七은 從第七地去에 名權實自智勝이오

八은 無功起行勝이오

九는 上等諸佛勝이오

十은 究竟勝이니 所謂諸佛三心果滿이라【鈔_問經云'下는 先問은 引涅槃三十八이니 '迦葉菩薩이 讚佛云호되 憐愍世間大醫王이여 身及智慧俱寂靜이라 無我法中有眞我하니 是故敬禮無上尊하노라 發心畢竟二不別이나 如是二心先心難이라 自未得度先度他하나니 是故我禮初發心이니다 初發已爲天人師라 勝出聲聞及緣覺이니 如是發心過三界일세 是故得名爲最上이로다'

'故沙彌發心'者는 卽智論文이니 '昔有羅漢이 領一沙彌하야 攜持衣鉢이러니 沙彌 忽發大菩提心이어늘 羅漢心知하고 便取衣鉢하고 令其前行하니라 前行之次에 見諸細蟲하고 思衆生多하야 難可化度

하고 便退大心이어늘 羅漢이 卽令却持衣鉢하야 令在後行한대 沙彌問師어늘 師具答云호되 汝發大心하니 卽是羅漢의 所歸敬處일새 故推於前이어니와 汝後에 旣退菩提之心하니 故是凡夫라 不合居我聖人之前이라하니라 '如何'下는 結難이라】

[2] 비교하여 뛰어남을 밝히는 부분

이는 초지에 안주함이 이승보다 뛰어나기 때문이다.

논주가 앞서 "이 초지에 안주하면 뛰어나다."고 말한 것에는 분명히 알아야 할 점이 있다. 원력 등은 초지의 '안주를 밝힌 부분[明住分]'에 이미 있지만, 단 문장을 여러 차례 쓸 수 없기에 '안주'의 뒤에 썼을 뿐이지, 초지가 원만한 뒤에 비로소 원력이 있다는 것은 아니다.

어떤 사람이 물었다.

"경에서 이르기를, '처음 발심할 적에 벌써 천상과 인간의 스승이기에, 성문과 연각보다 훨씬 뛰어나다. 이 때문에 사미가 처음 발심해도 나한들이 공경한다.'고 하는데, 어떻게 이 초지에 이르러서야 비로소 뛰어남을 말하는가?"

그러나 그 뛰어나다[勝]는 의미는 참으로 많지만, 통합하여 뭉뚱그리면 3가지에서 벗어나지 않는다. 그것은 원력과 수행과 지혜이다. 이 3가지 지위를 거치기 때문에 수많은 뛰어남이 존재한다.

그러나 여기에서는 수많은 뛰어남 가운데, 간추려 10가지 지위를 밝히는 바이다.

1. 첫 발심이 뛰어나다. 일체 범부에게 통한다. 사미의 발심 등

과 같다. 이는 3가지 마음[直心, 深心, 大悲心]에 통한다.

2. 신심이 뛰어나다. 이 역시 3가지 마음에 통한다.

3. 이해가 뛰어나고,

4. 행법이 뛰어나며,

5. 원력이 뛰어나다.

위의 3가지는 삼현의 지위이다. 개별적으로 3가지 마음을 거쳤다.

6. 증득하여 들어감이 뛰어나다.

3가지 마음을 모두 증득하고 아공과 법공 2가지를 모두 증득함이 지혜의 뛰어남이며,

10가지 큰 서원을 일으킴은 서원이 뛰어남이며,

모든 수행을 닦음은 수행이 뛰어남이다.

아래에서 논변한 佛果의 뛰어남 또한 3가지 마음에 의한 결과이다. 이 가운데 수행과 지혜는 원력의 선도에 연유한 까닭에 가장 뛰어나다.

항포법문에 의하여 말하면, 7지 이상의 지혜여야 비로소 뛰어나게 된다. 이 때문에 아래의 경문에서 다음과 같이 말하였다.

"보살이 초지로부터 그 이승들보다 훨씬 뛰어나지만, 다만 부처님의 법 구하기를 원한 까닭에 자기의 지혜로 관찰하는 힘이 아니다."

여기에서의 제7지는 자기 지혜의 힘이기에 일체 그 모든 이승이 미칠 수 없는 자리이다.

논주는 "서원을 세움이 비교하여 뛰어나다."고 하였다. 이처럼

분명한 문장에 의하면 비록 여러 지위를 거쳤으나 계법과 선정과 조도품 등이 지위마다 뛰어나다. 하지만, 이 또한 3가지 마음에서 벗어나지 못하기 때문이다.

7. 제7지 이후로는 그 이름을 '權敎와 實敎의 자기 지혜가 뛰어남'이라고 말하고,

8. 하는 일 없이 행을 일으킴이 뛰어남이라 말하며,

9. 위로 여러 부처님과 똑같이 뛰어남이라 말하고,

10. 究竟의 뛰어남이라고 말한다. 이른바 부처님의 3가지 마음에 의한 과위의 원만이다.【초_ "어떤 사람이 물었다. 경에서 이르기를" 이하는 앞의 물음은 열반경 권38에서 인용한 부분으로 다음과 같다.

가섭보살이 게송으로 부처님을 찬탄하면서 말하였다.

"세간 중생을 가엾이 여기는 큰 醫王이시여, 몸과 지혜 모두 고요하여라.

'나'라는 것이 없는 법에 참 '나'가 있음이여, 이 때문에 존귀하신 부처님 전에 절 올립니다.

첫 발심과 끝자리가 하나라 하지만, 이 2가지 마음 가운데 첫 발심이 더욱 어려운 일.

자신도 제도 못하면서 남을 먼저 제도하기에, 처음 발심한 자에게 절합니다.

처음 발심하자마자 천상과 인간 스승이시니, 성문보다 연각보다 뛰어나십니다.

이런 발심이 三界보다 훨씬 뛰어나기에, 그 이름 최상이라 합니다."

"이 때문에 사미가 처음 발심해도[故沙彌發心]"라고 말한 것은 대지도론 권78 釋願樂品 제64의 문장으로 다음과 같다.

예전에 어떤 아라한이 한 사미를 데리고 가면서 옷과 발우를 들게 하였는데, 사미가 갑자기 대보리심을 일으켰다. 아라한은 그런 사실을 마음으로 알아보고서 곧바로 의발을 돌려받고서 사미를 앞세웠다. 앞에 걷던 차에 수많은 작은 벌레를 발견하고서 중생이 너무 많아서 이들을 모두 교화하여 제도하기 어렵다는 생각 때문에 대보리심이 뒷전으로 물러섰다.

아라한은 다시 사미에게 의발을 들고서 뒤따라오게 하였다. 사미가 이런 사실을 스승에게 여쭈자, 아라한이 구체적으로 답하였다.

"네가 앞에는 보리심을 냈기에 바로 아라한의 공경 받을 귀의처였다. 그래서 너를 앞세웠지만 네가 뒤따라올 적에는 보리심을 버렸기에 다시 범부가 되었다. 아라한인 성인의 앞에 가는 것이 맞지 않다."

'如何' 이하는 논란에 대한 결론이다.】

今此는 正明願行勝也라 文分爲三이니

一은 願勝이니 謂標志遐廣이오

二는 修行勝이니 依願造修오

三은 果利益勝이니 卽位行成就니라

지금 여기에서는 바로 서원과 수행이 뛰어남을 밝혔다.

이의 경문은 3부분으로 나눈다.

제1단락, 서원이 뛰어남이다. 의지가 내세움이 멀고 드넓음을 말한다.

제2단락, 수행이 뛰어남이다. 앞에 세운 서원에 따라서 닦아나 감이다.

제3단락, 결과의 이익이 뛰어남이다. 이는 지위와 수행의 성취이다.

今初에 二義故로 勝二乘이니 一은 常勤修習無量行故오 二는 與一切衆生同行故라 同行은 卽是十無盡句라

釋此願勝에 先以五門으로 分別이니 一은 名體오 二는 修證이오 三은 行位오 四는 因果오 五는 立意圓融이라 五各二義일새 則有十門이라

제1단락, 서원이 뛰어나다

이는 2가지 의의 때문에 이승보다 뛰어남이다.

(1) 언제나 부지런히 한량없는 행을 닦아 익혔기 때문이다.

(2) 일체중생과 함께 행하였기 때문이다.

'일체중생과 함께 행하였다.'는 것은 곧 10가지 그지없는 구절이다.

'제1단락, 서원이 뛰어남'을 해석한 부분은 먼저 5가지 부문으로 나눈다.

1) 명칭과 체성,

2) 수행과 증득,

3) 행법과 지위,

4) 원인과 결과,

5) 의미의 건립과 원융이다.

5부분에는 각기 2가지 의의가 있기에 이는 10부분이 있는 셈이다.

初中에 先은 名이오 後는 體라 名中에 先은 總이오 後는 別이라
總云 願者는 是希求義니 故下論云 '發諸大願者는 隨心求義故라'하니라 而言大者는 下論云 '光明善根이 轉勝增廣故라'하니 謂敎證二光이 與行願善根으로 轉勝地前하야 廣彌法界라 故十願中에 皆云廣大如法界也니라

後는 顯別名이니 瑜伽三十五와 及諸攝論에 皆有明文하니 竝如下文當願自釋이라 今且依梁論하야 畧列이니 一은 供養願이오 二는 受持願이오 三은 轉法輪願이오 四는 修行二利願이오 五는 成熟衆生願이오 六은 承事願이오 七은 淨土願이오 八은 不離願이오 九는 利益願이오 十은 成正覺願이니라

後 體性者는 剋性인댄 卽以欲·勝解·信三으로 爲自性이오 若取所依悲智相導인댄 卽後得智로 以爲願體오 若幷眷屬인댄 一一皆以一切俱行功德으로 爲性이라 故論云 '光明善根者는 光明은 卽後得智오 善根은 卽信等及行이라'하니라

'1) 名·體' 가운데 앞은 명칭, 뒤는 체성이다. 명칭 가운데 앞은 총상, 뒤는 별상이다.

앞의 총상에 말한 '誓願'이란 희망하고 추구한다는 뜻이다. 그

러므로 아래의 논에서 "큰 서원을 세운다는 것은 마음을 따라 이치를 구하기 때문이다."고 하였다. 여기에서 '大願'의 '大'를 말한 것은 아래의 논에서 "광명과 선근이 더욱 뛰어나고 더욱 광범하기 때문이다."고 하였다. 이는 가르침과 증득의 두 줄기 광명이 수행과 서원의 선근으로 십지 이전보다 더욱 뛰어나 법계에 널리 가득하기 때문에 10가지 서원에 모두 "광대함이 법계와 같다."고 말하였다.

뒤는 별상의 명칭을 밝히고 있다. 유가사지론 권35와 여러 섭론에 모두 분명한 문장이 있다. 이는 아래 문장의 誓願에 관한 부분에서 스스로 해석한 바와 같다.

여기에서는 양섭론에 준하여 간단하게 10가지 서원을 열거하는 바이다.

(1) 부처님께 공양하려는 서원,
(2) 불법을 받아 지니려는 서원,
(3) 법륜을 굴리려는 서원,
(4) 자리이타를 행하려는 서원,
(5) 중생을 성숙시키려는 서원,
(6) 부처님을 받들려는 서원,
(7) 불국토를 청정케 하려는 서원,
(8) 불보살을 여의지 않으려는 서원,
(9) 중생에게 이익이 되려는 서원,
(10) 바른 깨달음을 성취하려는 서원이다.

'1) 名·體 가운데 뒤의 체성'은, 체성으로 말하면 곧 욕구, 뛰어

난 이해, 믿음 3가지로 자성을 삼고,

만약 의지 대상인 자비와 지혜가 서로 이끄는 도리로 말하면 후득지로 서원의 체성을 삼으며,

만약 권속을 함께하는 것으로 말하면 하나하나가 모두 일체 함께 행하는 공덕으로 체성을 삼는다.

이 때문에 논에서 "광명 선근의 광명은 후득지이고, 선근은 신심 등과 행을 말한다."고 하였다.

二'修證'者는 先은 約修行이니 初七은 修始오 次二는 修熟이오 後一은 修成得果니라

後'約證'者는 地前에 已發이오 今此는 十願齊證이니라

'2) 수행과 증득'이란 앞은 수행으로 말하니 앞의 7가지는 수행의 시작이요, 다음 2가지는 수행의 원숙이요, 뒤의 1가지는 수행의 완성으로 결과를 얻음이다.

뒤의 증득으로 말한 것은 십지 이전에 이미 서원을 일으켰고, 지금 여기에서는 10가지 서원을 모두 증득한 것이다.

三'行位'者는 先 約於行이니 十皆二利니 故論云 挍量勝이 有二하니 一은 行無量行이니 卽是自利오 二는 與衆生同이니 卽是利他라하니라

後 約位者인댄 通則十이 皆初地所得이오

別則一은 得地挍量勝이니 初地로 至九地오

二는 得菩薩地盡挍量勝이니 卽第十地오

三은 得一切地盡究竟故니 卽如來地니라

'3) 행법과 지위'는 앞에서는 행법으로 말하였다. 10가지 서원

은 모두 자리이타행이다. 이 때문에 논에서 말하였다.

"보살의 뛰어난 서원을 비교하면 2가지가 있다.

(1) 한량없는 행을 부지런히 닦음은 곧 자리행이고,

(2) 일체중생과 함께함은 곧 이타행이다."

뒤에서는 수행의 지위로 말하였다. 총괄하면 10가지 서원이 모두 초지에서 얻은 바이며, 개별로는 3가지 뛰어남이 있다.

(1) 지위를 얻음이 비교하여 뛰어남이다. 초지로부터 9지까지이다.

(2) 보살 구경지를 얻음이 비교하여 뛰어남이다. 제10지이다.

(3) 일체 보살지의 궁극을 얻었기 때문이다. 如來地이다.

四'約因果'者는 若就言顯하면 前九는 求因이오 後一은 求果라 若約具攝인댄 七亦求果니 是依果故오 十은 是正果오 餘皆是因이니라

'4) 원인과 결과'는 만일 언어로 밝히면 앞의 9가지 서원은 因行을 구함이며, 뒤의 1가지 서원은 과덕을 구함이다.

만약 모두 포괄함으로 말하면 '(7) 淨土願' 또한 과덕을 구함이니 이는 과덕에 의지한 때문이며, '(10) 成正覺願'은 바른 과덕이며, 나머지 서원은 모두 인행이다.

五'立意圓融'者는 先 立意라 所以但說十者는 已攝二嚴二利하야 因果行位에 無不周故라 又爲表此無盡願故니 故下云 '一一皆攝阿僧祇願하야 而爲眷屬이라'하니라 言圓融者는 以稱性故로 一願之中에 具一切願이라 卽入重重은 如常所辨이라 六相圓融이 正在此文이라

'5) 의미의 건립과 원융'이란 앞은 의미의 건립이다. 10가지 서

원만을 말한 것은 이미 지혜와 복덕 2가지 장엄과 자리이타행을 포괄하여 인행과 과덕의 지위에 모두 두루 원만하지 않음이 없기 때문이다.

또한 이는 그지없는 서원임을 나타내기 위함이다. 이 때문에 아래에서 말하였다.

"하나하나에 모두 아승기의 서원을 포괄하여 권속으로 삼는다."

원융이라 말한 것은 체성에 걸맞기 때문이다. 하나의 서원 가운데 모든 서원을 갖추고 있다. 곧 거듭 거듭 끝없이 들어가는 것은 일반적으로 논변한 바와 같다. 6가지 양상의 원융이 바로 이 경문에 있다.

已知大意호니 次正釋文호리라

文分爲二니

初는 正顯十願하야 彰自勤行이오

後는 明十盡句하야 與衆生共이라

今初는 分四니 一은 總標오 二 '所謂'下는 別列이오 三 '佛子菩薩住歡喜地'下는 總結이오 四 '以此十願門爲首'下는 明攝眷屬이라

今은 初라

이미 큰 의미는 알았으니 다음은 바로 경문을 해석하겠다.

이의 경문은 2부분으로 나뉜다.

1. 바로 '10가지 서원[1. 供養願, 2. 受持願, 3. 轉法輪願, 4. 修行二利願, 5. 成熟衆生願, 6. 承事願, 7. 淨土願, 8. 不離願, 9. 利益願, 10. 成正覺願]'을 밝혀 스스로 부지런히 행함을 밝혔고,

2. '10가지 남김없이 다하는 구절[十盡句]'을 밝혀 중생과 함께 행함을 말하였다.

1. 10가지 서원을 밝히다

이 경문은 4부분으로 나뉜다.

1) 총체의 표방,
2) '所謂' 이하는 개별의 나열,
3) '佛子菩薩住歡喜地' 이하는 총체의 결론,
4) '以此十願門爲首' 이하는 포섭한 권속을 밝혔다.

이는 첫 부분이다.

經

佛子여 菩薩이 住此歡喜地하야 能成就如是大誓願과 如是大勇猛과 如是大作用하나니

불자여! 보살이 이 환희지에 머물면서 이와 같은 큰 서원, 이와 같은 큰 용맹, 이와 같은 큰 작용을 성취하는 것이다.

◉ 疏 ◉

初句는 明成願之位니 是歡喜地오 次能成就下는 正明總願이라 能成就言이 該下三句니

一은 始起要期일새 云如是大誓願이니 隨心求義故오

二는 方便起行일새 云如是大勇猛이니 謂成彼――願中에 所作方便을 皆勇猛故오

三은 願遂行成일세 云如是大作用이니 謂如供佛願하야 便能供故라 餘例此知니라

論云 '菩薩住此地하야 漸次久習하야 起此三行이오 非一時故라'하니 是知此願도 亦卽是行이니 稱願行故라 非如凡夫空有要期일세 是以로 總言能成就也라 以總該別일세 十願에 皆有此三이니라

첫 구절[菩薩住此歡喜地]은 서원의 성취 지위가 환희지임을 밝혔고,

다음 '能成就' 이하는 바로 총체의 서원을 밝혔다.

'…성취한다[能成就].'는 말은 아래 3구절을 포함하고 있다.

제1구[如是大誓願], 필요로 하는 다짐을 처음 일으켰기에, '이와 같은 큰 서원'이라 말한다. 마음을 따라 이치를 구하였기 때문이다.

제2구[如是大勇猛], 방편으로 행을 일으켰기에, '이와 같은 큰 용맹'이라 말한다. 그 하나하나의 서원 가운데 해야 할 방편들을 모두 용맹스럽게 행하였기 때문이다.

제3구[如是大作用], 서원은 완수하고 행을 이뤘기에, '이와 같은 큰 작용'이라 말한다. 부처님께 공양 올리겠다는 서원처럼 공양을 올렸기 때문이다. 나머지는 이에 준하여 살펴보면 알 수 있다.

논에서 "보살이 이 지위에 머물면서 차츰차츰 오랫동안 훈습하여 이 '3가지 행(서원, 용맹, 작용)'을 일으키는데 한꺼번에 행하는 것은 아니다."라고 하였다.

이러한 서원 또한 행이다. 서원에 걸맞은 행이기 때문이다. 이는 범부들의 공허한 다짐과는 다르다. 이 때문에 이를 총괄하여

'…성취한다.'고 말하였다.

총상으로 별상을 포괄하기에 10가지 서원에는 모두 이와 같은 '3가지 행'이 있다.

二別列

中에 十願不同이 卽爲十段이라

一一願中에 文各有四하니

皆初四字는 總標起願이오

次는 顯願行相이오

三'廣大'下는 彰願德能이오

四'一切劫數'下는 明願分齊라

今初는 供養願이라

'2) 개별의 나열' 가운데 10대 서원이 각기 다름에 따라서 10단락이다.

하나하나의 서원의 경문은 각기 4부분으로 구성되어 있다.

첫째, 모두 첫머리 4글자[又發大願]는 서원 일으킴을 총괄적으로 표방하였고,

둘째, 서원의 행상을 밝혔으며,

셋째, '廣大' 이하는 서원의 공덕과 공효를 밝혔고,

넷째, '一切劫數' 이하는 서원의 범주를 밝혔다.

이는 (1) 부처님께 공양하려는 서원이다.

所謂生廣大清淨決定解하야
以一切供養之具로 **恭敬供養一切諸佛**하야 **令無有餘**호되
廣大如法界하며 **究竟如虛空**하며 **盡未來際**하야
一切劫數에 **無有休息**이니라

    이른바 광대하고 청정하고 결정한 이해를 내어

    모든 공양거리로써 일체 부처님께 공경하고 공양하여 남음이 없도록 하되,

    광대함이 법계와 같고 끝없음이 허공과 같아서 미래 세월이 다하도록

    일체 겁에 멈춤이 없기를 원함이다.

◉ 疏 ◉

準論하면 願供養勝田인 師及法主니 此則通供이어늘 經從勝故로 但云供佛이라
文中에 闕於總標하니 以近前에 總如是大願故라 二三兩段에 各有三義하야 通成六大하야 顯初供養大願之義라

    논에 준하면 뛰어난 복전인 스승과 설법주에게 공양하기를 서원함이다. 이는 모든 이들에게 공양을 올리는 것인데, 경문에서는 그중에 뛰어난 분을 들어서 다만 '부처님께 공양 올린다.'고 말했을 뿐이다.

    이의 경문에는 '첫째, 첫머리에 서원을 일으키는 총괄적인 표

방' 부분이 빠졌다. 이는 바로 앞의 경문에서 '이와 같은 큰 서원[如是大誓願]'으로 총괄하여 말한 때문이다.

'둘째, 서원의 행상'과 '셋째, 서원의 공덕과 공효' 단락에는 각각 3가지 뜻이 있어, 이를 종합하면 6가지 광대한 서원이다. 이를 통하여, 첫 번째의 공양의 큰 서원의 의의를 밝히고 있다.

今初 行相之中에 三大義者는
一은 心大니 卽經'生廣大淸淨決定解'니 謂增上敬重하야 深稱佛境일새 故云廣大오 廻向菩提하야 決定信故로 名淸淨決定解니 淸淨解言은 信因果故니라 此上論意는 局在初願이어니와 若以義求면 通於九願하야 皆爲菩提廣大無限無疑淨信而起願故니라
二'以一切供養之具'는 卽供具大니 此是行緣이라
三'恭敬'下는 福田大라 於中에 令無有餘는 是總相이라 無餘 有三하니 一은 一切佛無餘니 卽是行境이오 二는 一切供養無餘오 三은 一切恭敬無餘라 此二는 行體니 由上二義하야 成上敬田이라 上三에 皆云一切者는 佛卽三身이며 亦兼十身이니라
供養에 有三하니 一은 衣等利養이오 二는 香等敬養이오 三은 戒等行供養이며
恭敬에 亦三이니 一은 給侍恭敬이오 二는 迎送恭敬이오 三은 修行恭敬이니 卽敬順佛故라
上三이 各三으로 竪論一切어니와 若橫論一切인댄 則佛該十方無盡等이라 餘二는 準思니라

여기에서의 둘째, 서원의 행상 중에 3가지 큰 뜻이란 다음과

같다.

① 마음이 큰 것이다. 이는 경문에서 말한 "광대하고 청정하고 결정한 이해를 낸다."는 말이다.

더없이 공경하고 존중하여 깊이 부처님 경지에 걸맞기에 '광대'하다 하였고,

보리에 회향하여 결정된 믿음이 있기에 '청정하고 결정한 이해'라 말한다.

'청정한 이해'란 말은 인과를 믿기 때문이다.

위에서 말한 논의 뜻은 첫 서원인 '공양의 서원'에 국한되어 있지만, 만일 이치로 추구하면 나머지 9가지 서원에 모두 통하여, 모두 보리의 광대하고 한량없으며 의심 없는 청정한 신심을 위하여 서원을 일으킴이기 때문이다.

② '일체 공양거리'는 공양거리의 광대함이다. 이는 서원행의 반연이다.

③ '공경' 이하는 복전의 광대함이다. 경문에서 "남음이 없도록 한다[令無有餘]."고 말한 것은 총상이다.

'남음이 없음'에는 3가지가 있다.

㉠ 일체 부처님을 남김없이 모두 받드는 것이다.

이는 서원행의 경계이다.

㉡ 일체 공양을 남김없이 모두 다하는 것이다.

㉢ 일체 공경을 남김없이 모두 다하는 것이다.

이 2가지는 서원행의 체성이다. 위의 '일체 공양'과 '일체 공경'

461

을 남김없이 모두 다함을 통하여 위의 공경할 복전인 부처님의 공양을 성취한다.

위의 3가지에 모두 '일체'라 말한 것은 부처님이란 곧 三身이자 또한 겸하여 十身이기 때문이다.

공양에 3가지가 있다.

① 의복 등으로 편안히 받듦이며,

② 향 등으로 공경히 받듦이며,

③ 戒 등의 수행으로 받듦이다.

공경 또한 3가지가 있다.

① 시중드는 공경,

② 마중하고 전송하는 공경,

③ 수행으로의 공경이다. 이는 부처님을 공경하고 순종하기 때문이다.

위의 3가지는 각기 3가지를 종으로 일체를 논한 것이지만, 횡으로 일체를 논하면 부처님은 시방의 그지없는 세계 등을 모두 포괄하고 있다.

나머지 2가지는 여기에 준하여 생각해야 한다.

二'廣大'下에 彰願德能이라

言三大者는

一은 攝功德大니 如經의 廣大如法界니 一切餘善根中에 勝故니라

二는 因大니 卽究竟如虛空이니 無常愛果와 無量因故니라

三은 時大니 卽盡未來際니 此因으로 得涅槃常果故니라【鈔_一은

攝功德大者는 此下三大는 卽是初地六決定中之二니 初一은 卽勝善決定中義라 云一切餘善根中勝故는 意取勝等이오 不取決定이라 二와 三은 卽因善決定이니 開之爲二니라】

셋째, '廣大' 이하는 서원의 공덕과 공효이다.

3가지 광대함은 다음과 같다.

① 공덕을 포괄함이 광대하다. 경문에서 말한 "광대함이 법계와 같음"이다. 일체 나머지 선근 가운데 뛰어나기 때문이다.

② 원인이 광대하다. 경문에서 말한 "끝없음이 허공과 같음"이다. 무상한 사랑의 결과와 한량없는 원인이기 때문이다.

③ 시간이 광대하다. 경문에서 말한 "미래 세월이 다하도록"이다. 이런 원인[因大, 時大]으로 열반의 영원한 결과를 얻기 때문이다.

【초_ "① 공덕을 포괄함이 광대하다." 등 이하의 3가지 광대함은 곧 초지의 첫 부분에서 말한 6가지 결정 가운데 2가지이다.

'① 공덕의 포괄 광대'는 첫 부분의 '셋째 勝善決定'에서 말한 뜻이다. 논에서 "일체 나머지 선근 가운데 뛰어나기 때문이다."고 말한 것은 수승한 등의 뜻을 취한 것이지, '결정'의 의미는 취하지 않았다.

'② 원인의 광대'와 '③ 시간의 광대'는 초지의 첫 부분에서 말한 '넷째 因善決定'인데, 여기에서는 이를 2가지로 나누어 말하였다.】

三'一切'下 明願分齊라 十願이 文同이나 所作各異하니 此應盡未來際行供養故니라

넷째, '一切劫數' 이하는 서원의 범주를 밝혔다. 10가지 서원

의 문장은 똑같지만, 하는 일은 각기 다르다. 이는 당연히 미래 세월이 다하도록 공양을 올리려 하기 때문이다.

▪
第二受持願
亦名護法願이라 瑜伽에 雙云 '攝受·防護願'이라'하니라

(2) 불법을 받들려는 서원

이는 또한 '불법을 수호하려는 서원'이라고도 부른다. 유가사지론에서는 이를 2가지로 "불법을 받아들이고 수호하려는 서원"이라고 말했다.

經
又發大願호되
願受一切佛法輪하며 願攝一切佛菩提하며 願護一切諸佛教하며 願持一切諸佛法을
廣大如法界하며 究竟如虛空하며 盡未來際하야
一切劫數에 無有休息이니라

또 큰 서원을 세웠다.

일체 부처님의 법륜 받기를 원하고,

일체 부처님의 보리 받아들이기를 원하며,

일체 부처님의 교법 보호하기를 원하고,

일체 부처님의 법 지니기를 원하여,

광대함이 법계와 같고 끝없음이 허공과 같아서 미래 세월이 다하도록

일체 겁에 멈춤이 없기를 원함이다.

◉ 疏 ◉

行相之中에 文有四句하니 皆通二利라 然若約能受等說인댄 受는 謂受領이오 攝은 謂攝屬이라 故勝鬘云 '攝受正法'이라하니라 護는 謂防護오 持는 卽任持라 故勝鬘云 '護持正法'이라하니라

若約所受인댄 初는 敎오 次는 果오 三은 行이오 四는 理라 而受等言은 文雖各擧나 義實互通이라

亦初는 敎오 次는 證이오 三云護敎어늘 而判爲行者는 論經云 '一切諸佛의 所敎化法을 皆悉守護'어늘 論云 '謂修行法'이니 於修行時에 有諸障難을 攝護救濟故라하니 卽攝護自行하야 救濟於他니라

上約始修願하야 名受攝等이어니와 若約終成인댄 名四成就라 故上總云 '成就如是大誓願也'라하니 一者는 法輪不斷成就오 二者는 證智成就오 三은 修行成就오 四는 入理成就니라

행상 부분의 경문은 4구절로 나뉜다. 이는 모두 자리이타행에 통한다. 그러나 만일 받는 주체 등으로 말하면, 受는 받음을 말하고, 攝은 소속을 말한다. 이 때문에 승만경에서는 "바른 법을 받아들인다."고 하였다.

護는 방비하고 수호함을 말하고, 持는 맡아 지님이다. 이 때문에 승만경에서는 "바른 법을 보호하여 지닌다."고 말하였다.

만일 받는 대상으로 말하면 다음과 같다.

제1구[願受一切佛法輪]는 부처님의 가르침이고,

제2구[願攝一切佛菩提]는 부처님의 果德이며,

제3구[願護一切諸佛教]는 부처님의 행이고,

제4구[願持一切諸佛法]는 부처님의 진리이다.

그러나 받는다[願受] 등의 말은 경문에서 비록 각기 달리 들어 말했으나 이치는 실로 서로 통한다.

또한 제1구는 가르침이고, 제2구는 증득이며, 제3구는 가르침을 수호함이다. 그러나 이를 '부처님의 행'으로 나눔에 대해 논경에서 "일체 부처님께서 교화하신 법을 모두 남김없이 수호한다."고 하였는데, 논에서 다음과 같이 해석하였다.

"수행법을 말한다. 수행할 때에 생기는 모든 장애와 어려움을 받아들이고 보호하고 구제하기 때문이다."

이는 자신이 행할 바를 받아들이고 보호하여 남을 구제한다는 뜻이다.

위에서는 처음 닦는 서원을 가지고서 그 이름을 '受攝' 등이라 말했지만, 마침내 성취한 부분으로 말하면 '4가지 성취'라고 말한다. 이 때문에 위에서 이를 총괄하여 "이와 같은 큰 서원을 성취한다."고 말하였다.

① 법륜의 간단없는 성취,

② 증득한 지혜의 성취,

③ 수행의 성취,

④ 진리에 들어감의 성취이다.

一

第三 轉法輪願

亦名攝法上首願이라

先은 攝이오 後는 轉故라

 (3) 법륜을 굴리려는 서원

 이는 또한 '불법을 간직한 상수보살의 서원'이라고 한다.

 앞은 불법을 잘 간직하고, 뒤는 법륜을 굴리기 때문이다.

經

又發大願호되

願一切世界에 佛興於世하사 從兜率天宮沒하야 入胎하며 住胎하며 初生하며 出家하며 成道하며 說法하며 示現涅槃이어시든 皆悉往詣하야 親近供養하며 爲衆上首하야 受行正法하고 於一切處에 一時而轉호되

廣大如法界하며 究竟如虛空하며 盡未來際하야

一切劫數에 無有休息이니라

 또 큰 서원을 세웠다.

 일체 세계에서 부처님이 세상에 나실 적에 도솔천궁에서 사라져 모태에 들어가고 모태에 머물고 처음 탄생하고 출가하고 성도하고 설법하고 열반하시는 것을 내가 모든 곳에 찾아가 친근하고

공양하며, 대중의 상수보살이 되어 바른 법을 받아 행하고 일체 모든 곳에서 일시에 법륜을 굴리되,

　　광대함이 법계와 같고 끝없음이 허공과 같아서 미래 세월이 다하도록

　　일체 겁에 멈춤이 없기를 원함이다.

● 疏 ●

行相中四니 一은 轉法處니 卽一切世界가 佛應處故오

　　행상 부분은 4단락이다.

　　첫째, 법륜을 굴릴 도량이다. 일체 세계가 부처님께서 감응하여 교화하는 도량이기 때문이다.

二 從兜率下는 轉法時니 謂現八相時라 八相之義는 離世間品에 廣釋하다 【鈔_離世間者는 今經具列이 彼各有十이라 然亦有佛不具八者니 如天王佛은 白衣成道故니라 若以離俗으로 爲出家인댄 則亦具矣라 須扇多佛은 無生可化니 則不具轉法輪이로되 留一化佛하사 半劫化人하니 是則亦具니라 然論釋一切處云 順衆生見故라하니라

下는 料揀이니 何故로 不處色無色界오 恐衆生云 此難處來면 不爲成故라하니라

二는 何故로 不處他化等하고 而生兜率고 令衆生으로 知捨彼勝樂하야 念衆生故니라

三은 何故로 下生人中고 捨於天樂고 爲愍我故니라

四는 何故로 處胎오 示現同生하야 增長力故니라

五는 何故로 自成正覺고 示非餘佛敎化니 顯丈夫力成就오 非因他得菩提故니라

六은 何故로 入涅槃고 爲令懈怠衆生으로 勤心修道故라하나니

此等은 畧擧示八相中의 一義而已니라 下離世間에 各具十義라 故疏全指니라】

　둘째, '從兜率天宮沒' 이하는 법륜을 굴릴 시기이다. 8가지 성도하신 모습[八相]을 나타낸 시기이다. 八相의 의의는 제38 이세간품에 자세히 해석되어 있다.【초_ "제38 이세간품에 자세히 해석되어 있다."는 것은, 이의 경문에서 말한 구체적인 나열을 이세간품에서는 각기 10가지씩 말하고 있다.

　그러나 또한 어떤 부처님은 八相을 갖추지 않은 분도 있다.

　예컨대 天王佛은 세간의 흰옷을 입은 채 성불한 때문이다. 만약 세속을 떠난 그 자체로 출가라는 정의를 내린다면 천왕불 또한 팔상을 갖춘 셈이다.

　須扇多佛은 교화할 중생이 없다 하여, 법륜을 굴린 적이 없다. 그러나 한 차례 化現한 부처님으로 머물면서 반 겁 동안 중생을 교화하였다. 이 또한 팔상을 갖춘 셈이다.

　그러나 논에서 '一切處'를 해석하면서 "중생의 견해에 따른 때문"이라 하였다.

　아래는 '바른 법을 분별하고 선택하는' 料揀이다.

　① 무슨 까닭에 색계와 무색계에는 머물지 않는가?

469

중생들이 "이처럼 성불하기 힘든 세계로 오신 것은 부처님 자신을 위해 성불하신 것이 아니다."고 말할까 두려운 마음 때문이다.

② 무슨 까닭에 타화자재천 등에 머물지 않고 도솔천에 태어나셨는가?

중생으로 하여금 그처럼 가장 즐거운 곳을 버리고 중생을 염려하는 줄을 알려주고자 한 때문이다.

③ 무슨 까닭에 아래로 인간세계에 태어나셨는가?

천상의 즐거움을 버리고 우리 중생을 가엾이 여김을 알려주고자 한 때문이다.

④ 무슨 까닭에 모태에 들어가셨는가?

同生衆으로 태어남을 보여주어 중생의 힘을 키워주고자 한 때문이다.

⑤ 무슨 까닭에 스스로 정각을 이루셨는가?

다른 부처님의 교화에 의함이 아님을 보여줌이다. 대장부의 힘에 의하여 성취한 것이지, 다른 사람의 힘에 의하여 보리를 증득한 것이 아님을 밝히고자 한 때문이다.

⑥ 무슨 까닭에 열반에 드셨는가?

나태한 중생으로 하여금 근면한 마음으로 도를 닦도록 하고자 한 때문이다.

위와 같은 등등은 8상 가운데 간단하게 한두 가지 뜻을 들어 말한 것일 뿐이다. 아래 제38 이세간품에 각기 10가지 의의를 갖추

고 있기에 청량소에서 이를 모두 가리킨 것이다.】

三'皆悉'下는 攝法方便이라 於中에 初는 集功德方便이오 後'爲衆上首'下는 集智慧方便이니 以此二種이 助菩提法일세 故云方便이라

셋째, '皆悉往詣' 이하는 법을 받아들인 방편이다.

이의 경문 가운데 앞은 공덕을 쌓아 모아가는 방편이고,

뒤의 '爲衆上首' 이하는 지혜를 쌓아 모아가는 방편이다.

이와 같은 2가지는 깨달음을 돕는 법이기에 이를 '방편'이라 하였다.

四'於一切'下는 明轉法頓周니라

넷째, '於一切處' 이하는 법륜을 굴리되 모든 곳을 단번에 두루 다함을 밝힌 것이다.

第四修行二利願

若約成益인댄 名心增長이니 論從此義라 故先標云호되 '第四大願은 心得增長이니 以何等行으로 令心增長고 一切菩薩所行으로 敎化一切하야 令其受行하야 心增長故'라하니라

(4) 자리이타를 행하려는 서원

만일 성취의 이익을 말하면 '마음의 증장'이라고 한다. 논에서는 이런 의의를 따랐기에 앞서 다음과 같이 표방하였다.

"(4) 큰 서원은 마음의 증장을 얻는 것이다.

어떤 행으로 마음을 증장시키는가?

일체 보살이 행했던 바로써 일체중생을 교화하여 그들로 하여금 받아 행하여 마음을 증장하도록 한 때문이다."

經

又發大願호되
願一切菩薩行이 廣大無量하야 不壞不雜하며 攝諸波羅蜜하야 淨治諸地하며 總相別相과 同相異相과 成相壞相의 所有菩薩行을 皆如實說하야 敎化一切하야 令其受行하야 心得增長호되
廣大如法界하며 究竟如虛空하며 盡未來際하야
一切劫數에 無有休息이니라

  또 큰 서원을 세웠다.

  일체 보살의 행이 넓고 크고 한량없어 무너지지 않고 뒤섞이지 않으며,

  모든 바라밀다를 받아들여 여러 지위를 청정히 다스리며,

  전체의 모양, 개별의 모양, 같은 모양, 다른 모양, 이뤄진 모양, 무너지는 모양의 일체 보살의 행을 모두 사실대로 말하여 일체중생을 교화하여 그들로 하여금 이를 받아 행하고 마음이 증장케 되기를 원하되,

  광대함이 법계와 같고 끝없음이 허공과 같아서 미래 세월이 다하도록

  일체 겁에 멈춤이 없기를 원함이다.

● 疏 ●

文中亦四이니 第二行相中에 分二니 初는 能增長行이오 後는 明所增長心이라

前中에 分四하니 一은 明行相이니 論名種種이라 二는 行體오 三은 行業이오 四는 行方便이니 以此四種으로 敎化令其受行이라

경문은 또한 4부분인데, '둘째, 서원의 행상' 부분은 다시 2부분으로 나뉜다.

앞은 증장의 주체인 행을,

뒤는 증장의 대상인 마음을 밝혔다.

'앞의 증장의 주체인 행'은 다시 4부분으로 나뉜다.

① 서원의 행상을 밝혔다. 이는 논에서 '가지가지의 서원'이라 말하였다.

② 서원행의 체성,

③ 서원행의 업,

④ 서원행의 방편이다.

위와 같은 4가지로 중생을 교화하여 그들로 하여금 받아 행하도록 하였다.

初 行相者는 世出世間이 各有多異일새 故云種種이라

於中에 廣大無量은 是世間行이니 意明俗智之行이라 廣은 從初地로 乃至六地라 大者는 七地오 無量者는 八地已上이오

不壞不雜은 是出世行이니 法無我平等觀으로 出世間智故라 謂不雜世間有漏法故라 不壞者는 冥同眞性故니라

473

① '서원의 행상'은 세간과 출세간이 각각 많은 차이가 있기에 이를 '가지가지의 서원'이라 하였다.

그 가운데 '廣大하고 한량없는 서원'이 세간의 서원행이다. 그 뜻은 세속 지혜의 서원행을 밝히는 데에 있다. 넓음[廣]은 초지로부터 6지까지이고, 크다[大]는 것은 7지이며, 한량없다[無量]는 것은 8지 이상에 해당한다.

"무너지지 않고 뒤섞이지 않음[不壞不雜]"은 출세간의 서원행이다. 法無我의 평등한 관법인 출세간의 지혜이기 때문이다. 세간의 유루법이 뒤섞이지 않았음[不雜]을 말한다. "무너지지 않는다[不雜]."는 것은 보이지 않게 진여의 본성과 같기 때문이다.

二'攝諸波羅蜜'은 卽是行體니 廣大等相은 但辨此故니라

② "모든 바라밀을 받아들인다."는 서원행의 체성이다. '광대한 서원' 등의 행상은 단 이를 논변한 때문이다.

三'淨治諸地'는 卽是行業이니 以十度行으로 淨十地蔽하야 助眞如觀하고 淨十障故니라

③ "여러 지위를 청정히 다스린다."는 서원행의 업이다. 십바라밀 수행으로 십지의 폐단을 청정하게 다스려, 진여의 관법을 돕고 10가지 장애를 말끔히 다스렸기 때문이다.

四'總相已下'는 明行方便이라 然有二種하니

一은 自行方便이니 謂以六相圓融으로 巧相集成하야 一具一切호되 仍不壞相일새 故名方便이라 六相之義는 廣如別章이오 畧如前釋하니라

二'皆如實'下는 卽化他方便이니 不違實道而化物故라 二心得增

長者는 卽所增長心이니 化他受行은 他心增長이오 化他成自는 自心增長이니라

④ '총상' 이하는 서원행의 방편을 밝혔다.

그러나 여기에는 2가지가 있다.

㉠ 자신이 행한 방편이다. 6가지 양상의 원용으로 서로 잘 모아서 하나에 일체를 갖추되 여전히 무너지지 않는 양상이기에 이를 '방편'이라 말하였다. 6가지 양상의 의의를 자세히 말한 것은 별도의 장에서 말한 바와 같고, 간략한 설명은 앞의 해석과 같다.

㉡ '皆如實說' 이하는 남을 교화하는 방편이다. 여실한 도를 어기지 않고 중생을 교화하기 때문이다.

다음 "마음이 증장한다."는 것은 증장의 대상인 마음이다. 남을 교화하여 받아 행하도록 하는 것은 다른 사람의 마음이 증장함이며, 남을 교화하면서 자신을 성취하는 것은 자신의 마음이 증장함이다.

◉ 論 ◉

'又發大願' 已下로 至 '無有休息'히 可四行半經은 明菩薩廣大行이 不離諸波羅蜜코 淨治諸地하며 有總別同異成壞等相을 皆如實說하야 敎化衆生하야 無有休息分이니

'又發大願' 이하로부터 '無有休息' 구절까지 4행 반의 경문은 보살의 광대한 서원행이 모든 바라밀을 여의지 않고 모든 지위를 청정하게 다스리며, "전체의 모양, 개별의 모양, 같은 모양, 다른 모양, 이뤄진 모양, 무너지는 모양" 등이 있음을 모두 여실하게 설법

475

하여 중생을 교화하는 데 멈춤이 없음을 밝힌 부분이다.

此一段은 如五位升進에 隨位安立十波羅蜜과 十菩薩行과 十世界와 十佛名號 總是一波羅蜜中에 隨行成名하야 於五位中에 具有五百이니 爲一波羅蜜中에 具十하고 十中에 具百하야 隨五位上加行同異上에 有五百이니 卽如初會中에 菩薩神天等衆이 一衆有十하고 十衆有百하야 五十衆上에 有五百하야 各各位中에 隨當位菩薩神天名下義가 是波羅蜜行이라

이 단락은 저 5位를 올라갈 적에 지위를 따라 安立[始建曰安 終成爲立]한 십바라밀, 십보살행, 시방세계, 시방세계 제불의 명호가 모두 이 하나의 바라밀 속에서 지위를 따른 행으로 그 명목을 이루어, 5위에 5백을 갖추고 있다.

하나의 바라밀 가운데 10을 갖추고, 10 가운데 1백을 갖춰, 5위 상의 加行同異에 따라서 5백이 된다. 이는 아란야법보리도량 첫 법회에 보살, 神, 天 등의 대중이 하나의 대중 속에 10대중이 있고, 10대중 속에 1백 대중이 있어 50대중 가운데 5백 대중이 있는데, 제각기 그 지위에 따른 보살, 신, 천 등의 명호에 담긴 의의가 바로 이 바라밀행이다.

又善財四衆이 各具五百者 是니 爲一中에 具足十義를 名之爲總이오 其行殊途를 名之爲別이며 一智無二를 名之爲同이오 隨行報殊를 名之爲異며 能成別報를 名之爲成이오 因果本虛를 名之爲壞니 爲行行無體故니라

또한 선재의 4부 대중에 각각 5백 대중을 갖춘 것이 바로 이를

말한다.

　이는 하나의 가운데 십바라밀의 뜻을 두루 갖춘 것을 이름 붙여 '총체의 모양',

　　그 행의 길이 다른 것을 이름 붙여 '개별의 모양',

　　하나의 지혜로 둘이 없는 것을 이름 붙여 '같은 모양',

　　행한 업을 따라 과보가 다른 것을 이름 붙여 '다른 모양',

　　다른 과보를 이루는 것을 이름 붙여 '이뤄진 모양',

　　因果가 본래 虛한 것을 이름 붙여 '무너지는 모양'이라 한다.

　이는 모든 행에 그 체성이 없기 때문이다.

且如波羅蜜이 一中有此六門하니

一은 能破慳貪等 十煩惱結을 名之爲壞오

二는 能成善果를 名之爲成이며

三은 衆惑雖多나 捨通多法을 名之爲總이오

四는 殊招別果를 名之爲別이며

五는 終歸一智를 名之爲同이오

六은 隨惑對治를 名之爲異니

此六相之法이 於一切法中에 總具此六門이라 一一入法行門中에 以智觀之하면 可見이라 若一一法中에 無此六義면 皆偏見也니라 又一波羅蜜上에 具十波羅蜜하니 卽捨義通該하야 無法不徧이니 餘準例知라

　또한 하나의 바라밀 가운데 이와 같은 6가지의 모양[六相]이 있다.

477

① 인색과 탐욕 등 10가지 번뇌를 타파함을 이름 붙여 '무너지는 모양',

② 선한 과보의 성취를 이름 붙여 '이뤄진 모양',

③ 대중의 의혹이 많으나 많은 법을 통함을 이름 붙여 '총체의 모양',

④ 별개의 과보를 달리 불러들임을 이름 붙여 '개별의 모양',

⑤ 마침내 하나의 지혜에 귀결함을 이름 붙여 '같은 모양',

⑥ 의혹을 따라 다스림을 이름 붙여 '다른 모양'이라 한다.

이와 같은 6가지 모양의 법이 일체 모든 법에도 모조리 이와 같은 6가지 모양의 법문을 갖추고 있다.

하나하나 법에 들어가는 수행 법문에서도 지혜로 이를 살펴보면 이런 사실을 볼 수 있다. 만일 하나하나의 법 가운데 이와 같은 6가지의 의의가 없으면 그것은 모두 한쪽에 치우친 견해이다.

또한 하나의 바라밀에는 십바라밀을 모두 갖추고 있다. 이는 곧 보시의 의의가 모두 통하여 그 어떤 법이든 두루 존재하지 않음이 없다. 나머지 바라밀은 여기에 준하여 살펴보면 알 수 있다.

第五. 成熟衆生願
成熟을 亦名敎化라

(5) 중생을 성숙시키려는 서원

성숙은 또한 교화라고도 말한다.

又發大願호되

願一切衆生界의 有色無色과 有想無想과 非有想非無想과 卵生胎生濕生化生과 三界所繫와 入於六趣와 一切生處와 名色所攝인 如是等類를 我皆敎化하야 令入佛法하며 令永斷一切世間趣하고 令安住一切智智道호되 廣大如法界하며 究竟如虛空하며 盡未來際하야
一切劫數에 無有休息이니라

또 큰 서원을 세웠다.

일체중생계의 색계, 무색계, 생각이 있는 것, 생각이 없는 것, 생각이 있지 않은 것, 생각이 없지 않은 것, 모태에서 태어난 것, 알에서 태어난 것, 습한 곳에서 생긴 것, 무엇에도 의지하지 않고 나타나는 것, 삼계에 얽힌 것, 육취에 들어가는 것, 일체 생겨나는 곳, 이름과 물질에 소속되는 이러한 무리들을 모두 내가 교화하여 불법에 들어가게 하며, 일체 세간의 길을 영원히 끊도록 하고, 일체 지혜의 지혜에 편안히 머물도록 하되,

광대함이 법계와 같고 끝없음이 허공과 같아서 미래 세월이 다하도록

일체 겁에 멈춤이 없기를 원함이다.

◉ 疏 ◉

就行相中하야 文分二別이니 初는 明所化衆生이오 後如是等 下는

479

彰化所爲라

今初니 初句爲總이오 '有色'下는 別이라

別有六種差別하니

一은 麤細差別이니 此明報相이라 下二界에 有色爲麤오 無色界爲細며 於有色中에 有想天爲粗麤오 無想天爲細며 就無色中하야 非有想은 爲細니 謂第四空이오 非無想은 爲麤니 謂下三天이라 此經은 文畧이어니와 論經云 '非無想과 非想非非想이라'하니 謂非無想은 是麤오 餘卽是細니라【鈔_'彰化所爲'者는 論云 何義故化오하니라 '無想天爲細'者는 色界十八天에 唯除無想하고 皆名有想이라 無想天은 與廣果天同處하니 外道는 取爲究竟涅槃하야 修無想定하야 生於彼天일새 得五百劫을 無心果報라 佛之弟子는 不生彼中이니라】

　　서원의 행상 부분의 경문은 2단락으로 나뉜다.

　　첫째, 교화 대상의 중생을 밝혔고,

　　둘째, '如是等' 이하는 교화의 목적을 밝혔다.

　　첫째, '교화 대상의 중생' 부분의 첫 구절은 총상이고, '有色' 이하는 별상이다.

　　별상에는 6가지 차별이 있다.

　　① 거칠고 미세함의 차별이다. 이는 과보의 양상을 밝힌 것이다. 아래 2곳의 세계에 유색계는 거칠고, 무색계는 미세하다.

　　유색계 가운데 有想天은 거칠고, 無想天은 미세하다.

　　무색계 가운데 非有想天은 미세하니 제4 非想非非想處天을 말하며, 非無想天은 거치니 무색계 중 아래 3곳의 하늘을 말한다.

본 경문에는 생략되었지만, 논경에서는 "非無想天과 非想非非想天"을 말하였다. 비무상천은 거칠고, 나머지 하늘은 미세함을 말한다.【초_ "교화의 목적을 밝혔다."는 것은 논에서는 "무슨 의의로 중생을 교화하는가?"라고 말하였다.

"무상천은 미세하다."는 것은 색계의 18가지 하늘 가운데 오직 무상천만을 제외하고 모두 有想天이라 말한다. 무상천은 廣果天과 함께 있는 곳이다. 외도는 무상천을 구경의 열반으로 삼아, 無想定을 닦아 그 무상천에 태어나므로, 5백 겁 동안 무심의 과보를 받게 된다. 부처님의 제자들은 무상천에 태어나지 않는다.】

二'卵生'下는 生依止差別이니 謂報之所依託故니라 餘三은 可依이니와 化生은 依何오 依業染生故니라 然四生이 攝盡六趣나 而通局有異하니 化生은 通六趣오 胎生은 不通地獄·諸天이오 濕卵은 唯局人畜이라 又以六趣는 不攝中有化生일세 故寬狹有異니라 餘如別章이라【鈔_'化生依何'者는 論에 但云業生이라하니 依於因故니라

染字는 卽俱舍世間品意니 偈云 '倒心趣欲境이오 濕化는 染香處'라하니 濕生은 染香하고 化生은 染處니라 然四生等者는 亦俱舍意니 彼偈云 '人과 傍生은 具四하고 地獄及諸天과 中有는 唯化生이오 鬼는 通胎化二'라하니 今疏說勢小別이나 義理皆同이라

人具四者는 卵生이니 如毘舍佉夫人이 生三十二卵하니 卵各出一兒하고 般遮羅王은 有妃하니 生五百卵하니 卵各一子니라 胎生은 如今人是오 濕生은 如頂生王이 從頂皰而生故니라 化生은 唯劫初起니라 傍生도 具四하니 此類를 可知니 化生은 如龍과 迦樓羅等이니라

鬼通胎化二者는 如餓鬼 白目連言호되 '我夜生五百子하야 隨生皆自食하고 晝生五百亦然호되 雖盡而無飽라하니 即胎生也니라 鬼化는 可知니 無而忽有故니라

又以六趣等者는 即寬狹門이니 故雜心論云 '爲生攝趣아 爲趣攝生가

論에 自釋云 '謂生攝趣오 非趣攝生이니 何者오 中陰은 是其化生이니 趣不攝故'라하니라】

② '卵生' 이하는 태어나는 의지처의 차별이다. 報生의 의탁 대상이기 때문이다.

나머지 태생, 난생, 습생은 의지처가 있지만 화생은 그 무엇을 의지하는가? 업의 물들음[業染]에 의지하여 태어나기 때문이다.

그러나 四生은 모두 6취 중생에 포괄되지만, 전체에 통함과 일부에 국한되는 차이가 있다.

화생은 6취에 모두 통하고,

태생은 지옥과 천상에는 통하지 않으며,

습생과 난생은 오로지 인간과 축생에 국한된다.

또한 6취는 中有身과 化生身을 포괄하지 않기에 넓고 좁음이 차이가 있다. 나머지는 별도의 장에서 밝힌 바와 같다.【초_ "화생은 그 무엇을 의지하는가?"라는 말은 논에서 다만 "업으로 태어난다."고 말했을 뿐이다. 원인에 따른 까닭이다.

'業染'의 '染'이라는 글자는 구사론 세간품에서 말한 뜻이다. 세간품의 게송에서 "전도된 마음[胎·卵生]은 욕계에 나아가고, 습

생과 화생은 향기와 자리에 물든다."고 하였다. 습생은 향기에 물들고 화생은 자리에 물든 것이다.

그러나 四生 등 또한 구사론의 내용이다. 그 게송에서 다음과 같이 말하였다.

"인간과 축생은 四生을 모두 갖추고 있고, 지옥과 천상과 中有는 오직 화생뿐이고, 귀신은 태생과 화생의 2가지에 모두 통한다."

여기에서 말한 청량소의 설명과는 조금 차이가 있지만 이치는 모두 똑같다.

사람이 4생을 모두 갖추고 있다는 것은 예컨대 卵生의 경우, 비사거부인은 32개의 알을 낳았는데 그 알 속에서 각기 하나의 아이가 태어났으며, 반차라왕의 왕비는 500개의 알을 낳았는데 알 속에서 각기 하나의 아이가 태어난 것과 같다. 태생은 오늘날의 사람과 같고, 습생은 如頂生王이 모친 이마의 부스럼에서 태어난 것과 같으며, 화생은 오직 겁초에 처음 인간이 태어났던 시기뿐이다.

축생도 4생을 모두 갖추고 있다. 이러한 종류를 설명하지 않아도 알 수 있다. 화생은 용과 가루라 등과 같다.

귀신은 태생과 화생 2가지에 통한다는 것은 아귀가 목건련존자에게 아뢰었다.

"내가 밤이면 5백 명의 아들을 낳는데 낳는 족족 모두 모두 주워 먹고, 낮에 낳은 5백 명의 아들 또한 그렇게 먹지만, 아무리 먹고 또 먹어도 배부르지 않다."

이는 곧 태생이다. 귀신의 화생은 설명하지 않아도 알 수 있다.

없던 것이 갑자기 생겨나기 때문이다.

'또한 6취[又以六趣]' 등이란 곧 넓고 좁은 세계이다. 이 때문에 잡심론에 "중생이 6취 세계를 포괄하는가? 아니면 6취 세계가 중생을 포괄하는가?"라고 말하니, 논에서 그 나름 해석하였다.

"중생이 6취 세계를 포괄함을 말하는 것이지, 6취 세계가 중생을 포괄하는 것이 아니다. 무슨 까닭인가? 中陰身은 바로 화생이다. 6취 세계가 이를 포괄하지 못하기 때문이다."】

三'三界所繫'는 名淨不淨處差別이니 欲界는 不淨이오 上二界는 淨이라 就果以明일새 故名爲處오 就因以說일새 故名爲繫니라

③ "삼계에 얽매이다[繫]."는 청정한 곳[處]과 청정하지 못한 곳의 차이이다. 욕계는 청정하지 못한 세계이고, 위의 색계와 무색계는 청정한 세계이다. 결과로 이를 밝혔기에 '곳[處]'이라 말하였고, 원인으로 말한 까닭에 이를 '얽매임[繫]'이라고 말한다.

四'入於六趣'는 是苦樂差別이니 受種種身故라 亦名受生差別이니 麤相而說애 三塗는 爲苦오 上天은 爲樂이라 人及修羅는 兼於苦樂이니라

④ "육취 세계에 들어간다."는 고통과 안락의 차별이다. 갖가지 다른 몸을 받기 때문이다. 또는 '받아 태어남의 차별'이라고도 부른다.

거친 양상으로 설명하면, 삼악도는 고통의 세계이고, 천상세계는 안락의 세계이다. 인간과 아수라의 세계는 고통과 안락을 동시에 겸하고 있다.

五'一切生處'는 是自業差別이니 此는 以因釋果라 由業異故로 生

處不同이니 謂於一趣中에 有多不同하니 如於人中에 有中有邊하며 貴賤家異等故니라

⑤ "일체 태어나는 장소"는 자신이 지은 업에 의한 차별이다. 이는 원인으로 결과를 해석하였다. 지은 업이 다름에 따라서 태어나는 세계가 똑같지 않다. 똑같은 세계에서도 대체로 똑같지 않음을 말한다. 예컨대 인간세계 중에서도 중앙과 변방이 있고, 고귀한 집안과 빈천한 집안의 차이 등이 있기 때문이다.

六'名色所攝'은 是自體差別이니 有體唯名은 謂無色界니 彼處有色은 非業果故오 有體唯色은 謂無想天이니 彼所有想을 不可知故라 有體는 具二니 謂除前二니라

⑥ "이름과 물질에 소속된다."는 것은 자체의 차별이다.

자체는 있으나 오직 이름뿐인 것은 무색계라 말한다. 그곳에 물질이 있는 것은 업과가 아니기 때문이다.

자체는 있으나 오직 물질뿐인 것은 무상천이라 말한다. 그곳에 있는 생각은 알 수 없기 때문이다. 자체가 있다는 것은 2가지를 갖추고 있는 것으로, 앞의 2가지가 없음을 말한다.

二'化所爲'中에 初句는 結前生後오 '令入'已下는 別明所爲라 所爲有三하니

一은 爲未信入者하야 令信入佛法이오

二는 已信入者를 令其離惡하야 爲涅槃因이라 世間趣者는 謂業惑苦니라

三은 令修菩提道니 道通因果니라

둘째, '교화의 목적' 부분의 첫 구절[如是等類我皆教化]은 앞의 문장을 끝맺으면서 뒤의 문장을 일으킨 것이다.

'令入' 이하는 교화의 목적을 개별로 밝혔다.

교화의 목적은 3가지이다.

① [令入佛法], 아직 믿음이 없어 들어가지 못한 이들을 위해 불법을 믿고 들어가도록 함이다.

② [令永斷一切世間趣], 이미 믿고서 들어간 이들로 하여금 악업을 여의어 열반의 원인으로 삼도록 함이다. '世間趣'는 업과 번뇌와 고통을 말한다.

③ [令安住一切智智道], 깨달음의 도를 닦도록 함이다. '道'는 원인과 결과에 모두 통한다.

● 論 ●

'又發大願'已下로 至'無有休息'히 有五行半經은 明願化一切三界四生衆生하야 皆安住一切智智하야 廣大無休息分이라

'又發大願' 이하로부터 '無有休息' 구절까지 5행 반의 경문은 일체 三界의 四生衆生을 교화하여 모두 일체지의 지혜에 안주토록 하되 법계처럼 광대하게 멈춤이 없음을 밝힌 부분이다.

此一段은 明教化三界四生法이니
欲界心이 多者는 勸令觀諸法의 苦空無常하야 對治欲惡하며 修諸善法하야 樂清淨定하며 淨治心垢하야 離貪瞋癡慢하며 破欲界業하야 得寂靜樂이오

이 단락은 삼계의 四生을 교화하는 법을 밝혔다.

욕계의 마음이 많은 자는 권하여 모든 법이 苦와 空과 無常임을 관하여 욕심과 악을 다스리고, 모든 선법을 닦아 청정한 선정을 좋아하며, 마음의 때를 청정히 닦아 탐욕과 성냄과 어리석음과 아만을 여의며, 욕계의 업을 타파하여 적정의 즐거움을 얻도록 한다.

色界心이 多者는 住息想禪하야 生有漏善界하나니 方便勸修十波羅蜜과 慈悲喜捨하야 令方便成就自體無作大寂定門하며 離息伏想하야 現一切智하며 成就無量巧方便智하야 敎化衆生이오

색계의 마음이 많은 자는 모든 망상이 사라진 선정[息想禪]에 안주하여 有漏善界에 태어나니, 방편으로 십바라밀과 慈·悲·喜·捨를 닦도록 권하여 방편으로 자체의 지음이 없는 大寂定의 법문을 성취케 하며, 거친 숨을 여의고 망상을 조복하여 일체지를 나타내며, 한량없는 뛰어난 방편 지혜를 성취하여 중생을 교화하도록 한다.

若無色界心이 多者는 方便敎化修廣多聞慧하며 分別世間一切事業하야 令無迷滯하며 無定亂體로 起大願力하며 成就神通하야 供佛法僧하며 修一切種과 一切智智하야 敎化一切無盡衆生하야 皆成佛故니 如是依根發起調伏하야 使令皆至一切智智니라 智智者는 根本智中에 修差別智也니 如根本智는 依無作定顯이오 差別智는 依根本智加行하야 起觀方成이며 或自力不修코 依佛菩薩先達之者하야 學而方得이라

무색계의 마음이 많은 자는 방편으로 교화하여 광대한 聞慧를 닦도록 하며,

세간의 일체 사업을 분별하여 미혹과 막힘이 없도록 하며,

선정에 산란 자체가 없는 체성으로 큰 원력을 일으키며,

신통을 성취하여 불법승 삼보에 공양하며,

一切種과 일체지의 지혜를 닦아 일체 그지없는 중생을 교화하여 모두 성불토록 하기 때문이다.

이와 같은 선근에 의지하여 발심하고 조복하여 모두 일체지의 지혜에 이르도록 하는 것이다.

'일체지의 지혜[智智]'는 근본지 가운데 差別智를 닦는 것이다. 근본지는 작위가 없는 선정[無作定]에 의하여 나타나고, 차별지는 근본지에 의해 加行하여 觀을 일으켜야 비로소 성취할 수 있으며, 혹 자신의 힘으로 닦지 못하고, 먼저 도달한 불보살을 의지하여 배워야 바야흐로 얻을 수 있다.

第六 承事願

願往諸佛土하야 常見諸佛하야 恆敬事聽受故라 瑜伽云 '願於一切世界中에 示現이라'하니 意明化生이라 今經에 但云知見者는 知生佛住處故라

(6) 부처님을 받들려는 서원

모든 세계에 찾아가 항상 부처님을 뵙고서 항상 공경히 받들고 법문을 경청하기를 원하기 때문이다. 유가사지론에서 "일체 세계에 모두 몸이 나타나기를 원한다."고 하였다. 그 뜻은 '화현으로

태어남'을 밝힌 것이다.

이의 경문에서 다만 '現前知見'이라 말한 것은 중생과 부처님의 머문 곳을 알기 때문이다.

經

又發大願호되
願一切世界의 **廣大無量**과 **麤細**와 **亂住·倒住·正住**와 **若入·若行·若去**와 **如帝網差別**과 **十方無量種種不同**을 **智皆明了**하야 **現前知見**호되
廣大如法界하며 **究竟如虛空**하며 **盡未來際**하야
一切劫數에 **無有休息**이니라

또 큰 서원을 세웠다.

일체 세계가 넓고 크고 한량이 없고, 거친 세계, 미세한 세계, 차례가 없는 세계, 거꾸로 엎어진 세계, 바르게 서 있는 세계, 들어가는 것과 같은 세계, 걸어 다니는 것과 같은 세계, 떠나가는 것과 같은 세계, 제석천의 그물처럼 각기 다른 세계, 시방에 한량없이 가지가지 똑같지 않은 세계들을 지혜로 모두 분명히 알아 앞에 나타난 듯이 알고 보되,

광대함이 법계와 같고 끝없음이 허공과 같아서 미래 세월이 다하도록

일체 겁에 멈춤이 없기를 원함이다.

● 疏 ●

就行相中에 分二니 初는 明所知오 後는 辨能知라

서원의 행상 부분은 2단락으로 나뉜다.

앞은 알아야 할 대상을 밝혔고,

뒤는 앎의 주체를 논변하였다.

前中에 初句爲總이오 '廣大'下는 別이라

別有三種相하니 一은 一切相이오 二는 眞實義相이오 三은 無量相이라

앞 가운데 첫 구절은 총상이고 '廣大'는 별상이다.

별상에 3가지 양상이 있다.

① 일체의 양상,

② 진실한 이치의 양상,

③ 한량없는 양상이다.

今初는 界相不同일새 故云 一切라

於中에 又三이니

初는 明分量이니 謂小·中·大千如次 爲廣大無量이라

二 '麤細'者는 明體質粗妙니 謂應報等殊라

三 '亂住'下는 安立不同이니 亂則不依行伍라 倒는 則覆刹이오 正은 則仰刹이라

'若入·若行·若去'는 論無此文이라

文含二意하니

一은 成前安立이니 謂前三類世界가 道路往來라

二者는 順後니 入은 卽攝他入已오 去는 卽爲他所攝이오 行은 卽往

490

來不住일세 故如帝網은 正喩於此니라

'① 일체의 양상'이란 세계의 양상이 같지 않기에 '일체'라고 말하였다.

'일체의 양상' 부분은 또다시 3부분으로 나뉜다.

㉠ 분량을 밝힘이다. 小千世界, 中千世界, 大千世界가 차례대로 있음이 광대하고 한량없는 세계이다.

㉡ '거친 세계, 미세한 세계'란 세계의 바탕이 거칠고 미묘함을 밝힌 것이다. 응신과 보신 등이 다름을 말한다.

㉢ '차례가 없는 세계' 이하는 세계의 안립이 똑같지 않다.

'차례가 없는 세계'는 줄과 질서를 따르지 않으며,

'거꾸로 엎어진 세계'는 엎어진 모양의 세계이며,

'바르게 서 있는 세계'는 바로 선 모양의 세계이다.

'들어가는 것과 같은 세계, 걸어 다니는 것과 같은 세계, 떠나가는 것과 같은 세계'란 논에 해당 문장이 없지만, 경문에는 2가지 의미를 함축하고 있다.

하나는 앞서 말한 세계의 안립을 이룸이다. 앞의 3가지 세계[若入·若行·若去]가 마치 길을 따라 오가는 사람처럼 流動하는 것을 말한다.

다른 하나는 뒤를 따르는 것이다.

'들어가는 것과 같은 세계'는 다른 세계를 받아들여 나의 세계로 들어오도록 함이며,

'떠나가는 것과 같은 세계'는 다른 세계에서 받아줌을 말하며,

'걸어 다니는 것과 같은 세계'는 이곳저곳을 오가면서 한곳에 머물지 않는 세계이다. 이 때문에 제석천왕의 그물과 같다는 것은 바로 이런 세계를 비유한 말이다.

二'如帝網差別'은 卽眞實義相이라 土土同體 不守自性하고 互相涉入이 如彼帝珠일새 故名眞實이라 論云 '如業幻作故'者는 轉以喩顯이니 如世幻者가 火處에 見水하고 大處에 見小等이니 業所作土가 亦同於幻이라 故得涉入이 重重無盡이니라

② '제석천의 그물처럼 각기 다른 세계'는 진실한 이치의 양상이다. 국토마다 체성을 서로 함께하여 자기의 세계를 고집하지 않고서 서로가 서로 속으로 들어가는 것이 마치 제석천왕의 보배 구슬과 같기에 그 이름을 '진실한 이치의 양상'이라고 하였다.

논에서 "업의 幻影으로 만들어진 세계이기 때문이다."고 말한 것은 돌려서 비유로 밝힌 말이다. 예컨대 세간의 마술사가 불타는 곳에서 물을 보여주고, 큰 장소에서 작은 것을 보여주는 따위와 같다. 중생이 지은 업에 따라서 만들어진 국토 또한 허깨비와 같다. 이 때문에 서로가 서로 속으로 들어감이 거듭거듭 그지없다.

三'十方'下는 無量相이니 謂前二에 相이 周徧十方이라 又上說不盡일새 故結云無量이라 大菩薩藏經에 說호되 '虛空中世界重數가 多於大千所有微塵이언마는 但由業異하야 不相障礙라'하니 一處重重도 尙爾어든 況復橫周아

③ '十方' 이하는 한량없는 세계의 양상이다. 앞의 '일체의 양상'과 '진실한 이치의 양상'이 시방세계에 두루 가득함을 말한다.

또한 위에서 '그지없음[無盡]'을 말하였기에 여기에서 '한량없음[無量]'으로 끝맺었다.

대보살장경에서 말하였다.

"허공 속에 거듭된 세계의 수효가 대천세계에 있는 미세한 먼지의 수효보다 많지만, 다만 중생의 지은 업이 각기 다르기에 서로 장애가 되지 않는다."

하나의 세계에 거듭거듭 그지없음도 오히려 이와 같은데, 하물며 공간의 횡으로 두루 다한 세계야 오죽하겠는가.

第二 '智皆明了'下는 辨其能知라 若眞實義相은 唯智能知오 餘一切相은 可現眼見이니라

뒤의 '智皆明了' 이하는 앎의 주체를 논변하였다. 진실한 이치의 양상의 경우, 오직 밝은 지혜만이 이를 알 수 있을 뿐, 나머지 일체의 양상은 현재의 눈으로 볼 수 있다.

◉ 論 ◉

'又發大願'已下로 至'無有休息'히 有四行經은 明願以智明了麤細世界廣多無限分이니

'又發大願' 이하로부터 '無有休息' 구절까지 4행의 경문은 밝은 지혜로써 거친 세계, 미세한 세계 등 한량없는 광대한 세계를 밝히고자 하는 서원의 부분임을 밝힌 것이다.

有形世界는 名麤오

無形世界는 名細라

亂住者는 多類雜居니 如此閻浮提 諸雜居世界 是也오

側住는 如四天王居處이 是오

倒住者는 如胡蜂窠等이 是오

正住는 可知라

若入者는 如土居衆生이 只欲入不欲出이오

若行者는 如人等身中에 八萬四千戶虫이 居호되 而人或行住坐立者 是也오

若去者는 如流水居衆生이 其一向流去 是也라

帝網差別者는 如天帝網하야 重重光影이 互相容也니 如是世界 重重共住는 卽華藏莊嚴世界 是니 與諸衆生世界海로 共住하야 業不相妨호미 猶如帝網이 互相容而住하야 各依自業相見이라

　　유형세계는 거친 세계,

　　무형세계는 미세한 세계라 한다.

　　亂住란 수많은 부류가 뒤엉켜 거처한 세계이다. 예컨대 염부제의 모든 혼잡한 세계가 바로 이것이며,

　　側住는 사천왕이 거처하는 세계와 같고,

　　倒住는 벌집처럼 거꾸로 매달려 있는 세계 등과 같으며,

　　正住는 설명하지 않아도 알 수 있다.

　　若入이란 토착 중생이 그저 고국으로 들어가고자 할 뿐, 나오려고 하지 않음과 같고,

　　若行이란 사람의 몸속에 8만 4천 가지의 벌레가 살고 있지만, 사람이 걷기도 하고 머물기도 하고 앉기도 하고 서 있기도 하는 것

과 같다.

若去란 물 위에 사는 중생이 그 물결 따라 하염없이 흘러가는 것과 같다.

帝網差別이란 제석천왕의 그물처럼 거듭거듭 빛나는 광명이 서로가 서로를 받아들임과 같다. 이처럼 세계가 거듭거듭 함께 머무는 것은 곧 화장장엄세계이다. 모든 중생세계와 함께 머물면서도 하는 일들이 서로 방해가 되지 않는다. 이는 마치 제석천왕의 그물이 서로가 서로를 받아들여 함께 머물면서도 각자가 자신의 업에 따라서 서로 보는 것과 같다.

第七 淨土願

願淸淨自土와 安立正法과 及能修行衆生故니라【鈔_ 願淸淨 下는 疏文有三하니 初는 總顯立意오 畧具三淨하야 攝於淨土니 一 淸淨自土'는 卽是相淨이니 如第三淨이오 二 安立正法'은 卽法門流布淨이니 如第七淨이오 三 '及修行衆生'은 卽住處衆生淨이니 如第五淨이라 顯斯二(三)淨이 卽淨土意니 自他受用과 及變化土에 皆悉具矣니라】

(7) 불국토를 청정케 하려는 서원

자신의 국토 청정과 바른 법의 안립 및 중생의 수행을 원하기 때문이다.【초_ '願淸淨' 이하에서 청량소의 문장은 3구이다.

제1구는 서원의 의미를 총체로 밝혔고, 간략히 3가지 청정을 갖춰 국토의 청정을 포괄하였다.

① 자신의 국토 청정은 곧 형상의 청정이니, 제3 莊嚴淨과 같다.

② 바른 법의 안립은 법문 유포의 청정이니, 제7 果淨과 같다.

③ 중생의 수행은 그곳에 사는 중생의 청정이니, 제5 衆生淨과 같다.

3가지 청정[淸淨自土, 安立正法, 修行衆生]을 밝힌 것은 淨土의 의미이다. 自受用·他受用 및 變化土에 모두 갖춰져 있다.】

經

又發大願호되
願一切國土가 入一國土하고 一國土가 入一切國土하며 無量佛土가 普皆淸淨하며 光明衆具로 以爲莊嚴하며 離一切煩惱하야 成就淸淨道하며 無量智慧衆生이 充滿其中하며 普入廣大諸佛境界하며 隨衆生心하야 而爲示現하야 皆令歡喜호되
廣大如法界하며 究竟如虛空하며 盡未來際하야
一切劫數에 無有休息이니라

또 큰 서원을 세웠다.

일체 국토가 하나의 국토에 들어가고 하나의 국토가 일체 국토에 들어가며,

한량없는 부처님 국토가 널리 모두 청정하며,

광명의 수많은 도구로 장엄하며,

일체 번뇌를 여의고 청정한 도를 성취하며,

한량없이 지혜 밝은 중생이 그 가운데 충만하며,

광대한 부처님의 경계에 두루 들어가며,

중생의 마음을 따라 몸을 나타내어 모든 중생을 기쁘게 하되,

광대함이 법계와 같고 끝없음이 허공과 같아서 미래 세월이 다하도록

일체 겁에 멈춤이 없기를 원함이다.

● 疏 ●

於行相中에 總有七淨하니

서원의 행상 부분에 모두 7가지 청정이 있다.

一은 同體淨이니 以同法性일세 故令一多로 互相卽入이오

① 체성이 동일한 청정이다. 법성과 똑같기에 하나의 세계와 많은 세계가 서로서로 하나가 되어 들어가도록 하였다.

二 '無量佛土普皆淸淨'者는 卽自在淨이니 如摩尼珠 美惡斯現하야 淨穢圓通일세 故云普皆淸淨이오

② "한량없는 부처님 국토가 널리 모두 청정하다."는 것은 자재한 청정이다. 마치 마니주가 아름답고 못난 모습을 그대로 나타내어 청정함과 더러움에 두루 통하기에 "널리 모두 청정하다."고 말하였다.

三 '光明衆具以爲莊嚴' 者는 名莊嚴淨이니 卽相淨也오

497

③ "광명의 수많은 도구로 장엄한다."는 것은 장엄의 청정이다. 이는 형상의 청정이다.

四'離一切'下는 明受用淨이니 謂受用此土 離過成德故니라 初句는 成斷德이오 後句는 成行德이라 如受用香飯에 身諸惑滅하고 入正位等이라

④ '離一切' 이하는 受用의 청정을 밝혔다. 이런 국토를 수용하여 허물을 여의고 공덕을 성취한 때문이다. 첫 구절[離一切煩惱]은 결단공덕의 성취이고, 뒤 구절[成就淸淨道]은 수행공덕의 성취이다. 이는 향기로운 밥을 먹으면 몸의 모든 번뇌가 사라지고 바른 지위에 들어가는 등과 같다.

五'無量智慧'下는 住處衆生淨이니 謂具德人居라 今畧語智慧니라【鈔_'謂具德人居'者는 亦名人寶莊嚴이니 亦同淨名에 '不諂衆生이 來生其國等'이라】

⑤ '無量智慧' 이하는 그곳에 사는 중생의 청정이다. 공덕을 갖춘 사람들이 삶을 말한다. 여기에서는 간단하게 '지혜 있는 이'를 말하였다.【초_ "공덕을 갖춘 사람들이 산다."는 것은 또한 '人寶莊嚴'이라 말한다. 이 또한 유마경에서 말한 "아첨하지 않은 중생들이 그 나라에 태어난다."는 등과 같다.】

六'普入'下는 因淨이라 淨因有二하니

一者는 生因이니 謂施戒等이니 如淨名說이오

二者는 依因이라 此復有二하니 一은 鏡智淨識이니 爲土所依오 二는 後智通慧로 爲依니 如下第十地에 '入佛國土體性三昧하야 現淨

土等'이라

此二皆是諸佛境界니라

⑥ '普入' 이하는 원인의 청정이다. 청정한 원인은 2가지가 있다.

㉠ 태어남의 원인이다. 보시와 지계 등을 말한다. 이는 유마경에서 말한 바와 같다.

㉡ 의지의 원인이다. 이 또한 2가지가 있다.

하나는 大圓鏡智의 청정한 識이다. 정토의 의지처이다.

다른 하나는 후득지의 통달한 지혜로 의지처를 삼는다. 아래 제10 법운지에서 "부처님 국토의 체성삼매에 들어가 정토에 몸을 나타낸다."는 등과 같다.

위의 2가지는 모두 여러 부처님의 경계이다.

七'隨衆生'下는 果淨이라 因旣有二에 果亦二種이니 一은 所生果니 卽前相淨이오 二는 所示現果니 卽臨機示現이라 今依此義하니라

⑦ '隨衆生' 이하는 결과의 청정이다. 원인에 2가지가 있는 것처럼 청정한 결과 또한 2가지이다.

㉠ 태어난 바의 결과이다. 이는 앞에서 말한 相好의 청정이다.

㉡ 몸을 나타낸 바의 결과이다. 중생의 근기에 맞추어 몸을 나타내 보여주는 것이다. 여기에서는 이런 의의를 따라 말하였다.

上七淨中에 前四는 當相明土오 次一은 就人顯勝이오 後二는 擧因顯果라

就前四中하야 初二는 土體오 第三은 土相이오 後一은 土用이라

就土體中하야 初는 彰體同이오 後는 明體淨일새 故有七淨이라야 淨土義周니라

위의 7가지 청정 가운데 앞의 4가지는 형상에 맞추어 국토를 밝혔고, 다음 하나는 사람의 입장에서 뛰어남을 밝혔으며, 뒤의 2가지는 원인을 들어서 결과를 밝혔다.

앞의 4가지 가운데 앞의 2가지는 정토의 체성이고, 그다음은 정토의 양상이고, 나머지 하나는 정토의 작용이다.

앞 2가지의 정토 체성 가운데 앞은 체성의 동일함을 밝혔고, 뒤는 체성의 청정함을 밝혔다. 따라서 7가지의 청정이 있어야 정토의 의의가 모두 갖춰지게 된다.

第八不離願

願扵一切生處에 恆不離佛菩薩하야 得同意行故오 亦名心行願이니 願不離一乘故니라 故論云 '第八大願은 不念餘乘故'라하니라

(8) 불보살을 여의지 않으려는 서원

그 모든 태어난 곳에서 언제나 부처님과 보살을 여의지 않고서 같은 뜻으로 행하기를 원하기 때문이다.

또한 '보살의 마음으로 행하려는 서원'이라고도 말한다. 이는 一乘의 도리를 여의지 않기를 원하기 때문이다.

이 때문에 논에서 "(8) 큰 서원은 나머지 교법을 전혀 생각하지 않기 때문이다."고 말하였다.

又發大願호되

願與一切菩薩로 同一志行하며 無有怨嫉하야 集諸善根하며 一切菩薩로 平等一緣하며 常共集會하야 不相捨離하며 隨意能現種種佛身하며 任其自心하야 能知一切如來境界와 威力智慧하며 得不退如意神通하며 遊行一切世界하며 現形一切衆會하며 普入一切生處하며 成就不思議大乘하야 修菩薩行호되

廣大如法界하며 究竟如虛空하며 盡未來際하야 一切劫數에 無有休息이니라

> 또 큰 서원을 세웠다.
>
> 일체 보살과 뜻과 행이 같으며,
>
> 원수와 미운 이가 없이 선근을 모으며,
>
> 일체 보살과 평등하게 하나의 법연(法緣)을 함께하고,
>
> 언제나 법회에 함께 모여 서로 떠나지 않으며,
>
> 마음대로 가지가지 부처님 몸을 나타내며,
>
> 나의 마음대로 일체 여래의 경계와 위력과 지혜를 알며,
>
> 물러서지 않고 뜻대로 되는 신통을 얻으며,
>
> 일체 세계에 널리 다니며,
>
> 모든 회중에 몸을 나타내며,
>
> 일체중생이 거처하는 곳에 널리 들어가며,
>
> 불가사의한 대승을 성취하여 보살의 행을 닦되,

광대함이 법계와 같고 끝없음이 허공과 같아서 미래 세월이 다하도록

일체 겁에 멈춤이 없기를 원함이다.

◉ 疏 ◉

行相中에 有十二句하니 初는 總이오 後는 結이라 中十은 別明菩薩行이라
今初는 同志一乘하야 同修萬行故라
次'無有怨嫉'下는 別이라
於中에 前五는 修行同이오 後五는 德用同이라
前中에 初二는 自分二嚴이니 一은 福善同集이오 二는 智觀齊均이라
後'常共'下 三句는 勝進이라 於中에 初一은 攝法方便이니 謂聚集解說하야 論佛法故라 後二는 依法起行이라
初一은 利他니 故隨意現身也오 後一은 自利니 謂忘緣照境이라 不由他敎일새 云任自心이라 智契法身을 名知佛境이라 威力은 外用이오 智慧는 內明이니 則兼報化分齊境也니라【鈔_一福善同集者는 善根이 是福이오 無有怨嫉은 卽心同相이오 二智觀齊均은 一如故며 同三諦故니라】

서원의 행상 부분은 12구이다.

제1구[一切菩薩同一志行]는 총상이고, 맨 끝 구절[修菩薩行]은 결론이며, 그 중간의 10구는 보살행에 대한 별상이다.

① 함께 일승에 뜻을 세워 만행을 함께 닦기 때문이다.

② '無有怨嫉' 이하는 별상이다. 그중에 앞의 5구는 수행이 같

고, 뒤의 5구는 공덕과 작용이 같다.

앞의 5구 가운데 첫 2구는 자신의 2가지 장엄이다.

첫 구절[無有怨嫉集諸善根]은 복덕과 선근을 함께 모아감이며,

둘째 구절[一切菩薩平等一緣]은 지혜와 관법을 똑같이 갖춤이다.

뒤의 '常共' 이하의 3구는 잘 닦아나가는 장엄이다.

3구 가운데 첫 구절[常共集會不相捨離]은 법을 받아들이는 방편이다. 해설을 모아 불법을 논하기 때문이다.

뒤의 2구는 법에 의해 행을 일으킴이다.

첫 구절[隨意能現種種佛身]은 이타행이다. 이 때문에 마음대로 부처의 몸을 나타내는 것이다.

뒤 구절[任其自心能知一切如來境界威力智慧]은 자리행이다. 반연을 잊고 경계를 관조함을 말한다.

다른 사람의 가르침을 따르지 않기에 '자기의 마음대로[任其自心]'라고 말하였다.

지혜로 법신에 하나가 됨을 '부처의 경계를 안다[知一切如來境界].'고 말한다.

'위력'은 바깥의 작용이고, '지혜'는 내면의 밝음이다. 이는 보신과 화신의 범주를 겸한 경계이다.【초_"복덕과 선근을 함께 모아간다."는 것은 선근이 복덕이며,

"원수와 미운 이가 없다."는 것은 마음이 동일한 양상이며,

"지혜와 관법을 똑같이 갖춘다."는 것은 하나의 진여인 까닭이며, 3가지 진리[三諦: 空諦, 假諦, 中諦]가 같기 때문이다.】

後五는 德用中에 一은 明通體니 如意所成하야 無能退屈이오 餘四는 通業이라
於中에 前三은 如意通業이니 一은 本身이 往餘世界오 二는 現多異身을 於一切佛會오 三은 示同類生이니 名一切生處라
後一은 法智通業이라

뒤의 5구는 공덕과 작용이 같다.

5구 가운데 첫 구절[得不退如意神通]은 신통의 체성을 밝혔다. 생각하는 것처럼 성취되어 물러서지 않는다. 나머지 4구는 '신통의 일'이다.

4구 가운데 앞의 3구는 생각하는 것처럼 이뤄지는 신통의 일이다.

첫째 구절[遊行一切世界]은 여래의 몸이 다른 나머지 세계로 감이며,

둘째 구절[現形一切衆會]은 일체 모든 법회에 수많은 다른 몸을 나타냄이며,

셋째 구절[普入一切生處]은 同生衆으로 태어남을 보여줌이기에 "일체중생이 거처하는 곳"이라 하였다.

뒤의 한 구절[成就不思議大乘]은 법과 지혜의 신통한 일이다.

三 修菩薩行 一句는 總結上十이라

③ '修菩薩行' 1구는 위의 10구를 총체로 끝맺었다.

第九 利益願

願於一切時에 恆作利益衆生事하야 無有空過故라 亦名三業不空이니 瑜伽云 '願所有一切無倒加行을 皆不唐捐이라'하니라

(9) 중생에게 이익이 되려는 서원

어느 때이든 항상 중생에게 이익이 되는 일을 베풀면서 헛된 세월을 보내지 않기를 원한 때문이다.

또한 '3업이 헛되지 않기를 바라는 서원'이라고도 말한다. 이는 유가사지론에서 다음과 같이 말하였다.

"지니고 있는, 일체 전도 없는 加行이 모두 헛되지 않기를 원한다."

經

又發大願호되
願乘不退輪하고 行菩薩行하야 身語意業이 悉不唐捐하며 若暫見者라도 則必定佛法하고 暫聞音聲이라도 則得實智慧하고 纔生淨信이라도 則永斷煩惱하며 得如大藥王樹身하고 得如如意寶身하야 修行一切菩薩行호되 廣大如法界하며 究竟如虛空하며 盡未來際하야
一切劫數에 無有休息이니라

또 큰 서원을 세웠다.

물러서지 않는 법륜을 타고 보살의 행을 행하여 몸과 말과 뜻

으로 짓는 삼업이 헛되지 않으며,

　잠깐 친견한 자일지라도 반드시 불법으로 결정한 마음을 내고, 잠시 음성을 들을지라도 진실한 지혜를 얻고, 겨우 청정한 신심을 냈을지라도 영원히 번뇌를 끊으며,

　약왕나무[藥王樹]와 같은 몸을 얻고,

　여의주와 같은 몸을 얻어 일체 보살의 행을 수행하되,

　광대함이 법계와 같고 끝없음이 허공과 같아서 미래 세월이 다하도록

　일체 겁에 멈춤이 없기를 원함이다.

● 疏 ●

行相中에 二니

先은 總明이니 謂乘念不退 圓滿教輪하야 三業皆益이라 又 '三業이 皆不唐捐'은 即是不退오 摧障圓德일새 所以名輪이라

後 '若暫'下는 別顯이라 有二不空하니

一은 作業必定不空이니 三業이 能安樂故라 謂見身行行하고 知佛法眞實일새 故云必定이라 聞口說法에 能生智慧하고 念意實德에 諸惑不生이라 此從增勝일새 故說三業成益不同이나 實則互有니라

二 '得如大藥'下는 利益不空이니 二喻 皆喻拔苦故니라

一切衆生 有二種苦하니

一은 種種諸苦니 謂逼迫等이라 藥樹王身으로 以爲能治라

二는 貧窮苦니 如意寶身으로 以爲能拔이라

種種은 義兼身心 若麤若細오

貧窮은 通於世財와 法財라

論主 對前安樂하야 此爲利益일세 故作此釋이어니와 實則前喻는 喻三業이 捨惡離苦오 後喻는 喻三業이 進善得樂也니라【鈔_ 種種苦'者는 藥王樹의 枝葉花果 各除病故니라】

　　서원의 행상 부분은 2단락이다.

　　앞에서는 총괄하여 밝혔다. 물러서지 않는 생각으로 원만한 가르침의 법륜을 타고서 삼업이 모두 중생의 이익이 됨을 말한다.

　　또한 "몸과 말과 뜻으로 짓는 삼업이 헛되지 않음"은 물러서지 않음이며, 장애를 꺾은 공덕이 원만하기에 '바퀴[輪]'라 이름 붙인 것이다.

　　뒤의 '若暫見者' 이하는 개별로 밝힘이다. 여기에는 2가지 헛되지 않음이 있다.

　　① 하는 일이 반드시 헛되지 않는다. 삼업이 안락할 수 있기 때문이다.

　　부처님 몸의 행으로 행하는 일을 보고서 불법의 진실을 알았기에 "반드시 불법으로 결정한다[必定佛法]." 하였고,

　　입으로의 설법을 들으면 "진실한 지혜를 얻는다[得實智慧]." 하였으며,

　　마음으로 진실한 공덕을 생각하면 "영원히 번뇌를 끊는다[永斷煩惱]."고 하였다.

　　이로부터 더욱 뛰어난 부분으로 말한 것이기에 삼업의 성취

이익이 똑같지 않다고 말했지만, 실제로는 서로 같은 이익을 지니고 있다.

② '得如大藥' 이하는 이익이 결코 헛되지 않음이다. 2가지의 비유는 모두 고통을 없애줌을 비유한 때문이다.

일체중생에게는 2가지 고통이 있다.

㉠ 가지가지 수많은 고통이다. 핍박받는 등을 말한다. 약왕나무로 이를 다스릴 수 있다.

㉡ 가난의 고통이다. 뜻대로 이뤄지는, 여의주와 같은 몸으로 이를 없애주기 때문이다.

'가지가지 수많은 고통'이라는 의미는 몸과 마음의 거칠고 미세한 고통을 모두 겸하고 있으며,

'가난의 고통'이란 세간의 재물과 법의 재물을 통틀어 말한다.

논주가 앞서 말한 '안락'을 상대로, 여기에서 이익을 말하였기에 이처럼 해석한 것이지만, 실제로 앞의 비유는 삼업의 악을 버리고 고통의 여읨을 비유하였고, 뒤의 비유는 삼업의 선근으로 안락 얻음을 비유하였다.【초_ "가지가지 수많은 고통"이란, 약왕나무의 가지와 잎사귀, 꽃과 열매가 각기 모든 질병을 없애주기 때문이다.】

第十 成正覺願

願與一切衆生으로 同時得無上菩提하야 恆作佛事故니라

文四同前이로되 而論總顯願相云호되 '第十大願은 起大乘行者라'
하니 是果乘故라 雖得佛道나 不捨菩薩利益일세 名起大行故니라

⑽ 바른 깨달음을 성취하려는 서원

일체중생과 함께 동시에 위없는 깨달음을 얻어 항상 불사를 짓고자 하는 서원이기 때문이다.

이의 경문은 4단락으로 앞의 서원에 관한 문장과 똑같다. 그러나 논에서 서원의 행상을 총괄하여 밝히면서 "⑽ 큰 서원은 대승의 보살행을 일으킨 것이다."고 하였다. 이는 과덕의 법이기 때문이다. 비록 부처의 도를 얻었을지라도 보살의 이익을 버리지 않기에 이를 "대승의 보살행을 일으킨다."고 명명한 것이다.

經

又發大願호되
願於一切世界에 成阿耨多羅三藐三菩提하야
不離一毛端處하고 於一切毛端處에 皆悉示現初生出
家와 詣道場成正覺과 轉法輪入涅槃하며
得佛境界大智慧力하야 於念念中에 隨一切衆生心하야
示現成佛하야 令得寂滅하며
以一三菩提로 知一切法界가 卽涅槃相하며
以一音說法하야 令一切衆生으로 心皆歡喜하며
示入大涅槃호되 而不斷菩薩行하며
示大智慧地하야 安立一切法하며

以法智通과 神足通과 幻通으로 自在變化하야 充滿一切法界호되

廣大如法界하며 究竟如虛空하며 盡未來際하야 一切劫數에 無有休息이니라

또 큰 서원을 세웠다.

일체 세계에 아뇩다라삼먁삼보리를 성취하여

하나의 털끝을 떠나지 않고서 일체 모든 털끝마다 모두 처음 탄생하고 출가하고 도량에 나아가고 정각을 이루고 법륜을 굴리고 열반에 드는 일을 나타내며,

부처님의 경계이신 큰 지혜를 얻어, 모든 생각이 일체중생의 마음을 따라 성불을 보여주어 적멸을 얻게 하며,

하나의 바른 깨달음[正覺: 三菩提]으로 일체 법계가 곧 열반상임을 알게 하며,

하나의 음성으로 설법하여 일체중생의 마음이 모두 기쁘도록 하며,

대열반에 들어가면서도 보살의 행을 끊지 아니하며,

큰 지혜의 지위를 보여주어 모든 법을 안립(安立: 始建曰安 終成爲立)하며,

법지의 신통, 신족의 신통, 환신(幻身)의 신통으로 자유자재로 변화하여 일체 세계에 충만하되,

광대함이 법계와 같고 끝없음이 허공과 같아서 미래 세월이 다하도록

일체 겁에 멈춤이 없기를 원함이다.

● 疏 ●

就行相中하야 分爲二別이니 初는 成菩提體니 卽自運이 已圓이오 後 '不離'下는 菩提作業이니 卽運他不息이라
今初菩提 亦是總相이라 一切世界는 卽得菩提處니 謂徧於十方의 同類異類一切諸刹이라 眞則稱性이오 應則隨機일세 故無不在니라

서원의 행상 부분은 2단락으로 나뉜다.

앞은 보리의 체성 성취이다. 이는 자신의 운용이 이미 원만함이며,

뒤의 '不離一毛' 이하는 깨달음으로 행하는 일이다. 타인의 운용을 멈추지 않음이다.

이의 첫 구절에서 말한 '삼먁삼보리' 또한 총상이다.

'願於一切世界'의 '일체 세계'는 보리를 증득한 도량이다. 시방세계의 동류와 이류의 일체 국토에 두루 존재함을 말한다. 진신은 체성과 하나이고, 응신은 중생의 근기를 따르기에 있지 않은 곳이 없다.

後 菩提作業中에 有七種業하니
一은 從'不離'로 至'入涅槃'은 是示正覺業이니 一切毛端은 是成佛處라 上來에 平漫徧於十方일세 云一切世界어니와 今明徧法界中의 一一毛端極小量處 皆於其中에 八相成道하니 以彼皆有可化衆生故라 故離世間品云 '於一毛端量處에 有多衆生이온 況於法界

아하니라 然復不離一毛端處하고 而於一切毛端處에 示現하니 則不動而徧이며 一多自在니라

뒤의 '깨달음으로 행하는 일' 부분에는 7가지 업이 있다.

① [正覺業], '不離一毛'로부터 '入涅槃'에 이르기까지는 바른 깨달음을 보여주는 일이다. '일체의 털끝'은 성불 도량이다.

위에서는 수평으로 시방세계에 두루하였기에 '일체 세계'라 말했지만, 여기에서는 온 법계의 하나하나 털끝, 지극히 작은 곳까지 두루 존재하여, 모두 그 가운데 8가지 모습의 성도를 밝혔다. 이는 그들 모두 교화할 수 있는 중생이기 때문이다.

이 때문에 제38 이세간품에서 말하였다.

"하나의 털끝만 한 곳에도 많은 중생이 있는데 하물며 법계야."

그러나 하나의 털끝을 여의지 않고 일체 모든 털끝에 몸을 나타내어 보여주었다. 이는 그 자리에서 꼼짝하지 않고서도 모든 곳에 두루 찾아감이며, 하나와 많은 데에 자재함이다.

二'得佛境界'下는 說實諦業이니 謂說四眞諦하야 令悟實故라
初는 明能說이니 謂智慧力이라 力兼二義하니 謂神通力이라 論經에 具之하니 此二力用이 唯是佛境이라
後는 顯力用이니 以神通力으로 念念成佛하고 以智慧力으로 隨樂爲說이라 令得寂滅은 是說之益이니 謂能斷集修道에 則得苦滅하야 證於滅理니라

② [實諦業], '得佛境界' 이하는 실다운 진리를 설명하는 업이니 4성제를 말하여 중생으로 하여금 실법을 깨닫게 하기 때문이다.

앞은 설법의 주체를 밝혔다. '大智慧力'을 말한다. 힘에는 2가지 힘의 작용이 있으니 오로지 부처님만의 경계이다.

뒤는 힘의 작용을 밝혔다. 신통력으로 생각 생각마다 부처를 이루고 지혜력으로 중생의 즐거움을 따라 설법해준다. '적멸을 얻는 것'은 설법의 이익이다. 괴로움의 쌓임을 끊고 괴로움의 소멸에 이르는 길을 닦으면 괴로움의 소멸을 얻어서 적멸의 이치를 증득하게 된다.

三'以一三菩提'下는 證敎化業이니 以一極無二之菩提로 契差別之性淨涅槃이면 則不復更滅이니 說此證法하야 令物生信을 名敎化業이라【鈔_則不復更滅者는 暗引淨名의 彌勒章中하야 證成上義니 故彼經云 '一切衆生이 卽涅槃相이라 不復更滅이라'하니 在義可知니라】

③ [敎化業], '以一三菩提' 이하는 증득한 깨달음으로 중생을 교화하는 일이다. 하나의 극처, 둘이 없는 바른 깨달음으로 차별의 체성이 청정한 열반에 하나가 되면 다시는 열반에 들지 않는다. 이처럼 증득한 법을 연설하여 중생으로 하여금 신심을 내도록 하는 것을 '중생 교화의 일'이라고 말한다.【초_ "다시는 열반에 들지 않는다."고 말한 것은 은연중 유마경 미륵장을 인용하여, 위에서 말한 뜻을 증명하여 끝맺은 것이다. 유마경에서 "일체중생이 바로 열반의 모양이다. 또다시 열반에 들 것이 없다."고 하였다. 그 뜻은 말하지 않아도 알 수 있다.】

四'以一音'下는 種種說法業이니 一音으로 稱機故니라

④ [說法業], '以一音' 이하는 가지가지로 설법하는 일이다. 하나의 음성으로 수많은 중생의 근기에 맞추기 때문이다.

五示入下는 不斷佛種業이니 涅槃과 常住에 動寂無二라 雙林應盡에 增物戀情일세 故云示入이라 旣非永滅이오 常作佛事일세 故佛種不斷이니 此亦得果不捨因也니라

⑤ [佛種業], '示入' 이하는 부처의 종자를 끊이지 않게 하는 일이다. 부처님이 사라쌍수 숲에서 열반에 드실 적에 중생들이 부처님을 그리워하는 생각을 더하기에 "열반에 드는 것을 보여준다."고 말하였다.

이미 영원한 적멸이 아니고 항상 불사를 짓기 때문에 부처의 종자가 끊어지지 않는다. 이 또한 불과를 얻어도 因行을 버리지 않음이다.

六示大智下는 明法輪復住業이니 大智慧地는 唯一事實이 卽是佛智오 能生萬物하야 終歸於此일세 故名爲地라 示物同歸나 而智慧門이 隨機萬差일세 名安立一切라 前은 卽涅槃能建大事오 此는 卽於一佛乘에 分別說三이라

⑥ [復住業], '示大智' 이하는 법륜에 다시 머무는 일이다.

큰 지혜의 지위는 오직 하나의 사실이 곧 부처님의 지혜이며,

만물이 발생하여 마침내 이곳으로 돌아가기에 '땅[大智慧地]'이라고 말하였다.

중생에게 함께 돌아갈 자리임을 보여주었지만, 지혜의 법문이 중생의 근기에 따라서 만 가지 차이가 있기에 "모든 법을 안립한

다."고 말하였다.

앞에서는 열반이 일대사의 건립임을 말하였고, 여기서는 하나의 부처 가르침을 삼승으로 말하였다.

七'以法智'下는 自在業이라 於中에 初는 顯自在所依니 所謂三通이라 法智通者는 觀一切法이 無性相故오 神足通者는 自身이 現生住滅하야 修短을 隨心自在故오 幻通者는 轉變外事하야 無不隨意라 此後二通은 但內外爲異하니 由法智通하야 見理捨相일새 故不住世間이오 由後二通하야 有自在事用일새 故不住涅槃하야 成無住道니라 又依智論인댄 說有四通하니 前三은 同前이오 四는 以聖自在種種變化通이니 謂十八變과 三輪化等이라 取此則'自在'下는 當第四通이니라

⑦ [自在業], '以法智通' 이하는 자재한 일이다.

이의 첫째는 자재의 의지처를 밝히고 있다. 이른바 3가지 신통이다.

法智의 신통은 일체법이 체성과 양상이 없음을 관조한 때문이며,

신족의 신통은 자기 몸이 태어나고 머물다가 사라짐을 나타내어 수명의 장단을 마음대로 자재하기 때문이며,

환술의 신통은 외부의 현상을 바꾸고 변화시키되 마음대로 하지 않음이 없기 때문이다.

여기에서 뒤의 神足通, 幻通 2가지는 단 내외의 차이가 있을 뿐이다.

515

법지의 신통에 의하여 이법계를 보고서 현상의 사법계를 버린 까닭에 세간에 머물지 않고, 뒤의 2가지 신통으로 인하여 현상의 사법계 작용이 자재하기 때문에 열반에 머물지 않는다. 따라서 그 어느 곳에도 집착하지 않는 도를 성취한 것이다.

또한 대지도론에 의하면, 4가지 신통으로 설명할 수 있다.

앞의 3가지는 앞에서 말한 바와 같고, 넷째는 聖自在의 가지가지 변화 신통이다. 이는 18가지의 신통변화와 三輪의 변화 등이다. 이런 뜻으로 말하면 '自在變化充滿一切法界'는 넷째 聖自在 신통에 해당한다.

上來別顯十願 竟하다

위의 개별로 10가지 서원을 밝힌 부분을 끝마치다.

第三 總結十願

不異前標라

3) 총괄하여 10가지 서원을 끝맺다

앞에서 표방한 바와 다르지 않다.

經

佛子여 菩薩이 住歡喜地하야 發如是大誓願과 如是大勇猛과 如是大作用호되

불자여! 보살이 환희지에 머물면서 이처럼 큰 서원, 이처럼 큰

용맹, 이렇게 큰 작용을 일으키되,

第四 明攝眷屬
4) 포섭한 권속을 밝히다

經
以此十願門爲首하야 **滿足百萬阿僧祇大願**이니라

이 열 가지 서원으로 으뜸을 삼아 백만 아승기 큰 서원을 원만, 구족하게 하는 것이다.

● 疏 ●

若觀經文하면 似此十之類에 有於百萬等이로대 依論釋云하면 '此十大願이 一一願中에 有百千萬阿僧祇大願하야 以爲眷屬이라'하니 則此十願이 攝無不盡이라 如成正覺이면 則攝藥師十二上願하며 如淨土願은 則攝彌陀四十八願等이라 故此經他經의 所有諸願이 不出此十이니라 非唯攝願이라 亦攝一切菩提分法이니 如第七地辨하니라

만일 경문을 살펴보면, 이런 10가지에 백만 등의 권속이 있는 것처럼 보이지만, 논에 의하여 해석하면 "이런 10가지 큰 서원이 하나하나의 서원 속에 백천만 아승기의 큰 서원으로 권속을 삼는다."고 하였다. 이 10가지 서원이 모든 것을 포함하고 있다. 마치 정각을

517

이루면 약사불의 12가지 뛰어난 서원을 포함하는 것과 같으며, 淨土願을 이루면 아미타불의 48가지 서원을 포함하는 등과 같다.

이 때문에 화엄경과 다른 경전에 있는 여러 가지 서원이 이 10가지에서 벗어나지 않는다. 오직 서원을 포함할 뿐 아니라, 또한 일체 보리를 돕는 법까지도 모두 포함한다. 이는 제7지에서 밝힌 바와 같다.

上明十願彰自勤行 竟하다

위에서 10대 서원을 들어 자신의 정근수행을 밝힌 부분을 끝마치다.

第二 以十盡句與衆生共

謂前十願은 皆爲衆生이니 由十無盡하야 成前大願하야 皆無盡也라 文分爲二니 初는 總標擧오 後는 徵以別顯이라

今은 初라

2. '10가지 남김없이 다하는 구절[十盡句]'로 중생과 함께하다

앞의 10가지 서원은 모두 중생을 위한 것이다. 10가지 그지없음으로 인하여 앞의 큰 서원을 성취하여 모두 그지없음을 말한다.

경문은 2부분으로 나뉜다.

1) 앞은 총체로 들어 표방하였고,

2) 뒤는 물음을 통해 개별로 밝혔다.

이는 앞부분이다.

佛子여 此大願이 以十盡句로 而得成就하나니

불자여! 이 열 가지의 큰 서원은 열 가지 극진한 구절로 성취되는 것이다.

● 疏 ●

晉經에 名爲不可盡法이라하고 下釋에 亦云 皆不可盡이라하니라
今言十盡句者는 窮彼無盡하야 皆無有餘일새 故名爲盡이니 斯則 盡無盡之衆生等也라 故下論云 盡者는 示現不斷盡이오 非念念盡이라하니 由此故로 令前之十願으로 得大願名이니 故云此大誓願을 而得成就니라【鈔_ 故下論云 盡者示現不斷盡'者는 不斷이 是無盡이니 統攝無盡之法하야 令無有餘를 名爲盡耳니라】

60권 화엄경에서는 '다할 수 없는 법'이라 말하였고, 아래의 해석 또한 '모두 다할 수 없다.'고 하였다.

여기에서 "10가지 남김없이 다하는 구절[十盡句]"이라 말한 것은 그 그지없음을 다하여 모두 남음이 없기에 이를 '다함'이라고 말한다. 이는 그지없는 중생을 다한다는 등이다. 이 때문에 아래의 논에서 "다한다는 것은 끊이지 않고 다함을 나타낸 것이지, 생각마다 다한다는 것은 아니다."고 하였다.

이 때문에 앞의 10가지 서원으로 하여금 '大願'이라는 명칭을 얻게 하였다. 따라서 "이 큰 서원을 성취하게 된다."고 말하였다. 【초_ "이 때문에 아래의 논에서 다한다는 것은 끊이지 않고 다함을

나타낸 것이다."고 말한 것은 끊이지 않음이 바로 그지없는 것이다. 그지없는 법을 전체로 포괄하여 남음이 없도록 하는 것을 '다 하였다.'고 말한다.】

二. 徵顯

2) 물음을 통해 개별로 밝히다

> 經

何等이 爲十고
所謂衆生界盡과 世界盡과 虛空界盡과 法界盡과 涅槃界盡과 佛出現界盡과 如來智界盡과 心所緣界盡과 佛智所入境界界盡과 世間轉法轉智轉界盡이니라
若衆生界盡이면 我願乃盡이며 若世界와 乃至世間轉法轉智轉界盡이면 我願乃盡이어니와 而衆生界가 不可盡이며 乃至世間轉法轉智轉界가 不可盡故로 我此大願善根도 無有窮盡이니라

무엇이 10가지인가?

중생계를 다하고, 세계를 다하고, 허공계를 다하고, 법계를 다하고, 열반계를 다하고, 부처님이 출현하는 세계를 다하고, 여래 지혜의 세계를 다하고, 마음으로 반연하는 세계를 다하고, 부처님의 지혜로 들어가는 경계의 세계를 다하고, 세간의 전변, 법의 전변,

지혜의 전변 세계까지 다하는 것이다.

　　만일 중생계가 다하면 나의 서원도 다하며,

　　만약 세계로부터 내지 세간의 전변, 법의 전변, 지혜의 전변 세계까지 다하면 나의 서원도 다하겠지만, 중생계는 다할 수 없으며, 내지 세간의 전변, 법의 전변, 지혜의 전변 세계는 다할 수 없기에 나의 큰 서원의 선근도 다할 수 없다.

◉ 疏 ◉

徵顯中에 先은 顯上十盡이오 後 '若衆生界'下는 顯前大願成就라

　　물음으로 밝힌 부분은 2단락으로 나뉜다.
　　(1) 위의 十盡句를 밝혔고,
　　(2) '若衆生界' 이하는 앞의 큰 서원의 성취를 밝혔다.

今初는 先徵後顯이라

顯中十句니 初句爲總이니 十願이 皆是爲衆生故라 餘九句는 別이니 別皆集成度衆生義故니라

一은 衆生이 於何處住오 所謂世界故니라

二는 世界가 依何오 謂盡虛空界故니라

三은 說何法化오 謂法界故니라

四는 隨所化生하야 安置何處오 謂涅槃故니라

五는 涅槃은 何用고 謂佛出現故니라

六은 以何方便으로 巧化오 如來智故니라

七은 此智는 何知오 謂知心所緣故니라

521

八은 此心所緣은 令隨何境고 謂佛智所入境故니 卽是眞性이니라 後三轉盡은 畧攝前九하야 義含總別이라 云何攝九오 謂世間轉은 攝前衆生界와 世界와 虛空界오 其法轉은 攝前法界와 涅槃界와 佛出現界오 其智轉者는 攝前如來智下 三界라 而言轉者는 世法 와 及智 展轉攝前하야 無窮盡故니 轉亦是無盡義耳니라

'(1) 十盡句를 밝힌' 부분은 다시 2단락으로 나뉜다.

① 물음이며,

② '십진구'를 밝혔다.

'② 십진구를 밝힌 부분'은 10구이다.

첫 구절[衆生界盡]은 총상이다. 10가지 서원이 모두 중생을 위한 때문이다.

나머지 9구는 별상이다. 별상은 모두 '중생을 제도한다.'는 뜻으로 모였기 때문이다.

제1구[世界盡], 중생이 어느 곳에 사는가? 세계를 말한다.

제2구[虛空界盡], 세계는 무엇을 의지하는가? 모든 허공계를 말한다.

제3구[法界盡], 어떤 법을 설하여 교화하는가? 법계를 말한다.

제4구[涅槃界盡], 교화받은 중생에 맞게 어디에 살게 하는가? 열반계를 말한다.

제5구[佛出現界盡], 열반은 어디에 작용하는가? 부처님이 출현하신 세계를 말한다.

제6구[如來智界盡], 어떤 방편으로 교화하는가? 여래의 지혜를

말한다.

제7구[心所緣界盡], 이런 지혜는 무엇을 알 수 있는가? 마음에 반연되는 것을 안다고 말한다.

제8구[佛智所入境界界盡], 이런 마음에 반연되는 것은 어떤 경계를 따르게 하는가? 부처님의 지혜로 들어간 경계를 말하니 곧 '참된 성품'을 가리킨다.

제9구[世間轉法轉智轉界盡], 3가지 전전의 다함[世間轉, 法轉, 智轉]은 간단하게 위의 9가지 다함[衆生界盡… 佛智所入境界界盡]을 포괄하여, 총상과 별상의 뜻을 모두 포함하고 있다.

어떻게 9가지를 포괄하는가?

世間轉은 앞의 중생세계와 허공계를 포괄하고,

法轉은 앞의 법계, 열반계, 불출현계를 포괄하며,

智轉은 앞의 如來智 이하 3가지 세계[如來智界, 心所緣界, 佛智所入境界界]를 포괄하고 있다.

그럼에도 '전전[轉]'이라 말한 것은 세간법이나 지혜가 전전하면서 앞의 부분을 포괄하여 다함이 없기 때문이다. '전전' 역시 다함이 없다는 뜻일 뿐이다.

第二顯大願成就中에 先은 反顯이오 後'而衆生界'下는 順明無盡所以라

十願이 同此十者는 前之十願이 不出此十盡句 增上力故라 諸佛이 以此力으로 常爲衆生하야 作利益事하나니 我願도 同然이라

(2) 큰 서원의 성취를 밝힌 가운데, 앞은 반대로 밝혔고, 뒤의

523

'而衆生界' 이하는 차례대로 그지없는[無盡] 이유를 밝혔다.

10가지 큰 서원이 이 10가지 세계와 똑같은 것은 앞의 10가지 서원이 이 '10가지 남김없이 다하는 구절'의 增上의 힘에서 벗어나지 않기 때문이다.

부처님께서 이와 같은 증상의 힘으로 항상 중생을 위해 이익이 되는 일을 하시니 나의 서원 또한 그와 같다.

上來願挍量 竟하다

第一 願勝 竟하다

위의 서원의 비교 부분을 끝마치다.

제1단락, 서원이 뛰어나다는 부분을 끝마치다.

第二 修行勝

卽行挍量이니 有十種行이라

就文分三이니 初는 明行所依心이오 二 '成淨信' 下는 顯所成行相이오 三 '佛子菩薩如是' 下는 結十名體라

今은 初라

제2단락, 수행이 뛰어나다

이는 '수행의 비교'로 10가지 행이 있다.

이의 경문은 3부분으로 나뉜다.

1. 수행의 의지처인 마음을 밝혔고,

2. '成淨信' 이하는 성취해야 할 행의 양상을 밝혔으며,

3. '佛子菩薩如是' 이하는 10가지 행의 명칭과 체성을 끝맺었다.

이는 '1. 수행의 의지처인 마음' 부분이다.

經

佛子여 菩薩이 發如是大願已에 則得利益心과 柔軟心과 隨順心과 寂靜心과 調伏心과 寂滅心과 謙下心과 潤澤心과 不動心과 不濁心하니라

불자여! 보살이 이처럼 큰 서원을 일으켜, 이익의 마음, 부드러운 마음, 순종의 마음, 고요한 마음, 조복의 마음, 적멸의 마음, 겸손한 마음, 윤택한 마음, 흔들리지 않는 마음, 혼탁하지 않은 마음을 얻었다.

● 疏 ●

由先大願熏心故로 則得利益等十心하야 爲起行依하야 於後十行에 起作自在라 然有二意하니 一은 以十心通爲十行之依니 隨釋易了오 二는 以十心으로 別對十行하야 以治十障이라

文皆次第로대 唯信行이 最初오 而不濁居末者는 以與釋文으로 相接故也라

一 '利益心'者는 利益이 拔苦니 卽是悲心所依며 治損害障하야 能成悲行이라

二는 與樂이 柔軟이니 卽是慈心이며 治瞋恚獷强障이라

525

三은 隨順所求가 卽是施心이며 治於身命財生顧戀障이라

四는 寂靜無求라야 方能求而無厭故니 是無疲厭心이며 治希求報恩하고 貪著利養하야 不寂靜障이라

五는 三學調伏이 是知經論心이니 以經詮於定하고 論詮於慧하고 經兼於律이라 復是調伏이 治無善巧求加行障이니 有則調伏故라

六은 雖行世間이나 妄惑不生일세 故云寂滅이니 是解世法心이니 以治性不柔和하야 不於他心隨順而轉不寂滅障이라

七은 高崇賢善하고 拒惡不增일세 故名謙下니 是慙愧心이니 治於放逸之高擧障이라

八은 能修出離하야 以法潤澤이니 卽堅固莊嚴이니 治於種種猛利無間無斷生死大苦에 生怯弱障이라

九는 能如說行일세 故心不動이니 卽供養佛行이니 治於大師所에 猶豫疑惑障이라

十은 不濁心이니 卽第一信行이니 信以心淨爲性하야 離不信濁故라 此治全未發心과 全未受持菩薩學處障이라

由治十障故로 經名淨治地法이라 地法은 通於敎證이라 此所治障은 具如瑜伽四十九說하다

앞에서 큰 서원으로 마음을 훈습한 까닭에 이익의 마음 등 10가지 마음을 얻어서 수행의 의지처를 삼아, 뒤의 10가지 행에 자재함을 일으키는 것이다.

그러나 여기에는 2가지 뜻이 있다.

(1) 10가지 마음으로 10가지 행의 의지처를 총괄하여 삼는다.

이는 해석을 따르면 쉽게 알 수 있다.

(2) 10가지 마음으로 10가지 행을 개별로 상대하여 10가지 장애를 다스린다.

이의 경문은 모두 차례대로 쓰였지만, 오직 信行이 최초임에도 신행에 해당되는 '혼탁하지 않은 마음'을 끝에 쓴 것은 경문의 해석과 서로 이어져 있기 때문이다.

① '이익의 마음'이란 이익은 고통을 없애주는 것이니, 이는 대비심의 의지처로, 손해의 장애를 다스려서 대비행을 성취시켜주는 것이다.

② 즐거움을 주는 것은 '부드러운 마음'이다. 이는 사랑의 마음으로, 성내고 사납고 억센 장애를 다스려준다.

③ 중생이 원하는 바를 따르는 것이 바로 '보시의 마음'으로, 자신의 목숨이나 재물을 아까워하는 장애를 다스려준다.

④ 고요한 마음으로 추구하는 바가 없어야 비로소 구할 수 있고 싫증내지 않기 때문이다. 이는 '싫증내거나 고달파함이 없는 마음'으로, 보은을 바라고 안락을 탐착하여 고요하지 못한 장애를 다스려준다.

⑤ 계정혜 삼학으로 조복함이 '經·論을 아는 마음'이다. 경에서는 선정이라 말하였고, 논에서는 지혜라 말하였으며, 경에서는 계율을 겸하여 말하였다.

또한 이러한 조복이 뛰어남이 없이 가행을 추구하는 장애를 다스리니, 장애가 있으면 조복하기 때문이다.

⑥ 비록 세간에 살면서도 허망한 미혹이 일어나지 않기에 이를 '적멸'이라고 말한다. 이는 '세간법을 아는 마음'이다. 부드럽고 온화하지 않은 성품으로 남들의 마음을 따르지 않고 더욱 마음이 고요하지 못한 장애를 다스려준다.

⑦ 어질고 착한 이를 높이 받들고, 악한 이를 거부하여 더 이상 키워가지 않기에 이를 '겸손'이라고 말한다. 이는 '부끄러워하는 마음'으로, 방일한 자의 거들먹거리는 장애를 다스려준다.

⑧ 세간을 벗어난 행을 닦아 법으로 더욱 빛나게 함이다. 이는 '견고한 장엄의 마음'으로, 가지가지 맹렬하게 멈춤이 없는 생사의 큰 고통을 겁내는 장애를 다스려준다.

⑨ 부처님의 말씀대로 행하기에 마음이 흔들리지 않는다. 이는 부처님께 공양하는 행으로, 큰 스승의 도량에서 머뭇거리거나 의심하는 장애를 다스려준다.

⑩ '혼탁하지 않은 마음'은 최초의 신행이다. 믿음으로 마음이 청정함을 체성으로 삼아, 不信의 혼탁을 여의기 때문이다. 이는 전혀 발심하지 않은 것과 보살행의 배울 부분을 전혀 받들지 않는 장애를 다스려준다.

이처럼 10가지 장애를 다스려준 까닭에 경문에서 그 이름을 '십지의 법을 청정하게 다스린다.'고 하였다. 십지의 법은 가르침과 증득에 모두 통한다. 그 다스려야 할 장애의 대상은 유가사지론 권49에서 구체적으로 말한 바와 같다.

第二別顯所成十種行相

一은 信行이오 二는 悲오 三은 慈오 四는 施오 五는 無疲厭이오 六은 知經論이오 七은 了世法이오 八은 慚愧莊嚴이오 九는 堅固力이오 十은 供養佛이라

十行分九니 慈悲合故니라

今初는 信行이라

2. 성취해야 할 행의 양상을 개별로 밝히다

(1) 신심의 행,

(2) 大悲의 행,

(3) 大慈의 행,

(4) 보시의 행,

(5) 싫증내지 않는 행,

(6) 경론의 지혜를 성취한 행,

(7) 세간의 지혜를 성취한 행,

(8) 부끄러워할 줄 아는 행,

(9) 견고한 힘을 성취한 행,

(10) 부처님께 공양하는 행이다.

10가지 행은 9가지로 구분한다. 이는 慈·悲를 하나로 종합한 때문이다.

이는 '(1) 신심의 행'이다.

經

成淨信者는 有信功用하야

청정한 신심을 성취한 이는 신심의 공효가 있어,

● 疏 ●

分二니 一은 攝德成人이오

'(1) 신심의 행' 부분은 2단락으로 나뉜다.
① 공덕을 받아들여 인격을 성취함이다.

經

能信如來本行所入하며

부처님이 본래 닦으셨던 수행 법문으로 증득하여 들어간 바를 믿으며,

● 疏 ●

二는 正顯信相이니 有十一句라

文分三別이니 初句는 總信因果오 次九는 別明因果오 後一은 結畧顯廣이라

今初에 如來是果오 本行是因이오 所入은 通因果니 因果에 皆有證入義故니라

② 바로 믿음의 양상을 밝혔다. 이는 11구이다.
이의 경문은 3부분으로 나뉜다.

첫 구절은 총체로 인과를 믿음이며,

다음 9구[信成就諸波羅蜜… 信成就果]는 개별로 인과를 밝혔으며,

끝의 1구[擧要言之… 乃至如來智地說力故]는 간단하게 끝맺으면서 광범위한 뜻을 밝혔다.

이의 첫 구절[能信如來本行所入]에서 '여래'는 결과이고, '本行'은 원인이며, '所入'은 원인과 결과에 모두 통한다. 이는 원인과 결과에 모두 증득하여 들어간 이치가 있기 때문이다.

經

信成就諸波羅蜜하며
信入諸勝地하며
信成就力하며
信具足無所畏하며
信生長不可壞不共佛法하며
信不思議佛法하며
信出生無中邊佛境界하며
信隨入如來無量境界하며
信成就果하나니

십바라밀의 성취를 믿으며,

훌륭한 십지위에 들어감을 믿으며,

신통력의 성취를 믿으며,

두려움 없는 마음이 구족함을 믿으며,

그 어떤 사람도 깨뜨릴 수 없고 그 누구와도 함께할 수 없는 불법을 낳고 길러감을 믿으며,

불가사의의 불법을 믿으며,

중간이라거나 끝이라거나 어느 한쪽에 치우침이 없는 부처님의 경계를 믿으며,

여래의 한량없는 경계에 따라 들어감을 믿으며,

과보의 성취를 믿는다.

● 疏 ●

二는 別明因果라 中에 前二句는 因이니 初句는 行體오 後句는 行能이오 餘七은 是果라 句雖有七이나 攝爲五勝이니 合初三故오 幷結하면 有六이라

五皆佛德일새 故名爲勝이라 五中에 前四는 智德이오 後一은 斷德이라 智中에 一은 對治勝이니 卽寄對顯勝이니 謂十力降魔며 無畏制外라 不共過小일새 故云對治라 而經云不壞者는 爲對二乘의 非究竟 故니라 次三은 當相顯勝이라

二는 卽不思議神通力上勝이니 所現絶圖度故니라

三은 不雜染勝이니 謂證眞生智하야 無中邊雜이니 是佛之境故니라 以卽邊而中일새 故無有邊이라 二邊이 旣無어니 中云何有리오

四는 一切種智勝이니 證眞了俗일새 故云隨入이니 無量差別이 是種智境이라

五는 離勝이니 一切煩惱習을 常遠離故니라 經但云果나 而論判爲

斷德하니 以前四皆果어늘 今復云果는 明是果果니 故當涅槃이니라

다음 9구는 개별로 인과를 밝혔다.

그 가운데 앞의 2구절은 원인이다. 앞 구절[信成就諸波羅蜜]은 행의 체성이고, 뒤 구절[信入諸勝地]은 행의 공효이다. 나머지 7구[信成就力… 信成就果]는 결과이다. 구절의 수효로는 7구이지만, 이는 5가지 수승함으로 포괄된다. 첫 부분의 3구[信成就力… 信生長不可壞不共佛法]를 하나로 합하였기 때문이다. 뒤의 결론 구절[擧要言之… 如來智地說力故]까지 합하면 6가지이다.

5가지 수승함은 모두 부처님의 과덕이기에 '수승'하다는 이름을 붙였다.

5가지 수승함 가운데 앞의 4가지는 지혜의 공덕이고, 뒤의 하나는 결단의 공덕이다.

4가지 지혜의 공덕은 다음과 같다.

① '信成就力, 信具足無所畏, 信生長不可壞不共佛法'은 '다스림의 수승함[對治勝]'이다. 이는 상대에 의탁하여 뛰어남을 나타냄이다. 이는 부처님의 十力으로 마군을 항복받고, 두려움이 없는 마음으로 외도의 제압을 말한다.

그 어느 누구도 함께할 수 없음은 소승보다 뛰어남을 말하기에 이를 '다스림[對治]'이라고 말하였다. 경문에서 "그 어떤 사람도 깨뜨릴 수 없다."고 말한 것은 이승이 최상의 마지막 지위가 아님을 상대로 말한 때문이다.

다음의 3가지는 보이는 모습 그대로 수승함을 나타낸 것이다.

② '信不思議佛法'은 불가사의의 신통력이 더없이 뛰어남이다. 신통력을 나타낸 바가 전혀 꾀할 수 있다거나 헤아릴 수 없기 때문이다.

③ '信出生無中邊佛境界'는 雜染이 없는 수승함이다. 진여를 증득하여 지혜가 생겨나 중간이라든지 어느 한쪽에 치우쳤다는 잡염이 없음을 말한다. 이는 부처님의 경계이기 때문이다. 어느 한쪽에 치우친 자리에서 이뤄진 중도이기에 어느 한쪽 끝에 치우침이 없다. 양쪽에 치우침이 이미 없는데, 중도인들 어찌 있을 수 있겠는가.

④ '信隨入如來無量境界'는 일체종지의 수승함이다. 眞諦를 증득하고 俗諦를 알았기에 '따라 들어간다[隨入].'고 말하였다. 한량없는 차별이 곧 일체종지의 경계이다.

⑤ '信成就果'는 여읨의 수승함이다. 일체 번뇌의 훈습을 항상 멀리 여의었기 때문이다. 경문에서는 단 '결과[果]'라고 말했을 뿐이지만, 논에서는 이를 '결단의 공덕[斷德]'으로 보았다. 앞의 4가지가 모두 결과인데, 여기에서 다시 '결과'라고 말한 것은 부처님 果德의 결과임을 밝힌 것이다. 이 때문에 '열반'에 해당한다.

經

擧要言之컨댄 信一切菩薩行과 乃至如來智地·說·力故니라

요지를 들어 말하면 일체 보살의 행, 내지 여래의 지혜 경지,

설법, 위신력을 믿는 것이다.

● 疏 ●

三은 擧畧顯廣이라 故總信一切因果라 智地는 是證이오 說은 卽是敎오 力通上二라 或謂威力이라하니 亦是三輪化益이니라【鈔_ 亦是三輪化益'者는 智地는 意業이오 說은 卽口業이오 力은 卽身業이니 身威力故니라】

끝의 1구는 간단하게 끝맺으면서 광범위한 뜻을 밝혔다. 이 때문에 일체 모든 인과를 총체로 믿는다. '지혜의 경지[智地]'는 깨달음이며, '설법[說]'은 가르침이며, '위신력[力]'은 위의 깨달음과 가르침 2가지에 모두 통한다. 혹자는 이를 '위신력'이라 말하였다. 이 또한 3가지 법륜으로 교화한 이익이다.【초_ "또한 3가지 법륜으로 교화한 이익"이란 지혜의 경지는 意業, 설법은 口業이며, 위신력은 身業이니 몸의 위신력이기 때문이다.】

십지품 제26-3 十地品 第二十六之三
화엄경소론찬요 제62권 華嚴經疏論纂要 卷第六十二

화엄경소론찬요 제63권
華嚴經疏論纂要 卷第六十三

◉

십지품 제26-4
十地品 第二十六之四

第二雙辨慈悲二行

中二니 先은 明三觀爲方便이오 後'菩薩見諸衆生'下는 明所起之行相이라

前中에 三觀이 卽爲三段이니

第一은 遠離最上第一義樂觀이오

第二'而諸凡夫'下는 具足諸苦觀이오

三'然諸衆生'下는 彼二顚倒觀이라

但失眞樂이 已爲可愍이어늘 況加妄苦아 況復雙迷면 反本何日고 由初觀故로 起慈하고 由次起悲오 由後雙起니라

今은 初라

(2) 대비의 행과 (3) 대자의 행을 한꺼번에 밝히다

이는 2단락으로 나뉜다.

앞은 3가지 관법[三觀]이 방편임을 밝혔고,

뒤의 '菩薩見諸衆生' 이하는 자비의 행상을 일으킴을 밝혔다.

앞은 三觀에 따라 3단락이다.

(가) 최상 제일의의 즐거움을 멀리 여읜 잘못을 살펴보는 것,

(나) '而諸凡夫' 이하는 수많은 고통을 두루 갖춘 잘못을 살펴보는 것,

(다) '然諸衆生' 이하는 그 2가지 전도의 잘못을 살펴보는 것이다.

참된 즐거움을 잃은 것만으로도 가엾은 일인데, 하물며 허망한

고통을 더한 일이야 오죽하겠는가. 더더욱 2가지 모두 전도되어 혼미하다면 어느 날에 근본으로 되돌아갈 수 있겠는가.

　　① '第一義樂觀'을 통하여 慈行을 일으키고,
　　② '諸苦觀'을 통하여 悲行을 일으키며,
　　③ '二顚倒觀'을 통하여 자·비행을 한꺼번에 일으키는 것이다.

經

**佛子여 此菩薩이 復作是念호되
諸佛正法이 如是甚深하며 如是寂靜하며 如是寂滅하며
如是空하며 如是無相하며 如是無願하며 如是無染하며
如是無量하며 如是廣大어늘**

　　불자여! 보살이 또 이런 생각을 하였다.

　　"여러 부처님의 바른 법이 이처럼 매우 깊고, 이처럼 고요하고, 이처럼 적멸하고, 이처럼 공하고, 이처럼 모양이 없고, 이처럼 원이 없고, 이처럼 물들지 않고, 이처럼 한량없고, 이처럼 광대하련만,

◉ 疏 ◉

初觀者는 性淨深寂일세 名第一義오 不動爲樂이오 隨妄이 則離라 文中에 先은 總標起念이오【鈔_三觀은 卽是唯識의 '眞樂本有어늘 失而不知하고 妄苦本空이어늘 得而不覺이라 於三段中에 初는 卽眞樂本有오 二는 卽妄苦本空이오 三은 卽不覺不知라 然其初一은 卽性淨涅槃이니 下釋云 '三祇方得'者는 方始契故니 故得宜言證이

니라 涅槃之樂은 樂中精極일세 故云最上이오 殊勝無加일세 故曰第一이오 有大義利일세 故名爲義니라】

처음 '관[遠離最上第一義樂觀]'은 체성이 청정하고 깊고 고요하기에 '제일의 이치[第一義]'라 하고, 흔들리지 않음이 '즐거움[樂]'이고, 허망한 것을 따름이 바로 제일의 진리를 '여읨[離]'이다.

경문 가운데 앞은 총체적으로 일으키는 생각을 밝혔고,【초_ '三觀'은 유식론에서 말한 "참된 즐거움을 본래 지녔음에도 잃어버린 채 알지 못하고, 허망한 고통이 본래 공한 것임에도 고통을 겪으면서 이를 깨닫지 못한다."는 뜻이다.

'三觀'의 3단락 가운데 ① '第一義樂觀'은 참된 즐거움을 본래 가졌음을 말하고, ② '諸苦觀'은 허망한 고통이 본래 공함을 말하며, ③ '二顚倒觀'은 본래 공함과 본래 소유했음을 알지 못함이다.

그러나 ① '第一義樂觀'은 性淨涅槃이다. 아래의 해석에서 말한 '3아승기겁에 비로소 얻게 된다.'는 것은 비로소 처음 깨달음을 얻었기 때문이다. 이 때문에 그 적절함을 얻어 '증득'했다고 말하였다. 열반의 즐거움은 즐거움 가운데 가장 精微의 극치이기에 이를 '최상'이라 말하였고, 더 이상 뛰어남이 없기에 이를 '제일'이라 말하였으며, 큰 이치와 이익이 있기에 이를 '이치[義]'라 말한 것이다.】

後'諸佛'下는 顯所離樂이라 於中에 九句니 初는 總이오 餘는 別이라 總云'佛法'者는 唯佛敎證의 所能顯故며 具下諸義일세 所以甚深이라 別有九種甚深이어늘 今經에 闕論第九難得이라

뒤의 '諸佛' 이하는 잘못 잃어버린 즐거움들을 밝혔다.

뒤의 경문은 9구이다. 첫 구절은 총상이고, 나머지 구절은 별상이다.

총상의 첫 구절[諸佛正法如是甚深]에서 '불법'이라 말한 것은 오직 부처님의 가르침과 증득만이 이를 밝힐 수 있기 때문이며, 아래 구절에서 말한 많은 이치를 갖췄기에 이를 매우 깊다[甚深]고 말한 것이다.

별상에는 9가지의 '매우 깊음[甚深]'이 있어야 하는데, 이 경문에서는 논에서 말한 제9 '如是難得'이 빠져 있다.

一은 寂靜甚深이니 謂法體 離於妄計實有일세 故名寂靜이라 自是妄計로 於中正取연정 非本不寂이라 中論云 '虛誑妄取者는 是中何所取아 하니 此一은 約遮詮이라

제1구[如是寂靜], 고요함이 매우 깊다. 법의 체성은 실재 있다는 잘못된 생각에 의해 잃어버리기에 '寂靜'이라 말하였다. 이처럼 잘못된 망상 속에서 바르게 취해야 한다는 것이지, 법성이 본래 고요하지 않은 것은 아니다.

중론에서 말하였다.

"헛된 속임수로 잘못 취한다는 것은 그런 속에서 그 무엇을 얻을 수 있겠는가."

이 구절은 부정의 설명을 따른 분석이다.

二는 寂滅甚深이니 此約表詮이라 論云 '法義定故'라 하니 謂一心體寂일세 故云法定이라 二門亦寂이 卽是義定이니라

제2구[如是寂滅], 적멸이 매우 깊다. 이 구절은 긍정의 설명을

따른 분석이다. 논에서 "법과 이치가 안정된 때문이다."고 하였다. 이는 마음의 본체가 적멸하기에 '법이 안정되었다.'고 말한다. 眞妄의 2부분 또한 적멸이 곧 이치의 안정이다.

次三甚深은 對治三障하야 成三解脫門觀이니 謂三은 治妄分別障이오 四는 治有相障이오 五는 治取眞捨妄障이라

다음 3가지의 매우 깊음[如是空, 無相, 無願]은 3가지 장애를 다스려서 3가지 해탈문을 이루는 관이다.

제3구에서 말한 空은 망상분별의 장애를 다스리고,

제4구에서 말한 형상 없음은 형상 있는 장애를 다스리며,

제5구에서 말한 소원 없음은 참됨을 취하고 거짓을 버리려는 장애를 다스려준다.

六은 明離雜染觀이니 謂眞方便道라

제6구[如是無染], 잡염을 여읜 관을 밝혔다. 진실한 방편의 도를 말한다.

七은 不可算數思量生善根觀故니 卽是助道라

제7구[如是無量], 셀 수 없고 헤아릴 수 없는 선근이 생겨나는 관이다. 이는 곧 보리분법이다.

八은 依自利利他增上智觀이니 故云廣大니 卽不住道라【鈔_'卽不住道'者는 自利大心으로 不住生死하고 利他廣心으로 不住涅槃이라】

제8구[如是廣大], 자리행과 이타행의 뛰어난 지혜에 의한 관이기에 이를 '광대'하다고 말한다. 이는 집착하지 않는 도이다.【초_ "집착하지 않는 도"란 자리행의 큰마음으로 생사에 집착하지 않고,

543

이타행의 넓은 마음으로 열반에도 집착하지 않는다.】

九는 論云 難得甚深이니 三僧祇劫에 證智觀故라하니 卽是證道니 證性淨信故라 今廣大로 攝之니 大稱體故며 與證으로 義同이라 前二는 直就法體오 後七은 約智顯深이니 故皆云觀이니라

제9구[如是難得], 논에서, "얻기 어려움이 매우 깊다. 3아승기겁에 증득한 지혜로 관하기 때문이다."고 하였다. 이는 도를 증득함이니 본성이 청정한 믿음을 증득하였기 때문이다. 여기 경문에서는 '如是廣大' 속에 포함시켰다. 大는 도의 본체와 하나이기 때문이며, 증득의 의의와 같다.

앞의 2가지[如是寂靜, 寂滅]는 직접 법의 본체로 말하였고, 나머지 7가지는 지혜를 들어 매우 깊음을 밝혔기에 모두 이를 '觀'이라 말하였다.

● 論 ●

此三行이 是니 擧諸佛正法이 如是甚深하며 如是寂靜하며 如是寂滅하며 如是無相等하야 愍念凡夫不悟하야 邪見無明이 長夜覆翳하야 輪轉苦流라

問曰 一切衆生이 體自眞理라 智等如來어늘 何故從迷하야 成諸業苦니잇고

答曰 爲眞如理智 體皆無性일세 無性理智는 不能自知니 若也自知면 不名無性이니 但衆生緣이 隨境流轉하야 不知善惡하고 爲隨境變하야 業有差殊니라

544

或因佛菩薩하야 爲說苦因하며 或自因苦生厭하야 方求正見不苦之道하나니 若也未厭苦果면 終不信聖言하야 未可自知是眞是假와 是苦是樂하고 但受得其生에 都無厭患하야 驚怖熱惱를 都不覺知하나니 若不深自勤修하야 責躬匪懈하고 作諸定觀하야 入法界之眞門者면 終未可盡其苦源也라

이는 3가지 행을 말한다. 여러 부처님의 바른 법이 이처럼 매우 깊고, 이처럼 고요하고, 이처럼 적멸하고, 이처럼 모양이 없고 등을 들어서, 범부가 이를 깨닫지 못하여 삿된 견해와 무명의 기나긴 밤처럼 암흑으로 뒤덮여 고통에 빠져 있음을 가엾이 여긴 것이다.

"일체중생의 본체가 스스로 진리이다. 그 지혜가 여래와 똑같음에도 무슨 까닭에 혼미함을 따라 온갖 고통스러운 업을 이루는 것일까?"

"眞如理智의 자체가 모두 자성이 없다. 따라서 자성이 없는 如理智 그 자체가 스스로 사물의 경계를 알아나가는 게 아니다. 만약 그 자체가 스스로 알아나간다면 그것은 자성이 없는 존재라고 말하지 않았을 것이다. 다만 중생의 인연이 경계를 따라 전전하면서 선악을 알지 못하고 경계를 따라 전변함으로써 업에 차별이 생겨났을 뿐이다.

혹자는 불보살로 인하여 고통의 원인을 말하기도 하고, 혹자는 스스로 고통으로 인하여 싫어한 나머지 비로소 正見으로 고통이 없는 도를 구하는 경우가 있다. 만약 고통의 결과를 싫어하지 않으

면 끝내 성인의 말을 믿지 못하여, 진리와 거짓 그리고 고통과 즐거움이 뭔지를 알지 못한 채, 그저 그 삶을 얻어 도무지 싫어하거나 근심하는 마음이 없어, 놀라거나 두려워하거나 열 내거나 고뇌할 바를 전혀 알지 못하는 몸으로 살아가는 것이다.

만약 심각한 마음으로 스스로 부지런히 닦으면서 자신의 몸을 경책하며 나태하지 않고 여러 定觀으로 법계의 진여문에 들어가지 않으면 끝까지 그 고통의 근원을 다할 수 없을 것이다."

第二 具足諸苦觀

約十二緣明之라 然十二緣이 具業惑苦어늘 但云苦觀者는 業惑은 苦因故일세며 又二流動하야 當相이 卽苦니 動卽有苦故일세니라 文分爲二니 先은 別明緣相이오 後'如是衆生'下는 結成妄苦니라 前中分二니 初는 明前際三支오 後'於三界田'下는 顯中後九支라 故論主分前三支하야 一處解釋하고 後十及結을 一處解釋은 欲顯 前三是因일세니라 因是倒惑이니 邪見義同故니라 識支는 約種이니 是 因義故라 亦顯前二와 前三이 與次七과 次八로 許異世故니 約果 結苦에 苦義顯故라

今初는 三支中에 初總이라

(나) 수많은 고통을 두루 갖춘 잘못을 살펴보다

이는 12인연을 들어 밝힌 내용이다. 그러나 12인연에서는 업과 미혹과 고통을 모두 갖춰 말했었는데, 여기에서 '고통'만을 살펴

보는 것은 업과 미혹이 고통의 원인이기 때문이다. 또한 업과 미혹 2가지는 유동적으로 그에 관한 미래의 양상은 곧 고통으로 나타난다. 이는 움직이는 일마다 고통이 있기 때문이다.

이의 경문은 2단락으로 나뉜다.

첫째, 개별로 반연의 양상을 밝혔고,

둘째, '如是衆生' 이하는 허망한 고통의 성취를 총체로 끝맺었다.

'첫째, 개별의 반연 양상' 부분은 다시 2단락으로 나뉜다.

① 과거의 三支緣起로 밝혔고,

② '於三界田' 이하는 현재와 미래의 九支緣起로 밝혔다.

이 때문에 논주는 과거의 三支를 분리하여 한 부분에서 해석하고, 뒤의 십지와 결론을 한 부분에서 해석하였다. 이처럼 해석한 이유는 과거의 三支가 원인임을 밝히고자 한 때문이다. 그 원인은 전도된 미혹이니, 삿된 견해와 그 의미가 같기 때문이다.

12연기에서 말한 識支는 種子識을 말한다. 이는 원인이라는 뜻이기 때문이다.

또한 앞의 2가지와 앞의 3가지는 다음의 7가지와 다음의 8가지와 세상의 시간을 달리하기 때문이다. 그 결과를 들어서 그 고통의 원인을 결론지으면 고통이 생겨나게 되는 그 뜻이 밝혀지기 때문이다.

이는 ① 三支緣起 가운데 첫째 총상이다.

而諸凡夫 心墮邪見하야

범부들의 마음이 삿된 견해에 빠져

● 疏 ●

文有十句하니 初는 總이오 餘는 別이라
總云 邪見者는 前明正法은 理本無偏이나 今迷彼實義하야 理外에 謬取일새 皆名邪見이니 通於業惑이오 非獨撥無因果니라 涅槃에 亦云 '一切煩惱가 邪見攝盡'이라하니라
本在其中이어늘 云何言墮오 此有二義하니
一은 約始起一分하야 名之爲墮오
二는 約迷眞隨妄하야 義說爲墮언정 非有始也라
眞雖本有나 迷亦無初니 相依無性일새 故名爲眞이라 若定有眞이면 眞還成妄이라 若爾인댄 眞應同妄이리라 互相依故로 妄必可斷이오 眞必可顯이니 斯則不同이라 不空之眞이 非由妄故로 但空妄執이면 自見眞源이니라【鈔 '本在其中'下는 釋心墮言이라 亦通妨難이니 上卽難辭라 煩惱無始이니 何有初墮오 若有初墮인댄 則有未墮邪見之時로다
'此有二義'下는 答有二義하니 初義는 易了니 謂於一身에 身心澄靜이어늘 念慮瞥生이 卽名爲墮니라
'二 約迷眞'下는 正通無煩惱之難이니 眞是所迷오 妄是能迷라 旣有能迷인댄 義如墮耳라 故妄與眞이 皆無始也라

言'相依無性'者는 雙遣眞妄이니 言相依者는 依眞起妄이며 因妄說眞이라 若無能迷면 所迷不立이어니 安得有眞이리오 依眞有妄일세 故妄無性이오 依妄說眞이니 眞豈定有아 故云相依無性이니 則能所俱空이니라

'若定有眞'下는 反成眞義니 離妄說眞인댄 定性有故며 事外眞故니라 '若爾'已下는 躡迹起難하야 難上相依無性之義는 同妄無性이니 應可斷故니라

'妄必可斷'下는 答이니 上約不異하야 難令可斷이오 今約不一하야 若眞叵斷이라 如波與濕이 雖互相依나 波則可滅이언정 而其濕性은 不一不異하야 眞妄俱成이니 此是一意니라

'不空之眞'下는 復是一意니 上依空眞하야 則同於妄이라하거니와 不空眞性은 非對妄論이니 卽此空有가 非一非異하야사 方爲微妙之眞이라 恐難無窮일세 故下結云 但空妄執에 自見眞源이라하니 分別不亡에 皆成妄惑이라 謂如復禮法師 有遣問云호대 '眞法은 性本淨이어늘 妄念何由起오 許妄從眞生인댄 此妄安可止아 無初則無末이오 有終應有始어늘 無始而有終을 長懷慆斯理라 願爲開秘密하야 析之出生死하소서'하니 今疏末句는 正示秘密이라 故應總酬其問云호대 '迷眞에 妄念生이오 悟眞에 妄則止라 能迷非所迷어니 安得全相似아 從來未曾悟일세 故說妄無始어니와 知妄本自眞하면 方是恆常理라 分別心未亡이면 何由出生死리오'

然疏文中에 理已具矣니라 但云'無始而有終을 長懷慆斯理'者는 則法相事而例難之니 今云有妄卽眞은 則同無終始라 若分別說

549

인댄 應有四句니 眞理는 則無終無始오 妄念은 則無始有終이오 眞智는 則無終有始오 瞥起妄念은 有終有始라 若約圓融인댄 同無終始니라 旣無終始어니 亦復無有無始無終이라 唯亡言絶想이라야 可會斯玄이니라】

三支에 대한 경문은 10구이다. 첫 구절은 총상이고, 나머지 구절은 별상이다.

총상에서 말한 '삿된 견해[心墮邪見]'는 앞서 다음과 같이 밝힌 바 있다.

바른 법의 이치는 본디 치우침이 없지만, 여기에서는 그 진실한 이치를 알지 못하여 이치 밖에서 잘못 취하기에 모두 삿된 견해라고 말한다. 이는 업과 미혹에 모두 통하기에, 유독 인과가 없다고 떨쳐버리는 편견에 그치지 않는다.

열반경에서도 또한 "모든 번뇌가 삿된 견해 속에 모두 포괄된다."고 하였다.

마음이란 본래 그 가운데 있는데, 무엇 때문에 떨어졌다[心墮]고 말하는가?

'떨어졌다.'는 말에는 2가지 뜻이 있다.

하나는 처음 十分 가운데 一分을 일으켰다는 것을 들어 떨어졌다고 말하고,

다른 하나는 진리를 모르고서 망상을 따르는 것을 들어 도리상 떨어졌다고 말한 것이지, 처음으로 있는 일은 아니다.

진리는 본래 고유한 것이지만, 혼미 역시 애초에는 없었다. 진

리와 혼미는 서로 의지하면서도 자성이 없기에 이를 진리라고 말한다. 만약 집착한 나머지 결정코 진리가 있다고 고집하면 진리는 도리어 망상을 이루게 된다. 그처럼 될 경우, 진리는 당연히 망상과 똑같이 될 것이다.

진리와 혼미는 서로 의지한 까닭에 망상은 반드시 끊을 수 있고, 진리는 반드시 나타나게 된다. 바로 이것이 다른 점이다. 공허하지 않은 진리는 망상에 의한 게 아닌 까닭에 단 망상의 집착만 버린다면 절로 '진리의 근원자리'가 나타나게 된다.【초_ "마음이란 본래 그 가운데 있다[本在其中]." 이하는 마음이 삿된 견해에 떨어졌다는 부분에 대한 말이다. 또한 물음과 논란에 모두 통한다. 위는 논란의 말이다. 번뇌란 시작이 없는데 어찌 처음 떨어짐이 있겠는가. 만약 처음 떨어졌다고 하면 그것은 사견에 떨어지지 않은 시절이 있었음을 말한다.

'此有二義' 이하는 2가지 뜻으로 답하였다.

앞에서 말한 "一分을 일으켰다."는 것은 쉽게 알 수 있다. 하나의 몸이란 본디 몸과 마음이 맑고 고요한 것인데, 망상이 갑자기 일어나는 것을 '떨어졌다.'고 말한다.

그다음 "진리를 모르고서 망상을 따르는[約迷眞]" 이하는 바로 번뇌가 없다는 논란에 대한 해명이다. 진리는 미혹의 대상이고, 망상은 미혹의 주체이다. 이미 미혹의 주체가 있다면 그것은 떨어짐과 같다는 뜻일 뿐이다. 이 때문에 망상과 진리가 모두 시작이 없는 것이다.

"서로 의지하면서도 자성이 없다."는 것은 진리와 망상을 동시에 떨쳐버린 것이다. '서로 의지한다.'는 말은 진리에 의하여 망상이 일어나고, 망상에 의하여 진리라 말한 것이다. 만일 미혹의 주체가 없다면 미혹의 대상은 성립될 수 없는데 어찌 진리가 있겠는가. 진리에 의하여 망상이 있기에 망상은 자성이 없다. 망상에 의하여 진리라 말한 것이니 진리를 어떻게 반드시 있다고 말할 수 있겠는가. 이 때문에 "서로 의지하면서도 자성이 없다."고 말하니 주체와 대상이 모두 공한 것이다.

'若定有眞' 이하는 반대로 진리의 이치가 성립한 것이다. 망상을 떠나서 진리를 말한다면 반드시 자성이 있기 때문이며, 현상을 벗어난 진리이기 때문이다.

'若爾' 이하는 위의 근거를 뒤이어서 논란을 일으킨 것이다. 위의 "서로 의지하면서도 자성이 없다."는 의의는 망상처럼 자성이 없다는 것이니 진리도 당연히 끊어야 하기 때문이다.

'妄必可斷' 이하는 대답이다. 위에서는 진리와 미혹이 다르지 않음을 들어서 하여금 '끊을 수 있다.'고 따졌으며, 여기에서는 진리와 미혹이 하나가 아님을 가지고서 '진리를 끊을 수 없다.'고 대답하였다. 이는 마치 파도와 습성이 서로 의지하지만, 파도는 없앨 수 있으나 습한 성질은 하나도 아니고 다르지도 않은 것처럼 진리와 망상이 함께 이루어져 있다. 이것이 하나의 의미이다.

'不空之眞' 이하는 또 다른 하나의 의의이다. 위에서 공한 진여를 의지하여 망상과 같다고 하였지만 공허하지 않은 진성은 망상을 상대로 논한 게 아니다. 이는 空과 有가 하나도 아니요, 다른 것도 아니어야 바야흐로 미묘한 진리가 될 수 있다. 이와 같은 논란이 끝이 없을까 두려운 생각 때문에 아래에 결론지어 말하기를 "단 망상의 집착만 버린다면 절로 진리의 본원자리가 나타나게 된다."고 하였다. 분별심이 사라지지 않으면 모두 망상의 미혹을 이루게 된다.

이는 復禮 법사가 眞妄頌으로 물었다.

"진여의 법성은 본래 청정한데, 망상은 무엇으로 인해 일어나는가.

망상이 진여에서 생겨났다면 이런 망상을 어떻게 그치겠는가.

시작이 없으면 끝도 없고 끝이 있으면 당연히 시작이 있는 법, 시작도 없이 끝이 있다는 것을 오랜 세월 깨닫지 못해 혼몽하였네.

원컨대 깊은 비밀을 활짝 열어, 분석하여 생사에서 벗어나게 하소서."

이의 청량소에서 말한 끝 구절, 즉 "단 망상의 집착만 버린다면 절로 '진리의 근원자리'가 나타나게 된다."는 말은 바로 비밀의 법을 활짝 열어 보여준 것이다. 이 때문에 청량 국사는 게송으로 復禮 법사의 물음에 답하였다.

"진리를 모르면 망상이 생겨나고, 진리를 깨달으면 망상은 사라진다.

혼미의 주체는 혼미의 대상이 아니다. 어떻게 진리와 혼미가 똑같을 수 있을까.

예로부터 일찍이 깨달은 적 없었기에 망상도 시작이 없다 말하지만,

망상이 본디 진리가 아님을 알면 비로소 영원히 변함없는 도리이다.

망상분별의 마음이 사라지지 않으면 어찌 생사를 벗어날 수 있으랴."

그러나 청량소에는 이치가 이미 모두 갖춰져 있다. 다만 "시작도 없이 끝이 있다는 것을 오랜 세월 깨닫지 못해 혼몽했다."고 말한 것은 法相의 현상으로 예를 들어 논란한 것이다.

여기에서 망상이 곧 진리라고 말한 것은 시작도 끝도 없다. 만약 이를 분별하여 말하면 당연히 4구이다.

제1구, 진리는 끝도 시작도 없다.

제2구, 망상은 시작은 없으나 끝은 있다.

제3구, 진리의 지혜는 끝은 없으나 시작은 있다.

제4구, 갑자기 일어난 망상은 끝도 있고 시작도 있다.

만약 이를 원융법문으로 말하면 진리나 망상이 똑같이 시작도 끝도 없다. 이미 시작과 끝이 없기에 또한 다시는 '시작도 끝도 없다.'는 말도 없는 것이다. 오직 언어와 생각이 끊어진 자리에서만 이처럼 현묘한 도리를 알 수 있을 것이다.】

─

後는 別이라 有九種邪見하니 初五는 無明이오 次三은 是行이오 後一은

識支라

業及識種을 亦名邪見者는 義如前說이라 又邪見俱故며 邪見引故라 所以無明이 具多句者는 一切煩惱가 謝往過去를 總名無明이니 故今委說이라 又顯一切煩惱 皆能發潤하야 而發業位에 無明力增일새 故名無明이라

今은 初라

  三支緣起 가운데 뒤는 별상으로 9가지의 삿된 견해가 있다.
  ㉠ 앞의 5가지는 無明이며,
  ㉡ 다음 3가지는 무명의 行이며,
  ㉢ 뒤의 하나는 識支이다.

  업과 의식의 종자를 또한 삿된 견해라 말한 것은 앞에 설한 바와 같은 뜻이다. 또한 삿된 견해와 함께하였기 때문이며, 삿된 견해에 이끌렸기 때문이다.

  무명을 이처럼 많은 구절로 쓰게 된 이유는 일체 번뇌가 과거로 떠나가는 것을 통틀어 무명이라고 말한다. 이 때문에 이를 자세히 말한 것이다.

  또한 일체 번뇌가 모두 기세를 더하여 업의 지위에서 무명의 힘을 증강한다는 사실을 밝히기 위하여 '무명'이라 명명하였다.

經

無明覆翳하며
立憍慢高幢하며

入渴愛網中하며

行諂誑稠林하야 不能自出하며

心與慳嫉로 相應不捨하야 恒造諸趣受生因緣하며

    무명이 가렸고,

    교만한 깃발을 높이 세웠으며,

    애정의 그물 속에 들어가고,

    아첨한 숲속에 노니면서 나오지 못하며,

    마음이 인색과 질투로 상응하여 버리지 못하고서, 언제나 여러 악도에 태어날 인연을 지으며,

● 疏 ●

初五中有二하니 初三은 根本이니 迷法義過오 後二는 爲末이니 追求時過라

今初에 前一은 迷法이오 後二는 迷義라 故論에 總云호되 '此三이 依法義하야 妄計에 如是次第라하니 斯則妄計之言이 通上法義라 亦可妄計를 別對第三愛念邪見이라

初一句는 是蔽意邪見이라 此依迷法이니 謂無明住地의 迷覆法體라 所言法者는 謂衆生心이라하니 名爲蔽意라 故此無明은 迷眞之初며 妄惑之本이니라

次二迷義者는 通四住惑이니

由前癡故로 迷覆因緣無我之義하고 妄立諸法이라 所迷諸法이 有內有外하니

謂第二는 憍慢邪見이니 此依迷內하야 妄立我法하야 自高陵物하나니 故經云 立憍慢高幢이라하니라

三 '入渴愛網中'은 卽愛念邪見이니 此依迷外하야 妄謂我所와 及外境界라하야 而生貪愛가 如渴鹿馳餤이오 魚爲網纏이니 如今愛支니라

四 '行諂誑' 下의 二種邪見은 追求時過니 如今之取支라 故俱舍云 徧馳求를 名取라하니라

由上에 內計有我하고 外見我所하야 以我對所하야 便生三過하니

一은 初句 於可得處에 起諂誑邪見이니 諂誑屈曲하고 虛而似實일새 故喩稠林不能自出이라

二는 於不可得處에 則生忌嫉이라

三은 於已得處에 則生慳吝이라

上二는 卽第五慳嫉邪見이라 經云 '心與慳嫉相應不捨'라하니라 由嫉他身故로 生卑賤中하야 形貌鄙陋오 由慳財故로 資生不足이니 故云 '恆造諸趣受生因緣'이라하니라

㉠ 앞의 5구에는 2가지 뜻이 있다.

앞의 3구는 근본무명이다. 법과 이치를 모르는 허물이고,

뒤의 2구는 지말번뇌이다. 어떤 것을 추구할 때 일어나는 허물이다.

'앞의 3구' 가운데 제1구는 법에 대한 미혹이고, 제2, 3구는 이치에 대한 미혹이다. 이 때문에 논에서 이를 총괄하여 "이 3가지는 법과 이치에 따라서 망상으로 헤아리면 이와 같은 차례이다."고 하였다. 이로 보면 '망상으로 헤아린다.'는 말은 위에서 말한 법과 이

치에 모두 통한다.

또한 '망상의 헤아림'을 개별로 제3구의 愛念邪見에 짝할 수 있다.

제1구[無明覆翳]는 가려진 생각의 삿된 견해이다. 이는 법에 대한 미혹에 의한 것이다. 無明住地[根本無明]에서의 미혹으로 법의 본체를 가렸음을 말한다. 기신론에서 "법이라 말한 바는 중생의 마음을 말한다."고 하니 이를 '가려진 생각'이라고 이름 붙인 것이다. 따라서 이런 무명은 진리에 혼미한 시초이자 妄惑의 근본이다.

'다음 2가지의 이치에 대한 미혹'은 四住地[見一處住地·欲愛住地·色愛住地·有愛住地]의 망혹에 모두 통한다.

앞서 말한 어리석음 때문에 미혹으로 인연에 내가 없다는 이치를 뒤덮고서 많은 법을 헛되이 세우는 것이다. 미혹의 대상인 여러 법에는 안과 밖이 있다.

제2구[立憍慢高幢]는 교만의 삿된 견해이다. 이는 안으로의 혼미에 의해서 헛되이 아집과 법집을 내세워 자신만을 드높이고 남들을 능멸한다. 이 때문에 경문에서 "교만한 깃발을 높이 세웠다."고 말하였다.

제3구의 "애정의 그물 속에 들어갔다."는 것은 사랑하는 마음의 삿된 견해이다. 이는 밖으로의 혼미에 의해서 헛되이 '나의 것'이라는 생각과 바깥 경계라는 생각으로 애정의 탐착이 마치 목마른 사슴이 아지랑이를 물로 착각하여 쫓아가는 것과 같고, 물고기가 그물에 걸려드는 것과 같다. 이는 12연기 가운데 제8의 愛支이다.

제4구[行諂誑稠林不能自出], '行諂誑' 이하의 2가지 삿된 견해는 추구할 때에 생겨나는 허물이다. 이는 12연기 가운데 제9의 取支이다. 이 때문에 구사론에서 다음과 같이 말하였다.

"두루 치달려가 구하는 것을 取라고 말한다."

위에서 "안으로는 '나'라는 생각을 하고, 밖으로는 '나의 것'이라고 봄"에 따라서 곧 3가지 허물이 생겨난다.

첫 구절[行諂誑稠林不能自出]은 얻을 수 있는 곳에서 아첨과 속임의 삿된 견해를 일으키는 것이다. 아첨과 속임은 왜곡되고 공허하면서도 진실인 것처럼 보이기에, 이를 깊은 숲속에서 스스로 벗어날 수 없음에 비유하였다.

두 번째는 얻지 못한 곳에서는 시기와 질투를 낸다.

세 번째는 이미 얻은 곳에서는 인색한 마음을 낸다.

위의 2가지는 곧 제5구의 인색함과 질투의 삿된 견해이다. 경문에서는 "마음이 인색과 질투로 상응하여 버리지 못한다."고 하였다.

남들을 질투한 죄업으로 비천한 집안에 태어나 얼굴과 몸매가 비루하고, 재물을 아끼고 인색한 죄업으로 살림살이가 부족하다.

이 때문에 경문에서 "언제나 여러 악도에 태어날 인연을 짓는다."고 하였다.

● 論 ●

此段中에 所受生苦 有十八種煩惱니 皆依二種煩惱起故니라
云何爲二오 一은 根本無明이 爲長夜所覆오

二는 邪見逐境하야 常流轉不息이라

此二種無明이 若達得根本智면 方成智用이니 非三乘의 空觀能斷得故니라 是故로 勝鬘經云 '聲聞緣覺과 及淨土菩薩은 但能折伏現行煩惱일새 不名爲斷煩惱라'하니 爲折伏故로 得變易生死하고 菩薩은 得隨意樂生身하야 皆有欣厭自他佛刹일새 皆未得法界普光明智하야 未得與十方諸佛로 同一智海하야 永絶邪見과 自他取捨의 一切見流니 爲迷前二種無明하야 妄生厭捨하고 別證眞如 及空相하야 迷大智故니라

是故로 淨名經云 '一切煩惱諸塵勞門으로 以爲佛種이라'하니 此無明邪見을 一乘菩薩은 達而成智어니와 三乘은 折伏現行이며 亦云 留惑潤生이니 此乃皆非稱智而說이라 不同一乘의 依不動智上하야 自有無邊大自在用門이니 如十信位中 十箇智佛이 是니 以不動智佛로 爲首니라 如此無明 及邪見이 與一切煩惱로 而作根本이오 自餘已下 一切諸煩惱 皆從此生을 總名隨煩惱니 爲依根本而有故일세니라

이 단락에서 말한 생을 받는 고통에는 80종 번뇌가 있다. 모두 2가지 번뇌에 의하여 일어나기 때문이다.

무엇이 2가지 번뇌인가?

하나는 근본무명이 기나긴 밤의 어둠속에 덮여 있고,

다른 하나는 삿된 견해가 경계를 따라 언제나 끊임없이 이리저리 떠도는 것이다.

이 2가지 무명이 만약 근본지를 얻으면 바야흐로 지혜의 작용

을 이루게 된다. 이는 三乘의 空觀으로 끊을 수 있는 게 아니기 때문이다. 이 때문에 승만경에서 다음과 같이 말하였다.

"성문·연각과 정토보살은 현행번뇌를 끊을 뿐이기에 '번뇌를 끊었다.'고 말하지 못한다."

현행번뇌를 끊었기에 성문·연각은 '삼계에서 나고 죽는 몸을 떠난 뒤, 성불하기까지의 성자가 받는 삼계 밖의 생사[變易生死]'를 얻고, 보살은 마음대로 기쁘게 태어나는 몸을 얻어 모두 自他의 국토를 좋아하고 싫어함이 있기에, 모두 법계에 널리 광명이 비치는 지혜를 얻지 못한다. 따라서 시방제불과 똑같은 지혜로 삿된 견해와 나와 남, 그리고 취하고 버리는 일체 모든 소견의 흐름[見流]을 영원히 끊지 못하는 법이다. 이는 앞의 2가지 무명으로 혼미한 나머지, 부질없이 싫어하고 버리려는 마음을 내어 별도로 진여와 空相을 증득하고자 하여 큰 지혜를 혼미하게 한 때문이다.

이 때문에 유마경에서 "일체 번뇌, 모든 고통으로 부처의 종자를 삼는다."고 말하였다. 이러한 무명과 삿된 견해를 일승보살은 통달하여 지혜를 이루지만, 삼승은 현행번뇌만을 끊으며, 또한 "번뇌의 미혹을 남겨둔 채 생을 윤택케 한다[留惑潤生]."고 말하기도 하였다. 이는 모두 큰 지혜에 걸맞지 않은 부분으로 말한 것이다. 따라서 不動智에 의하여 스스로 그지없는 대자재의 작용이 있는 일승보살과는 같지 않다. 저 十信位 가운데 열 가지 지혜의 부처가 바로 여기에 해당되므로 不動智佛로 상수를 삼았다. 이처럼 무명과 삿된 견해가 일체 번뇌로 근본을 삼으며, 나머지 이하 일체 모든 번뇌가 모두 여기에서 나오는 것을 총괄하여 隨煩惱라고 말한다. 이는 근본번뇌에 의하여 생겨나기 때문이다.

次三은 明行이라

ⓛ 다음 3가지는 무명의 行을 밝히다

經

貪恚愚癡로 **積集諸業**하야 **日夜增長**하며
以忿恨風으로 **吹心識火**하야 **熾然不息**하며
凡所作業이 **皆顚倒相應**하며

    탐욕, 성냄, 어리석음으로 모든 업을 쌓아 밤낮으로 더욱 키워 나가고,

    분함과 원통한 바람이 마음의 불길에 세차게 불어대어 거센 불꽃이 멈추지 않으며,

    행하는 모든 일들이 모두 전도와 상응하며,

● 疏 ●

行中에 初'貪恚'下는 集業邪見이니 由前追求하야 增長煩惱하야 起業行過라 此句는 總明이니 由惑造業이라 故六地云 '不正思惟로 起於妄行이라'하니 亦是行俱無明하야 正發業故니라 諸業非一이 是爲橫集이오 日夜增長은 復顯豎集이라 然集業因이 由於三毒일세 故云

貪恚愚癡라 三毒이 緣於三受니 故論云 '受諸受時에 愛憎彼二顛倒境界故'라하니 謂樂受生愛하고 苦受生瞋하고 癡從中容일세 故云 '彼二'라 顛倒之言은 通於上三이니 皆由無違順中에 妄謂有故니라 然愚癡와 無明이 行相何別고 愚卽遲鈍이니 多所封著이오 癡者는 迷闇이니 不別是非라 皆對現境이오 不緣三世어와 緣三世境호되 而不了達을 乃名無明이니 不見未來의 發現業故니라 通義를 可知로다

次二는 別明行支中에 初句는 明吹心識火熾然邪見이니 卽內心思業이 爲煩惱風動이라 謂於怨恨時에 互相追念을 名爲忿恨이니 此思之始오 欲起報惡業일세 故云熾然不息이니 此思之終이라 思通諸惡이나 而殺業在初일세 故偏云忿恨이라 下加害도 亦然하니라

八은 起業邪見이니 卽兼動身口일세 故云凡所作業이라 論云 '於作惡時에 迭相加害故'라하니 由倒造業하고 業不離倒일세 故曰相應이니라

무명의 행상 부분의 첫 구절에서 말한 '貪恚' 이하는 업을 쌓아 모아가는 삿된 견해이다. 앞서 말한 '추구할 때 생겨나는 허물'로 인하여 번뇌가 더욱 커나가면서 業行의 허물을 일으키는 것이다.

첫 구절은 총체로 밝힌 부분이다. 이는 妄惑으로 인하여 업을 짓는다는 뜻이다. 이 때문에 6지에서 "바르지 못한 사유로 허망한 행위를 일으킨다."고 말하였다. 이 또한 행이 무명과 함께하면서 바로 업을 일으키기 때문이다.

여러 가지의 업이 하나가 아니기에 횡의 공간으로 쌓아 모아가고, "밤낮으로 더욱 키워나간다."는 것은 종의 시간으로 쌓아 모아가는 것이다. 그러나 업을 쌓아가는 원인은 삼독에 의한 것이기

에, 경문에서 "탐욕, 성냄, 어리석음[貪恚愚癡]"을 말하였다.

탐진치 삼독은 3가지 감관[苦受, 樂受, 捨受]을 반영하는 것이기에, 논에서 "모든 느낌을 받아들일 적에 저 2가지 전도된 경계를 사랑하고 미워한다."고 하였다. 이는 즐거운 느낌은 사랑에서 생겨나고, 괴로운 느낌은 성냄에서 생겨나며, 어리석음은 그 사랑과 성냄 가운데에 담겨 있음을 이른다. 이 때문에 '사랑과 성냄 2가지'라고 말하였다. '전도'라는 말은 위의 탐진치 삼독에 모두 통한다. 이는 모두 악행을 버리고 선행을 따른 바 없는 가운데, 망상으로 있는 것처럼 생각하기 때문이다.

그러나 愚癡와 무명의 행동 양상은 어떤 차별이 있는 것일까?

愚는 느리고 둔한 것이어서 막히는 일이 많고, 癡는 혼미하고 어두워서 시비를 분별하지 못한다. 이는 모두 현재의 경계를 상대로 말한 것일 뿐, 과거·현재·미래를 따르지 않은 것이지만, 삼세의 경계를 따라 알지 못한 것을 '무명'이라고 말한다. 미래의 업이 발생하여 나타나는 것을 보지 못하기 때문이다. 공통의 의의는 설명하지 않아도 알 수 있다.

다음 2구절은 개별로 12연기의 行支를 밝힌 가운데, 첫 구절 [以忿恨風吹心識火熾然不息]은 心識의 불길에 바람이 불어 거센 화염이 일어나는 삿된 견해를 밝혔다. 이는 내심으로 생각하는 업이 번뇌의 바람에 흔들린 때문이다.

원한을 품을 때에 이런저런 일들을 모두 생각해 내는 것을 '忿恨'이라 말한다. 이는 생각의 시작일 뿐이다. 이어서 상대방의 악업에 보복하고자 하기에, 경문에서 이를 "거센 불꽃이 멈추지 않는다."고 하였다. 이는 생각의 끝이다.

생각은 모든 악에 통하지만 살생의 업이 처음 있었기에 이를 유독 '忿恨'이라 말했으며, 아래의 '加害' 또한 마찬가지이다.

제8구[凡所作業皆顚倒相應]는 업을 일으키는 삿된 견해이다. 이는 신업과 구업을 모두 움직이기에 "행하는 모든 일[凡所作業]"이라 말하였다. 논에서 "악업을 지을 때, 서로가 서로에게 해를 입히기 때문이다."고 하였다. 전도된 생각으로 인하여 업을 짓게 되고, 업은 전도된 생각을 여의지 못하기에 '顚倒相應'이라 말하였다.

三은 第九 心意識邪見이니 明所引識支라 以其識支 通因果故로 經欲具明일새 故具顯因果오 論欲分析일새 故先明識種하니라

㉢ 제9구는 마음, 뜻, 의식 종자의 삿된 견해이다.

이끄는 대상인 識支에 대해 밝혔다. 그 識支는 원인과 결과에 통한다.

이 때문에 경문에서 구체적으로 밝히고자 하였기에 원인과 결과를 모두 밝혔고,

논에서는 분석하고자 하였기에 먼저 인식의 종자를 밝혔다.

經

欲流와 有流와 無明流와 見流가 相續起心意識種子하야

욕계의 폭류[欲流], 색계의 폭류[有流], 무명의 폭류[無明流], 소견의 폭류[見流]가 서로 계속하여 마음·뜻·식[心意識]의 종자를 뿌려서,

● 疏 ●

心意識三이 名有通別은 已如前釋이라 今此文中에 義含通別하니 別은 謂心是識種이오 意識通餘四種이라 種子之言은 揀異現行이니 謂五果種이라【鈔_ 言如前釋者는 即問明品이라 言意識通餘四種者는 識은 即前六識이니 是六處種이라 六識이 必含於觸受니 是觸受種이라 除上四外에 皆名色種이니 故云通四니라】

心·意·識 3가지의 명칭에 通相과 별상이 있는 것은 이미 앞에서 해석한 바와 같다. 이의 경문 의의에는 통상과 별상이 포함되어 있다. 별상으로는 心은 의식의 종자이며, 意와 識은 나머지 4가지에 모두 통함을 말한다. '종자'라는 말은 現行과의 차이를 구별하는 말이다. 이는 5가지 결과의 종자를 말한다.【초_ "앞에서 해석한 바와 같다."고 말한 것은 제10 보살문명품을 가리킨다.

"意와 識은 나머지 4가지에 모두 통한다."에서 말한 識은 전 6식으로, 六處의 종자이다. 6식은 반드시 촉각과 느낌을 포함하니, 촉각과 느낌이 종자이기 때문이다. 위의 4가지를 제외하고는 모두 형색의 종자라고 이름하기에 "4가지에 모두 통한다."고 말했다.】

誰能起此오 謂善惡業이라 無記는 非因일새 故此不論이니라 善業은 云何復生苦種고 以與欲等四流相應하야 令施戒等으로 皆是有

漏니 非無念智면 無有斷期니라
若爾인댄 何不名爲起業種子오 理實俱通이나 望苦樂報에 業爲正種이오 望生心體에 識爲正種이니 以就本性 一切生死 皆心起故니 如芽肥瘦는 由於水土오 而生芽者는 正在穀子라 故諸經論에 互說二種이니라【鈔_諸經論者는 總指唯識論具二니 以業種으로 爲增上緣하고 識種으로 爲親因緣이라】

그 무엇이 이를 일으키는 것일까? 선업과 악업이다. 無記는 원인이 아니기에 여기서는 거론하지 않는다.

선업은 어찌하여 다시 고통의 종자를 만드는가. 欲流 등 4가지 폭류와 상응하여 보시 지계 등으로 하여금 모두 有漏를 만들어낸다. 無念의 지혜가 아니면 이를 단절할 기약이 없다.

그렇다면 어찌하여 업을 일으키는 종자라고 말하지 않는가. 이치로는 실로 모두 통하지만, 고통과 안락의 과보에 비춰보면 업이 바른 종자이고, 마음의 체성을 내는 데에 비춰보면 識이 바른 종자이다. 이는 본성의 일체 모든 생사가 모두 마음에서 일어남으로 말한 때문이다. 마치 새싹이 튼튼하고 야윈 것은 물과 토질에 따르지만, 새싹이 돋아내는 것은 바로 곡식의 종자에 있는 것과 같다. 이 때문에 모든 경과 논에서 모두 2가지를 말한 것이다.【초_'모든 경과 논'이라 말한 것은 유식론에 2가지를 갖추고 있는 것을 총괄하여 가리킨 것이다. 업의 종자로 增上緣을 삼고, 식의 종자로 親因緣을 삼는다.】

上明前際三支 竟하다

위는 앞의 3支[無明·行·識]를 밝힌 부분을 끝마치다.

第二明中 後九支【鈔_明中後九支者는 亦可言十이니 義如前說이라 隱現行識하야 卽言九耳라 下當廣明이라】

② 識支를 밝힌 가운데 뒤의 九支이다.【초_"識支를 밝힌 가운데 뒤의 九支"란 또한 十支로 말할 수도 있다. 그 의의는 앞에서 설명한 바와 같다. 현행의 인식을 감추고 9지라 말하였을 뿐이다. 아래의 해당 부분에서 자세히 밝히겠다.】

然論兼結文하야 總分三段이니 初는 明自相이오 二 有生故下는 同相이오 三 是中皆空下는 顚倒相이니라
言自相者는 現在名色等支의 體狀別故라
言同相者는 釋有二義하니 一은 未來二支가 亦同現在有名色等故오 二는 約果相이니 顯緣起過患하야 通徧果位일새 故名爲同이니 猶如色等礙等爲自相이오 苦等爲共相이니 共卽同也니라 是則現在에 亦有同相이며 未來에 非無自相이언만 但隱顯耳라 此釋順論이니 論云 二同相은 謂生老病死等過故오
三顚倒者는 緣體는 是空이오 執有는 是倒니라
今初는 自相이라

그러나 논은 결론 부분까지 겸하여 3단락으로 총괄 지어 나눴다.

① 自相을 밝혔고,

②'有生故' 이하는 同相을 밝혔으며,

③'是中皆空' 이하는 顚倒相을 밝혔다.

① '自相'이라 말한 것은 현재의 이름과 물질 등의 지분이 체성과 양상이 다르기 때문이다.

② '同相'이라 말한 것은 2가지 의의의 해석이 있다.

㉠ 미래의 2지분 또한 현재의 이름과 물질 등이 있는 것과 같기 때문이며,

㉡ 결과의 양상으로 말한다. 연기의 허물과 병통을 드러내어 결과의 지위에 두루 회통하기에 이를 同相이라 말하였다. 이는 마치 물질 등, 그리고 장애 등은 自相이고, 고통 등은 共相인 것과 같다. 共相은 同相이다.

그렇다면 현재에도 동상이 있고, 미래에도 자상이 없지 않지만, 단 보이지 않는 것과 뚜렷이 나타난 차이일 뿐이다. 이는 논에 따라 해석하였다. 논에서 말한 바는 다음과 같다.

"② 同相은 태어나고 늙고 병들고 죽는 등의 허물을 말한다."

③ 顚倒相이란 연기의 체성은 空이요, 有에 집착하는 것은 전도이다.

이는 ① 自相 부분이다.

經

於三界田中에 **復生苦芽**하나니
所謂名色이 **共生不離**하며

此名色이 **增長**하야 **生六處聚落**하며
於中에 **相對生觸**하며
觸故로 **生受**하며
因受生愛하며
愛增長故로 **生取**하며
取增長故로 **生有**하며

삼계의 밭에 다시 고통의 싹을 틔우게 된다.

이른바 이름과 물질이 함께 태어나 떠나지 않으며,

이런 이름과 물질이 증장하면서 여섯 곳의 기관[聚落]을 만들어내고,

그 속에서 서로 마주하면서 접촉함[觸]을 내며,

접촉하면서 감각의 받아들임[受]을 내고,

받아들임으로 사랑을 내며,

사랑이 더욱 자라서 취함(取)을 내고,

취함이 더욱 자라서 유(有)를 내며,

● 疏 ●

自相復有三種하니 **一者**는 **報相**이오 **二 '不離' 二字**는 **是因相**이오 **三 '此名色' 下**는 **彼果次第相**이라

여기에 다시 3가지가 있다.

㉠ 보답의 양상,

㉡ '不離' 2자는 원인의 양상,

ⓒ '此名色' 이하는 저 결과의 차례 양상이다.

言報相者는 卽初受生에 異熟識體가 共名色生이니 故論云 報相者는 名色이 共阿賴耶識生이라하니 此含識支一半과 名色支全이니라 故攝論云 '本識이 有三相하니 一은 自相이니 謂本識自體오 二는 因相이니 謂種子識이오 三은 果相이니 謂異熟識이라'하니 此意는 明爲因義邊을 名種子識이니 卽前約因識支오 爲果義邊을 名異熟識이라 卽此報相은 名色所依라 若不望因果하고 直語自體인댄 名爲自相이니라

經云 '於三界田中'者는 是所生處라 下六地中에는 約因位說일새 業爲田하고 以識爲種이어니와 今約果位일새 故以三界로 爲田하야 生前識種이니라

'復生苦芽'者는 標所生報니 前三支因이 必依苦果而起어늘 今更生苦일새 所以稱復이니 此顯展轉無窮義니라

'所謂'已下는 出苦芽體相이니 論云 '名色共生者는 名色이 共彼生故'라하니 謂名色이 共彼本識生也라 恐人이 謬取名與色共하야 故有此言이라 名은 謂非色四蘊이오 色은 謂羯邏藍等이니 此二 與識으로 相依而住 如二束蘆하야 更互爲緣하야 恆時而轉하야 不相捨離니라

㉠ 보답의 양상'이라 말한 것은 곧 사람이 처음 태어날 적에 異熟識의 체성이 이름과 물질(예컨대 남자라는 것, 여자라는 것)과 함께 태어난다는 뜻이다. 그러므로 논에서 "보답의 양상이란 이름과 물질이 아뢰야식과 함께 태어난다."고 하였다. 여기에는 '인식 지분의 절반'과 '이름과 물질 지분의 전체'가 모두 포함된다.

이 때문에 섭대승론에서는 다음과 같이 말하였다.

"근본식에는 3가지 양상이 있다. (1) 自相, 근본식 자체를 말한다. (2) 因相, 종자식을 말한다. (3) 果相, 이숙식을 말한다."

여기에서 말한 뜻은 원인이라는 측면에서 종자식이라 말함을 밝혔는데, 앞서 말한 원인의 識支를 말한다. 결과라는 측면에서 이숙식이라 칭하였다. 이 보답의 양상은 이름과 물질의 의지 대상이다. 만일 원인과 결과를 고려하지 않고 곧바로 자체를 말하면 自相이라 말한다.

경문에서 '삼계의 밭'이라고 말한 것은 돋아나는 장소이다. 아래 6지에서는 因位로 말한 까닭에 업으로 밭을 삼고 식으로 종자를 삼은 것이지만, 여기에서는 果位로 말한 까닭에 삼계로 밭을 삼아, 앞 식지의 종자를 돋아낸다고 하였다.

"다시 고통의 싹을 틔운다."고 말한 것은 태어날 바의 과보를 밝힌 것이다. 과거의 3支 원인이 반드시 고통의 결과에 의하여 일어나는데, 여기에서 다시 고통이 생겨나기에 '다시'라고 말하였다. 이는 끝없이 바뀌어간다는 뜻을 밝힌 것이다.

'所謂' 이하는 고통의 싹이 자라나는 자체의 양상이다. 논에서 "이름과 물질이 함께 생겨난다고 말한 것은 이름과 물질이 저 아뢰야식과 함께 생겨나기 때문이다."라고 말하였다. 이는 이름과 물질이 저 근본식과 함께 생겨남을 말한다. 사람들이 이름과 물질을 함께 잘못 집착할까 두려운 마음에 이런 말을 하게 된 것이다.

이름[名]은 물질이 아닌 4가지 쌓임[受想行識]을 말하고, 물질[色]은 모태에 든 첫 주에 생겨나는 '갈라람' 등을 말한다. 이 2가지는 식과 서로 의지하면서 머무는 것이 마치 두 묶음의 갈대가 서로 반연이 되어 언제나 바뀌가면서 서로 떠나지 않는 것과 같다.

'二 不離是因相'者는 卽顯本識이 爲名色因이라 謂是名色이 不離彼本識이니 依彼本識故라 旣依此釋인댄 定知此段에 具於二支니 謂識及名色이니라

'ⓒ 不離 2자는 원인의 양상'이라 말한 것은 근본식이 이름과 물질의 원인임을 밝힌 것이다. 이는 이름과 물질이 근본식을 떠나지 않음을 말한다. 그 근본식에 의지하기 때문이다.

이미 이를 따라 해석한다면, 이 단락에 2가지 지분을 갖추고 있음을 알 수 있으니, 그것은 '식'과 '이름과 물질'을 말한다.

'三 彼果相'者는 是彼報相名色之果니 由名色增長하야 成餘八支언정 非別有體라

初 成六處者는 名은 增成意處하고 色은 增成餘五요 次六處가 增長成觸이라 言於中者는 於六處中에 有根境故라 餘因緣義는 廣如六地하다【鈔_上言次第者는 名色이 生六處하고 六處가 生觸等하야 次第不亂故로 恐繁指後니라】

'ⓒ 결과의 차례 양상'이란 저 아뢰야식의 보답의 양상인 이름과 물질의 결과이다. 이름과 물질이 더욱 커나감에 따라서 나머지 8가지 지분을 성립할지언정 별도의 체성이 있는 것은 아니다.

첫 구절에서 "6處를 이룬다."고 말한 것은 이름[名]은 더욱 커나가면서 意處를 이루고, 물질[色]은 더욱 커나가면서 나머지 5處를 이루며, 다음으로 6처가 더욱 커나가면서 감촉의 지분[觸支]을

이룬다.

'그중에[於中]'란 말은 6처 가운데 감각기관[六根]과 대상 경계[六境]가 있기 때문이다. 나머지 인연의 뜻은 6지에서 자세히 밝힌 내용과 같다. 【초_ 위에서 '차례[次第: 果次第相]'라 말한 것은 이름과 물질이 6처를 낳고, 6처가 감촉 등을 낳아가는 차례가 어지럽지 않기 때문이다. 문장이 번거로울까 염려하여 뒤의 '六地'에서 말할 것을 들어 이를 생략한 것이다.】

二 同相
② 동일한 양상

經
有生故로 有生老死憂悲苦惱하야

태어남이 있기에 태어나고 늙고 죽고 근심하고 슬퍼하고 고뇌하는 바가 있어,

● 疏 ●

同相中에 生及老死는 正顯同相이라

동일한 양상 가운데 태어나고 늙고 죽음은 바로 동일한 양상임을 밝혔다.

別中에 明緣相 竟하다

개별로 반연의 양상을 밝힌 부분을 끝마치다.

二 總結成妄苦

둘째, 허망한 고통의 성취를 총체로 끝맺다

經

如是衆生이 生長苦聚하나니

이처럼 중생이 고통의 무더기 속에서 살아가는 것이다.

⦿ 疏 ⦿

何處是苦오 此有三重하니

一은 論將入同相中하야 則以生老와 憂悲苦惱로 明於苦聚하니 文義顯故니라

二는 近結於果니 名色이 共生은 此明苦生이오 餘八은 苦長이라

三은 遠結十二니 前二支半은 爲能生長이오 後九支半은 爲所生長이니라【鈔_'文義顯'者는 文은 卽此中에 有憂悲苦等이라 唯識論云 '老死位中에 多無樂故'라하니 此是他文이라 言義顯者는 生死是苦오 憂悲之苦도 最明顯故라 故爲同相이니라】

어느 곳이 고통인가? 여기에는 3중의 고통이 있다.

① 논에서 동일한 양상에 들어가는 부분을 들어서 태어나고 늙고 죽고 근심하고 슬퍼하고 고뇌하는 바로 고통의 무더기를 밝

했다. 문장의 뜻이 분명하기 때문에 더 이상 말하지 않는다.

② 가깝게 결과를 끝맺었다. 이름과 물질이 함께 생겨남은 고통이 생겨남을 밝혔고 나머지 8가지 지분은 고통이 커나감을 밝혔다.

③ 멀리 12가지 지분으로 끝맺었다. 앞의 2가지 반의 지분은 고통을 낳아주고 키워가는 주체이고, 뒤의 9가지 반의 지분은 고통을 낳아주고 키워가는 대상이다.【초_"문장의 뜻이 분명하다."에서 '문장'은 여기에서 말한 '근심, 슬픔, 고뇌' 등이다. 유식론에서는 "늙음과 죽음의 지위에서는 대체로 즐거움이 없기 때문이다."고 하였는데, 이는 그 문장에서 말한 뜻이다. "뜻이 분명하다."고 말한 것은 태어나고 죽음이 고통이고, 근심과 슬픔의 고통도 가장 분명하기 때문이다. 이 때문에 동일한 양상이라 한다.】

◉ 論 ◉

如是十二有支 互爲主伴일세 則一支上에 有十二有支하야 總一百四十四有支 以成無邊生死라 已上十八種煩惱無明이 皆依十二有支하야 以爲根本하고 十二有支는 依名色邪見爲本이니 若以無作定門으로 印之하면 八萬四千塵勞 總爲法流智海니라

이와 같은 12有支가 서로 주체와 객체이기에 하나의 支마다 12유지가 있어 총 144유지가 그지없는 생사를 형성하게 된다.

이상 80종 번뇌무명이 모두 12유지에 의하여 근본을 삼고, 12유지는 이름과 물질의 삿된 견해에 의하여 근본을 삼는다. 만약 作爲가 없는 선정 법문[無作定門]으로 도장을 찍으면 8만 4천 번뇌가

모두 '바른 법이 강물처럼 흐르는 지혜의 바다[法流智海]'가 된다.

三 顚倒相
　　③ 전도의 양상

經

是中皆空하야
離我我所라
無知無覺하며 無作無受호미
如草木石壁하며 亦如影像이어늘

　　이런 12연기는 모두 공한 것이라,
　　'나'와 '나의 것'을 여의었다.
　　알음알이도 없고 깨닫지도 못하고 짓는 것도 없고 받는 것도 없다.
　　아무런 정식(情識)이 없는 초목이나 돌과 같으며, 또한 그림자와도 같으련만,

● **疏** ●

顚倒相中에 言是中者는 是前十二緣中이라 '皆空' 已下는 明倒所以니 由空謂有일새 所以名倒니라
此有四種하니

一은 緣成無性이니 所以言空이오

二는 離我我所로 釋成空義니 離我는 人空이오 離所는 法空이라

三 '無知'下는 釋無我所以오

四는 以外事로 釋無知覺이라

三中四句는 通外及小니 初는 約外道니 外道雖衆이나 不出僧佉와 及與衛世라 僧佉는 說覺하야 以爲神相하고 衛世는 說知하야 以爲神相이라 今無知覺은 成上自體가 本無有我라 作受二句는 通於能所니 能作能受일세 故是於我오 所作所受는 卽是我所라 在因에 名作이오 在果에 名受라 今但緣成일세 故無作受니라 若約小乘하야 就五蘊說인댄 受蘊을 名覺이오 三蘊을 名知오 約六根說인댄 身識을 名覺이오 餘五를 名知라 五陰이 造業故로 名作者오 當陰이 招報를 名爲受者니 今竝遣之니라 現有知覺이어니 云何言無오 隨俗故有오 約眞故無니라

又心法이 有四하니 一은 事오 二는 法이오 三은 理오 四는 實이라 謂隨境分別見聞覺知를 名之爲事오 論體인댄 唯是生滅法數일세 故名爲法이오 窮之에 空寂일세 說以爲理오 論其本性인댄 唯是眞實如來藏法일세 故名爲實이라 此四重中에 說初면 卽說知覺等名이오 若就後三이면 卽無知等이니라

四 '如草'下는 以彼外事로 喻하야 釋無知覺等이라 以諸衆生이 現見에 有於動止語言이어늘 云何說言無知覺等고할세 故以外物動不動事로 示無知覺이니 草木則動이오 石壁은 不動이나 皆無知覺이라 故內動止인들 豈當有之아 淨名云 '是身無知 如草木瓦礫이라'하니

578

라 言'亦如影像'者는 顯從緣有하야 似而非眞이니 卽雙喩二諦라 若 準論經인댄 無影像喩로대 而有如響하니 可喩言聲이나 而無知覺이니 라【鈔_ 可喩言聲'者는 此喩도 亦是遮救無知니 謂無情之物은 動 與不動이라도 固無知覺이어니와 衆生是有어니 安無知覺이리오 故引響 喩니 因心發聲하고 扣谷에 發響이나 響無知覺이라 情發亦然하니라】

전도의 양상 부분에서 말한 '이런 속[是中]'이라고 말한 것은 앞서 말한 '12인연 가운데'를 뜻한다. '皆空' 이하는 전도된 이유를 밝혔다. 空으로 연유하여 有를 말하기에 그 이름을 '전도'라 하였다.

전도에 4가지가 있다.

㉠ 반연으로 자성이 없음이 성립하는 것이다. 이 때문에 공이라 말한다.

㉡ '나'와 '나의 것'이라는 생각을 여읜 것으로 공의 이치를 해석하였다. '나'라는 생각을 여의면 人空, '나의 것'이라는 생각을 여의면 法空이라 한다.

㉢ '無知' 이하는 '나'라는 생각이 없는 원인을 해석하였다.

㉣ 바깥의 현상으로 無知와 無覺을 해석하였다.

㉢ '無知' 부분의 4구[無知, 無覺, 無作, 無受]는 외도와 소승에 모두 통하는 말이다.

첫 2구[無知 無覺]는 외도로 말한다. 외도는 수많은 부류가 있지만 상캬[僧佉: Sāṃkhya]와 베세시카[衛世: Vaiśeṣika]에서 벗어나지 않는다. 상캬는 覺을 설명하면서 신통한 양상이라 하였고, 베세시카는 知를 설명하면서 신통한 양상이라 하였다. 여기에서 知와 覺이

579

없다는 것은 위에서 말한 자체가 본래 '나'라는 것이 없는 것이다.

뒤의 無作, 無受 2구는 주체와 대상에 모두 통하는 개념이다. 짓는 일의 주체가 있고 받는 일의 주체가 있기에 '나'라는 생각을 하게 되고, 짓는 일의 대상이 있고 받는 일의 대상이 있기에 '나의 것'이라는 생각을 하게 된다.

원인에 있어서는 '짓는다[作].' 말하고, 결과에 있어서는 '받는다[受].'고 말한다. 여기에서는 반연으로 이뤄진 것을 말하기에 짓거나 받음이 없다.

만약 소승을 들어 五蘊으로 말하면 受蘊을 覺이라 하고, 3가지 온[想蘊, 行蘊, 識蘊]을 知라 말한다. 6근으로 말하면 몸으로 인식[身識]하는 것은 覺이라 하고, 나머지 5가지 감관으로 인식하는 것은 知라 말한다. 오온이 업을 짓기에 '짓는 자[作者]'라 이름하고, 해당 오온에 의해 과보를 불러들인 것을 '받는 자[受者]'라 말한다. 여기에서는 이 4가지를 모두 한꺼번에 떨쳐버린 것이다.

현재에 知와 覺이 있는데 어떻게 '없다.'고 말할 수 있는가? 俗諦를 따라서 '있다.' 말하고, 眞諦를 따라서 '없다.'고 말하였다.

또한 心法에 4가지가 있다.

㉠ 현상의 일, ㉡ 법, ㉢ 이치, ㉣ 실상이다.

경계에 따라 분별하여 보고 듣고 깨닫고 아는 것을 '현상의 일'이라 하고,

체성을 논하면 오로지 생멸의 법수에만 속하기에 이를 '법'이라 하며,

이를 궁구하면 텅 비어 고요하기에 이를 '이치'라 하고,

그 본성으로 말하면 오로지 진실한 여래장의 법이기에 이를 '실상'이라 하였다.

이 4가지 가운데 'ⓘ 현상의 일'로 말하면 知·覺 등의 명칭을 말하고, 뒤의 3가지로 말하면 無知·無覺 등이다.

제4구 '如草' 이하는 그 외부적 현상의 일로 비유하여 無知·無覺 등을 해석하였다. 모든 중생이 바로 앞에서 볼 수 있는 데에서 움직이고 그치고 말함이 있는데 어찌하여 知와 覺 등이 없다고 말하는가. 이 때문에 객관세계 물건의 움직이는 것과 움직이지 않는 현상으로 지·각이 없음을 보여주었다. 초목은 움직이는 것이고, 석벽은 움직이지 않는 것이지만 모두 지·각이 없다. 이 때문에 내면의 움직임과 멈춤인들 어찌 지·각이 있음에 해당하겠는가. 유마경에서 "이 몸에 지각이 없는 것이 마치 초목이나 기와 부스러기와 같다."고 말하였다.

"또한 그림자와도 같다[亦如影像]."고 말한 것은 인연 따라 있는 것이어서 그럴싸하게 보이지만 진짜가 아님을 밝혔다. 이는 俗諦와 眞諦를 한꺼번에 비유하였다.

만약 논경에 준하면, 影像의 비유는 없지만 메아리와 같다는 비유는 있다. 이는 음성은 있으나 지각이 없음을 비유할 수 있다.

【초_ '음성을 비유한다[可喻言聲].'는 비유 또한 부정을 통하여 無知를 구제한 것이다. 생각이 없는 물건은 움직이거나 움직이지 않거나 참으로 지·각이 없지만, 중생은 마음이 있는데 어떻게 지·각이

없을 수 있겠는가. 이 때문에 메아리의 비유를 인용한 것이다. 마음으로 인해서 음성이 생겨나고, 골짜기를 울리면서 메아리가 생겨나지만 메아리는 지·각이 없다. 생각이 일어나는 것도 마찬가지이다.】

第三 彼二顚倒觀

(다) 그 2가지 전도의 잘못을 살펴보다

經
然諸衆生이 不覺不知하나니

그럼에도 모든 중생들은 이를 깨닫지도 못하고 알지도 못하고 있다."

◉ 疏 ◉

妄苦는 本空이어늘 得而不覺하고 眞樂은 本有어늘 失而不知하니 而遠樂就苦를 名彼二顚倒라【鈔_ 彼二等者는 有三意하니 一은 迷眞隨妄이니 卽是顚倒오 二는 由迷眞故로 於樂에 計苦하고 由隨妄故로 於苦에 計樂이라 三은 不識眞故로 遠之하고 不知妄故로 隨之라 故論經云 '不覺不知而受苦惱'라하니라 雖有三重이나 其旨一也라 故疏文中에 前後互出하니라】

부질없는 고통은 본래 공한 것인데 이런 고통을 겪으면서도 깨닫지 못하고, 진실한 즐거움은 본래 있는 것인데 이런 즐거움을 잃고서도 모르고 있다. 즐거움을 멀리하고 고통의 길로 향하는 것을 '2가지 전도'라 말한다.【초_ '그 2가지 전도'에는 3가지 뜻이 있다.

① 진여를 알지 못하고서 망상을 따르는 것이 바로 전도이다.

② 진여를 알지 못하기에 즐거움을 고통으로 생각하고, 망상을 따르기에 고통을 즐거움으로 생각한다.

③ 진여를 알지 못하기에 진여를 멀리하고, 망상인 줄 모르기에 망상을 따르는 것이다.

이 때문에 논경에서 "알지도 깨닫지도 못하기에 고통을 받는다."고 말하였다.

비록 3가지의 뜻이 있지만 그 의미는 하나이다. 이 때문에 청량소의 문장에서는 앞뒤에서 번갈아 내보인 것이다.】

上來 三觀爲方便은 竟하다

위에서 말한 3가지 관법이 방편임을 밝힌 부분을 끝마치다.

第二 正起慈悲之行相

뒤의 자비의 행상을 일으킴을 밝히다

經

菩薩이 **見諸衆生**이 **於如是苦聚**에 **不得出離**라 **是故**로 **卽生大悲智慧**하며

**復作是念호되 此諸衆生을 我應救拔하야 置於究竟安樂
之處라 是故로 卽生大慈光明智니라**

보살은 모든 중생들이 이와 같은 고통의 무더기 속에서 벗어나지 못함을 보았다. 이 때문에 곧 큰 자비의 지혜를 내었다.

또 이런 생각을 하였다.

'이 중생들은 내가 구제하여 가장 안락한 곳에 둘 것이다.'

이 때문에 큰 자비 광명의 지혜를 내었다.

● 疏 ●

初는 明興悲니 謂見苦應拔이오 後'復作'下는 興慈니 謂無樂應與라 旣言見苦하니 必知無樂故로다

앞부분은 大悲의 행을 일으킴을 밝혔다. 이는 고통받는 중생을 보면 당연히 구제해야 함을 말한다.

뒤의 '復作' 이하는 大慈의 행을 일으킴을 밝혔다. 이는 안락이 없으면 당연히 주어야 함을 말한다. 이처럼 앞서 '고통받는 중생을 보았다[見苦].'고 말한 것으로 보아, 반드시 안락한 삶이 없는 줄을 알 수 있기 때문이다.

● 論 ●

從'是中皆空離我我所'로 至'大慈光明智'히 五行經이 明如是 十二有支에 一切衆生이 從此而起前十八種煩惱하야 而流轉生死하야 無苦不受하며 聲聞緣覺과 淨土菩薩은 厭而伏之하야 現行

不起어니와 一乘菩薩은 以此十二有支로 而成根本智하고 起差別智하야 敎化衆生하야 住持善法하며 及成菩提心하나니 意明迷悟不同이언정 非十二有支 與智異故니 如勝鬘經 亦同此說하니라

如上十八種煩惱에 如邪見無明은 十住初發心住上에 初生如來智慧家時에 正使能作惡道邪見 已除일새 習氣微薄이나 未盡憍慢等十八種이니 以十行十廻向法中에 有十法加行治之하야 漸漸微薄하며 至十地에 以正智增明하야 方成隨願智用이니 只可名爲達煩惱而成智用이언정 不可名爲斷煩惱故니라

法執現行은 至七地故로 法執習氣는 十地方無며 如算數廣大愚와 隨好功德愚의 此二愚는 至佛果行終이라야 方見盡이니 如阿僧祇品과 隨好光明功德品이 是라 是故로 如來自說二品經하사 明佛果二愚故로 明十二有支微習이 直至佛果方盡이라 以此로 安立五位十度하야 十十治之일새 皆十住·十行·十廻向·十地·十一地 法則이 皆體相似하야 以明治習階級이 不同이라

署敍五位升進에 大意有六하니

一은 十住에 明創生佛家하고 且除正使煩惱오

二는 明十行에 治隨世現行習惑이오

三은 明十廻向에 起大願力하야 和融智悲하야 使世間出世間無礙利物이오

四는 明十地에 長養蘊習하야 悲智功圓이오

五는 明十一地에 普賢行滿이니 卽普賢行品과 及十定品已後 是오

六은 明成佛位終이니 卽如來出現品이 是라 如離世間品은 明進修

585

佛果已後普賢恒行이오 法界品은 卽明前後一部之經이 皆是以
法界로 爲體니 如是以法界大智圓通하야 總無一法一時 有前後
差別이니 以智照之면 可見이라
如是五位中差別行位가 總在初發心住中에 以願行智悲로 普印
하야 令圓滿故로 敎雖前後나 願行悲智는 法是一時라 時亦不異며
法亦不差니라 是故로 發心之士는 應如是修하며 如是圓滿하야 不
離如來不動智之體圓滿故로 於一佛果에 智悲始終徹故며
普見一切衆生이 是佛國土라 無出入故로 敎化迷如來智中衆生
하야 令依本故며
令諸衆生으로 於自智中에 普見諸佛이 同一智故로 不於自智에 生
別有佛想故며
令一切衆生으로 不於自身에 起內外遠近見故로 以一智印으로 印
之하야 破情有大小長短量故니
如是修行이 卽是令諸衆生으로 佛種不斷故며
爲諸衆生하야 說如斯法일세 是故로 能令法種不斷이며
普令一切衆生으로 普見自身이 同佛智海하야 入佛知見일세
是故로 能令僧種不斷이니 一一如是觀察하야 而令心境으로 如是
相應이니라

'是中皆空離我我所'로부터 '大慈光明智' 구절까지 5줄 경문
이 이와 같은 12연기 번뇌 때문에 일체중생이 여기에서 앞의 18종
번뇌를 일으켜 생사에 윤회하면서 받지 않은 고통이 없으며, 성문
과 연각과 정토보살은 이러한 번뇌를 싫어한 나머지, 이를 굴복시

켜 현행번뇌가 일어나지 않지만, 일승보살은 이러한 12연기 번뇌로써 근본지를 성취하고, 差別智를 일으켜 중생을 교화하여 선한 법을 지니고 보리심을 성취하도록 주선하는 것이다.

여기에서 말한 뜻은 혼미함과 깨달음이 다를지언정 12연기 번뇌가 지혜와 다르지 않음을 밝힌 때문이다. 승만경 또한 여기에서 말한 바와 같이 언급하였다.

위에서 말한 18종 번뇌에 삿된 견해와 무명은 십주의 초발심주에서 처음 여래 지혜의 집안으로 태어날 적에 '현재 일어나는 번뇌의 주체[正使]'로 만들어내는 惡道의 삿된 견해가 이미 제거되었기에, 습기가 미미하지만 아직은 교만 등 18종 번뇌를 모두 없애지 못하였다. 이 때문에 십행, 십회향법 가운데 10가지 加行法으로 이런 번뇌를 다스려서 차츰차츰 미세하게 만들어가다가 십지에 이르러 바른 지혜[正智]가 더욱 밝아졌을 적에 비로소 원하는 대로 따르는 지혜의 작용[隨願智用]을 성취하는 것이다. 하지만 이 역시도 번뇌를 통달하여 지혜 적용을 성취했다고 이름 붙일 수는 있을지언정, 모조리 번뇌를 끊었다고 이름 붙일 수는 없기 때문이다.

法執의 현행번뇌는 7地까지 이른 터라, 법집의 습기는 십지에 이르러서야 바야흐로 사라진다. 예컨대 '수를 헤아리는 광대한 어리석음[算數廣大愚]'과 '상호를 따른 공덕의 어리석음[隨好功德愚]', 이 2가지의 어리석음은 佛果의 行이 끝난 자리에 이르렀을 적에야 비로소 다한 것을 볼 수 있다. 제30 아승기품과 제35 수호광명공덕품이 바로 이를 말하고 있다.

이 때문에 여래께서 제30, 제35 2품을 연설하여 佛果에 관한 2가지 어리석음을 밝힌 까닭에 12연기 번뇌의 못다 한 습기는 불과에 이르러서야 바야흐로 다할 수 있음을 밝힌 것이다.

이 때문에 五位의 십바라밀을 세워서 10의 지위와 10의 지위로 이를 다스려 나간다. 따라서 십주·십행·십회향·십지·십일지의 모든 법칙의 체제가 비슷한 것으로, 습기를 다스리는 단계가 똑같지 않음을 밝힌 것이다.

5위의 올라가는 단계를 간단하게 서술하면 6가지의 대의가 있다.

① 십주에서는 처음 여래의 집안에 태어나고, 또한 '현재 일어나는 번뇌의 주체[正使]'를 없애는 지위임을 밝혔다.

② 십행에서는 세간을 따라 현재 일어나는 습기의 미혹을 다스리는 지위임을 밝혔다.

③ 십회향에서는 큰 원력을 일으켜 지혜와 자비를 원융하여 세간과 출세간에 걸림 없이 중생에게 이익 베푸는 지위임을 밝혔다.

④ 십지에서는 키워나가고 익혀 자비와 지혜의 공덕이 원만한 지위임을 밝혔다.

⑤ 십일지에서는 보현행이 원만한 지위임을 밝혔다. 이는 제36 보현행품과 제27 십정품 이후는 바로 이를 말한다.

⑥ 성불의 지위가 곧 모두 끝난 지위임을 밝혔다. 이는 제37 여래출현품이 바로 이를 말한다.

제38 이세간품은 佛果를 닦아나간 이후에 언제나 보현행을 행하는 지위임을 밝혔고, 제39 입법계품은 전후 화엄경 전체가 모두 법계로 본체를 삼는 지위임을 밝혔다. 이와 같이 법계 大智의 원통으로 모두 어떤 법이든 어떤 시간이든 전후의 차별이 없다. 이는 지혜로 비춰보면 이를 볼 수 있다.

이와 같은 五位 가운데 각기 다른 행의 지위가 모두 초발심주에서 誓願·修行·大智·大悲로 널리 인증하여 원만하게 이룬 까닭에, 가르침에는 전후의 차이가 있지만 서원·수행·대지·대비의 법은 일시에 이뤄지는 것이다. 이 때문에 시간 또한 다르지 않고, 법 역시 차이가 없다.

그러므로 발심한 스님은 당연히 이와 같이 닦고 이와 같이 원만하게 성취하여, 여래부동지의 체성이 원만한 자리를 여의지 않아야 한다.

이러한 수행은 하나의 불과에 지혜와 자비의 처음과 끝이 모두 통해야 하기 때문이며,

일체중생이 바로 불국토인 터라, 더 이상 출입할 필요가 없음을 널리 보았다. 이 때문에 여래의 지혜를 몰라 혼미 속에 있는 중생을 교화하여 근본지를 따르도록 하고자 한 때문이며,

모든 중생으로 하여금 자신의 지혜 가운데서 여러 부처님과 똑같은 지혜를 지녔음을 널리 보도록 한 까닭에 중생 자신의 지혜에 별도로 부처가 있다는 생각을 내지 않도록 하기 위함이며,

일체중생으로 하여금 자기의 몸에서 내외와 원근의 견해를 일으키지 않도록 한 까닭에 하나의 지혜 도장으로 인증하여 크고 작은

것, 길고 짧은 것을 헤아리는 마음을 타파해 주어야 하기 때문이다.

이와 같이 수행이 곧 모든 중생으로 하여금 부처의 종자가 끊어지지 않도록 하기 위함이며,

모든 중생을 위하여 이와 같은 법을 연설하기에 법의 종자가 끊어지지 않도록 하며,

널리 일체중생으로 하여금 자신의 몸이 부처 지혜의 바다와 똑같음을 널리 보고서 부처의 지견에 들어가도록 하기에, 스님의 종자가 끊어지지 않도록 하는 것이다.

하나하나 이와 같이 관찰하여 마음의 경계를 여기에 상응하도록 힘써야 한다.

第四施行
文三이니 初는 總明施行이오 二는 別顯施物이오 三은 總結行成이라 今은 初라

(4) 보시의 행

이의 경문은 3단락으로 나뉜다.

① 총괄하여 보시행을 밝혔고,

② 개별로 보시 물건을 밝혔으며,

③ 총괄하여 보시행의 성취를 끝맺었다.

이는 첫 보시행의 부분이다.

佛子여 菩薩摩訶薩이 隨順如是大悲大慈하야
以深重心으로 住初地時에
於一切物에 無所吝惜하고
求佛大智하야
修行大捨할세

    불자여! 보살마하살이 이러한 대비와 대자를 따라서
    깊고 소중한 마음으로 초지에
    모든 물건을 아끼지 않고
    부처님의 큰 지혜를 구하며
    크게 버리는 일을 수행할세,

◉ 疏 ◉

文有五句하니
一은 明施所依니 以見有苦無樂故오
二'以深重'下는 彰其施位니 此地에 檀度를 得圓滿故라 契理曰深이오 不捨悲願이 爲重이라 此心이 住地일세 故能滿檀이라
三'於一切'下는 明施體相이오
四'求佛大智'는 顯施所爲오
五'修行大捨'는 結施行名이라

    이의 경문은 5구이다.
    제1구는 보시행의 의지 대상인 중생을 밝혔다. 고통만 있고 안

락이 없는 중생을 보았기 때문이다.

제2구 '以深重' 이하는 그 보시행의 지위를 밝혔다. 초지에서 보시바라밀의 원만 성취를 얻기 때문이다. 진리와 하나가 되는 것을 '깊다[深].' 말하고, 대비의 서원을 버리지 않는 것을 '무겁다[重].'고 말한다. 이런 마음으로 초지에 머물기에 보시바라밀이 원만하게 이뤄지는 것이다.

제3구 '於一切' 이하는 보시의 체성과 양상을 밝혔고,

제4구 "부처님의 큰 지혜를 구한다."는 것은 보시의 목적을 밝혔으며,

제5구 "크게 희사하는 일을 수행한다."는 것은 보시행의 명칭을 끝맺음이다.

二 別明施物
偏顯上文 一切無吝이라

② 개별로 보시 물건을 밝히다

치우쳐 위 문장 중에 '모든 물건을 아끼지 않고'를 밝힌 내용이다.

經
凡是所有를 一切能施호되
所謂財穀倉庫와 金銀摩尼와 眞珠瑠璃와 珂貝璧玉과

珊瑚等物과 **珍寶瓔珞嚴身之具**와 **象馬車乘**과 **奴婢人民**과 **城邑聚落**과 **園林臺觀**과 **妻妾男女**와 **內外眷屬**과 **及餘所有珍玩之具**와 **頭目手足**과 **血肉骨髓**와 **一切身分**을 **皆無所惜**하야

가진 모든 것을 일체 보시하나니,

이른바 재물·곡식·창고·금·은·마니주·진주·유리·보석·보패·옥·산호 등과 보물, 영락 등 몸을 장식하는 도구,

코끼리·말·수레·노비·사환, 고을과 마을, 원림과 누대, 처첩과 아들과 딸, 안팎 권속들, 그 외의 소유한 진귀한 도구,

머리·눈·손·발·피·살·뼈·골수 등 몸의 모든 부분을 모두 아끼지 않고서,

● 疏 ●

於中에 初는 總이오 後 '所謂' 下는 別이라
別顯一切에 畧有二種하니 一者는 外財오 二者는 內財니 謂頭目等이라 文顯可知로다

경문의 첫 구절은 총상이고, 뒤의 '所謂' 이하는 별상이다.

별상으로 일체 모든 것을 밝힌 데에는 대략 2종류가 있다.

㉠ 외적인 재물,

㉡ 내적인 재물이다. 머리와 눈 등을 말한다.

이의 경문의 뜻은 뚜렷하기에 설명하지 않아도 알 수 있다.

三 總結行成
　③ 총괄하여 보시행의 성취를 끝맺다

經

爲求諸佛廣大智慧하나니
是名菩薩이 **住於初地**하야 **大捨成就**니라

　부처님의 광대한 지혜를 구하기 위함이니,
　이를 이름 지어 '보살이 초지에 머물면서 크게 희사하는 공덕 성취'라고 말한다.

● **疏** ●

初는 結所爲요 後 '是名'下는 正結行成이라
然初地中에 應具三施나 從增勝說하야 但擧於財라 故般若論에
'二三地中에 方行無畏하고 四地已上에 乃行法施라하니라

　첫 구절은 보시의 목적을 끝맺었고,
　뒤의 '是名' 이하는 보시행의 성취를 끝맺었다.
　그러나 초지에서 3가지 보시를 갖춰야 하지만 그중에서도 더욱 좋은 부분을 따라서 재물만을 들어 말한 것이다.
　이 때문에 반야론에서 다음과 같이 말하였다.
　"2지와 3지에서 비로소 無畏施를 행하고, 4지 이상에야 법보시를 행한다."

一

第五無疲厭行

(5) 싫증내지 않는 행

經

佛子여 **菩薩**이 **以此慈悲大施心**으로 **爲欲救護一切衆生**하야
轉更推求世出世間諸利益事호되 **無疲厭故**로
卽得成就無疲厭心하며

불자여! 보살이 이러한 자비의 크게 보시하는 마음으로써 일체중생을 구제하기 위하여,

더욱더 세간과 출세간의 여러 가지 이익되는 일을 구하되 고달파하거나 싫증내는 마음이 없다.

이 때문에 고달파하거나 싫증냄이 없는 마음을 바로 성취하며,

● **疏** ●

分三이니
初는 牒前起後오 二'轉更'下는 正顯行相이오 三'卽得'下는 結其行成이라
下五行中에 唯除第十顯相이 卽是結名코 餘皆具三하니 文處는 可見이라

이의 경문은 3단락이다.

① 앞의 경문을 이어서 뒤의 문장을 일으켰고,
② '轉更' 이하는 바로 무피염행의 양상을 밝혔으며,
③ '卽得' 이하는 무피염행의 성취를 끝맺었다.

아래 5가지의 행 가운데 오직 '⑽ 明供養行'에서 그 행의 양상이 곧 그 명칭을 끝맺은 점을 제외하고, 나머지 4가지 행의 경문은 모두 3단락의 구조를 갖추고 있다. 해당 문장 부분에서 이러한 문장 구조를 볼 수 있다.

第六 成經論智
⑹ 경론의 지혜를 성취한 행

經
得無疲厭心已에
於一切經論에 **心無怯弱**하고 **無怯弱故**로
卽得成就一切經論智하며

'고달파하거나 싫증냄이 없는 마음'을 얻은 후에는,

일체 경과 논에 담긴 진리에 대해 겁내거나 나약한 마음이 없고,

겁내거나 나약한 마음이 없기 때문에 일체 경론의 지혜를 성취하며,

第七 成世智行

(7) 세간의 지혜를 성취한 행

經

獲是智已에
善能籌量應作不應作하야 於上中下一切衆生에 隨應隨力하고 隨其所習하야 如是而行일세
是故로 菩薩이 得成世智하며

'경론의 지혜를 성취'한 뒤에,

해야 할 일인지, 해서는 안 될 일인지를 잘 헤아리고, 상·중·하의 일체중생에 대하여 그들의 근기에 알맞은 바를 따르고 그들의 힘을 따르며, 그들이 익힌 바를 따라서 그들과 같이 행한다.

이 때문에 보살이 세간의 지혜를 성취하며,

● **疏** ●

言'隨應'者는 隨機所應하야 宜以何法이라
'隨力'者는 隨己智力所能하며 隨他智力所堪이라
'隨其所習'者는 約機現作이라 【鈔_現作者는 如浣衣之子 應令修習不淨觀等이니라】

'隨應'이라 말한 것은 근기에 알맞게 응할 바를 따라서 그에 따른 어떤 법으로 적절하게 대하는 것이다.

597

'隨力'이란 자신의 지혜의 힘을 능할 수 있는 바를 따르고, 그들의 지혜로 감당할 수 있는 바를 따르는 것이다.

'隨其所習'이란 현재 하는 일의 근기를 가지고 말하였다.【초_ '현재 하는 일[現作]'이란 예컨대 빨래하는 집의 아들은 그에게 부정관을 닦도록 한다는 등과 같다.】

第八 明慚愧行

(8) 부끄러워할 줄 아는 행

【經】

成世智已에 知時知量하야 以慚愧莊嚴으로 勤修自利利他之道일새 是故로 成就慚愧莊嚴하며

'세간의 지혜를 성취'한 후에

때를 알고 국량을 알아 부끄러워하는 마음의 장엄[慚愧莊嚴]으로 자신을 위하고 남을 위하는 도를 부지런히 닦는다.

이 때문에 보살이 부끄러워할 줄 아는 마음의 장엄을 성취하며,

◉ 疏 ◉

'知時'已下는 正顯行相이라

時有三種하니

一者는 念時니 如是時中에 宜修定等하야 刹那不間故오

二는 日夜時니 晝則存心하고 初中後夜에 皆勿廢故오

三은 所作得必不斷時니 此卽知量이니 謂量力所能하야 亦愛亦策하되 勿令過分이라가 後休廢故니라

以此三時로 修前八科二利之行하야 煩惱睡蛇 晝夜不雜이오 爲慚愧服으로 而自莊嚴이니라【鈔_晝則存心等者는 卽遺敎經이니 經云 '汝等比丘가 晝則勤心修習善法하야 無令失時하고 初夜後夜에 亦勿有廢하고 中夜에 誦經하야 以自消息하고 無以睡眠因緣으로 令一生空過하야 無所得也어다 當念無常之火 燒諸世間하야 早求自度하고 勿睡眠也어다 諸煩惱賊이 常伺殺人이 甚於怨家하니 安可睡眠하야 不自警悟리오 煩惱毒蛇 睡在汝心호되 譬如黑蚖이 在汝室睡라 當以持戒之鉤로 早倂除之니라 睡蛇旣出에 乃可安眠이오 不出而眠은 是無慚人也니라 慚恥之服이 於諸莊嚴에 最爲第一이라 慚如鐵鉤하야 能制人非法하나니 是故로 比丘 常當慚愧하야 無得暫替니라 若離慚恥면 則失諸功德이니라 有愧之人은 則有善法이오 若無愧者는 與諸禽獸로 無相異也'라하니라

釋曰 但觀所引이면 疏文易了니라】

'知時' 이하는 바로 慚愧行의 양상을 밝혔다.

'때'에는 3가지가 있다.

① 한 생각의 찰나를 말하는 시간이다. 이와 같은 시간 속에서 마땅히 선정 등을 닦아서 찰나의 순간도 간단이 없기 때문이다.

② 밤낮의 시간이다. 낮에는 마음을 보존하고 초저녁부터 한밤중까지 모두 잠시도 그만두지 말아야 하기 때문이다.

③ 하는 일에 반드시 끊임없는 시간이다. 이는 곧 '역량을 아는 것'이다. 할 수 있는 자신의 능력을 헤아려 사랑하기도 하고 독려하기도 하되, 능력의 분수를 벗어나 뒤에 그만두는 일이 없도록 해야 하기 때문이다.

이런 3가지 시간으로 앞의 8가지 과목으로 나눈 자리이타행을 닦아, 번뇌와 졸음이 밤낮으로 뒤섞이지 않도록 하고 '부끄러움을 아는 마음의 옷'으로 스스로 장엄해야 한다.【초_ "낮에는 마음을 보존한다." 등은 곧 유교경을 인용한 문장이다.

유교경에서 다음과 같이 말하였다.

"너희 비구들이 낮에는 부지런한 마음으로 착한 법을 닦고 익혀서 때를 잃지 않게 하며, 초저녁에서 새벽녘까지도 또한 공부를 그만두지 말아야 하며, 한밤중에도 경전을 읽으면서 스스로 시간을 보내야 한다. 수면의 인연으로 아무런 얻은 바 없이 일생을 헛되이 보내서는 안 된다.

덧없는 세월의 불길이 모든 세간을 불태운다는 사실을 생각하여, 서둘러 자신을 구제할 것이지, 부디 졸거나 잠을 자지 말도록 하라. 모든 번뇌의 도적이 언제나 기회를 엿보면서 사람을 죽이는 것이 원수보다 더 심하다. 어찌 졸음과 잠을 스스로 경책하여 일깨우지 않을 수 있겠는가.

소리 없이 찾아드는 번뇌의 독사가 너의 마음속에 잠자고 있다. 비유하면 검은 살무사가 너희 방에 잠자고 있는 것과 같다. 당연히 지계의 갈고랑이로 서둘러 물리쳐야 한다. 숨어 잠자고 있는 독사가 너희 방에서 나가야만 비로소 편한 잠을 잘 수 있다.

독사가 나가지 않았음에도 잠자는 것은 '부끄러워할 줄 모르는 사람'이다. 부끄러워할 줄 아는 마음의 옷은 그 수많은 장엄 가운데 가장 으뜸이다. 부끄러워할 줄 아는 것은 마치 무쇠로 만든 갈고랑이와도 같아서 사람의 법이 아닌 행위를 제어해주는 것이다.

그러므로 비구들은 언제나 부끄러워할 줄 아는 마음을 잠시라도 잊지 말아야 한다. 부끄러워하는 마음이 없으면 모든 공덕을 잃게 된다. 부끄러워할 줄 아는 사람은 착한 법을 지닐 수 있지만, 부끄러워할 줄 모르는 사람은 조금도 금수와 다를 바 없다."

이에 대한 해석은 다음과 같다.

인용문만 살펴보면 청량소에서 말한 문장을 쉽게 알 수 있다.】

第九 成堅固力

(9) 견고한 힘을 성취한 행

於此行中에
勤修出離하야 **不退不轉**하야
成堅固力하며

'부끄러워할 줄 아는 마음의 장엄'에서
삼계를 벗어나는 수행을 부지런히 닦아 물러서지 않고서

601

견고한 힘을 성취하며,

● 疏 ●

謂此卽前慚愧二利行中에 欲早求度하야 應當精勤이라
不退는 自分이오 不轉은 勝進이니라

    이는 앞서 말한 "부끄러워할 줄 아는 마음"으로 자리이타를 수행하는 가운데, 하루빨리 제도를 구하고자 부지런히 정진해야 함을 말한다.
    '不退'는 자신의 일이며, '不轉'은 잘 닦아나감이다.

第十明供養行
    ⑽ 부처님께 공양하는 행

經

得堅固力已에
勤供諸佛하야 於佛敎法에 能如說行이니라

    견고한 힘을 얻은 후에
    부처님께 부지런히 공양하여 부처님 가르침의 말씀대로 행하는 것이다.

● 疏 ●

利養·正行인 具二供養이니라【鈔_ 利養正行˚下는 上願校量中에 有三供養하니 一은 利養供養이오 二는 恭敬供養이오 三은 正行供養 이라 今以恭敬으로 通上二니 故但分財法이니라】

이양과 정행 2가지 공양을 갖췄다.【초_ '이양·정행'은 위에서 말한 서원 가운데 비교하여 뛰어난 것으로 3가지 공양이 있다. ① 이양의 공양, ② 공경의 공양, ③ 바른 행의 공양이다. 여기에서는 공경의 공양으로 위에서 말한 2가지 공양을 모두 들어 말하였다. 이 때문에 재물과 법으로 구분했을 뿐이다.】

第三 結十名體用

3. 10가지 행의 명칭과 체성을 끝맺다

經

佛子여 菩薩이 如是成就十種淨諸地法하나니
所謂信·悲·慈·捨와 無有疲厭과 知諸經論과 善解世法 과 慚愧堅固力과 供養諸佛하야 依敎修行이니라

불자여! 보살이 이와 같이 십지를 청정하게 하는 열 가지 법을 성취하나니,

이른바 신심, 불쌍히 여김, 인자함, 버리는 것, 싫어함이 없는 것, 경론을 아는 일, 세간법을 잘 아는 것, 부끄러워할 줄 아는 마

603

음, 견고한 힘, 부처님께 공양하면서 가르침대로 수행하는 것이다.

● 疏 ●

先은 結體用이오 '所謂'下는 結名이라

言體用者는 此十은 卽是淨諸地法이니 以治十障故라 障은 如前說이니라

然安住地分에 有三十句하니 亦明信慈悲等하니 與此何異리오 論云 '前은 是淸淨地法이오 今은 盡是障地淨法者'라하니라

前句는 文畧하니 若具인댄 應云 前是淸淨此地法이니 以局初地故오 今은 盡是障地淨法者는 謂不局初地일새 故云盡是니 盡淨諸地障故니라 故經云 '淨諸地法'이라하니라 瑜伽 亦云 '此十種法이 於一切地에 能淨修治'라하니 故下諸地中에 皆云信等이 皆轉淨等이라하니라

앞 구절은 본체와 작용을 끝맺었고, '所謂' 이하는 명목을 끝맺었다.

'본체와 작용'이라 말한 것은 이 10가지는 십지의 여러 법을 청정하게 하는 것이다. 10가지 장애를 다스리기 때문이다. 장애에 대해서는 앞에서 설명한 바와 같다.

그러나 초지에 안주하는 부분의 30구는 또한 신심과 자비 등을 밝힌 것이다. 이 부분과 그 무엇이 다르겠는가. 논에서는 "앞은 십지의 법을 청정하게 함이며, 여기에서는 모두 장애가 되는 지위를 청정하게 다스리는 법이다."고 하였다.

앞 구절[如是成就十種淨諸地法]의 경문은 생략되었다. 이를 구체

적으로 말한다면 당연히 앞은 '이 初地를 청정하게 하는 법'이다. 이는 초지에만 국한되기 때문이다. 여기에서는 '십지의 청정에 장애가 되는 법을 모두 없앤다.'고 말했어야 한다. 이는 초지에만 국한되지 않음을 말하기에 '모두[盡是]'라고 말하였다. 십지의 장애를 모두 청정하게 하기 때문이다.

따라서 경문에서는 '많은 地를 깨끗하게 하는 법'이라 하였다. 유가사지론에서도 또한 "이 10가지의 법이 모든 십지를 청정하게 닦아 다스린다."고 하였다. 이 때문에 아래의 나머지 地에서 모두 "신심 등이 모두 차츰차츰 청정하게 된다."는 등으로 말하였다.

二 修行勝 竟하다

제2단락, 수행이 뛰어난 부분을 끝마치다.

第三 佛子菩薩住此歡喜下는 果利益校量勝이라
有四種果하니 一은 調柔果오 二는 發趣果오 三은 攝報果오 四는 願智果라
通稱果者는 地中滿足故니라
別言調柔者는 謂調鍊柔熟이니 以供養攝化等으로 爲能調鍊이오 信等十行으로 爲所調鍊이라 由行供等하야 令信等調柔하야 隨意堪用일새 故名調柔니 下鍊金喻에 其義甚顯하니라
二는 發謂發進이오 趣謂趣向이니 於地滿中에 更求明解가 爲能發趣오 發自此地하야 趣向後後가 爲所發趣라 下商人喻에 義甚相似니라

605

三은 王位之身이 酬因을 名報오 因成納果일세 故名 爲攝이라

四는 內證願力하야 敎智自在오 又以願力助智하야 令業用無邊일세 故稱願智니라

初二는 是其行修方便이오 後二는 是其報行純熟이라 行修는 唯在 地滿이오 報行은 該於始終이라 從初住地로 乃至地滿히 所受王身 을 說爲攝報오 所有作用을 說爲願智니라

又初二와 後一은 此地에 定有오 攝報一果는 有無不定이니 容有不 作일세 故云多作이오 而定能作일세 故亦定有니라 又初二果는 亦是 地法이니 初는 行이오 次는 解니 是所修故오 後之二果는 唯果非法이 라 初는 體오 後는 用이니 非所修故니라 是以로 經이 於二果之後에 更 有結文云호되 '畧說初地法門'이라하니 不得此意하면 則似論家 謬 取法門하야 濫爲果稱이라【鈔_ '又初二果'下는 通妨이니 謂安國法 師가 以見二果之後에 有結文故로 便以前二果로 唯是地法이라하고 '後二는 方果法이니 即出心故'라하니 今爲通호되 前二는 通法通果하 니 爲法은 易見이어니와 後는 有結故로 爲果는 難見이라 故論判屬果니 라 '不得此意'下는 結彈安國이니라】

제3단락, "불자여! 보살이 이 환희지에 머물고" 이하는 결과의 이익이 비교하여 뛰어남을 밝혔다.

4가지 결과가 있다.

1. 조련과 부드러움의 결과,

2. 출발하여 닦아나가는 결과,

3. 인행의 보답으로 거둔 결과,

4. 서원과 지혜의 결과이다.

이를 통틀어 결과라고 이름 붙인 것은 십지 중에 원만, 구족하기 때문이다.

1. [調柔果], 개별로 말한 '調柔'란 조련과 부드럽게 익음을 말한다. 부처님께 공양 올리고 중생을 거두어 교화하는 등으로 조련의 주체를 삼고, 신심 등의 10가지 행으로 조련의 대상을 삼는다. 10가지 행과 공양 등을 통하여 신심 등을 조련하고 부드럽게 익혀서 마음대로 쓰는 것이기에 그 이름을 '調柔'라 하였다. 아래의 '금을 연마하는 비유' 부분에 그 뜻이 매우 뚜렷하게 나타나 있다.

2. [發趣果], '發'은 출발하여 나아감이며, '趣'는 향하여 간다는 뜻이다. 해당 地를 원만하게 이룬 가운데 다시 밝은 이해를 구하는 것이 發趣의 주체이고, 지금의 지위에서 시작하여 뒤의 뒤로 차츰차츰 향하여 나가는 것을 발취의 대상으로 삼는다. 아래의 '상인의 비유' 부분에서는 그 뜻이 매우 유사하다.

3. [攝報果], 왕위에 오른 몸이 因行의 보답인 것을 '報'라 하고, 인행이 성취되어 결과를 거두어 받는 것을 '攝'이라 말한다.

4. [願智果], 안으로 서원의 힘을 증득하여 교화의 지혜가 자재하고, 또한 원력으로 지혜를 도와서 업의 작용이 그지없기에 '서원과 지혜'라고 말하였다.

앞의 調柔果, 發趣果는 10가지 행을 닦는 방편이고, 뒤의 攝報果, 願智果는 그 報生의 행이 순수하고 성숙함이다.

10가지 행을 닦음은 오로지 지위의 원만, 구족에 있고, 報生의 행은 시작부터 끝까지 모두 갖춤이다. 처음 초지에 머묾으로부터 모든 지위가 원만하여 왕의 몸을 받기까지를 '보답으로 받는 결과'라 말하고, 지닌 작용을 '서원과 지혜의 결과'라 말한다.

또 앞의 調柔果, 發趣果와 뒤의 願智果는 그 지위에 반드시 있지만, 攝報果만큼은 있느니 없느니 이를 결정지을 수 없다. 간혹은 그처럼 되지 않는 경우도 있기에 '대부분 그렇게 된다[多作].'고 말하지만, 반드시 그렇게 되기에 또한 '반드시 있다[定有].'고 하였다.

또한 앞의 조유과, 발취과는 역시 십지의 법이다. 첫째 조유과는 행이고, 다음 발취과는 이해이다. 이 2가지는 닦아야 할 대상이기 때문이며, 뒤의 섭보과, 원지과는 결과일 뿐, 법이 아니다. 섭보과는 본체이고, 원지과는 작용이다. 이는 닦을 대상이 아니기 때문이다. 그러므로 경문에서 섭보과, 원지과 뒤에 다시 결론의 문장에서 "대충 초지의 법문을 말하였다."고 하였다. 이런 의미를 이해하지 못하면, 論主가 법문을 잘못 들추어 아무 데나 '결과'라는 명칭을 쓸 것 같다.【초_ '又初二果' 이하는 논란을 밝힌 부분이다. 安國法師가 2가지 결과의 뒤에 결론의 문장을 발견한 까닭에 곧 "앞의 조유과, 발취과는 오직 십지의 법일 뿐이다."고 말하였고, 뒤의 섭보과, 원지과는 "바야흐로 결과의 법이다. 이는 入心·住心·出心 3가지 마음 가운데 '나오는 마음[出心]'이기 때문이다."고 하였다.

이 때문에 여기에서 회통하여 말하기를 "앞의 조유과, 발취과는 십지의 법과 결과에 모두 통하기에, 십지의 법이라는 것을 쉽게 볼 수 있지만, 뒤의 섭보과, 원지과는 끝맺은 문장이 있기 때문에 결과라는 점을 찾아보기 어렵다. 이 때문에 논에서 결과에 속한 것으로 판단하였다."고 하였다.

"이런 의미를 이해하지 못하면[不得此意.]"이하는 안국 법사에 대한 비판의 내용을 끝맺은 것이다.】

發趣는 文局初地니 以最在初故오 義通十地니 通解十地故니라 餘三은 義局初地니 報等殊故오 文通十地니 地地에 皆有故니라

四果는 卽爲四別이니

今初는 調柔라 分三이니 謂法.喩.合이라

法中分四니 一은 見佛이 爲鍊行緣이오 二는 所鍊行體오 三은 別地行相이오 四는 鍊行成熟이라

今은 初라

2. 發趣果는 초지에만 국한되는 문장이다. 이는 가장 앞에 있기 때문이다. 그러나 그 의의는 십지에 모두 통한다. 십지의 전체에 대한 이해이기 때문이다.

나머지 조유과, 섭보과, 원지과의 의의는 초지에만 국한된다. 이는 보답 등이 다르기 때문이다.

이의 경문은 십지에 모두 통한다. 모든 지위마다 모두 지니고 있기 때문이다.

조유과, 발취과, 섭보과, 원지과는 곧 4가지 별상으로 나뉜다.

1. 조련과 부드러움의 결과

이는 다시 3부분으로 나뉜다.

(1) 법, (2) 비유, (3) 종합이다.

'(1) 법'은 다시 4가지로 나뉜다.
① 부처님의 친견이 행을 조련하는 인연,
② 조련 대상이 되는 행의 본체,
③ 초지 행의 개별 양상,
④ 초지 행의 조련 성숙이다.
이는 '① 부처님의 친견' 부분이다.

經

佛子여 菩薩이 住此歡喜地已에 以大願力으로 得見多佛하나니

所謂見多百佛과 多千佛과 多百千佛과 多億佛과 多百億佛과 多千億佛과 多百千億佛과 多億那由他佛과 多百億那由他佛과 多千億那由他佛과 多百千億那由他佛이라

불자여! 보살이 이 환희지에 머문 뒤에는 큰 원력으로 수많은 부처님을 친견하나니,

이른바 수많은 백 부처님,

수많은 천 부처님,

수많은 백천 부처님,

수많은 억 부처님,

수많은 백 억 부처님,

수많은 천 억 부처님,

수많은 백천 억 부처님,

수많은 억 나유타 부처님,

수많은 백 억 나유타 부처님,

수많은 천 억 나유타 부처님,

수많은 백천 억 나유타 부처님을 친견하는 것이다.

● 疏 ●

先은 總明이오 後에 '所謂'下는 別顯이라

總中에 以大願力은 是見佛因이니 力兼神力이라 故瑜伽住品에 '有二因見佛하니 一은 願이오 二는 力이라'하니라 論經에 具二하니 論云 '以勝通力으로 見色身佛하고 以正願力으로 見法身佛이라'하니라 別中云 '見多百佛等者는 論云 方便善巧로 示現多佛이라'하니라

故此善巧有二하니

一은 不直云無量하고 而巧歷百千等數는 爲方便顯多오

二言 '多百'者는 是多箇百이라 多千等도 亦然하니 是爲一數之中에 已攝於多니 故名善巧라 理實入華藏刹海하야 見法界身雲也라

앞에서는 총괄하여 밝혔고, 뒤의 '所謂' 이하는 개별로 밝혔다.

앞의 총괄에서 말한 '큰 서원의 힘'은 부처님을 친견할 수 있는 원인이다. 힘은 신통력을 겸한다. 이 때문에 유가사지론의 住品에서 "2가지 원인으로 부처님을 친견하니,

첫째는 서원이오, 둘째는 힘이다."고 하였다.

논경에서는 서원과 힘 2가지를 모두 갖춰 말하였다.

611

논에서 말하였다.

"뛰어난 신통력으로 형상을 가진 부처님을 뵙고, 바른 서원의 힘으로 법신의 부처님을 뵙는다."

개별의 해석에서 "수많은 백 부처님을 뵙는다."고 말한 것은 논에서 "뛰어난 방편으로 수많은 부처님이 나타난 것이다."고 하였다.

그러므로 '뛰어난 방편'에는 2가지가 있다.

㉠ 직접 한량없다고 말하지 않고서 백, 천 등의 수효를 잘 세어 나가는 방편으로 수많음을 밝힌 것이며,

㉡ '多百'이라 말한 것은 '백이라는 하나의 단위가 많다.'는 뜻이다. '多千' 등도 마찬가지이다. 이는 하나의 수효 속에 이미 수많은 것을 포괄하였다. 이 때문에 '뛰어난 방편'이라고 말하였다. 이치는 실로 '화장세계'에 들어가 법계에 가득한 몸을 나타낸 것이다.

● 論 ●

見多百佛者는 卽是華藏智境에 一佛刹海가 融十方諸佛刹海하야 互叅徧徹之多百이라 非如三千大千世界佛境 限之百佛故며 乃至身塵毛孔이 等周法界虛空界之百也라 不可如情所知之百佛故니 此是智境無限中多百이라 但以安立隨位升進之法하야 明其升進이나 然其一一佛境에 不可存其中邊量見이니 但得自觀身智境의 無中邊見이면 何得論佛境의 有邊量見이리오

此는 初地中間十地와 及如來地法이 爲一地 通修十地와 及佛地

法故로 此中因果 依十廻向中佛果하야 名妙니 以十地 但成就十廻向中大願海하야 令滿彼大願行故며 亦不離初信心中金色世界와 不動智佛과 文殊師利와 普賢等行이니 如經頌云 '佛子始發生 如是妙寶心하면 則超凡夫位하야 入佛所行處'라하니라

'수많은 백 부처님을 친견한다.'는 것은 곧 華藏 지혜의 경계에 하나의 국토가 시방제불의 세계를 원융하게 받아들여 서로가 함께 하고 두루 통하는 '수많은 백 부처님'을 말한 것이지, 삼천대천세계 부처 경계에서의 백 부처님을 말한 것과는 똑같지 않기 때문이며, 나아가 몸의 수많은 모공이 법계와 허공계에 똑같은 백을 말한 것이지, 情識으로 알 수 있는 백 부처님을 말한 게 아니기 때문이다.

이는 지혜 경계의 무한한 가운데의 '수많은 백 부처님'이다. 다만 지위를 따라 위로 올라가는 법을 세워서 위로 올라가는 법을 밝혔지만, 그 하나하나 부처의 경계에 중간이니 끝이니 따지는 견해를 둘 수 없다. 다만 스스로 관찰하는 나의 지혜 경계에 중간이니 끝이니 따지는 견해가 없으면 어떻게 부처 경계에 중간이니 끝이니 따지는 견해가 있을 수 있겠는가.

이는 초지 중간 십지와 여래지의 법이, 하나의 지위에서 십지와 佛地의 법을 모두 함께 닦기 때문이다. 따라서 이의 인과는 십회향 가운데 불과에 의하여 '미묘'하다고 말한다. 십지가 다만 십회향 가운데 큰 서원의 바다를 성취하여 그 큰 서원의 행이 원만하도록 이뤄주기 때문이며, 또한 첫 신심의 가운데 '금색세계', '부동지불', '문수사리', '보현행' 등을 여의지 않는다.

이 때문에 경문의 게송에서 다음과 같이 말하였다.

"불자가 처음 이처럼 미묘한 보배 마음을 낳으면 범부의 지위에서 벗어나 부처가 행하던 자리에 들어가리라."

二. 所鍊行體
② 조련 대상이 되는 행의 본체

經
悉以大心深心으로 恭敬尊重하고 承事供養호되 衣服飮食과 臥具醫藥과 一切資生을 悉以奉施하며 亦以供養一切衆僧하야
以此善根으로 皆悉廻向無上菩提니라
佛子여 此菩薩이 因供養諸佛故로 得成就衆生法하야

모든 큰 마음과 깊은 마음으로 공경하고 존중하며, 받들어 섬기고 공양하되, 의복과 음식, 좌복(臥具)과 의약, 모든 생활 물품을 모두 받들어 보시하며, 또한 일체 스님에게도 공양하여, 이러한 선근으로 모두 위없는 보리에 회향하는 것이다.

불자여! 이 보살들이 여러 부처님께 공양한 인연으로 중생의 법을 성취하는 것이다.

● 疏 ●

以行入'行'일세 故名爲鍊이니 如金入火라

然有三種入일세 卽分爲三이니

一은 入功德이니 卽供佛行이라 去薄福垢며 亦兼供僧이오

二'以此善'下는 入無上果니 卽廻向行이라 去下劣垢니 論當第三이니 意明通廻二行이라

三'佛子此菩薩'下는 入大悲心이니 卽利生行으로 去懈怠故니라

【鈔_論云'供養者 有其三種하니 一은 恭敬供養이니 謂讚歎等으로 顯佛功德이오 二는 尊重供養이니 謂禮拜等이오 三은 奉施供養이니 謂華香等이니 卽衣服下文이라하니라

其大心深心은 卽能供養心이니 謂爲求佛일세 故云大心이오 心慇重故로 名爲深心이니라】

　'이치에 의하여 행을 일으키고 행에 의하여 이치에 들어가는 行入'으로 행하기에 이를 '조련'이라 말하니 마치 금이 용광로에 들어가는 것과 같다.

　그러나 3가지 들어감이 있기에 3부분으로 나눈다.

　㉠ 공덕에 들어감이다. 부처님께 공양을 올리는 행이다. 박복한 허물을 없앰이다. 또한 스님에게 올리는 공양도 겸하고 있다.

　㉡ '以此善根' 이하는 위없는 果德에 들어감이다. 이는 회향행이다. 속되고 비열한 허물을 없앰이다. 논의 셋째에 해당한다. 그 뜻은 2가지 행을 모두 회향한다는 뜻으로 밝힌 것이다.

　㉢ '佛子此菩薩' 이하는 대비심에 들어감이다. 이는 중생에게

615

이익을 베푸는 행으로 나태한 허물을 없애주기 때문이다.【초_ 논에서 말하였다.

"공양하는 데에는 3가지가 있다.

① 공경의 공양, 찬탄 등으로 부처님의 공덕을 밝히는 것이다.

② 존중의 공양, 예배 등을 말한다.

③ 보시의 공양, 꽃과 향 등을 말한다. 이는 '의복' 이하의 경문을 말한다."

그 大心과 深心은 공양의 주체가 되는 마음이다. 부처를 구하기 때문에 '큰 마음'이라 말하고, 마음이 은근하고 후중한 까닭에 '깊은 마음'이라 말한다.】

三 別地行相
③ 초지 행의 개별 양상

經

以前二攝으로 攝取衆生하나니 謂布施愛語오 後二攝法은 但以信解力故로 行일세 未善通達이니
是菩薩이 十波羅蜜中에 檀波羅蜜이 增上하고 餘波羅蜜은 非不修行이로대 但隨力隨分이니라

사섭법(四攝法) 가운데 앞의 2가지로 중생을 받아들이니, 보시와 사랑스러운 말씨를 말하며, 뒤의 2가지[利行攝, 同事攝]는 다만 신심과 이해하는 힘으로 행할 뿐, 잘 통달하지 못한 부분이 있다.

이는 보살이 십바라밀 가운데 보시바라밀이 가장 으뜸이고 나머지 바라밀은 수행이 아닌 것은 아니지만, 역량을 따르고 인연을 따를 뿐이다.

● 疏 ●

先은 約四攝이라 然四攝을 望前인댄 猶是利衆生法이나 望後면 爲別地行相이니 以因利生之便일새 故於此明이니라 下二地中에는 乃在鍊行成後라 四攝이 雖不足全別十地나 爲是化生之法일새 故用之耳니라 愛語는 是法施니 初地檀滿일새 故說二增이라

二는 約十度라 然證相難分을 寄十度等하야 以顯差別하야 各說一增이라 若不爾者인댄 何不二地에 言二度增고 檀度는 初地에 先已增故며 乃至九地에 應言九增이니 九地에 尙云 '餘非不修'언마는 隨力隨分'이라하니 顯寄明矣로다

是以로 具論諸地所行에 畧有五義하니

一은 爲別地에 各說一增이니 如今文 是오

二는 辨勝過前이니 初地는 檀勝이오 二地는 二度 勝故라 二地文云 '遠離慳嫉破戒垢故'라하며 乃至十地에 十度皆勝이라하나니 是則後後 皆勝前前이니라

三은 論其實行인댄 地地에 具修오

四는 證理平等이니 非多非一이오

五는 約圓融이면 一具一切니라

첫째, 사섭법으로 말하였다. 그러나 사섭법을 앞에 비춰보면 오히려 중생에게 이익이 되는 법이지만, 뒤에 비춰보면 십지 수행의 개별 양상이다. 중생에게 이익이 되는 방편으로 인하여 여기에서 밝힌 것이다. 아래 2지 중에는 조련할 행이 성취된 뒤에 있다. 사섭법은 비록 십지와 전혀 다른 것은 아니지만, 중생을 교화하는 법이기에 이를 인용했을 뿐이다. 愛語는 법보시이다. 초지는 보시바라밀의 원만이기에 2가지의 으뜸[增上]을 말한 것이다.

둘째, 십바라밀로 말하였다. 그러나 증득한 양상을 구분하기 어려운 점을 십바라밀 등에 의탁하여 차별을 밝히면서 '각기 하나의 增上'을 말하였다. 만일 그렇지 않다면 어째서 2지에서 2가지 바라밀의 증상을 말하지 않았는가. 보시바라밀은 초지에서 먼저 이미 증상이기 때문이며, 나아가 9지에서는 당연히 9가지의 증상이라 말해야 할 것이다. 9지에서도 오히려 "나머지는 수행이 아닌 것은 아니지만 역량을 따르고 인연을 따를 뿐이다."고 하였다. 이는 바라밀에 의탁하여 밝혔음이 분명하다.

이 때문에 여러 지위에서 행해야 할 대상을 구체적으로 논한 부분에 대략 5가지 뜻이 있다.

㉠ 개별의 지위마다 각기 하나의 증상을 말하였다. 이는 여기에서 말한 경문이 바로 그것이다.

㉡ 앞의 지위보다 더욱 뛰어남을 논변하였다. 초지에서는 보시바라밀이 뛰어나고, 제2지에서는 2가지 바라밀이 뛰어나기 때문이다. 제2지의 경문에서 "인색한 마음, 질투하는 마음, 파계의 허물

을 멀리 여의었기 때문이다."고 하였고, 십지에 이르러서는 "십바라밀이 모두 뛰어나다."고 하였다. 이는 뒤로 가면 갈수록 앞의 앞보다 뛰어난 것이다.

ⓒ 그 실행을 논하면 지위마다 수행이 구족하다.

ⓔ 이치가 평등함을 증득하였다. 많은 것도 아니고 하나도 아니다.

ⓜ 원융법문으로 말하면 하나에 모든 것을 갖추고 있다.

四 所鍊行成
④ 초지 행의 조련 성숙

經
是菩薩이 **隨所勤修供養諸佛**하고 **教化衆生**하야 **皆以修行清淨地法**일세 **所有善根**을 **悉以廻向**하야 **一切智地 轉轉明淨**하며 **調柔成就**에 **隨意堪用**하나니라

이 보살이 어느 곳에서나 부처님께 공양하고 중생을 교화하는 일을 부지런히 닦아 모두 청정한 지위의 법을 수행하기에, 소유한 선근을 모조리 회향하여, 일체 지혜의 지위가 갈수록 밝고 청정하며, 조련과 부드러움의 결과가 성취되어 마음대로 쓸 수 있다.

● 疏 ●

鍊行成中에 總收三入이라

初는 牒供佛化生하야 以爲能鍊이오

信等淨法은 以爲所鍊이오

後는 擧前廻向能鍊하야 令信等淨也니라

言轉轉者는 此之信等이 於初地中에 有三節淨하니

謂初住地時에 證前緣修하야 令成眞修 已是一淨이오

二는 行挍量中에 對除障法이 復一度淨이오

今此地後에 更歷三修일새 故云轉轉이니라

조련한 행의 성취 부분은 3가지 들어감[三入]으로 총괄하여 정리하였다.

㉠ 부처님께 공양과 중생의 교화를 이어서 조련의 주체로 삼고,

㉡ 신심 등의 청정한 법은 조련의 대상이 되며,

㉢ 앞의 회향 주체를 들어서 신심 등을 청정하게 한다.

'갈수록[轉轉]'이라고 말한 것은 이러한 신심 등이 초지에 3단계의 청정이 있기 때문이다.

㉠ 처음 십지에 머물 적에 앞의 '반연의 수행'을 증득하여 '참된 수행'의 성취가 이미 하나의 청정이다.

㉡ 행을 비교하는 가운데 수행의 장애를 다스려서 제거하는 법이 또 하나의 청정이다.

㉢ 지금의 지위 뒤에 다시 세 번째의 수행을 거치기에 '轉轉'이라 말하였다.

第二喻

(2) 비유

經

佛子여 譬如金師 善巧鍊金하야 數數入火에 轉轉明淨하며 調柔成就에 隨意堪用인달하니라

불자여! 비유하면 대장장이가 금을 잘 단련하여 자주자주 용광로의 불길에 넣을수록 더욱 맑고 선명하며, 조련과 부드러움이 성취되어 마음대로 쓸 수 있는 것처럼,

● 疏 ●

喻中에 金師는 喻菩薩이오 金은 喻信等이오 火는 喻供等三行이라 三行非一일새 名數數入이라 調柔成就는 喻鍊行成이라
金性은 本有라 從緣始顯이어니와 信等은 修生이어니 云何同喻리오
信等有二하니
一은 未證眞前에 但約緣修니 爲對治行이 妄識爲體오
二는 證眞之後에 乃知信等이 非是今有오 卽如來藏中에 恒沙佛法이 眞心爲體니 眞心爲體 卽是理性이오 信等相殊를 說爲行性이라 此二不二일새 並可喻金이라 雖假供等緣修하야 以成眞德이나 德由眞起오 後成嚴具에도 亦不異金이라 旣了於眞에 眞非妄外일새 故全妄識이 卽是眞心이라 寄相顯眞일새 故分能所니라

비유 부분에서 말한 대장장이는 보살에, 금은 신심 등에, 용광

로의 불길은 부처님께 공양 등 3가지 행에 비유하였다. 3가지 행은 하나가 아니기에 '자주자주 넣는다.'고 말하였다. '調柔果'의 성취는 조련하여 행이 성취됨을 비유하였다.

"금의 성질은 본디 고유한 것이다. 인연 따라서 처음 나타난 것이지만, 신심 등은 후천적 수행으로 생겨났는데 어떻게 같이 비유할 수 있겠는가."

신심 등에는 2가지가 있다.

① 진여를 증득하기 전에는 단 인연에 따른 수행으로 말한다. 다스리는 행이 妄識으로 본체를 삼는다.

② 진여를 증득한 뒤에야 신심 등이 지금에 존재한 것이 아님을 알게 된다. 이는 여래장 가운데 항하사처럼 수많은 불법이 진심으로 본체를 삼는다. 진심으로 본체를 삼음은 곧 진리의 체성이고, 신심 등 10가지가 각기 다른 것을 행의 체성이라 말한다. 이 2가지는 둘이 아니기에 모두 眞金에 비유한 것이다.

비록 공양 등의 인연과 수행을 빌려 참된 공덕을 성취했지만, 공덕은 진심에서 일어나고, 뒤에 성취한 장엄도구 또한 진금과 다르지 않다. 이미 진여를 깨달으면 진여는 망식의 밖에 있는 게 아니다. 전체의 망식이 바로 진심이다. 형상에 의탁하여 진여를 밝힌 까닭에 주체와 대상으로 나눈 것이다.

第三法合

　(3) 법으로 종합하다

菩薩도 **亦復如是**하야 **供養諸佛**하고 **敎化衆生**이 **皆爲修 行淸淨地法**일세 **所有善根**을 **悉以廻向**하야 **一切智地 轉 轉明淨**하며 **調柔成就**에 **隨意堪用**이니라

보살 또한 그와 같다. 여러 부처님께 공양하고 중생을 교화함이 모두 청정한 지위의 법을 수행함이기에, 소유한 선근을 모조리 회향하여 일체 지혜의 지위가 갈수록 밝고 청정하며, 조련과 부드러움의 결과가 성취되어 마음대로 쓸 수 있다.

◉ 疏 ◉

準喩可知로다

비유에 준하여 살펴보면 설명하지 않아도 알 수 있다.

━

第二 發趣果

中二니 初는 正明發趣果오 後'佛子是名'下는 總結地相이라
前中에 有四하니 一은 法이오 二는 喩오 三은 合이오 四는 結이라
法中에 亦四니 一은 問이오 二는 知오 三은 行이오 四는 到라 知是明解니 正能發趣라 然由問故知일세 所以先問이오 知意在行이오 行必能到니라
今初는 問이라

2. 출발하여 닦아나가는 결과

이는 2부분이다.

앞은 바로 출발하여 나가는 결과를 밝혔고,

뒤의 '佛子是名' 이하는 지위의 양상을 총괄하여 끝맺었다.

앞의 '출발하여 닦아나가는 결과'를 밝힌 부분은 4가지이다.

(1) 법, (2) 비유, (3) 종합, (4) 권면으로 끝맺음이다.

법 또한 4가지이다.

① 질문, ② 아는 것, ③ 실천하는 것, ④ 도달하는 것이다.

아는 것이란 분명한 이해이기에 바로 출발하여 나아갈 수 있다. 그러나 질문을 통하여 알 수 있기에 질문을 앞세웠고, 앎의 의미는 실천하는 데 있으며, 실천하면 반드시 도달할 수 있다.

이는 ① 질문 부분이다.

> **經**
>
> 佛子여 菩薩摩訶薩이 住於初地에
> 應從諸佛菩薩善知識所하야 推求請問於此地中의 相
> 及得果호되 無有厭足이니 爲欲成就此地法故며
> 亦應從諸佛菩薩善知識所하야 推求請問第二地中의
> 相及得果호되 無有厭足이니 爲欲成就彼地法故며
> 亦應如是推求請問第三第四第五第六第七第八第九
> 第十地中의 相及得果호되 無有厭足이니 爲欲成就彼地
> 法故니라

불자여! 보살마하살이 초지에 머물 적에 당연히 여러 부처님과 보살과 선지식이 있는 곳에서 이 지위에서의 모양과 얻는 결과를 구하고 묻되 싫어하거나 만족해하는 마음이 없어야 한다. 이 지위의 법을 성취하고자 한 때문이다.

또한 당연히 여러 부처님과 보살과 선지식이 있는 곳에서 제2지의 모양과 얻는 결과를 구하고 묻되 싫어하거나 만족해하는 마음이 없어야 한다. 그 지위의 법을 성취하고자 한 때문이다.

또한 당연히 이처럼 제3·제4·제5·제6·제7·제8·제9·제10지의 모양과 얻는 결과를 구하고 묻되 싫어하거나 만족해하는 마음이 없어야 한다. 그 지위의 법을 성취하고자 한 때문이다.

● 疏 ●

問中에 具問諸地하고 初地已滿에 而更問者는 一은 問勝進이오 非問自分이라 二者는 一地之中에 具攝一切諸地功德일세 故問所攝이 容許未知니라

於中에 云相及得果者는 相은 卽隨諸地中所有諸障과 及對治相故니 謂諸地能所觀相이 皆別十地故니라 得者는 卽正證出世間智故오 果者는 因證智力하야 得世間出世間智故라 相은 卽方便智오 得은 是根本이오 果는 卽後得이니 後得은 緣俗일세 故名世間이오 無分別故로 復名出世니라

又此三者는 卽是三道니 初是無間이니 與惑相翻이오 二是解脫이니 正證無爲오 三是勝進이니 後智進修라

不說加行者는 地前加行은 非地攝故오 地上加行은 勝進收故라

言'爲欲成就此地法'者는 當地法也오 後云彼地法者는 後地法
也라 若準論意인댄 成就地法은 卽是信等이라

물음 부분 가운데 구체적으로 모든 지위에 대해 물었고, 초지가 이미 원만함에도 다시 물은 것은 2가지 이유 때문이다.

㉠ 잘 닦아나감에 대한 물음이지, 자신의 연분에 대한 물음이 아니다.

㉡ 한 지위 가운데 모든 지위의 공덕이 갖춰져 있다. 따라서 물음에 포괄되어 있는 바를 간혹 알지 못할 수 있다.

그 가운데 '양상과 얻은 결과[相及得果]'라는 양상[相]은 여러 지위에 수반되는 장애와 이를 다스리는 양상이다. 여러 지위에서 관찰의 주체와 대상이 모두 십지에 각기 다르기 때문이다. 얻는다[得]는 것은 출세간의 지혜를 바로 증득한 때문이며, '결과[果]'란 증득한 지혜의 힘으로 인하여 세간의 지혜와 출세간의 지혜를 얻었기 때문이다.

'양상'은 방편의 지혜이고, '얻음'은 근본지이고, '결과'는 후득지를 말한다. 후득지는 세속을 반연하므로 '세간의 지혜'라 말하고, 분별이 없는 지혜이므로 다시 '출세간의 지혜'라고 말한다.

또한 이 3가지는 3가지의 도이다.

㉠ 無間道, 망혹을 뒤집음이며,

㉡ 解脫道, 바로 무위를 증득함이며,

㉢ 勝進道, 후득지를 닦아나가는 것이다.

가행도를 말하지 않은 것은 십지 이전의 가행도란 십지에 포함되지 않기 때문이며, 십지 이상의 가행도는 잘 닦아나가 수습하기 때문이다.

"그 지위의 법을 성취하고자 한 때문이다."고 말한 것은 '해당 지위의 법'을 가리키며, 뒤에서 말한 '그 지위의 법'이란 '다음 지위의 법'을 가리킨다. 논의 주장에 준하여 보면 '지위의 법을 성취함'은 곧 믿음 등의 행을 말한다.

第二明知

② 아는 것을 밝히다

經

是菩薩이 善知諸地障對治하며
善知地成壞하며
善知地相果하며
善知地得修하며
善知地法清淨하며
善知地地轉行하며
善知地地處非處하며
善知地地殊勝智하며
善知地地不退轉하며
善知淨治一切菩薩地와 乃至轉入如來地니

이 보살이 십지의 장애가 무엇인지, 다스릴 법이 무엇인지를 잘 알며,

 십지의 성취와 무너짐을 잘 알며,

 십지의 양상과 결과를 잘 알며,

 십지의 얻음과 닦음을 잘 알며,

 십지의 법이 청정함을 잘 알며,

 지위와 지위로 옮겨감을 잘 알며,

 지위와 지위의 머물 곳과 그른 곳을 잘 알며,

 지위와 지위의 수승한 지혜를 잘 알며,

 지위와 지위에서 퇴전하지 않음을 잘 알며,

 일체 보살의 지위를 청정하게 다스림과 내지 여래의 지위에 옮겨 들어감을 잘 알고 있다.

◉ 疏 ◉

明知이니 由問故知라 知不異問이니 經展問中의 相及得·果하야 以爲十句하고 論攝十句하야 爲五方便이라 言方便者는 行修善巧也라

 아는 것을 밝혔다. 물음을 통하여 알기에 아는 것은 물음과 다르지 않다. 앞의 경문에서의 물음은 양상과 증득과 결과 3가지로 10구절을 전개하였다.

 논에서는 10구를 포괄하여 5가지 방편으로 삼았다. 방편이라 말한 것은 행을 잘 닦아나가는 뛰어난 방법을 말한다.

第一은 觀方便이니 觀謂觀解니 攝初二句라

一'諸地障對治'者는 以能治觀解로 治十種障하야 立十地別이니 本文에 具之하니 此約所斷하야 明觀이라

二'地成壞'者는 攬行成位니 集故로 名成이니 諸行各住니 散故로 名壞니 此約所知하야 明觀이라

㉠ 관찰의 방편이다. 觀이란 관찰과 이해를 말한다. 제1, 2구는 여기에 해당한다.

제1구[善知諸地障對治]에서 말한 '여러 지위의 장애를 다스리는 일'이란 다스림의 주체인 관찰과 이해로 10가지 장애를 다스려서 십지의 개별 양상을 세우는 것이다. 이는 경의 본문에 잘 갖춰져 있다. 여기서는 끊을 대상[所斷]을 들어서 관찰을 밝힌 것이다.

제2구[善知地成壞]에서 말한 '십지의 성취와 무너짐'이란 행을 들어서 그에 따른 지위가 이뤄지는 바, 쌓아 모은 까닭에 이를 '성취'라 말하고, 모든 행은 각기 해당 지위에 따라서 머무는 바, 10가지 지위로 흩어져 있기에 이를 '무너짐'이라고 말하였다. 여기서는 알아야 할 대상[所知]을 들어서 관찰을 밝힌 것이다.

第二는 得方便이니 得은 謂證入이니 攝次三句라 曲有三種方便하니

一'相果'者는 卽欲入方便이니 是方便智니 帶相觀終일새 故名相果라

二'得修'者는 已入方便이니 卽根本智니 顯是證修오 非緣修故라

三은 勝進方便이니 卽後得智라 謂信等成地之法이니 離障淸淨故니라

㉡ 얻음의 방편이다. 얻음이란 증득하여 들어감을 말한다.

다음 3구절을 포괄하고 있다. 자세히는 3가지 방편이 있다.

첫째, 제3구[善知地相果]의 '양상과 결과'란 들어가고자 하는 방

편이다. 이는 방편지이다. 양상을 수반하는 관찰을 마쳤기에 이를 '양상과 결과'라 말하였다.

둘째, 제4구[善知地得修]의 '얻음과 닦음'이란 이미 들어간 방편이다. 이는 근본지이다. 따라서 이는 '진여의 본체와 상응하여 자연스럽게 닦아나가는 證修'를 말한 것이지, '마음을 두어 억지로 노력하여 수행하려는 緣修'가 아님을 밝힌 것이다.

셋째, 제5구[善知地法淸淨]는 잘 닦아나가는 방편이다. 이는 후득지이다. 신심 등의 행으로 지위를 완성하는 법이다. 장애를 여읜 청정이기 때문이다.

第三은 增上方便이니 進修後位일새 故名增上이라 亦攝三句하니
一 '地地轉行'者는 依前起後하야 地背相捨故오
二는 二執을 名非處오 二空을 爲住處니 亦是相應과 不相應也라
三은 以後勝前으로 增長善巧니 名殊勝智라

ⓒ 더욱 향상하는 방편이다. 다음 지위를 닦아나가기에 이를 增上이라 말한다.

이 또한 3구절을 포괄하고 있다.

첫째, 제6구[善知地地轉行]의 '지위와 지위로 옮겨감'이란 앞의 지위에 의지하여 뒤의 지위를 일으켜서 하나의 지위를 등지고 그 양상을 버리기 때문이다.

둘째, 제7구[善知地地處非處]는 아집과 법집 2가지를 '그른 곳'이라 말하고, 아공과 법공 2가지를 '머물 곳'이라 한다. 이 또한 진여와 상응한 곳, 상응하지 못한 곳이다.

셋째, 제8구[善知地地殊勝智]는 뒤의 지위가 앞의 지위보다 뛰어나게 더욱 잘 키워나가기에 이를 '수승한 지혜'라 말한다.

第四는 不退轉方便이니 唯第九句니 前三方便을 無退息故라

㉣ 물러서지 않는 방편이다. 오직 제9구[善知地地不退轉]뿐이다. 위의 3가지 방편을 따라 물러나거나 멈춤이 없기 때문이다.

第五는 盡至方便이니 卽第十句라 淨治菩薩地盡하야 轉至佛智地故니라

㉤ 끝까지 가는 방편이다. 이는 제10구[善知淨治一切菩薩地乃至轉入如來地]이다. 보살의 지위를 모두 말끔히 다스리고 나아가 佛智의 지위에 이르렀기 때문이다.

若以相等으로 攝五方便인댄 初一은 是相이오 二는 具於三이니 如次三句가 配相·得·果오 第三은 唯果오 第四는 總明三事不退오 五는 通明三 因窮入果니라
若攝十句인댄 初三爲相이오 第四是得이오 次四是果오 後二具三이니라

만일 '양상' 등으로 5가지 방편을 정리하면,

제1 방편은 양상이다.

제2 방편은 양상·증득·결과 3가지를 모두 갖췄다. 제2구 이하 3구의 차례처럼 양상·증득·결과에 짝지어 말할 수 있다.

제3 방편은 결과만을 말했다.

제4 방편은 양상·증득·결과 3가지 일에 물러서지 않음을 총괄하여 밝혔다.

제5 방편은 3가지의 일이 인행을 다하여 결과에 들어감을 통

631

틀어 밝혔다.

만일 10구를 정리하면, 처음 3구는 양상이고, 제4구는 증득이며, 다음 제5~8의 4구는 결과이고, 뒤 제9, 10의 2구는 양상·증득·결과 3가지를 모두 갖췄다.

第三은 行이오 第四 '由此' 下는 到라

③은 실천하는 것이며, ④ '由此' 이하는 도달하는 것이다.

經

佛子여 菩薩이 如是善知地相에 始於初地하야 起行不斷하며 如是乃至入第十地히 無有斷絕이니
由此諸地智光明故로 成於如來智慧光明이니라

불자여! 보살이 이처럼 십지의 모양을 잘 알고서, 처음 초지에서 수행을 일으켜 끊임이 없으며, 이와 같이 제십지에 이르기까지 단절이 없다.

이러한 모든 지위의 지혜 광명에 의하여 여래의 지혜 광명을 성취하는 것이다.

● 疏 ●

竝可知로다

아울러 이는 설명하지 않아도 알 수 있다.

第二喩

(2) 비유

經

佛子여 譬如商主 善知方便하야 欲將諸商人하고 往詣大城호되 未發之時에 先問道中功德過失과 及住止之處의 安危可不然後에 具道資糧하야 作所應作하나니

佛子여 彼大商主 雖未發足이나 能知道中에 所有一切 安危之事하야

善以智慧로 籌量觀察하야 備其所須하야 令無乏少하고사 將諸商衆하고 乃至安穩到彼大城하야 身及衆人이 悉免憂患인달하니라

불자여! 마치 상주가 방편을 잘 아는데, 많은 상인을 거느리고 큰 성으로 가려면 길을 떠나기 전에 먼저 길 가는 동안에 있을 수 있는 좋은 일, 잘못될 수 있는 일, 머물 곳이 편안할지 위태로울지를 자세히 물은 뒤에, 도중에 필요한 양식을 준비하고 마련할 것을 마련한다.

불자여! 저 상주가 길을 떠나지 않았지만 도중에 겪게 될 수 있는 편안하고 위태로운 일들을 미리 잘 알고서, 지혜로 잘 생각하고 관찰하여 그에 따른 필요한 것들을 준비하여 부족함이 없도록 모두 갖춘 뒤에야 많은 상인을 거느리고서 무사히 큰 성에 도착하여,

그 자신이나 많은 사람들이 모두 걱정을 모면할 수 있었다.

● 疏 ●

喻中에 初는 喻前問이라 有二方便하니

一은 不迷方便이라 道中은 喻行因이오 住止는 喻得地라 各有障治일새 故曰安危라

二는 資具方便이니 具資糧故라 不迷는 多約利他오 資具는 多明自利니라

次'佛子彼大'下는 喻知오

三'善以'下는 喻行이오

四'乃至'下는 喻到라 行中에 語畧일새 故云 乃至니라

비유 부분은 4단락으로 나뉜다.

① 앞 물음의 뜻을 비유하였다. 2가지 방편이 있다.

㉠ 혼미함이 없는 방편이다. '길 가는 동안'이란 행의 원인을, '머물 곳'은 십지 얻음을 비유하였다. 각기 장애를 다스림이 있기에 '편안하고 위태함'이라 하였다.

㉡ 양식거리를 마련한 방편이다. 살림살이를 갖췄기 때문이다. 혼미하지 않음은 대부분 이타행을 들어 말하였고, 양식거리를 마련한 방편은 대부분 자리행을 들어 밝혔다.

② '佛子彼大商主' 이하는 아는 것을 비유했고,

③ '善以' 이하는 실천하는 것을 비유했고,

④ '乃至' 이하는 도달하는 것을 비유했다. 실천의 비유 부분의

말이 생략되었기에 '乃至'를 말하였다.

第三 合
(3) 종합

經

佛子여 菩薩商主도 亦復如是하야 住於初地에 善知諸地障對治하며 乃至善知一切菩薩地淸淨하야 轉入如來地然後에야 乃具福智資糧하야 將一切衆生하고 經生死曠野險難之處하야 安穩得至薩婆若城하야 身及衆生이 不經患難하나니

불자여! 보살의 상주 또한 그처럼 초지에 머물면서 십지의 장애와 다스릴 바를 잘 알고, 내지 일체 보살 지위의 청정함을 잘 알고서 여래의 지위에 옮겨 들어가고, 그런 뒤에 복과 지혜의 양식을 갖춰서 일체중생을 거느리고 죽고 사는 드넓은 벌판, 위험한 곳을 지나서 무사히 살바야의 성에 이르러, 자신이나 중생이 어려움을 겪지 않도록 한다.

● 疏 ●

合中에 初는 合知오 '然後'下는 合行이오 '安穩'下는 合到라 喩中에 畧行하고 此中畧問은 欲影顯耳라

법과 비유를 종합한 부분 가운데 첫 부분은 아는 것에, '然後' 이하는 실천하는 것에, '安穩' 이하는 도달하는 것에 종합하여 말하였다.

비유 부분에서는 실천하는 것을 생략하였고, 여기에서는 물음을 생략한 것은 전후 문장을 서로 반영하여 밝히고자 함이다.

第四 結勸

(4) 권면으로 끝맺다

經

是故로 菩薩이 常應匪懈하야 勤修諸地殊勝淨業하며 乃至趣入如來智地니라

이 때문에 보살은 항상 게으르지 않고서 부지런히 십지의 수승하고 청정한 업을 닦아야 하며, 내지 여래의 지혜 자리를 향하여 들어가야 한다.

● 疏 ●

可知니라

이는 설명하지 않아도 알 수 있다.

第二. 總結地相

뒤에서는 지위의 양상을 총괄하여 끝맺다

經

佛子여 是名略說菩薩摩訶薩의 入菩薩初地門이니 廣說則有無量無邊百千阿僧祇差別事니라

불자여! 그 이름을 보살마하살이 보살 초지의 문에 들어감을 간단하게 말하였다고 한다. 이를 널리 말하려면 한량없고 끝없는 백천 아승기의 각기 다른 일들이 있다.

● 疏 ●

行修已竟일세 故於此結이라 前은 說分齊深故로 說其一分이오 此中廣故로 說所不盡이니라

실천의 수행을 이미 마쳤기에 여기에서 끝맺은 것이다.

앞에서 말한 부분은 심오한 까닭에 그중 일부분만을 말하고, 여기에서 광범위하게 말한 까닭에 말로 다할 수 없다.

第三. 攝報果利益勝

中에 分二니 先은 明在家果오 後는 出家果라

前中에 復二니

初는 上勝身이니 顯其報勝이오

後는 明上勝果니 顯其行勝이라

今은 初라

> 3. 인행의 보답으로 거둔 결과의 이익이 뛰어나다
>
> 이의 경문은 2단락으로 나뉜다.
>
> ⑴ 在家의 결과를 밝혔고,
>
> ⑵ 출가의 결과를 밝혔다.
>
> '⑴ 재가' 부분은 다시 2부분으로 나뉜다.
>
> ① 윗자리에 있는 뛰어난 몸이다. 그 보답이 뛰어남을 밝혔다.
>
> ② 윗자리에 있는 뛰어난 결과이다. 그 수행이 뛰어남을 밝혔다.
>
> 이는 첫 부분이다.

經

佛子여 **菩薩摩訶薩**이 **住此初地**에 **多作閻浮提王**하야 **豪貴自在**하야 **常護正法**하며

불자여! 보살마하살이 이 초지에 머물 적에 많은 이들이 남섬부주의 왕이 되어 호화롭고 자재하여 언제나 바른 법을 보호하며,

● 疏 ●

閻浮提王者는 卽鐵輪王이라 然瓔珞·仁王에 地前四位를 已配四輪이어늘 今在初地하야 方作鐵輪하니 正明皆寄는 不可定執이라
常護正法은 應是行勝이어늘 如何論主가 將屬身勝고 護法이 有二

하니 一은 護國正法이니 則賞罰以宜오 二는 護佛正法이니 敎理等이며 興建擯斥이라 論依初義니라

염부주의 왕은 곧 철륜왕이다. 그러나 영락경과 인왕반야경에서 십지 이전의 4가지 지위를 이미 四輪王[金輪王, 銀輪王, 銅輪王, 鐵輪王]에 짝지어 말했는데, 여기에서는 초지에서 철륜왕을 들어 말하였다. 이처럼 지위에 붙여 보는 모든 부분은 결정지어 고집해서는 안 됨을 밝힌 것이다.

"언제나 바른 법을 보호한다."고 말한 것은 당연히 실천이 훌륭한 부분인데, 어찌하여 논주는 '받은 몸의 훌륭함'에 붙여 말하였는가?

법을 수호한 데에 2가지가 있다.

㉠ 나라의 바른 법을 수호함이다. 賞善罰惡의 공정함이다.

㉡ 부처의 바른 법, 교리 등을 수호하여, 불법을 일으켜 세우고 이단을 배척하는 것이다.

논에서는 '㉠ 나라의 바른 법을 수호함'의 의의를 따라 말하였다.

二 上勝果

② 윗자리에 있는 뛰어난 결과

經
能以大施로 攝取衆生하야 善除衆生의 慳貪之垢하고 常行大施호되 無有窮盡하야 布施·愛語·利行·同事하나니

如是一切諸所作業이 皆不離念佛하며 不離念法하며 不離念僧하며 不離念同行菩薩하며 不離念菩薩行하며 不離念諸波羅蜜하며 不離念諸地하며 不離念力하며 不離念無畏하며 不離念不共佛法하며 乃至不離念具足一切種과 一切智智니라

復作是念호되 我當於一切衆生中에 爲首며 爲勝이며 爲殊勝이며 爲妙며 爲微妙며 爲上이며 爲無上이며 爲導며 爲將이며 爲帥며 乃至爲一切智智依止者라하나니라

 큰 보시로 중생을 거두어 중생의 인색과 탐욕의 허물을 잘 없애주고, 항상 큰 보시를 행하되 그지없이 보시, 사랑스러운 말씨, 이익이 되는 행, 일을 함께하는 것이다.

 이처럼 일체 모든 하는 일들이
 모두 부처님을 생각하여 여읜 적이 없고,
 법을 생각하여 여읜 적이 없으며,
 스님을 생각하여 여읜 적이 없고,
 함께 수행하는 보살을 생각하여 여읜 적이 없으며,
 보살의 행을 생각하여 여읜 적이 없고,
 모든 바라밀다를 생각하여 여읜 적이 없으며,
 십지를 생각하여 여읜 적이 없고,
 부처님의 힘을 생각하여 여읜 적이 없으며,
 두려움 없음을 생각하여 여읜 적이 없고,
 그 누구도 함께할 수 없는 불법을 생각하여 여읜 적이 없으며,

내지 일체 종자와 일체지의 지혜가 두루 원만함을 생각하여 여읜 적이 없다.

또 이렇게 생각하였다.

'내가 일체중생 가운데 우두머리가 되고 나은 이가 되고 썩 나은 이가 되고, 묘하고 미묘하고, 위가 되고 위없는 이가 되고, 길잡이가 되고 장수가 되고 통솔자가 되며, 내지 일체지 지혜의 의지처가 되리라.'

● 疏 ●

上勝果者는 依前王報하야 起於勝行이 是身之果라
於中에 二니 初는 行이오 後는 願이라

'윗자리에 있는 뛰어난 결과'는 앞의 보답받은 왕의 몸에 의하여 뛰어난 행을 일으킴이 몸의 결과이다.

이의 경문은 2단락으로 나뉜다.

첫째, 실천.

둘째, 서원.

前中에 亦二니
一은 大悲利他라 謂若施若攝이라
二 '如是一切'下는 不失自利니 正作利他業時에 卽不離念佛等故라 謂利他事中에 廻向菩提故로 成大恭敬事하며 不生分別故로 除諸妄想하며 順理合體일세 故云不離니라
所念이 有十一을 論分爲四하니

一은 初三은 是 上念이니 三寶가 在已上故며 不離三輪故라
次一은 是 同法念이오
次三은 功德念이라 一은 自身他身菩薩行이오 二는 度行自體오 三은
諸地轉勝故라
後四는 求義念佛이니 以力等이 是眞實究竟義故며 已所求故니라

첫째, 실천은 다시 2부분으로 나뉜다.

① 대비의 이타행이다. 보시바라밀과 사섭법을 말한다.

② '如是一切' 이하는 자리행을 잃지 않음이다. 바로 이타행의 일을 할 적에 "부처님을 생각하여 여읜 적이 없다."는 등이기 때문이다.

이타행으로 보리에 회향하는 까닭에 크게 공경하는 일을 성취하며, 분별심을 내지 않는 까닭에 모든 망상을 제거하며, 이치에 따르고 본체와 하나가 되기에 '여읜 적이 없다.'고 말하였다.

생각의 대상에 11구가 있는데, 논에서는 이를 4부분으로 나누었다.

① 첫 3구[不離念佛, 念法, 念僧]는 우두머리가 될 것을 생각함이다. 불법승 삼보는 자신의 위에 있기 때문이며, 三輪을 여의지 않았기 때문이다.

② 다음 1구[不離念同行菩薩]는 같은 법을 생각함이다.

③ 다음 3구는 공덕의 생각이다.

㉠ [不離念菩薩行], 나와 남의 보살행이며,

㉡ [不離念諸波羅蜜], 바라밀행의 자체이며,

㉢ [不離念諸地], 여러 지위가 갈수록 뛰어나기 때문이다.

④ 4구[不離念力 … 一切智智]는 이치로 구하고 부처님을 생각함이다. 부처님의 十力 등이 진실하고 최상의 이치이기 때문이며, 자신이 구하는 대상이기 때문이다.

二'復作'下는 明願이라 有十一句하니 前七은 自德이오 後四는 攝化라 前中에 此云殊勝이어늘 論經名大라하고 餘名은 竝同이라 首는 唯是總이니 謂大菩提 位尊高故라 妙等은 唯別이오 勝大는 亦總亦別故라 首有二種하니 一은 勝首니 光明功德故오 二는 殊勝首니 獨無二故라 勝亦二種이니 一妙는 智自在勝故오 二 微妙는 離一切煩惱自在勝故라 殊勝도 亦二니 一은 上이니 無與等故오 二는 無上이니 無能過故일세니라

後四中에 初一은 約教라 謂導者는 於阿含中에 分別法義하야 正說故오 餘三은 顯證이라 將者는 令他得證義니 滅諸煩惱故라 此約斷德이오 後二는 約智니 前因後果라 帥者는 教令入正道故라 後句는 以大菩提로 而教化故니라【鈔_光明功德者는 行體가 清淨하야 離垢障故라 分別法義者는 以辭及辯으로 分別法義二無礙也니라】

둘째, '復作' 이하는 서원을 밝혔다.

11구이다. 앞의 7구는 자신의 덕행이고, 뒤의 4구는 중생의 교화 섭수이다.

앞의 경문에서는 '殊勝'이라 말했는데, 논경에서는 '大'라 달리 말하였고, 나머지 명칭들은 모두 똑같다.

'우두머리[首]'는 오직 총상이다. 대지혜의 지위가 높기 때문이다.

'묘' 등은 별상이다. '수승함[勝大]' 또한 총상과 별상이 있다.

'우두머리'에는 2가지 뜻이 있다.

① 뛰어난 우두머리[勝首]이다. 광명의 공덕 때문이다.

② 썩 뛰어난 우두머리[殊勝首]이다. 獨尊으로 둘이 없기 때문이다.

'勝' 또한 2가지 뜻이 있다.

① 妙는 지혜가 자재하여 뛰어남이며,

② 微妙는 일체 번뇌를 여의어 자재함이 뛰어나기 때문이다.

'殊勝' 또한 2가지 뜻이 있다.

① 上은 함께 짝할 사람이 없기 때문이며,

② 無上은 그 누구도 그를 뛰어넘을 수 없기 때문이다.

뒤의 4구 가운데 첫 구절의 '길잡이[爲導]'는 가르침으로 말하였다. '길잡이'란 아함에서는 법과 이치를 구분하여 바로 연설하기 때문이라고 하였다.

나머지 3구[爲將, 帥, 一切智智依止]는 證道를 밝힌 것이다.

'장수[將]'란 남들을 증득하도록 한다는 뜻이다. 모든 번뇌를 없애주기 때문이다.

이는 결단의 공덕[斷德]으로 말하였고, 뒤의 2구는 지혜의 공덕으로 말하였다.

앞의 장수는 원인이고, 뒤의 2구는 결과이다.

'통솔자[帥]'는 가르침을 통하여 바른 도에 들어가도록 주선해주기 때문이다.

끝 구절[一切智智依止]은 큰 깨달음으로 교화한 때문이다.【초_ "광명의 공덕"이란 행법의 체성이 청정하여 번뇌와 장애를 여읜 때문이다. "법과 이치를 구분한다."는 것은 말과 변재로 법과 이치를 구분하여 2가지에 걸림이 없음을 말한다.】

第二 出家果
(2) 출가의 결과

經

是菩薩이 若欲捨家하야 於佛法中에 勤行精進인댄 便能捨家妻子五欲하고 依如來敎하야 出家學道하며
旣出家已하야는 勤行精進하야 於一念頃에 得百三昧하야 得見百佛하며 知百佛神力하며 能動百佛世界하며 能過百佛世界하며 能照百佛世界하며 能敎化百佛世界衆生하며 能住壽百劫하며 能知前後際各百劫事하며 能入百法門하며 能示現百身하며 於一一身에 能示百菩薩로 以爲眷屬이니라

이 보살이 만약 출가하여 불법을 부지런히 수행하고 정진하고자 한다면 바로 가정과 처자와 5가지 욕락을 버리고 여래의 가르침을 따라 출가하여 도를 배워야 하며,

이미 출가한 후에는, 부지런히 정진하여 한 생각의 찰나에

1백 삼매를 얻고,

1백 부처님을 친견하고,

1백 부처님의 신통력을 알고,

1백 부처님의 세계를 진동하고,

1백 부처님의 세계를 지나가고,

1백 부처님의 세계를 비추고,

1백 부처님 세계의 중생을 교화하고,

백 겁을 살고,

과거와 미래의 백 겁 일을 알고,

1백 법문에 들어가고,

1백 가지 몸을 나타내고,

하나하나 몸마다 1백 보살로 권속을 삼는다.

● 疏 ●

出家果中에 二니

初는 捨俗出家오

後旣出家下는 修行쇠證禪定勝業이라 勝業이 有二하니 一者는 三昧勝이니 卽勝定體오 二는 三昧所作勝이니 謂因三昧하야 得見佛等이라

    출가의 결과 부분은 2단락으로 나뉜다.

    (1) 세속을 버린 출가이고,

    (2) '旣出家' 이하는 증득을 기약한 선정의 뛰어난 업을 닦음

이다.

'뛰어난 업[勝業]'에는 2가지가 있다.

(1) 삼매가 뛰어나다. 이는 뛰어난 선정의 본체이다.

(2) 삼매로 하는 일이 뛰어나다. 삼매로 인하여 부처님을 뵙는 등을 말한다.

有十一句하니 明其二利를 分爲三對니

初六句는 橫論二利라 初二는 自利니 一은 見百佛者는 十方에 各十他受用身이라 瑜伽住品에 能於種種國에 見百如來라하니라 寄位顯百이나 理實如前見多佛也니라 二는 知神力이니 論에 意取神力所加說法菩薩이라 於上二處에 修習智慧니라 次四는 利他니 初一은 有信機者니 動刹現通이오 次三은 有悟機者니 往刹光照하야 正授以法이라

次有二句는 竪論二利니 一은 自攝勝生이니 瑜伽云 '若欲留命인댄 能住百劫이라'하니라 二는 三明窮照하야 示物善惡이라

後三句 一對니 明二利速疾이니 一은 爲增長自智하야 思惟種種法門이오 二는 分身速疾하야 作多利益故니라

여기에 11구가 있다.

그 자리이타행을 3가지 대구로 나누어서 밝혔다.

① 6구는 공간의 횡으로 자리이타행을 논하였다.

6구 가운데 앞의 2구는 자리행이다.

제1구에서 "1백 부처님을 친견한다."는 것은 시방세계에 각기 열 분의 他受用身이 있다. 유가사지론 住品에서는 "가지가지 국

토에서 1백 부처님을 뵙는다."고 하였다. 지위에 의탁하여 1백 부처님을 밝혔지만, 이치는 실로 앞에서 수많은 부처님을 뵙는 것과 같다.

제2구[知百佛神力]는 부처님의 신통력을 아는 것이다. 논에서는 '부처님 신통력의 가피를 받아 설법하는 보살'의 의의를 취하였다.

위의 2곳에서는 지혜를 닦아 익히는 것이다.

4구(제3~6구)는 이타행이다.

첫째, 제3구[能動百佛世界]는 신심의 근기가 있는 자이다. 6가지로 국토를 진동하면서 신통을 나타내는 것이며,

다음 제4~6구[能過百佛世界, 能照百佛世界, 能敎化百佛世界衆生]인 3구는 깨달음을 얻을 수 있는 근기가 있는 자이다. 그런 그가 있는 나라를 찾아가 광명을 비춰 바로 법을 전수하는 것이다.

② 2구는 시간의 종적으로 이타행을 논하였다.

첫째, 제7구[能住壽百劫]는 자신의 몸에 뛰어난 삶을 받아들이는 것이다. 유가사지론에서 "만약 더 살고자 하면 백 겁을 머물 수도 있다."고 하였다.

둘째, 제8구[能知前後際各百劫事]는 3가지 밝음 지혜[三明: 宿命智明, 天眼智明, 漏盡智明]로 삼세를 모두 비춰보면서 중생의 선악을 보여주는 것이다.

③ 3구는 하나의 대구이다. 자리이타행의 빠름을 밝혔다.

첫째, 제9구[能入百法門]는 자신의 지혜를 더욱 향상하기 위하여 가지가지 법문을 사유함이며,

둘째, 제10구[能示現百身]는 분신으로 빠르게 나타내어 많은 이익을 베풀기 때문이다.

第四願智果

4. 서원과 지혜의 결과

經

若以菩薩殊勝願力으로 自在示現인댄 過於是數하야 百劫千劫百千劫으로 乃至百千億那由他劫이라도 不能數知니라

만약 보살의 훌륭한 원력으로 자재하게 몸을 나타내면, 이보다 훨씬 더하여 백 겁, 천 겁, 백천 겁 내지 백천 억 나유타 겁까지 자재하게 나타내는 그 몸의 수효를 알 수 없다.

◉ 疏 ◉

正願을 久積하야 以智內證이라 故其自在示現을 難可窮究라 則顯上來百數는 彰地階差연정 非定爾也라
今行合法界하니 是圓融實德일세 故云過此라
論後結云호되 '畧說諸地에 各有因·體·果相'者는 以此地中의 相及得·果 類後九地也라 因은 卽是相이오 體는 卽是得이오 果名은 不殊라 應知此三이 通於下九니라 所以於此結者는 顯上廣說이 不出此

649

故일세니라

바른 서원을 오래 쌓아서 지혜로 내면을 증득하였기에 자재하게 나타낸 몸을 모두 가늠하기 어렵다. 위의 경문에서 '百'이라는 숫자를 밝힌 것은 지위와 단계의 차이를 밝히고자 하는 수효일 뿐, 결코 확정적인 숫자는 아니다.

여기에서 말한 행은 법계에 계합한다. 원융한 참된 공덕이기에 "이보다 훨씬 더하다."고 하였다.

논의 뒷부분에서 끝맺으면서 "간단하게 말하면, 모든 지위마다 각기 인행·체성·과상이 있다."고 말한 것은, 이 초지에서 말한 양상·증득·결과가 뒤의 9지와 똑같음을 뜻한다. 인행은 곧 양상이고, 체성은 곧 증득이고, 결과는 그 이름을 달리하지 않았다.

이 3가지는 아래의 9지에 모두 통함을 알아야 한다. 그러므로 여기에서 끝맺은 것은 위에서 자세히 말한 부분이 여기에서 벗어나지 않음을 밝힌 때문이다.

第二 應頌

금강장보살의 게송

經

爾時에 **金剛藏菩薩**이 **欲重宣其義**하사 **而說頌曰**하사대

그때, 금강장보살이 그 뜻을 다시 말하고자 게송으로 말하였다.

若人集衆善하야　　　具足白淨法하면
供養天人尊하야　　　隨順慈悲道니

　　어떤 사람이 수많은 선행 쌓아
　　청정한 법 구족하면
　　부처님께 공양하여
　　자비의 길 따르나니

信解極廣大하고　　　志樂亦淸淨하야
爲求佛智慧하야　　　發此無上心이로다

　　신심·지혜 지극히 넓고 크며
　　즐기는 뜻 또한 청정하여
　　부처의 지혜 구하고자
　　위없는 마음 내노라

● 疏 ●

四十六偈半을 分爲二別이니 初는 正頌前이오 後二는 結說이라
前中에 分四니 初十一偈는 頌初住分이라
於中에 四니 初二는 頌依何身이라

　　46수 반의 게송은 2부분으로 나뉜다.
　　앞의 44수 반의 게송은 앞의 경문을 읊었고,
　　뒤의 2수 게송은 결론이다.
　　앞의 44수 반은 다시 4단락으로 나뉜다.

651

(1) 11수 게송은 십지의 안주 부분을 읊었다.

'(1) 11수 게송' 가운데 첫 2수 게송은 '어떤 몸을 의지하는가?'를 읊은 게송이다.

經

淨一切智力과　　　　　及以無所畏하야
成就諸佛法하며　　　　救攝群生衆이로다

　　일체 지혜 청정한 힘
　　두려움 없는 마음으로
　　부처님 법 성취하여
　　많은 중생 구제하노라

爲得大慈悲하고　　　　及轉勝法輪하며
嚴淨佛國土하야　　　　發此最勝心이로다

　　대자대비 마음 얻어
　　수승한 법륜 굴리고
　　불국토 장엄 청정케 하고자
　　가장 좋은 마음 내나이다

一念知三世호되　　　　而無有分別하야
種種時不同을　　　　　以示於世間이로다

　　한 생각에 삼세 알되

분별하는 마음 없어
　　가지가지 시간 따라
　　세간 중생 보여주네

略說求諸佛의　　　　　**一切勝功德**하야
發生廣大心하니　　　　**量等虛空界**로다

　　여러 부처님의 일체 수승한
　　공덕 찾아 간단히 말하고자
　　광대한 마음 내었나니
　　허공계와 같아라

◉ 疏 ◉

次四는 頌爲何義라

　'(1) 11수 게송' 가운데 둘째, 4수 게송은 '무슨 의의 때문인가?'
를 읊은 게송이다.

經

悲先慧爲主하야　　　　**方便共相應**하며
信解淸淨心과　　　　　**如來無量力**과

　　자비·지혜 으뜸 주로 삼아
　　방편과 상응하고
　　신심 이해 청정한 마음

653

한량없는 여래의 힘

無礙智現前에　　　　　**自悟不由他**라
具足同如來하야　　　　**發此最勝心**이로다

걸림 없는 지혜 나타남에
제 힘으로 깨달았지 남의 힘 빌리지 않았네
여래처럼 두루 원만하여
가장 수승한 마음 내었노라

◉ 疏 ◉

次二는 頌以何因이라

　'(1) 11수 게송' 가운데 셋째, 2수 게송은 '무슨 원인 때문인가?'를 읊은 게송이다.

經

佛子始發生　　　　　**如是妙寶心**하면
則超凡夫位하야　　　**入佛所行處**로다

불자여! 처음으로
미묘한 보배 마음 일으키면
범부 지위 초월하여
부처님 행하셨던 자리 들어가리라

生在如來家에　　　　種族無瑕玷하며
與佛共平等하야　　　決成無上覺이로다

  부처님 집안 태어남에
  종족에 한 점 허물없고
  부처님과 평등하게
  반드시 위없는 깨달음 성취하리라

纔生如是心에　　　　卽得入初地하야
志樂不可動이　　　　譬如大山王이로다

  이런 마음 내자마자
  바로 초지에 들어가
  기쁜 마음 흔들림 없어
  수미산 같아라

● 疏 ●

後三은 頌有何相이라

 '(1) 11수 게송' 가운데 넷째, 3수 게송은 '어떤 양상이 있는가?'를 읊은 게송이다.

經

多喜多愛樂하며　　　亦復多淨信과
極大勇猛心과　　　　及以慶躍心이로다

환희하고 즐거우며
　　　깨끗한 신심 많고
　　　엄청난 용맹심과
　　　경행으로 환희의 마음

遠離於鬪諍과　　　　　**惱害及瞋恚**하고
慙敬而質直하야　　　　**善守護諸根**이로다
　　　다투거나 해치거나
　　　성내는 일 여의었고
　　　참회하고 올곧게
　　　모든 근을 잘 수호하노라

救世無等者의　　　　　**所有衆智慧**를
　　　세간 중생의 구제, 짝할 수 없는 이
　　　여러 가지 가진 지혜

● 疏 ●

第二. 五偈는 頌釋名分이라 初二偈半은 頌喜相이라

(2) 5수 게송은 명제 해석 부분을 읊었다.

5수 게송 가운데 첫째, 2수 반의 게송은 환희의 모습을 읊었다.

經

此處我當得일세 **憶念生歡喜**로다

　이곳에서 나는 얻었기에
　그 생각에 기쁨이 넘쳐나네

● 疏 ●

餘는 頌喜因이라
於中에 先 半偈는 頌念當得이오

　'(2) 5수 게송' 가운데 나머지 2수 반의 게송은 환희의 원인을 읊었다.
　2수 반의 게송 가운데 앞의 반 수 게송은 미래에 반드시 얻는다는 생각에 기뻐함을 읊었다.

經

始得入初地에 **卽超五怖畏**하나니
不活死惡名과 **惡趣衆威德**이로다

　처음 초지에 들어가면
　곧 5가지 두려움 벗어나니
　살 수 없는 것, 죽는 일, 악명
　악도의 길, 수많은 위세 말하노라

以不貪着我와 **及以於我所**일세

是諸佛子等이　　　　　**遠離諸怖畏**로다

　'나'라는 생각에 탐착 말고
　'나의 것'이라는 생각에도 탐착 말라
　그 모든 불자들이
　그런 공포 멀리 여의었노라

◉ 疏 ◉

後二는 頌念現得이라

　'2수 반의 게송' 가운데 뒤의 2수 게송은 현재 얻는다는 생각에 기뻐함을 읊었다.

經

常行大慈愍하고　　　　**恒有信恭敬**하며
慚愧功德備하야　　　　**日夜增善法**이라

　큰 자비 언제나 행하고
　언제나 신심으로 공경하고
　부끄러워하는 마음 공덕 갖춰
　밤낮으로 더욱 선법 키워나가리

樂法眞實利하고　　　　**不愛受諸欲**이로다

　법의 진실한 이익 좋아하고
　모든 욕락 받아들임 사랑하지 않노라

◉ 疏 ◉

第三 有六頌은 頌安住地分이라

初 一頌半은 頌信心成就니라

　(3) 6수 게송은 십지에 안주하는 부분을 읊었다.

　첫째, 1수 반의 게송은 신심의 성취를 읊었다.

經

思惟所聞法하야　　　　**遠離取着行**하며

　들었던 법 생각하여

　집착의 행 멀리 여의고

不貪於利養하고　　　　**唯樂佛菩提**하야
一心求佛智하야　　　　**專精無異念**이로다

　일신안락 탐치 말고

　오직 부처 보리 좋아하며

　일심으로 부처 지혜 구해

　오롯한 정진, 다른 생각 없어라

◉ 疏 ◉

次 一頌半은 修行成就라

　'(3) 6수 게송' 가운데 둘째, 1수 반의 게송은 수행의 성취를 읊었다.

修行波羅蜜하며 　　**遠離諂虛誑**하고
如說而修行하야 　　**安住實語中**이로다

　　바라밀다 수행하여
　　아첨 속임 멀리 여의고
　　설법대로 수행하여
　　진실한 법어 속에 안주하라

不污諸佛家하며 　　**不捨菩薩戒**하며
不樂於世事하고 　　**常利益世間**이로다

　　부처 집안 더럽히지 않게
　　보살 계행 버리지 말고
　　세간일 좋아하지 않고
　　항상 세간에 이익되는 일 하라

修善無厭足하야 　　**轉求增勝道**하니
如是好樂法이 　　**功德義相應**이로다

　　선한 일 닦음 싫어하지 않고
　　더 좋은 길 추구하니
　　이처럼 법을 좋아함이
　　공덕과 상응한 이치

● 疏 ●

後三頌은 廻向成就니라

'(3) 6수 게송' 가운데 셋째, 3수 게송은 회향의 성취를 읊었다.

經

恒起大願心하야　　　願見於諸佛하며
護持諸佛法하야　　　攝取大仙道로다

　큰 서원 항상 내어
　부처님 뵈옵고자 원하고
　부처님 법 보호하여
　부처님 도 얻어지이다

常生如是願하야　　　修行最勝行하야
成熟諸群生하며　　　嚴淨佛國土로다

　세세생생 이런 서원 세우고
　가장 좋은 행을 닦아
　모든 중생 성숙하고
　불국토 청정하여지이다

一切諸佛刹에　　　　佛子悉充滿하야
平等共一心이라　　　所作皆不空이로다

　모든 부처 세계에

불자 모두 가득하여
평등한 하나의 마음
하는 일마다 모두 헛되지 않네

一切毛端處에 　　　　**一時成正覺**하니
如是等大願이 　　　　**無量無邊際**로다
　일체 한량없는 털끝에서
　일시에 바른 깨달음 성취하니
　이와 같은 큰 원력
　한량없고 그지없다

虛空與衆生과 　　　　**法界及涅槃**과
世間佛出興과 　　　　**佛智心境界**와
　허공계나 중생계나
　법계거나 열반계나
　세간에 부처 나심과
　여래 지혜, 마음 경계

如來智所入과 　　　　**及以三轉盡**이여
彼諸若有盡이면 　　　　**我願方始盡**이어니와
　여래 지혜로 들어감과
　허공계, 중생계, 번뇌계 모두 다함이여

그 모든 게 다하면

내 서원 비로소 끝나련만

如彼無盡期일세   我願亦復然이로다

그런 세계 다할 기약 없기에

나의 소원도 끝없어라

● 疏 ●

第四. 二十二偈半은 頌挍量勝分이라 於中에 三이니 初 六頌半은 頌願挍量이라

(4) 22수 반의 게송은 비교하여 뛰어난 부분을 읊었다.

22수 반의 게송은 다시 3부분으로 나뉜다.

첫째, 6수 반의 게송은 서원이 뛰어남을 읊었다.

經

如是發大願하야   心柔軟調順하며

能信佛功德하야   觀察於衆生호되

이처럼 큰 서원 세워

유순한 마음 조련하고

부처 공덕 믿고서

중생을 관찰하되

知從因緣起하고 　　則興慈念心하야
如是苦衆生을 　　　我今應救脫이로다
　　인연으로 생겨난 줄 알고
　　자비심 일으켜
　　이런 고통받는 중생
　　당연히 그들 제도하리라

爲是衆生故로 　　　而行種種施호되
王位及珍寶와 　　　乃至象馬車와
　　이런 중생 위하여
　　가지가지 보시하고
　　왕의 지위, 보물이나
　　코끼리와 말과 수레

頭目與手足과 　　　乃至身血肉을
一切皆能捨하고 　　心得無憂悔로다
　　머리와 눈, 손과 발
　　나의 몸과 피와 살까지
　　모든 것 다 버려도
　　마음에 걱정 없어라

求種種經書호되 　　其心無厭倦하고

善解其義趣하야　　　　能隨世所行이로다

　　가지가지 경전 구하여도
　　싫증나는 마음 없고
　　그 이치를 잘 알아서
　　세간행을 따르노라

慚愧自莊嚴하고　　　　修行轉堅固하며
供養無量佛하야　　　　恭敬而尊重이로다

　　부끄러워할 줄 아는 장엄으로
　　수행이 더욱 견고하고
　　한량없는 부처님 공양하여
　　공경하고 존중하노라

◉ 疏 ◉

次六頌은 行挍量이라

　'(4) 22수 반의 게송' 가운데 둘째, 6수 게송은 행이 뛰어남을 읊었다.

經

如是常修習하야　　　　日夜無懈倦하니
善根轉明淨이　　　　　如火鍊眞金이로다

　　이처럼 항상 닦아

665

밤낮에 게으름 없어

선근 더욱 청정함이

용광로 진금 단련하듯 하네

菩薩住於此하야　　　　**淨修於十地**하니
所作無障礙하야　　　　**具足不斷絶**이로다

보살이 이 초지에 머물면서

십지행을 잘 닦으니

하는 일마다 장애 없고

두루 원만하여 끊임없어라

◉ 疏 ◉

後十은 頌果校量이라 於中에 初二는 調柔果라

　'(4) 22수 반의 게송' 가운데 셋째, 10수 게송은 결과의 뛰어남을 읊었다.

　10수 게송 가운데 첫째, 2수 게송은 調柔果를 읊었다.

經

譬如大商主　　　　**爲利諸商衆**하야
問知道險易하고　　**安穩至大城**인달하야

마치 큰 장사꾼이

많은 상인 이익 위해

험한 길 꼼꼼히 묻고서

큰 도읍 평안히 이르듯이

菩薩住初地도 　　　　　應知亦如是라
勇猛無障礙하야 　　　　到於第十地로다

 초지에 머문 보살

 또한 그와 같은 줄 아노라

 용맹하고 장애 없이

 십지에 이르노라

◉ 疏 ◉

次二는 發趣果라

 10수 게송 가운데 둘째, 2수 게송은 發趣果를 읊었다.

經

住此初地中에 　　　　　作大功德王하야
以法化衆生하야 　　　　慈心無損害로다

 초지에 머문 보살

 큰 공덕의 왕이 되어

 법문으로 중생 교화하여

 자비의 마음으로 해 끼치는 일 없어라

統領閻浮地에　　　　化行靡不及이라
皆令住大捨하야　　　成就佛智慧로다

　　남섬부주 통치하는 왕이 되어
　　교화의 덕행 멀리 미쳐
　　모두 큰 보시에 안주하여
　　부처 지혜 성취시켜주네

欲求最勝道하야　　　捨己國王位하고
能於佛教中에　　　　勇猛勤修習하야

　　가장 수승한 도 구하고자
　　국왕 자리도 마다하고
　　부처님 가르침 따라
　　부지런한 용맹정진으로

則得百三昧하고　　　及見百諸佛하며
震動百世界하고　　　光照行亦爾하며

　　1백 삼매 얻고
　　1백 부처님 친견하며
　　1백 세계 진동하고
　　광명 비친 행도 그와 같다

化百土衆生하고　　　入於百法門하며

能知百劫事하고　　　　**示現於百身**하며
　　1백 세계의 중생 교화
　　1백 법문에 들어가고
　　1백 겁의 일 잘 알고
　　1백 가지의 몸 나타내며

及現百菩薩로　　　　　**以爲其眷屬**이어니와
　　1백 보살 나타내어
　　나의 권속 삼거니와

◉ 疏 ◉

次五頌半은 攝果報라
　　10수 게송 가운데 셋째, 5수 반의 게송은 攝果報를 읊었다.

經

若自在願力인댄　　　　**過是數無量**이니라
　　자재하신 원력으로
　　한량없는 수효보다 훨씬 많아라

◉ 疏 ◉

後半偈는 頌願智果라
　　10수 게송 가운데 넷째, 반 수의 게송은 願智果를 읊었다.

我於地義中에　　　**略述其少分**이어니와
若欲廣分別인댄　　**億劫不能盡**이니라

    내, 초지의 뜻을
    조금 간추려 말했지만
    널리 말하려면
    억겁에도 못다 말하리

菩薩最勝道로　　　**利益諸群生**하나니
如是初地法을　　　**我今已說竟**이로다

    가장 수승한 보살의 도여
    모든 중생 이익 주나니
    이와 같은 초지 법을
    내, 이제 모두 말했노라

◉ 疏 ◉

結說을 可知라

    끝맺음의 말임을 설명하지 않아도 알 수 있다.

◉ 論 ◉

夫驗經所說컨대 入此初地法은 乃是創始具足凡夫가 能發廣大願行하야 能趣入故로 非是由因地前行解而來者니 意明設教에

備明修行滯障의 節級安危나 然發心者는 一時에 總頓修하야 居一時一行之內오 非是要從節級次第來修니 以總別同異成壞六相法으로 圓融하면 可見이라 於此六字三對法中에 一字有六하니 且如人類之에 餘可準知니라

경문에서 설한 바를 증험하여 보면, 초지에 들어가는 법은 처음 구족한 범부가 광대한 서원과 수행을 일으켜 들어가는 것이다. 이 때문에 地前의 수행과 이해를 통하여 온 것이 아니다. 그 뜻은 가르침을 베풂에 있어 수행 장애의 등급과 안위를 밝혔지만 발심한 자는 일시에 모두 한꺼번에 닦아서 일시에, 그리고 하나의 행에 있는 것이지, 등급과 차례를 따라서 닦아야 하는 게 아님을 밝힌 것이다. 總相·別相·同相·異相·成相·壞相 6가지의 법으로 원만하게 합하여 보면 이를 볼 수 있다. 이 6글자, 3가지 상대의 법 가운데는 하나의 글자 속에 다시 6가지가 모두 종합하여 있다. 이 또한 사람으로 비유하여 보면 나머지를 준하여 알 수 있다.

如一人身에 具足是六相하니 頭身手足眼耳鼻舌等用이 各別은 是別相이오

全是一身一四大는 是總相이며

一空無體는 是名同相이오

不廢如是同無異性코 頭身手足眼耳鼻舌等用이 有殊는 是爲異相이며

頭身手足眼耳鼻舌等이 共成一身은 名爲成相이오

但隨無作緣有일세 各無自性하야 無體無相하며 無生無滅하며 無成

無壞는 名爲壞相이라

　예컨대 사람의 몸에는 6가지의 모습이 두루 갖춰져 있다. 머리, 몸, 손, 발, 눈, 귀, 코, 혀 등의 작용이 각기 다른 것은 別相,

　온몸이 하나의 몸이요, 하나의 四大임은 總相,

　하나같이 空하여 자체가 없는 것은 同相,

　이와 같이 동일하여 차이가 없는 체성을 지니면서도 머리, 몸, 손, 발, 눈, 귀, 코, 혀 등의 작용이 각기 다른 것은 異相,

　머리, 몸, 손, 발, 눈, 귀, 코, 혀 등이 함께 하나의 몸을 이룬 것은 成相,

　다만 作爲 없는 반연을 따라서 있기에 각기 자성이 없어 본체도 없고 형상도 없으며, 생겨남도 없고 사라짐도 없으며, 이뤄진 것도 없고 무너지는 것도 없는 것은 壞相이다.

又明一字中에 有六相義하야 互爲主伴호리니 十玄義도 亦在此通이니 一은 同時具足相應門이오 二는 廣陜自在無礙門이오 三은 一多相容不同門이오 四는 諸法相卽自在門이오 五는 秘密隱顯俱成門이오 六은 微細相容安立門이오 七은 因陁羅網境界門이오 八은 託事表法生解門이오 九는 十世圓融異成門이오 十은 主伴圓明具德門이 是其義也라

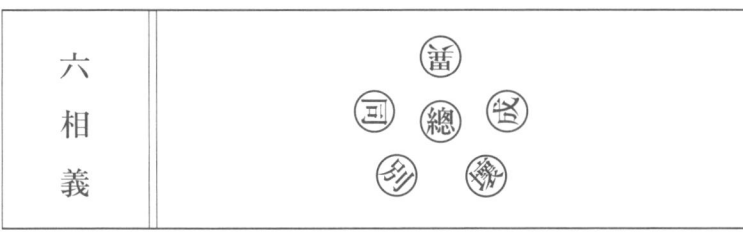

또 하나의 글자 속에는 6가지 형상의 뜻이 있어 서로 주객이 됨을 밝히고자 한다. 十玄의 의의 또한 이와 상통한다.

(1) 동시에 두루 원만하게 상응하는 법문,

(2) 넓고 좁음이 자재하여 걸림이 없는 법문,

(3) 하나와 많음이 서로 용납하면서도 똑같지 않은 법문,

(4) 모든 법이 서로 하나가 되어 자재한 법문,

(5) 비밀스럽게 보이지 않거나 나타남이 모두 이뤄진 법문,

(6) 미세하게 서로 용납하여 세워진 법문,

(7) 인다라망 경계의 법문,

(8) 현상의 일에 가탁하여 법을 밝혀 이해를 돕는 법문,

(9) 十世가 원융하게 달리 성취하는 법문,

(10) 主伴이 두루 밝고 공덕을 갖춘 법문이 바로 그런 뜻이다.

此一字中에 有六相하고 一切字와 一切法이 皆有此六相하니 若善見者는 得智無礙總持門하야 於諸法에 不滯有無斷常等障이니 可以離情照之하면 可見이라 此六字義가 闕一이면 卽理智不圓이니 是此初地中에 觀通世間一切法門故니라

이처럼 한 글자 속에 6가지 형상이 있고, 일체의 글자와 일체의 법에 모두 이와 같은 6가지 형상이 있다. 만약 이를 잘 살펴보는 자는 걸림 없는 지혜의 總持 법문을 얻어 모든 법에 有無와 斷見·常見 등의 장애에 막히지 않을 것이다. 情識을 떠나서 비춰보면 이를 볼 수 있다.

이 6글자의 뜻이 하나라도 빠지면 이치와 지혜가 원만하지 못하다. 이는 초지에 세간의 일체 법문을 관조하여 막힘이 없이 통달한 때문이다.

初地 竟하다

제1. 환희지를 끝마치다.

십지품 제26-4 十地品 第二十六之四
화엄경소론찬요 제63권 華嚴經疏論纂要 卷第六十三

화엄경소론찬요 ⑬
華嚴經疏論纂要

2023년 11월 13일 초판 1쇄 발행

편저자 혜거
발행인 박상근(至弘) • 편집인 류지호 • 편집이사 양동민
편집 김재호, 양민호, 김소영, 최호승, 하다해 • 디자인 쿠담디자인
제작 김명환 • 마케팅 김대현, 이선호 • 관리 윤정안
콘텐츠국 유권준, 정승채, 김희준
펴낸 곳 불광출판사 (03169) 서울시 종로구 사직로10길 17 인왕빌딩 301호
　　　　대표전화 02) 420-3200 편집부 02) 420-3300 팩시밀리 02) 420-3400
　　　　출판등록 제300-2009-130호(1979. 10. 10.)

ISBN 978-11-92476-58-2 04220
ISBN 978-89-7479-318-0 04220(세트)

값 30,000원

잘못된 책은 구입하신 서점에서 바꾸어 드립니다.
독자의 의견을 기다립니다. www.bulkwang.co.kr
불광출판사는 (주)불광미디어의 단행본 브랜드입니다.